Eiskristalle

ECON Unterhaltung

Die Herausgeberin

Christiane Landgrebe studierte Literaturwissenschaft und Romanische Sprachen. Sie arbeitete als Lehrerin und war sieben Jahre in einem großen Verlag tätig, wo sie sowohl Sachbücher als auch belletristische Titel betreute. Heute ist sie freie Lektorin und Übersetzerin, hat drei Kinder und lebt in Berlin.

CHRISTIANE LANDGREBE (HRSG.)

Eiskristalle

Ein Lesebuch für
den Winter

ECON Taschenbuch Verlag

Ökologisch handeln:
Dieses Buch ist gedruckt auf 100% Recyclingpapier, chlorfrei gebleicht

Originalausgabe

Umschlaggestaltung: Molesch/Niedertubbesing, Bielefeld
Titelabbildung: © IFA-Bilderteam, Düsseldorf
Gesetzt aus der Garamond
Satz: HEVO GmbH, Dortmund
Druck und Bindearbeiten: Ebner Ulm
Printed in Germany
ISBN 9-612-27165-2

INHALT

WILLIAM SOMERSET MAUGHAM

Winter-Kreuzfahrt

KAPITÄN ERDMANN KANNTE MISS REID nur flüchtig, bis die »Friedrich Weber« Haiti erreichte. Sie war in Plymouth an Bord gekommen, aber da hatte er bereits eine Anzahl von Passagieren aufgenommen, Franzosen, Belgier und Leute aus Haiti, von denen viele schon früher mit ihm gereist waren, und sie erhielt einen Platz am Tisch des ersten Ingenieurs. Die »Friedrich Weber« war ein Frachter, der regelmäßig von Hamburg nach Cartagena an der kolumbianischen Küste fuhr und auf dem Weg einige westindische Inseln anlief. Sie brachte Phosphate und Zement aus Deutschland und nahm Kaffee und Bauholz mit zurück, aber ihre Besitzer, die Gebrüder Weber, waren jederzeit bereit, sie einen Umweg machen zu lassen, wenn es sich für eine Ladung irgendwelcher Art lohnte. Die »Friedrich Weber« war darauf eingestellt, Vieh, Maultiere, Kartoffeln oder sonst etwas aufzunehmen, wenn dabei nur die Möglichkeit bestand, einen Pfennig ehrlich zu verdienen. Sie nahm auch Passagiere auf. Sechs Kajüten waren auf dem Oberdeck und sechs unten. Die Einrichtung war nicht luxuriös, aber das Essen war gut, einfach und reichlich, und das Fahrgeld niedrig. Die Rundreise nahm neun Wochen in Anspruch und kostete Miss Reid nicht mehr als fünfundvierzig Pfund. Sie freute sich nicht nur darauf, viele interessante Gegenden von historischer Bedeutung kennenzulernen, sondern sich auch viel Wissenswertes anzueignen, das ihren Geist bereichern konnte.

Der Agent hatte sie darauf vorbereitet, daß sie bis zur Ankunft in Port au Prince in Haiti die Kajüte mit einer anderen Dame teilen müsse. Miss Reid störte das nicht; sie hatte Gesellschaft gern, und als der Steward ihr sagte, daß Madame Bollin ihre Reisegefährtin sei, dachte sie sofort, dies würde eine willkommene Gelegenheit sein, ihr Französisch aufzufrischen. Sie geriet nur leicht aus der Fassung, als sie entdeckte, daß Madame Bollin kohlschwarz war. Sie sagte sich, daß man das Gute und Schlechte gegeneinander verrechnen müsse und daß allerlei Arten nötig seien, um eine Welt zu bilden. Miss Reid war seefest, wie es nicht anders erwartet werden konnte, da ihr Großvater Marineoffizier gewesen war, aber nach einigen stürmischen Tagen wurde das Wetter gut, und bald kannte sie ihre sämtlichen Reisegefährten. Sie fand leicht Kontakt zu den Leuten. Das war eine der Ursachen, daß sie in ihrem Geschäft erfolgreich gewesen war: Sie besaß eine Teestube in einem berühmten Erholungsort im Westen Englands, und sie hatte für jeden Gast, der hereinkam, ein Lächeln und ein freundliches Wort. Im Winter schloß sie, und die letzten vier Jahre hatte sie immer eine Kreuzfahrt unternommen. Man treffe dabei so interessante Menschen, meinte sie, und man lerne immer etwas. Die Passagiere auf der »Friedrich Weber« waren zwar nicht von so guter Klasse wie jene, die sie im Jahr zuvor auf ihrer Mittelmeerfahrt getroffen hatte, aber Miss Reid war kein Snob, und obwohl die Tischmanieren von einigen Leuten sie schockierten, war sie doch entschlossen, die gute Seite von allem zu sehen und sich mit ihnen abzufinden. Sie las sehr gern und freute sich, als sie bei der Durchsicht der Schiffsbücherei viele Bücher von Philip Oppenheim, Edgar Wallace und Agatha Christie entdeckte. Aber da es so viele Leute zum Plaudern gab, fand sie gar keine Zeit zum Lesen und beschloß, damit zu warten, bis sich das Schiff in Haiti leeren würde.

»Schließlich«, sagte sie, »ist die menschliche Natur wichtiger als die Literatur.«

Miss Reid hatte immer im Ruf gestanden, gute Konversation zu machen, und während der vielen Tage auf See stellte sie mit Genugtuung fest, daß die Tischgespräche dank ihrer Bemühung kein einziges Mal stockten. Sie verstand die Leute auszufragen, und jedesmal, wenn ein Thema erschöpft schien, hatte sie eine Bemerkung bereit, um es wieder zu beleben, oder ein neues Thema lag ihr schon auf der Zungenspitze, um die Konversation wieder in Gang zu bringen. Ihre Freundin, Miss Price, Tochter des verstorbenen Vikars von Campden, die sie in Plymouth ans Schiff begleitet hatte – denn sie wohnte dort –, hatte oft zu ihr gesagt:

»Weißt du, Venetia, du hast einen männlichen Geist. Du bist nie in Verlegenheit, was du sagen sollst.«

»Nun, ich glaube, wenn du dich für jedermann interessierst, wird sich auch jedermann für dich interessieren«, erwiderte Miss Reid bescheiden. »Übung macht den Meister, und ich habe die unendliche Fähigkeit, mich zu bemühen, von der Dickens sagte, daß sie Genie bedeute.«

Miss Reid hieß nicht wirklich Venetia; ihr Name war Alice, aber da er ihr nicht gefiel, hatte sie schon als junges Mädchen den poetischen Namen angenommen, der ihrer Meinung nach so viel besser zu ihrer Persönlichkeit paßte.

Miss Reid hatte viele interessante Gespräche mit ihren Mitreisenden, und sie bedauerte es aufrichtig, als das Schiff endlich Port au Prince anlief und die letzten von ihnen an Land gingen. Die »Friedrich Weber« lag zwei Tage dort, so daß Miss Reid die Stadt und die Umgebung besichtigen konnte. Als sie wieder abfuhren, war sie der einzige Passagier. Das Schiff fuhr an der Küste der Insel entlang und legte in verschiedenen Häfen an, um Ladung zu löschen oder an Bord zu nehmen.

»Hoffentlich geraten Sie allein mit so vielen Männern nicht in Verlegenheit, Miss Reid«, sagte der Kapitän scherzhaft, als sie sich zum Mittagessen niederließen.

Sie hatte ihren Platz zu seiner Rechten, und am Tisch saßen außerdem noch der Erste Maat, der Erste Ingenieur und der Arzt.

»Ich bin eine Frau von Welt, Kapitän. Ich habe immer gefunden, wenn eine Dame wirklich eine Dame ist, dann benehmen sich Herren auch wie Herren.«

»Wir sind nur rauhe Seeleute, Madam, Sie dürfen nicht zuviel erwarten.«

»Gütige Herzen sind mehr als Adelskronen, und schlichter Glaube mehr als Normannenblut, Kapitän«, erwiderte Miss Reid.

Er war ein kleiner, untersetzter Mann mit glattrasiertem Kopf und einem roten, glattrasierten Gesicht. Er trug ein weißes Trikothemd, das aber außer bei den Mahlzeiten aufgeknöpft war und seine behaarte Brust zeigte. Er war ein jovialer Bursche. Er konnte nur polternd reden. Miss Reid hielt ihn für ein Original, aber sie hatte einen ausgesprochenen Sinn für Humor und war bereit, ihm dies zugute zu halten. Sie nahm die Konversation in die Hand. Sie hatte auf der Hinreise sehr viel über Haiti erfahren und noch mehr während der zwei Tage, die sie dort verbracht hatte, aber sie wußte, daß Männer lieber sprechen als zuhören, und darum stellte sie ihnen eine Reihe von Fragen, zu denen sie die Antworten schon kannte; seltsamerweise aber kannten sie sie nicht. Zuletzt sah sie sich gezwungen, einen richtigen kleinen Vortrag zu halten, und bevor das Mittagessen zu Ende war, hatte sie ihnen eine Menge interessanter Informationen übermittelt: über die Geschichte und die wirtschaftliche Lage der Republik, die Probleme, denen die Regierung zu begegnen hatte, und ihre Zukunftsaussichten. Sie sprach ziemlich langsam, mit vornehmer Stimme, und ihr Wortschatz war reich.

Bei Einbruch der Nacht gingen sie in einem kleinen Hafen vor Anker, wo sie dreihundert Säcke Kaffee laden sollten, und der Agent kam an Bord. Der Kapitän forderte ihn auf, zum Abendessen dazubleiben, und bestellte Cocktails. Als der Steward damit kam, glitt Miss Reid in den Salon. Ihre Bewegungen waren gelassen, elegant und selbstsicher. Sie behauptete immer, daß man am Gang einer Frau sofort erkennen könne, ob sie eine Dame sei. Der Kapitän stellte ihr den Agenten vor, und sie setzte sich.

»Was trinken denn die Herren?« fragte sie.

»Einen Cocktail. Wollen Sie einen haben, Miss Reid?«

»Das wäre gar nicht übel.«

Sie trank ihn, und der Kapitän fragte sie etwas zögernd, ob sie noch einen haben wolle.

»Noch einen? Nun, der Kameradschaft wegen – ja.«

Der Agent, der viel weißer war als manche andere, aber zugleich auch sehr viel dunkler als viele andere, war der Sohn eines früheren Gesandten von Haiti am deutschen Hof, und da er lange Jahre in Berlin gelebt hatte, sprach er gut Deutsch. Er hatte tatsächlich aus diesem Grund den Posten bei einer deutschen Schiffahrtsgesellschaft bekommen. Dies veranlaßte Miss Reid, ihnen beim Abendessen die ganze Geschichte einer Rheinreise zu erzählen, die sie einmal gemacht hatte. Nachher saß sie mit dem Agenten, dem Kapitän, dem Arzt und dem Maat um einen Tisch herum, und alle tranken Bier. Miss Reid hielt es für ihre Aufgabe, den Agenten auszuholen. Die Tatsache, daß sie Kaffee luden, erweckte in ihr den Gedanken, es müsse interessant für ihn sein, wie der Tee auf Ceylon angebaut wurde; ja, sie war auf einer Kreuzfahrt in Ceylon gewesen, und die Tatsache, daß sein Vater Diplomat war, machte sein Interesse für die königliche Familie von England zur Gewißheit. Sie verbrachte einen äußerst angenehmen Abend. Als sie sich endlich zur Ruhe begab, denn es wäre ihr nie eingefallen zu sagen, daß sie ins Bett gehen wolle, sagte sie zu sich selber:

»Es besteht kein Zweifel darüber, daß Reisen eine große erzieherische Wirkung hat.«

Es war wirklich ein Erlebnis, mit all diesen Männern alleine zu sein. Wie sie zu Hause lachen würden, wenn sie nach ihrer Heimkehr alles darüber erzählte! Sie würden sagen, daß so etwas nur Venetia passieren könne. Sie lächelte, als sie den Kapitän auf Deck mit seiner starken, dröhnenden Stimme singen hörte. Die Deutschen waren so musikalisch. Er hatte eine drollige Art, mit seinen kurzen Beinen auf und ab zu stolzieren, während er Wagnersche Melodien zu Worten eigener Erfindung sang. Es war aus »Tannhäuser«, was er jetzt sang (dieses entzückende Lied vom Abendstern); doch da Miss Reid kein Deutsch verstand, konnte sie sich nur wundern, was für seltsame Worte er dazu fand. Das war auch gut.

»Oh, welche Pest ist dieses Weib, ich bringe es um, wenn das so bleibt!« Dann ging er zu Siegfrieds Schwertlied über. »Furchtbar, furchtbar, furchtbar ist sie! Ich werfe sie in die See!«

Und das traf natürlich auf Miss Reid zu. Sie war entsetzlich, geradezu erstaunlich und qualvoll langweilig. Sie redete mit steter Eintönigkeit, und es hatte keinen Zweck, sie zu unterbrechen, denn dann fing sie nur wieder von vorn an. Sie hatte einen unstillbaren Durst nach Belehrung, und keine flüchtige Bemerkung konnte über den Tisch hinüber gemacht werden, ohne daß sie unzählige Fragen daran knüpfte. Sie träumte sehr lebhaft, und sie berichtete diese Träume mit unerträglicher Langatmigkeit. Es gab keinen Gegenstand, über den sie nicht etwas Banales zu sagen wußte. Sie hatte einen Gemeinplatz für jede Gelegenheit bereit. Sie zielte auf das Abgedroschene, wie ein Hammer den Nagel in die Wand hinein treibt. Sie tauchte im Augenfälligen unter, wie ein Zirkusclown durch den Reifen springt, Schweigen konnte sie nicht beschämen. Diese armen Männer, so weit von ihren Heimen und dem Trippeln kleiner Füße entfernt, und Weihnachten vor der Türe, kein Wunder, daß sie in gedämpfter Stimmung waren; sie verdoppelte ihre Bemühungen, ihr Interesse zu erwecken und sie zu unterhalten. Sie war entschlossen, ein wenig Frohsinn in ihr trübes Dasein zu bringen. Denn das war das Schreckliche an der Sache: Miss Reids Absichten waren gut. Sie unterhielt sich nicht nur selber gut, sie wollte, daß alle sich gut unterhielten. Sie war überzeugt, daß alle sie so gern hatten, wie sie selber sich gern hatte. Sie fühlte, daß sie ihr Teil dazu beitrug, der Gesellschaft zum Erfolg zu verhelfen, und sie war naiv glücklich bei dem Gedanken, daß ihr dies gelang. Sie erzählte ihnen alles von ihrer Freundin Miss Price und wie oft diese zu ihr gesagt hatte: »Venetia, niemand hat eine langweilige Minute in deiner Gegenwart.« Es war die Pflicht des Kapitäns, einem Passagier gegenüber höflich zu sein, und wenn er ihr auch noch so gern gesagt hätte, sie solle ihren törichten Mund halten – er konnte es nicht. Selbst wenn er seine Meinung frei hätte äußern dürfen, wußte er doch, daß er sie niemals so hätte kränken können. Nichts hemmte ihren Redestrom. Er war so unwiderstehlich wie eine Naturgewalt. Einmal begannen sie, in ihrer Verzweiflung Deutsch zu sprechen, aber Miss Reid machte dem sofort ein Ende.

»Nein, das kann ich nicht dulden, daß Sie etwas sagen, das ich nicht verstehe. Sie sollten alle Nutzen daraus ziehen, daß Sie mich alleine für sich haben und sich im Englischen üben können.«

»Wir sprachen von technischen Sachen, die Sie nur langweilen würden, Miss Reid«, sagte der Kapitän.

»Ich langweile mich nie. Und darum, auch wenn Sie mich für ein klein wenig eingebildet halten mögen, bin ich nie langweilig. Sehen Sie, ich weiß gerne Bescheid. Alles interessiert mich, und man kann nie wissen, wann ein bißchen Kenntnis einem von Nutzen sein könnte.«

Der Doktor lächelte trocken.

»Der Kapitän hat das nur gesagt, weil er verlegen war. Er hat nämlich eine Geschichte erzählt, die für die Ohren einer unverheirateten Dame nicht geeignet war.«

»Ich bin zwar eine unverheiratete Dame, aber ich bin auch eine Frau von Welt; ich erwarte nicht, daß Seeleute Heilige sind. Sie brauchen nie ängstlich zu sein, was Sie vor mir sagen, Kapitän, ich werde nicht entsetzt sein. Ich möchte Ihre Geschichte sehr gerne hören.«

Der Doktor war ein Mann von sechzig Jahren, mit dünnem grauen Haar, einem grauen Schnurrbart und kleinen, scharfen blauen Augen. Er war ein schweigsamer, verbitterter Mann, und so sehr sich Miss Reid auch bemühte, ihn ins Gespräch zu ziehen, war es doch fast unmöglich, ein Wort aus ihm herauszubekommen. Aber sie war nicht die Frau, die ohne Kampf nachgab, und eines Morgens auf offener See, als sie ihn mit einem Buch auf Deck sitzen sah, zog sie ihren Stuhl neben den seinen und ließ sich neben ihm nieder.

»Lesen Sie gerne, Doktor?« fragte sie munter.

»Ja.«

»Ich auch. Und ich vermute, daß Sie wie alle Deutschen musikalisch sind.«

»Ich höre Musik gern.«

»Ich auch. Als ich Sie zum erstenmal sah, dachte ich sofort, daß Sie klug aussehen.«

Er warf ihr einen kurzen Blick zu, verzog die Lippen und las weiter. Dies schreckte Miss Reid nicht ab.

»Aber lesen kann man natürlich jederzeit. Ich ziehe immer ein gutes Gespräch einem guten Buch vor. Sie nicht?«

»Nein.«

»Das ist sehr interessant. Sagen Sie mir nur, warum?«

»Ich kann Ihnen keinen Grund nennen.«

»Das ist sehr merkwürdig, nicht? Aber ich finde die menschliche Natur überhaupt sehr merkwürdig. Ich interessiere mich schrecklich für Menschen, wissen Sie. Ärzte habe ich immer gern, sie wissen so viel über die menschliche Natur, aber ich könnte Ihnen einige Dinge erzählen, die sogar Sie erstaunen würden. Man erfährt viel über die Leute, wenn man wie ich eine Teestube leitet, das heißt, wenn man die Augen offen hält.«

Der Doktor erhob sich.

»Ich muß Sie bitten, mich zu entschuldigen, Miss Reid. Ich muß jetzt einen Patienten besuchen.«

Jedenfalls ist es mir gelungen, das Eis zu brechen, dachte sie, während er sich entfernte. Ich glaube, er war nur schüchtern.

Ein paar Tage später fühlte sich der Doktor gar nicht wohl. Er hatte ein inneres Leiden, das ihn von Zeit zu Zeit plagte, aber er war daran gewöhnt und nicht geneigt, darüber zu reden. Wenn er einen seiner Anfälle hatte, wollte er nur allein gelassen werden. Seine Kajüte war klein und dumpf; darum legte er sich auf Deck in einen Liegestuhl und schloß die Augen. Miss Reid spazierte gerade auf und ab, um sich wie jeden Morgen und Abend eine halbe Stunde Bewegung zu machen. Er dachte, wenn er sich schlafend stellte, würde sie ihn nicht stören. Als sie aber ein halbes Dutzend Mal an ihm vorbeigekommen war, blieb sie vor ihm stehen. Obwohl er die Augen geschlossen hatte, wußte er, daß sie ihn betrachtete.

»Kann ich etwas für Sie tun, Doktor?« fragte sie.

Er zuckte zusammen.

»Warum, was denn?«

Er schaute sie an und bemerkte ihren tief bekümmerten Blick.

»Sie sehen schrecklich krank aus«, sagte sie.

»Ich habe große Schmerzen.«

»Ich weiß. Das kann ich sehen. Kann man nichts dagegen tun?«

»Nein, es geht nach einiger Zeit vorbei.«

Sie zögerte einen Augenblick und ging dann fort. Nach einer Weile kam sie zurück.

»Sie sehen so unbehaglich aus, ohne Kissen oder irgend etwas. Ich habe Ihnen mein Reisekissen gebracht, das ich immer mitnehme. Lassen Sie es mich Ihnen doch unter den Kopf schieben.«

Er fühlte sich im Augenblick zu elend, um zu protestieren. Sie hob seinen Kopf sanft auf und schob das weiche Kissen darunter. Es war wirklich bequemer für ihn. Sie strich ihm mit der Hand, die kühl und weich war, über die Stirn.

»Armer Mann«, sagte sie. »Ich weiß, wie Ärzte sind. Ärzte haben keine Ahnung, wie sie sich selber behandeln sollten.«

Sie verließ ihn, kam aber nach wenigen Minuten mit einem Stuhl und einem Beutel zurück. Als der Doktor sie bemerkte, zuckte er gequält zusammen.

»Nun werde ich Ihnen nicht erlauben zu sprechen; ich werde nur neben Ihnen sitzen und stricken. Ich finde, es ist immer tröstlich, wenn man sich nicht wohl fühlt, jemand in der Nähe zu haben.«

Sie setzte sich, zog einen angefangenen Schal aus ihrem Beutel und begann emsig, die Nadeln zu handhaben. Sie sprach kein Wort. Und merkwürdigerweise empfand der Doktor ihre Gegenwart als Trost. Niemand an Bord hatte überhaupt bemerkt, daß er krank war; er hatte sich einsam gefühlt, und die Teilnahme dieser hoffnungslos langweiligen Person war wohltuend für ihn. Es beruhigte ihn, sie da schweigend arbeiten zu sehen, und bald schlief er ein. Als er wieder aufwachte, arbeitete sie noch. Sie sah ihn mit einem leichten Lächeln an, sagte aber nichts. Der Schmerz war vergangen, und er fühlte sich viel wohler.

Er ging erst am Spätnachmittag in den Salon. Dort fand er den Kapitän und Hans Krause, den Maat, die zusammen Bier tranken.

»Setzen Sie sich, Doktor«, sagte der Kapitän. »Wir halten eben Kriegsrat. Sie wissen, daß übermorgen Heiliger Abend ist.«

»Natürlich.«

Der Weihnachtsabend bedeutet dem Deutschen viel, und sie hatten sich schon alle darauf gefreut. Sie hatten den ganzen Weg von Deutschland her einen Weihnachtsbaum mitgebracht.

»Beim Essen heute war Miss Reid gesprächiger denn je. Hans und ich haben beschlossen, daß etwas dagegen geschehen muß.«

»Sie hat heute vormittag zwei Stunden schweigend neben mir gesessen. Da hat sie wohl das Versäumte nachholen wollen.«

»Es ist schlimm genug, gerade jetzt von zu Hause weg zu sein, und es bleibt uns nichts anderes übrig, als das Beste draus zu machen. Wir wollen unseren Heiligen Abend genießen, und wenn wir wegen Miss Reid nichts unternehmen, ist das ausgeschlossen.«

»Wir können es nicht gemütlich haben, wenn sie dabei ist«, sagte der Maat. »Sie würde todsicher alles verderben.«

»Was schlagen Sie vor, um sie loszuwerden, wenn wir sie nicht über Bord werfen können?« sagte der Doktor lächelnd. »Sie ist keine üble Seele; alles, was ihr fehlt, ist ein Liebhaber.«

»In ihrem Alter?« rief Hans Krause.

»Gerade in ihrem Alter. Diese ausschweifende Redseligkeit, diese Sucht nach Auskünften, die zahllosen Fragen, die sie stellt, ihre Banalitäten, die Art, wie sie kein Ende findet – das ist alles ein Zeichen ihrer rebellierenden Jungfräulichkeit. Ein Liebhaber würde ihr Frieden bringen. Ihre überreizten Nerven würden sich entspannen. Sie hätte dann wenigstens eine Stunde lang gelebt. Die tiefe Befriedigung, die ihr Wesen verlangt, würde durch diese gereizten Sprachzentren fließen, und wir hätten Ruhe.«

Es war immer etwas schwer festzustellen, wieviel der Doktor von dem, was er sagte, wirklich meinte und wann er sich lustig machte. Aber die blauen Augen des Kapitäns funkelten übermütig.

»Na, Doktor, ich setze großes Vertrauen in Ihre Diagnosen. Das Rezept, das Sie vorschlagen, ist sicher einen Versuch wert, und da Sie Junggeselle sind, ist es klar, daß seine Anwendung Ihnen obliegt.«

»Verzeihen Sie, Kapitän, es ist meine berufliche Pflicht, den Patienten, die mir auf diesem Schiff anvertraut sind, Arzneien zu verordnen, aber nicht, sie ihnen persönlich zu verabreichen. Außerdem bin ich sechzig.«

»Ich bin ein verheirateter Mann mit erwachsenen Kindern«, sagte der Kapitän. »Ich bin alt und dick und asthmatisch; es ist klar, daß mir eine solche Aufgabe nicht zugemutet werden kann. Die Natur hat mich für die Rolle eines Ehemannes und Vaters bestimmt, nicht für die eines Liebhabers.«

»In diesen Dingen ist Jugend eine Voraussetzung und gutes Aussehen von Vorteil«, sagte der Doktor ernst.

Der Kapitän schlug mit der Faust krachend auf den Tisch.

»Sie denken an Hans. Sie haben ganz recht. Hans muß es sein.«

»Ich? Niemals.«

»Hans, du bist groß, hübsch, stark wie ein Löwe, tapfer und jung. Wir werden noch dreiundzwanzig Tage auf See sein, bevor wir nach Hamburg kommen. Du willst doch deinen vertrauten alten Kapitän in solcher Notlage nicht im Stich lassen, oder deinen guten Freund, den Doktor?«

»Nein, Kapitän, das ist zu viel von mir verlangt. Ich bin noch kein ganzes Jahr verheiratet, und ich liebe meine Frau. Ich kann es kaum erwarten, nach Hamburg zurückzukommen. Sie sehnt sich ebenso nach mir wie ich mich nach ihr. Ich will ihr nicht untreu werden – vor allem nicht mit Miss Reid.«

»Miss Reid ist gar nicht so übel«, sagte der Doktor.

»Manche Leute würden sie sogar hübsch finden«, sagte der Kapitän.

Und wirklich, wenn man Miss Reids Züge einzeln betrachtete, war sie keineswegs unschön. Wohl hatte sie ein langes, dummes Gesicht, aber ihre braunen Augen waren groß, und sie hatte sehr dichte Wimpern; ihr braunes Haar war kurz geschnitten und lockte sich recht gefällig im Nacken; ihre Haut war nicht schlecht, und sie war weder zu dick noch zu dünn. Sie war nach heutigen Begriffen nicht alt, und wenn sie gesagt hätte, sie sei vierzig, so hätte man das ohne weiteres geglaubt. Das einzige, was an ihr auszusetzen blieb, war, daß sie hausbacken und langweilig war.

»Muß ich also weitere dreiundzwanzig Tage die Weitschweifigkeit dieser lästigen Person ertragen? Muß ich noch geschlagene dreiundzwanzig Tage ihre törichten Fragen beantworten und ihre albernen Bemerkungen anhören? Muß ich alter Mann mir meinen Heiligen Abend, den schönen Abend, auf den ich mich gefreut hatte, durch die Gesellschaft dieser unerträglichen Jungfer verderben lassen? Und nur, weil niemand gefunden werden kann, der ein wenig Galanterie, ein wenig menschliche Güte, einen Beweis von Mildtätigkeit einer einsamen Frau gegenüber aufbringen kann! Ich werde das Schiff auflaufen lassen.«

»Es bleibt immer noch der Funker«, sagte Hans.

Der Kapitän stieß einen lauten Schrei aus.

»Hans, mögen die zehntausend Jungfrauen von Köln sich erheben und dich segnen, Steward«, donnerte er, »sag dem Funker, daß ich ihn sprechen will.«

Der Funker kam in den Salon und stand stramm. Die drei Männer betrachteten ihn schweigend. Er überlegte beunruhigt, ob er etwas angestellt hatte, wofür er nun zur Rechenschaft gezogen werden sollte. Er war mehr als mittelgroß, mit breiten Schultern und schmalen Hüften, kerzengerade und schlank; seine gebräunte, glatte Haut sah aus, als hätte ein Rasiermesser sie nie berührt, er hatte große, auffallend blaue Augen und eine Mähne von lockigem, goldblondem Haar. Er war ein Prachtexemplar junger teutonischer Männlichkeit. Er war so gesund, so kräftig und voller Leben, daß man selbst auf eine gewisse Entfernung die Vitalität spürte, die von ihm ausstrahlte.

»Wie alt bist du, mein Junge?« sagte der Kapitän.

»Einundzwanzig, Herr Kapitän.«

»Verheiratet?«

»Nein, Herr Kapitän.«

»Verlobt?«

Der Funker kicherte. Es lag etwas anziehend Knabenhaftes in seinem Lachen.

»Nein, Herr Kapitän.«

»Du weißt, daß wir einen weiblichen Passagier an Bord haben?«

»Ja, Herr Kapitän.«

»Kennst du sie?«

»Wenn ich sie auf Deck treffe, sage ich ihr guten Morgen.«

Der Kapitän nahm seine offiziellste Haltung an. Seine Augen, die meistens vor Humor zwinkerten, waren jetzt streng, und er legte einen bellenden Ton in seine tiefe, volle Stimme.

»Obwohl dies ein Frachtdampfer ist und wir wertvolle Ladung mitführen, nehmen wir auch die Passagiere auf, die wir kriegen können, und das ist eine Abteilung unseres Geschäftes, an deren Entwicklung der Gesellschaft sehr viel liegt. Die Weisungen an mich lauten dahin, alles nur Mögliche für die Zufriedenheit und das Behagen der Passagiere zu tun. Miss Reid benötigt einen Liebhaber. Der Doktor und ich sind zu der Überzeugung gekommen, daß du geeignet bist, den Anforderungen von Miss Reid zu entsprechen.«

»Ich, Herr Kapitän?« Der Funker wurde feuerrot und begann dann zu kichern, beherrschte sich aber gleich wieder, als er die entschlossenen Mienen der drei Männer ihm gegenüber sah.

»Aber sie ist alt genug, um meine Mutter zu sein.«

»In deinem Alter hat das gar nichts zu sagen. Sie ist eine vornehme Dame und mit allen großen Familien in England verwandt. Wenn sie Deutsche wäre, so wäre sie mindestens eine Gräfin. Daß du für diesen verantwortungsvollen Posten auserwählt worden bist, bedeutet eine Ehre, die du hoch einschätzen solltest. Außerdem ist dein Englisch mangelhaft, und hierdurch wirst du eine glänzende Gelegenheit haben, es zu verbessern.«

»Das ist allerdings wahr«, sagte der Funker. »Ich weiß, daß es mir an Übung fehlt.«

»Es kommt im Leben nicht oft vor, daß man Vergnügen mit

geistiger Entwicklung verbinden kann, und du darfst dir zu diesem Glücksfall gratulieren.«

»Aber wenn ich diese Frage stellen darf, Herr Kapitän: Warum benötigt Miss Reid einen Liebhaber?«

»Es scheint eine alte englische Sitte zu sein, daß unverheiratete Frauen von hohem Rang sich zu dieser Jahreszeit den Umarmungen eines Liebhabers hingeben. Die Gesellschaft wünscht dringend, daß Miss Reid genau so behandelt wird, wie das auf einem englischen Schiff der Fall gewesen wäre, und wenn sie zufrieden ist, dürfen wir damit rechnen, daß sie bei ihren aristokratischen Beziehungen vielen ihrer Freunde diese Schiffahrtslinie empfehlen wird.«

»Herr Kapitän, ich bitte, mich zu entschuldigen.«

»Dies ist keine Bitte, die ich ausspreche, sondern ein Befehl. Du wirst dich heute abend um elf Uhr bei Miss Reid in ihrer Kajüte melden.«

»Was soll ich tun, wenn ich dort bin?«

»Tun?« donnerte der Kapitän. »Tun? Dich natürlich benehmen.«

Er winkte mit der Hand und entließ ihn. Der Funker schlug die Hacken zusammen, salutierte und ging hinaus. »Jetzt wollen wir noch ein Glas Bier trinken«, sagte der Kapitän.

Beim Abendessen war Miss Reid ganz auf der Höhe. Sie war wortreich. Sie war neckisch. Sie war vornehm. Es gab keinen Gemeinplatz, den sie nicht ausgesprochen hätte. Es gab keine abgedroschene Redensart, die sie vermieden hätte. Sie bombardierte alle mit törichten Fragen. Das Gesicht des Kapitäns wurde immer röter bei der Bemühung, seine Wut zu unterdrücken; er fühlte, daß er ihr nicht länger mit Höflichkeit begegnen konnte, und wenn das Rezept des Doktors nicht half, würde er sich eines Tages vergessen und ihr nicht nur ein wenig, sondern restlos die Meinung sagen.

»Ich werde meinen Posten verlieren«, dachte er dabei, »aber ich glaube fast, daß es sich lohnen würde.«

Am nächsten Tag saßen sie schon alle am Tisch, als sie zum Mittagessen hereinkam.

»Morgen ist Weihnachtsabend«, sagte sie munter. Dieser Hinweis entsprach ihr durchaus. Sie fuhr fort: »Nun, was haben Sie alle heute vormittag getrieben?«

Da sie jeden Tag genau das gleiche taten und sie genau wußte, was das war, wirkte diese Frage aufreizend. Der Kapitän verlor den Mut. Er sagte dem Doktor kurz, was er von ihm hielt.

»Jetzt aber bitte kein Deutsch«, sagte Miss Reid schalkhaft. »Sie wissen, daß ich das nicht gestatte, und warum, Kapitän, haben Sie den armen Doktor so verdrießlich angesehen? Es ist doch Weihnachtszeit, bedenken Sie, Frieden auf Erden und den Menschen ein Wohlgefallen. Ich bin schon ganz aufgeregt beim Gedanken an morgen. Werden an dem Weihnachtsbaum Kerzen sein?«

»Natürlich.«

»Wie wunderbar! Ich finde immer, daß ein Weihnachtsbaum ohne Kerzen kein Weihnachtsbaum ist. Ach, übrigens, denken Sie nur: Ich hatte gestern abend ein so komisches Erlebnis. Ich kann es gar nicht verstehen.«

Eine betroffene Stille trat ein. Alle blickten gespannt auf Miss Reid. Ausnahmsweise hingen sie einmal an ihren Lippen.

»Ja«, fuhr sie in dem ihr eigenen monotonen und gezierten Ton fort, »ich wollte mich gestern abend gerade zur Ruhe begeben, als es an meine Türe klopfte. ›Wer ist da?‹ sagte ich. ›Der Funker‹, war die Antwort. ›Was gibt es?‹ fragte ich. ›Kann ich Sie sprechen?‹ sagte er.«

Sie hörten mit atemloser Aufmerksamkeit zu.

»›Nun, ich will schnell einen Morgenrock anziehen‹, sagte ich, ›und die Tür aufmachen.‹ Also zog ich den Morgenrock an und öffnete die Tür. Der Funker sagte: ›Entschuldigen Sie, Miss, aber wollen Sie nicht vielleicht eine Funkbotschaft senden?‹ Nun, ich fand es schon sehr komisch, daß er um diese Stunde kam, um mich zu fragen, ob ich eine Funkbotschaft senden möchte; ich lachte ihm gerade ins Gesicht, denn es regte meinen Sinn für Humor an, wenn Sie verstehen, was ich damit meine, aber ich wollte ihn nicht kränken, darum sagte ich: ›Vielen Dank, aber ich glaube nicht, daß ich eine Funkbotschaft senden will.‹ Er stand da und sah so komisch aus, als sei er ganz verlegen, darum sagte ich: ›Vielen Dank trotzdem für das Angebot‹, und dann sagte ich: ›Gute Nacht und angenehme Träume‹ und schloß die Tür.«

»Der verdammte Narr«, rief der Kapitän aus.

»Er ist noch jung, Miss Reid«, warf der Doktor ein. »Das war übertriebener Eifer. Wahrscheinlich dachte er, daß Sie gern Ihren Freunden Glückwünsche schicken möchten, und da wollte er Ihnen den Vorteil einer verbilligten Gebühr vermitteln.«

»Ach, es hat mir gar nichts ausgemacht. Ich habe diese komischen kleinen Erlebnisse auf Reisen gern. Ich lache nur herzlich darüber.«

Sobald das Essen vorüber war und Miss Reid sie verlassen hatte, ließ der Kapitän den Funker kommen.

»Du Esel, warum in aller Welt hast du Miss Reid gestern abend gefragt, ob sie einen Funkspruch senden wolle?«

»Herr Kapitän, Sie haben mir gesagt, ich solle mich natürlich benehmen. Ich bin Funker. Ich dachte, es sei natürlich, wenn ich sie frage, ob sie einen Funkspruch senden wolle. Ich wußte nicht, was ich sonst sagen sollte.«

»Gott im Himmel!« schrie der Kapitän. »Als Siegfried Brünhilde auf dem Felsen liegen sah und ausrief: ›Das ist kein Mann!‹« (der Kapitän sang die Worte zwei- oder dreimal, weil er seine Stimme gern hörte, bevor er fortfuhr), »hat Siegfried sie dann, nachdem sie erwachte, gefragt, ob sie einen Funkspruch senden möchte, um vielleicht ihrem Papa mitzuteilen, daß sie sich von ihrem langen Schlaf erhoben habe und jetzt wach sei?«

»Ich möchte Sie respektvoll darauf aufmerksam machen, daß Brünhilde Siegfrieds Tante war. Miss Reid ist mir völlig fremd.«

»Er hat nicht darüber nachgedacht, daß sie seine Tante war. Er wußte nur, daß sie eine schöne und wehrlose Frau war, allem Anschein nach aus guter Familie, und er benahm sich so, wie jeder Gentleman es getan hätte. Du bist jung und hübsch, die Ehre Deutschlands liegt in deiner Hand.«

»Zu Befehl, Herr Kapitän. Ich werde mir Mühe geben.«

An diesem Abend wurde wieder an Miss Reids Türe geklopft.

»Wer ist da?«

»Der Funker. Ich habe eine Funknachricht für Sie, Miss Reid.«

»Für mich?« Sie war erstaunt, aber es fiel ihr sofort ein, daß einer ihrer Mitreisenden, der in Haiti an Land gegangen war, ihr einen Weihnachtsgruß geschickt haben konnte. Wie freundlich sind doch die Menschen, dachte sie. »Ich bin zu Bett. Legen Sie es vor die Tür.«

»Es ist mit Rückantwort. Zehn Worte vorausbezahlt.«

Dann konnte es kein Festgruß sein. Ihr Herzschlag stockte. Es konnte nur eins bedeuten: Ihr Geschäft war bis auf den Boden niedergebrannt. Sie sprang aus dem Bett.

»Schieben Sie es unter der Türe durch, dann schreibe ich die Antwort und schiebe es Ihnen zurück.«

Der Umschlag wurde unter der Tür durchgeschoben, und als er auf dem Teppich erschien, hatte er wirklich ein unheilvolles Aussehen. Miss Reid nahm ihn rasch und riß ihn auf. Die Worte schwammen ihr vor den Augen, und sie konnte ihre Brille nicht gleich finden. Dies war es, was sie las:

»Fröhliche Weihnachten. Stop. Frieden auf Erden und den Menschen ein Wohlgefallen. Stop. Sie sind sehr schön. Ich liebe Sie. Stop. Ich muß mit Ihnen sprechen. Stop. Unterzeichnet: der Funker.«

Miss Reid las es zweimal durch. Dann nahm sie langsam ihre Brille ab und versteckte sie unter einem Schal. Sie öffnete die Tür.

»Kommen Sie herein«, sagte sie.

Am nächsten Tag war Weihnachtsabend. Die Offiziere waren heiter und ein wenig sentimental, als sie sich zum Mittagessen setzten. Die Stewards hatten den Salon mit tropischen Schlingpflanzen geschmückt, als Ersatz für Stechpalme und Misteln, und der Weihnachtsbaum stand auf dem Tisch; seine Kerzen sollten beim Abendessen angezündet werden. Miss Reid kam erst herein, als die Offiziere schon saßen, und als sie ihr guten Morgen wünschten, neigte sie nur schweigend den Kopf. Alle schauten sie neugierig an. Sie sprach dem Essen mit gutem Appetit zu, sagte aber kein Wort. Ihr Schweigen war unheimlich. Endlich konnte der Kapitän es nicht mehr aushalten und sagte:

»Sie sind heute sehr still, Miss Reid.«

»Ich denke nach«, erwiderte sie.

»Und wollen Sie uns Ihre Gedanken nicht mitteilen, Miss Reid?« fragte der Doktor scherzend.

Sie warf ihm einen kühlen, beinahe hochmütigen Blick zu.

»Ich ziehe vor, sie für mich zu behalten, Doktor. Ich hätte aber gerne noch etwas von dem Ragout, ich habe einen sehr guten Appetit.«

Sie beendeten das Mahl unter wohltuendem Schweigen. Der Kapitän stieß einen Seufzer der Erleichterung aus. Dazu war eine Mahlzeit da: zum Essen, nicht zum Schwatzen. Als sie fertig waren, ging er auf den Arzt zu und drückte ihm die Hand.

»Es ist etwas geschehen, Doktor.«

»Es ist geschehen. Sie ist wie verwandelt.«

»Aber wird es andauern?«

»Man kann nur das Beste hoffen.«

Miss Reid zog für die Feier ein Abendkleid an, ein ganz schlichtes schwarzes Kleid mit künstlichen Rosen an ihrem Busen und einer langen imitierten Jadekette um den Hals. Das Licht war gedämpft, und an dem Weihnachtsbaum brannten die Kerzen. Es war ein wenig wie in der Kirche. Die jüngeren Offiziere speisten an diesem Abend auch im Salon, und sie sahen sehr flott aus in ihren weißen Uniformen. Es gab Sekt auf Kosten der Schiffahrtsgesellschaft und nach dem Abendessen Punsch. Sie zogen an Knallbonbons. Sie sangen Lieder zur Grammophonbegleitung: »Deutschland, Deutschland über alles«, »Alt-Heidelberg« und »Lang, lang ist's her«. Sie schmetterten die Melodien kräftig hinaus, die Stimme des Kapitäns übertönte alle andern, und Miss Reid fiel mit einer angenehmen Altstimme ein. Der Doktor beobachtete, daß Miss Reids Augen von Zeit zu Zeit auf dem Funker ruhten, und er las in ihnen den Ausdruck einer leichten Verwirrung.

»Er ist ein hübscher Bursche, nicht wahr?« sagte der Doktor.

Miss Reid drehte sich um und schaute ihn kühl an.

»Wer?«

»Der Funker! Ich dachte, Sie hätten ihn eben betrachtet.«

»Welcher ist es?«

»Die Doppelbödigkeit der Frauen«, brummte der Doktor vor sich hin, erwiderte aber mit einem Lächeln: »Er sitzt neben dem Ersten Ingenieur.«

»Ach, natürlich, jetzt erkenne ich ihn wieder. Wissen Sie, ich finde nie, daß es so wichtig ist, wie ein Mann aussieht. Ich interessiere mich so viel mehr für den Geist eines Mannes als für sein Äußeres.«

»Oh«, sagte der Doktor.

Sie hatten alle einen kleinen Schwips, auch Miss Reid, aber sie verlor dabei nichts von ihrer Würde, und als sie ihnen gute Nacht sagte, geschah es in ihrer allerbesten Form.

»Ich habe einen ganz reizenden Abend verbracht. Ich werde niemals meinen Weihnachtsabend auf einem deutschen Schiff vergessen. Es war sehr interessant. Ein richtiges Erlebnis.«

Sie ging aufrecht zur Türe, und das war ein gewisser Triumph, denn sie hatte den ganzen Abend hindurch Zug um Zug mit ihnen ihr Glas geleert.

Sie waren am nächsten Tag alle ein wenig mitgenommen. Als der Kapitän, der Doktor und der Erste Ingenieur zum Mittagessen herunterkamen, saß Miss Reid schon am Tisch. Vor jedem Gedeck lag ein kleines, mit rosa Band umwickeltes Päckchen. Auf jedem stand geschrieben: »Fröhliche Weihnachten«. Sie schauten Miss Reid fragend an.

»Sie sind alle so freundlich zu mir gewesen, deshalb wollte ich jedem von Ihnen ein kleines Geschenk machen. Es gab nicht viel Auswahl in Port au Prince, Sie dürfen nicht zuviel erwarten.«

Für den Kapitän waren es zwei Pfeifen aus Rosenholz, für den Doktor sechs seidene Taschentücher, ein Zigarrenetui für den Maat und zwei Krawatten für den ersten Ingenieur. Sie nahmen die Mahlzeit ein, und Miss Reid zog sich in ihre Kajüte zurück, um auszuruhen. Die Offiziere schauten einander unbehaglich an. Der Maat spielte mit dem Zigarrenetui, das sie ihm gegeben hatte.

»Ich schäme mich ein bißchen«, sagte er endlich.

Der Kapitän war nachdenklich; offenbar fühlte auch er sich etwas unsicher.

»Ich frage mich, ob wir Miss Reid diesen Streich hätten spielen dürfen«, sagte er. »Sie ist eine gute Seele, und sie ist nicht reich; sie ist eine Frau, die sich ihren Unterhalt verdient. Sie hat sicher annähernd hundert Mark für diese Geschenke ausgegeben. Ich wollte beinahe, wir hätten sie in Ruhe gelassen.«

Der Doktor zuckte die Achseln.

»Sie wollten, daß sie verstummen sollte, und ich habe sie zum Schweigen gebracht.«

»Wenn man es näher überlegt, hätte es uns nichts geschadet, ihrem Geschwätz noch weitere drei Wochen zuzuhören«, sagte der Maat.

»Ich bin ihretwegen nicht ganz glücklich«, fügte der Kapitän hinzu. »Ich finde ihr Schweigen unheimlich.«

Sie hatte während der ganzen Mahlzeit kaum ein Wort gesagt. Sie schien kaum darauf zu hören, was sie sprachen.

»Meinen Sie nicht, daß Sie sich bei ihr erkundigen sollten, ob sie sich ganz wohl fühlt, Doktor?« schlug der Kapitän vor.

»Natürlich fühlt sie sich wohl. Sie hat einen Wolfsappetit. Wenn Sie Erkundigungen einholen wollen, sollten Sie sich lieber an den Funker wenden.«

»Vielleicht haben Sie es noch nicht bemerkt, Doktor, aber ich bin ein Mann von großem Zartgefühl.«

»Ich habe selber auch ein Herz«, sagte der Doktor.

Während der restlichen Fahrt verwöhnten diese Männer Miss Reid in ganz übertriebener Weise. Sie behandelten sie mit der Rücksicht, die sie einer von langer gefährlicher Krankheit Genesenden entgegengebracht hätten. Obwohl ihr Appetit glänzend war, bemühten sie sich, sie mit neuen Gerichten zu verlocken. Der Doktor bestellte Wein und bestand darauf, daß sie die Flasche mit ihm teilte. Sie spielten Domino mit ihr. Sie spielten Schach mit ihr. Sie spielten Bridge mit ihr. Sie zogen sie ins Gespräch. Aber es unterlag keinem Zweifel, daß sie, obwohl sie dem Entgegenkommen höflich begegnete, innerlich für sich blieb. In ihrem Blick lag beinahe etwas wie Verachtung; man hätte fast denken können, daß diese Männer und ihre liebenswürdigen Bemühungen ihr angenehm lächerlich erschienen. Sie sprach selten, wenn sie nicht angeredet wurde. Sie las Detektivromane und saß abends auf Deck und betrachtete die Sterne. Sie lebte ein Leben für sich.

Endlich nahte das Ende der Reise. Sie dampften an einem ruhigen, grauen Tag den Ärmelkanal hinauf; sie erblickten Land. Miss Reid packte ihre Koffer. Um zwei Uhr nachmittags legten sie im Dock von Plymouth an. Der Kapitän, der Maat und der Doktor kamen herbei, um sich von ihr zu verabschieden.

»Nun, Miss Reid«, sagte der Kapitän in seiner herzhaften Weise, »es tut uns leid, Sie zu verlieren, aber wahrscheinlich freuen Sie sich, nach Hause zu kommen.«

»Sie sind sehr freundlich zu mir gewesen, Sie alle sind sehr freundlich gewesen. Ich weiß gar nicht, wodurch ich das verdient habe. Ich war sehr glücklich bei Ihnen. Ich werde Sie nie vergessen.«

Sie sprach ein wenig zittrig, sie versuchte zu lächeln, aber ihre Lippen bebten, und Tränen liefen ihr über die Wangen. Der Kapitän wurde dunkelrot. Er lächelte verlegen.

»Darf ich Ihnen einen Kuß geben, Miss Reid?«

Sie war um einen halben Kopf größer als er. Sie beugte sich herunter, und er drückte ihr einen dicken Kuß auf die eine nasse Wange und einen weiteren dicken Kuß auf die andere. Sie wandte sich zu dem Doktor und dem Maat. Und beide küßten sie.

»Was für eine alte Närrin bin ich«, sagte sie. »Alle sind so gut.«

Sie trocknete sich die Augen und ging dann langsam, in ihrer graziösen, leicht komischen Art den Laufsteg hinunter. Der Kapitän hatte feuchte Augen. Als sie den Quai erreichte, blickte sie in die Höhe und winkte jemandem auf dem Bootsdeck.

»Wem winkt sie?« fragte der Kapitän.

»Dem Funker.«

Miss Price wartete am Quai, um sie willkommen zu heißen. Als sie den Zoll passiert hatten und Miss Reid ihr großes Gepäck losgeworden war, gingen sie zu Miss Price und tranken dort einen frühen Tee. Miss Reids Zug fuhr erst um fünf Uhr. Miss Price hatte Miss Reid viel zu berichten.

»Aber es ist schlimm von mir, so ins Reden zu geraten, wenn du gerade erst nach Hause gekommen bist. Ich habe mich schon so darauf gefreut, alles über deine Reise zu hören.«

»Ich fürchte, daß es gar nicht viel zu erzählen gibt.«

»Das kann ich nicht glauben. Deine Reise ist doch gelungen, oder nicht?«

»Sehr gelungen. Es war sehr nett.«

»Und es war dir nicht unangenehm, mit all diesen Deutschen zusammen zu sein?«

»Natürlich sind sie nicht wie Engländer. Man muß sich an ihre Art gewöhnen. Sie tun manches, was – nun, was Engländer nicht tun würden, weißt du. Aber ich finde immer, daß man die Dinge nehmen muß, wie sie kommen.«

»Was meinst du damit?«

Miss Reid blickte ihre Freundin gelassen an. Ihr langes, dummes Gesicht hatte einen milden Ausdruck, und Miss Price bemerkte das eigentümlich mutwillige Blinken in ihren Augen nicht.

»Eigentlich nur ganz bedeutungslose Ereignisse. Einfach komische, unerwartete, recht nette Erlebnisse. Zweifellos wirkt Reisen wunderbar bildend.«

DJUNA BARNES

Der Brief, der niemals abgeschickt wurde

DEN GANZEN WINTER LANG hatte Berlin von nichts anderem geredet als vom Charme, der unaussprechlichen Anmut und Schönheit der kleinen Wiener Tänzerin Vava Hajos. Zu Beginn der Theatersaison war sie wie der Blitz ins Publikum gefahren – ein wirbelndes Stücklein gefärbter Draperie, so flüchtig wie der Atemhauch eines Sterbenden auf einem Spiegel, durch den ihre Glieder hindurchschienen wie hinter dem Wolkenvorhang des Gedächtnisses. Ihr Kopf war eine einzige Masse üppig quellendes Haars, das sich mit sehnsuchtsvoller und dabei doch strahlender Ungebärdigkeit vom Halsansatz emporlockte und über hohen geschwungenen Brauen flammte. Und das allmähliche *rallentando* ihres Tanzes, das ihre Füße über die Bühne zog, als lägen sie, in wehrloser Schwäche, in irgendeinem zarten Phantomspinngewebe gefangen, hatte nicht nur das ganze tonangebende Berlin zum Rasen gebracht, sondern auch sämtliche Provinzgrößen und Kaufleute, die in jener Saison in die Stadt drängten.

Wenn sie aus dem Theater strömten, in dem sie auftrat, glitzerte die frostkalte Luft von ihren bewundernden Kommentaren. Ihr Mund, so riefen sie, sei vom warmen leuchtenden Scharlachrot einer Mohnblüte, das letzte ersterbende Zucken ihrer Hand ein Triumph der Ausdruckskunst und der Schönheit. »Niemals zuvor hat eine Hand«, daran konnte es für sie keinen Zweifel geben, »mit soviel *largo* Lebewohl gewinkt. Und dies äußerste Maß an Harmonie, das jede Linie ihres Körpers auszeichnet ... – die Schultern, schmal, wie sie sind, wirken sie doch straff und breit ... Der feste, winzige Zylinder des Rumpfes, wie er sich zu Hüften verjüngt, um sich mit der Entrücktheit des Schlafes in Bein und Fessel aufzulösen, die wiederum ihren göttlichen Abschluß in einem Fuße finden, der der Springborn des Lebens selbst scheint.«

Beschwingt wie Vögel flatterten die Preisgedichte nächtens über die gestikulierenden Hände, die in freudiger Erregung gestrafften Schultern von Vavas anbetendem Publikum hinweg in die Luft hinauf.

Zwei der reichsten, edelsten, glühendsten unter all den anbetenden, flehenden Augenpaaren gehörten zwei Freunden, dem Baron Anzengruber und dem Vicomte Virevaude. Ihre ehrgeizigen Bemühungen, was sie betraf, waren unbestreitbar von der durchdachtesten Art, denn beide waren sie reich genug, um den Rhythmus selbst noch dieser unvergleichlichen Tänzerin ein wenig zu verschleppen, so schwer wog ihr Tribut an Perlen und eckigen Smaragden. Die Leidenschaft, die sie für sie empfanden, war vom Wahnsinn nicht weit entfernt. Sie durchschritten ihren jeweiligen Salon unter den marternden Peitschenhieben der Wenns, Abers und Vielleichts, die ihnen die Schuhsohlen zu Waffeln verschlissen und ihre Gefühle zu einer einzigen mißtönenden Verzweiflung; denn zu beider Liebeskrankheit kam noch die unerträglich dramatische Tatsache, daß diese rivalisierenden Liebhaber seit der Kindheit eng befreundet waren. Sie hatten auf demselben freiherrlichen Fußboden mit Murmeln gespielt, waren im Bois vom selben Pferd abgeworfen worden – denn ihre Familien hatten einander alljährlich besucht. Als sie das Mannesalter erreicht hatten, hatten sie einträchtig Verluste an der Börse erlitten und zu ihrer Zufriedenheit mit den besseren Rheinweinen spekuliert. Sie hatten jeder jeweils die Sprache des anderen erlernt, und der Baron bot den *Freund* für den *ami* des Vicomte. Sie hatten gemeinsam in Afrika gejagt und Glück und Unglück geteilt ..., und als die Jahre sich bemerkbar zu machen begannen, hatten sie in ihrem Lieblingsheilbad gemeinsam Glas um Glas gesunden Quellwassers getrunken. Ihre unverbrüchliche Treue zueinander war Legende geworden, ihre Freundschaft ein edles Bauwerk, das auf einen Felsen der Wahrhaftigkeit gegründet war.

Und nun war Vava Hajos in ihr Leben getreten. Und wo sie bislang Arm in Arm marschiert waren, mußten sie nun leise auftreten und auf die Zehen des anderen achtgeben; wo nichts als schlichtes Einverständnis geherrscht hatte, da wurde nun ein Zweifel, eine Frage geboren. Auf den friedvollen Pfad ihrer Freundschaft war der furchtbare Schatten der Rivalität gefallen. Sie liebten dieselbe Frau.

Strenggenommen hatte der Vicomte dem Baron gegenüber in der Vava-Sache einen Vorsprung von achtundvierzig Stunden. Er hatte sie zuerst gesehen, und die schlagartige Verzauberung, die ihre Schönheit an ihm bewirkte, verstieg sich hin zu fünf Dutzend jener berühmten deutschen Rosen, die allzeit bereit scheinen, zur Ehre ihres Vaterlandes an ihren Stielen hinzuwelken.

Liebestrunken war der Vicomte an jenem Abend heimgetaumelt, um Vavas Schönheit Kerzen der Ekstase anzuzünden. Während er auf und ab schritt, versuchte er fieberhaft, Mittel und Wege zu ersinnen, wie er die Wertschätzung dieser ungekannten kleinen, dieser tanzenden Miszelle aus Gold und Elfenbein und schwebendem Tüll erringen konnte, deren Zauber so unfehlbar, so unsäglich mächtig war; denn da war etwas an der rhythmischen Hüftbeuge Vavas, das von verborgenen Dingen kündete, die vor langer, langer Zeit begangen worden waren, ehe Vater und Mutter auch nur den leisesten Verdacht schöpfen konnten.

Der Vicomte durchschritt seine Zimmer bis zum Morgengrauen. Und nahm am darauffolgenden Abend den Baron mit ins Theater, so daß er sich dies herrliche Mädchen anschauen konnte. Der Baron war zunächst skeptisch – doch als er Vava erblickte, packte ihn ein Schwindel, und sein Herz schlug so ungebärdig, daß er wie von einem Lachanfall geschüttelt wurde ... Doch er lachte nicht.

In der Pause saßen sie in ›den Zelten‹, tranken schwarzen Kaffee und rauchten Zigarren und sprachen von ihr, und ihr Loblied war zügellos, lyrisch, rokokohaft. Danach saßen sie die ganze Nacht beisammen vor den glühenden Scheiten des Barons, und der Morgen dämmerte fast, bis der Vicomte erkannte, daß der Baron nicht aus freundschaftlicher Anteilnahme von Vava sprach, sondern weil er selbst verliebt war.

Dann begann ein bezauberndes Tête-à-tête. Sie gestanden einander ihre Liebe ein, sie besiegelten sie mit einem Händedruck; sie waren gleichzeitig selig und zutiefst unglücklich. Keinem von beiden wäre es je in den Sinn gekommen, daß Vava selbst Gelegenheit hätte erhalten sollen, zwischen ihnen zu wählen, denn das ist so die Art reicher Herren mit Adelstitel, wenn die fragliche Dame ihren Rang nur Gott allein zu verdanken hat. Eine solche Schlacht von dreien wird immer von zweien ausgefochten. Doch was, so fragten sie sich selbst und einander, war in einem solchen Falle zu tun?

Sie sprachen freimütig darüber. Keine hinterhältigen, heimlichen Manöver sollten die Reinheit der Freundestreue trüben. Sie waren Gefährten, Brüder ... Sie würden in dieser Sache gemeinschaftlich vorgehen.

Der Baron bestand darauf, daß sein Freund, da er Vava ja zuerst gesehen hatte, ein Anrecht auf den ersten Annäherungsversuch habe. Er selbst, sagte der Baron, würde es darauf ankommen lassen. Und als der Vicomte sich nach wackerem Protest schließlich dreingeschickt und zugestimmt hatte, stellte sich heraus, daß das in der Tat eine gescheite Lösung war. Denn am nächsten Tag erhielt er ein Telegramm, aus dem hervorging, daß seine betagte Mutter, die sich während eines vierzehntägigen Aufenthalts in Venedig eine Halskrankheit zugezogen hatte, eilends an ihren Wohnsitz in Südfrankreich zurückgekehrt war, dennoch aber jeden Moment das Zeitliche segnen konnte. Er beschloß, sofort abzureisen, und die wenigen noch verbleibenden Stunden in Berlin waren gleichermaßen der Sorge um seine Mutter wie der letzten verzweifelten Anstrengung gewidmet, das Zwillingsproblem von Freundschaft und Liebe zu lösen.

Der Baron, der den sehnlichen Wunsch hatte, die Betrübnis eines Freundes zu lindern, schwor, daß er während dessen Abwesenheit nicht den kleinsten Versuch unternehmen werde, Vava für sich zu gewinnen. Der Vicomte gelobte seinerseits, daß er jede Stunde seiner Reise unablässig bemüht sein werde, Vava um seines Freundes willen zu vergessen. Als der Zug sich in Bewegung setzte, lehnte er sich weit aus dem Abteilfenster und sagte:

»Unternimm nichts, darum bitte ich dich, teurer Freund, bis du von mir hörst. Wenn ich dir schreibe, dann bedeutet das, daß ich mein Herz um deinetwillen besiegt habe – daß es mir gelungen ist, sie zu vergessen. Wenn du statt dessen jedoch binnen zwei Wochen nichts von mir hörst, mußt du sie vergessen. Und ich glaube«, setzte er hinzu, und sein Blick umwölkte sich, »daß du jenen Brief erhalten wirst.«

Einmal im Süden angelangt, schäumte der Vicomte vor Wut. Er liebte seine Mutter, hielt ihr getreulich die Hand und freute sich, sie auf dem Wege der Besserung zu sehen, doch innerlich raste er über die ausgedehnte Trennung von Vava. Als die Tage vergingen, beunruhigte ihn überdies das Gefühl, sich an der Freundschaft, die ihn mit dem Baron verband, vergangen zu haben, treulos zu sein – denn die zwei Wochen waren mittlerweile abgelaufen, und er hatte den Brief nicht abgeschickt … – jenes Zauberwort, das für seinen Freund Liebe und Glück, ja das Leben selbst bedeutet hätte. Wie gemein er doch war, wie so durch und durch unwürdig! Gemartert stellte er sich den Baron vor, wie er dort, stoisch und unbestechlich, an der Paradiesespforte ausharrte, gegen jede Versuchung gefeit, solange er nicht von seinem Freund gehört hatte.

Warum konnte er es nicht über sich bringen, den Brief zu schreiben? Ein halbes Dutzend Male hatte er es während der vergangenen zwei Wochen versucht, hatte er die Feder genommen, um zu schreiben: »Sie gehört Dir, mein lieber Baron ... Ich schenke sie Dir.« Doch jedesmal war er davor zurückgescheut und am Ende gescheitert. Er konnte den Brief nicht schreiben, er konnte es einfach nicht. Er wollte sie nicht aufgeben. Nach fünfzig Jahren der Freundschaft war er ein Geizhals geworden, der seinem teuersten Freund versagte, was ihm doch alles bedeutete ... Was für ein Mensch war er eigentlich? fragte er sich grimmig. Warum konnte er sein Glück nicht im Glück jener beiden finden? Er hatte doch versprochen, es zu versuchen, er hatte fest versprochen, daß es ihm gelingen werde – und nun konnte er es nicht.

Als die Stunde näherrückte, wo er wieder nach Berlin zurückkehren sollte, erreichte seine Verzweiflung ein solch tragisches Ausmaß, daß er händeringend auf einen Plan, einen Ausweg sann. Kam es denn jetzt, fünf Minuten vor zwölf, auf eine kleine Lüge an, wo es doch darum ging, den Freund zu retten? Wieviele Menschen griffen nicht zu dieser Art von Lüge, indem sie eilends Bestätigungsbriefe schrieben – nach all den Phantombriefen, die sie hätten schreiben sollen, jedoch nicht geschrieben haben. »Mein Lieber!« so riefen sie unter dem ungläubigen Auf und Ab der Feder, »Willst du behaupten, Du habest den Brief, den ich Dir vor einem Monat geschrieben habe, nie *bekommen*? Ich *habe* Dir aber geschrieben ...« Es war eine weiße Lüge, die bleiche, gemarterte Imitation einer Lüge. Weshalb sollte er jetzt nicht Gebrauch davon machen, indem er den Brief mit seiner Frage so absandte, daß der Baron ihn am Morgen des Tages, an dem er selbst in Berlin einträfe, erhalten würde?

Eilends schrieb er: »Mein lieber Freund, ist es möglich, daß Du meinen Brief nicht erhalten hast …?« und setzte hinzu: »Ich treffe am Abend des 24. in Berlin ein. Besuch mich bitte unverzüglich.« Er versiegelte ihn mit einem schweren Siegel, schickte ihn ab und war zum erstenmal wieder froh.

Fiebernd vor Erregung traf er in Berlin ein. Sein Freund würde ihn in seiner Wohnung vor dem Kaminfeuer erwarten; und wenn er es richtig anstellte, seine Melancholie im richtigen Moment zur Geltung brächte, im rechten Augenblick dezent einen Seufzer des Bedauerns hören ließe, eine tragische Geste des Verzichts anzubringen wüßte, würde das den Baron so tief berühren, daß dieser gefühlvolle Mensch, da war er sich sicher, bestimmt einverstanden wäre, ach was – geradezu darauf bestehen würde, Vava ein zweites Mal aufzugeben, sie dem Freunde, dem Vicomte, wieder in die Arme zu werfen. Und der Vicomte wäre doppelt glücklich dran, denn da er ja durch alle Stationen der Opferbereitschaft gegangen war, würde er in den Augen seines Freundes nicht im geringsten an Ansehen verlieren. Es war ein scharfsinniger Plan von bestechender Schlichtheit.

Er schüttelte sich den Schnee vom Kragen, während er die Treppe zu seiner Wohnung hinaufrannte. Atemlos erkundigte er sich, ob der Baron schon da sei. Nein, so erfuhr er, es sei niemand da. Er trat in den Salon, wo sie zuletzt miteinander gesprochen hatten, goß sich einen Brandy Soda ein und schaute auf die Uhr. Es war noch früh – wahrscheinlich würde der Baron nicht vor halb elf eintreffen. Er hätte sogar noch Zeit, überlegte er, Vava einen Besuch abzustatten … doch nein. Das Ganze sollte ohne jeden Makel zu Ende geführt werden. Erst würde er mit dem Freund sprechen.

Er nahm sich seine Post vor – Rechnungen, ein Brief seines Schneiders wegen einer Anprobe … Dann erblickte er einen Brief, der von der Hand des Barons adressiert war und einen vier Tage alten Poststempel trug. Schlimmes ahnend, riß er ihn zitternd auf.

»Wann war je ein Mensch mit einem so noblen, so großzügigen Freund gesegnet!« schrieb der Baron. »Selbstverständlich habe ich Deinen Brief erhalten – er traf vor einer Woche ein, genau wie Du vorausgesagt hattest. Du bist ein wahrer Sportsmann, ein Held, ein Gentleman …, und Vava und ich umarmen Dich!«

NADINE GORDIMER

Clowns im Glück

DIE MEISTEN FRAUEN haben einen letzten Pfeil in ihrem Köcher, von dem sie bedenkenlos, unterschiedslos Gebrauch machen, um jede Auseinandersetzung zu drosseln: den stets wiederholten Hinweis auf eine ihnen früher einmal zugefügte Kränkung.

Der Pfeil meiner Mutter hieß Onkel Chookie. Mochte sie selbst noch so sehr im Unrecht sein (und da wir täglich über die absolute Richtigkeit und Rechtlichkeit alles von ihr Gesagten und Getanen belehrt wurden, kam uns Kindern, Barbara, Bernard und Kate, auch nicht im Traum der Gedanke, daß sie jemals unrecht haben könnte): sie pflegte sich stets dadurch wieder ins Recht zu setzen, daß sie am Ende jeder Debatte meinem Vater ins Gesicht schleuderte:

»Und im Laufe von zehn Jahren hast du nicht ein einziges Mal daran gedacht, meinem armen Bruder zehn Schillinge mit der Post zu schicken!«

Und in diesem einen Punkte hatte sie wirklich recht. Er hatte es nie getan. Und worum es immer bei der jeweiligen Auseinandersetzung ging: daran, daß mein Vater außerstande war, die Tatsache dieser einen Unterlassung in Abrede zu stellen, erkannten wir, daß er unrecht hatte, wieder einmal unrecht, und daß meine Mutter der gekränkte Teil war.

Das Schweigen der abgebrochenen Auseinandersetzung hing in der Luft wie zwischen Häuserwänden der Dampf nach einem sommerlichen Gewitterregen. Das Schweigen, das Onkel Chookie galt und das auch niemals seine Wirkung verfehlte. Denn natürlich war es Onkel Chookie, den meine Mutter meinte, auch wenn sie niemals seinen Namen aussprach und außer ihm noch zwei andere Brüder hatte. Onkel Chookies wirklicher Name lautete Bernard wie der meines Bruders, aber er hatte den kindlichen Kosenamen wohl erhalten, als er noch in der Wiege lag, und er hatte ihn offenbar nur solange tragen sollen, bis er in den andern Namen hineingewachsen war. In meiner Erinnerung lebt er als ungefähr Vierzigjähriger fort – so alt muß er also gewesen sein, als wir Notiz von ihm zu nehmen begannen. Aber wie wir ihn niemals in seinen jüngeren Jahren oder unter einem andern Namen gekannt hatten, schien auch nichts Ungereimtes in der Tatsache zu liegen, daß uns dieser hochgewachsene, bereits grauhaarige Mann als Onkel Chookie vertraut war. Er ließ den Kopf ein wenig hängen, wie es nicht aus freien Stücken, sondern nach einem schweren Regen auch unsere hohen Stockrosen taten, und er hatte lange Hände, die, etwas unsicher, alles und jedes berührten, bei der Begrüßung auch unsere Hände, und die nicht, wie die unseres Vaters, nach Tabak, Zeitungsdruck und Benzin rochen, sondern wie die einer Frau nach Seife dufteten. Onkel Chookie hatte große graue Augen – Traueraugen nannten wir sie – wie meine Mutter und ich selbst, eingebettet in dunkle Hautschatten. Aber weiter reichte die Familienähnlichkeit nicht. Er hatte schlenkrige Gliedmaßen, während sie klein und feinknochig war, er war langsam in seinen Bewegungen, während sie behende war, und vor allem war er sehr schweigsam; und meine Mutter hatte eine helle, klare Stimme, von der sie ununterbrochen Gebrauch machte.

Wenn er bei seinem jährlichen Besuch bei uns weilte, war er wie der Schatten meiner Mutter – ein schweigsames Wesen, das aus ihren Augen in die Welt blickte, das dort saß, wo auch sie saß, und das ihr still von einem Zimmer ins andere folgte.

Jedes Jahr verbrachte er vierzehn Tage bei uns in Johannesburg, und in der Zwischenzeit bekamen wir ihn nur selten zu Gesicht, auch wenn meine Mutter etwa einmal im Monat einen Frühzug nahm, am Abend vorher einen Kuchen buk, dann ihre Sachen zurechtlegte und zu unserem schwarzen Hausmädchen oder durchs Telefon auch zu meiner Tante bemerkte: »Weißt du, ich fahre morgen früh zu unserem armen Chookie. Ich habe das Gefühl, ich muß, auch wenn es so lästig ist –.« Wenn wir uns dann am folgenden Morgen auf den Schulweg machten, hatte sie bereits das Haus verlassen, um den ersten Zug zu der in Nord-Transvaal gelegenen kleinen Stadt zu erreichen, in der Onkel Chookie lebte, und zwar offenbar in etwas ärmlichen, aber sonst nicht weiter bedrückenden Verhältnissen: »Natürlich hat er sein eigenes Zimmer«, hatten wir Mutter einmal irgendwem erzählen hören, »und außerdem noch ein paar von seinen Sachen und einen Spirituskocher für Tee und so weiter, und nebenan wohnt ein Mann, früher einmal ein Schullehrer, glaube ich, der auch sehr nett ist, der arme Kerl, und Chookie teilt seinen Kuchen mit ihm, und wenn der andere etwas bekommt, dann bringt er es zu Chookie ins Zimmer ...«

Wir Kinder freuten uns auf Onkel Chookies vierzehn Tage. Nur wenn sie da waren, waren sie von andern vierzehn Tagen nicht sehr verschieden. Sie halfen uns lediglich bei der Einteilung des Jahres in Geburtstage, Weihnachts-, Schul- und Ferienzeiten. Im Verein mit andern Ereignissen erleichterten sie es uns auch, die Zeitlosigkeit der Kindheit allmählich zu der allzu zeitstrengen Erwachsenenwelt in Beziehung zu setzen. Sobald er sich einmal bei uns befand, war Onkel Chookie kaum wirklich da. Er pflegte mit Vorliebe in der Fensternische zu stehen und hinauszustarren, wobei ihm infolge seiner vorfallenden Schultern der Rock ein wenig abstand. Wenn wir bei irgendeinem Laufspiel sein Gesichtsfeld kreuzten, schien er den Blick auf uns zu richten. Wenn wir aber nicht draußen spielten, mochte er die Vögel auf dem Rasen oder die Wolken betrachten. Mit steifer Hand strich er über das Rückgrat der Katze; während der Mahlzeiten ergriff er kaum je das Wort. Und solange er bei uns weilte, machte Mutter auch keinerlei Pläne mehr. »Weißt du, ich möchte gerade jetzt, da ich Chookie hier habe, nicht viel ausgehen«, sagte sie, sich entschuldigend, am Telefon. Dann trat sie in das Zimmer, in dem er gerade am Fenster stand, und sagte, den Kopf nachdenklich zur Seite geneigt wie auch immer dann, wenn einer von uns krank zu Bett lag und sie ihn fragte, was er gern haben wollte: »Ich glaube, ich lasse uns vom Fischhändler ein paar gute Seezungen filetieren – was meinst du? Das wäre doch was Nettes zum Mittagessen. Hast du sie lieber gebraten oder gekocht, mit einer Dillsauce?«

Dann seufzte er und starrte sie mit jenem angstvoll gekränkten Blick an, der stets in sein Auge trat, wenn man das Wort an ihn richtete. Es war, als sei das Angesprochenwerden für ihn eine Bürde, eine Verpflichtung, die er eigentlich nicht auf sich nehmen könnte. »Es kommt mir nicht drauf an, Babs. Gebraten ist mir ganz lieb, vielleicht mit einer Zitronenscheibe ... Es kommt mir wirklich nicht drauf an. Gebraten oder gekocht. Eins ist mir so recht wie das andere.«

Und dann standen sie beide wie gebannt von der Angst in des anderen Auge einen Moment reglos (man hätte fast erwarten können, sie wie im Zustand der Hypnose hin- und herschwingen zu sehen, so dunkel und groß und blickstarr waren ihre Augen), ehe meine Mutter mit einem unterdrückten Seufzer murmelte: »Na, schön ... schön ...«, und sich in die Küche begab.

Ein einziges Mal gelang es Onkel Chookie, seinen vierzehn Tagen wirklich ein persönliches Gepräge zu geben, und das war damals, als er uns zuliebe sang. Meine Mutter – sie muß zu jener Zeit, so schwer das heute vorstellbar ist, noch ziemlich jung und an so etwas interessiert gewesen sein – hatte auf den unteren Tasten des Klaviers eine kleine rhythmische Folge von Hopser- und

Plumpstönen zu meistern gelernt, die damals unter der Bezeichnung ›Synkopation‹ bekannt war. Auf dem Deckel des glänzend polierten Pianos, auf dem mein Bruder Bernard und ich selbst ›Für Elise‹ zu üben pflegten, lag ein ungeordneter Stoß Unterhaltungsmusik – Sammelalben mit Schlagern aus Musicals von Kern, Gershwin und Rodgers-Hart, von denen es in den dreißiger Jahren so viele und so glanzvolle gab, und die damals gerade im Londoner Westend und am Broadway in New York großen Erfolg hatten. Nach dem Abendessen standen wir mit Vorliebe um die Mutter herum und folgten dem merkwürdig ungleichen Gehämmer mit allerhand kläglichem Stimmaufwand, aber wenig Stimme. Meine Schwester Katie brachte mit fünfzehn Jahren bei den tieferen Noten ein paar ganz reizvolle Töne zustande, verlor sich aber bei den höheren völlig aus dem Gehörsbereich, vielleicht in jenes übermenschliche Register, für das die Ohren von Hunden angeblich noch empfänglich sind.

Und doch pflegte diese kleine Veranstaltung am Piano auf den Bruder meiner Mutter eine gewisse magnetische Wirkung auszuüben. Er wurde in unsern Kreis geradezu hineingezogen, statt daß er sich aus freien Stücken zu uns gesellte. Den einen Augenblick saß er noch in seinem Sessel, den nächsten konnten wir bereits die Berührung seiner Rockärmel und den ihm anhaftenden Wäscheschrankgeruch verspüren. Und dann hob er zu singen an, während wir allmählich verstummten. Er sang allein weiter, sang mit einer etwas belegten, aber sonst durchaus wohltönenden Stimme, und wenn ein Lied zu Ende war, ging er gleich zu einem anderen über. Meine Mutter blätterte um und wechselte die Melodie, ohne daß sie gesprochen oder den Kopf bewegt hätte. Es war, als wäre auch sie von irgendeinem Zauber gebannt. Wir andern fielen buchstäblich aus, zunächst mit unseren Stimmen, dann mit unserer ganzen Person. Wir hockten uns auf die Sessellehnen oder legten uns zum Lauschen auf die alte, wurmstichige Chaiselongue. Onkel Chookie, der es offenbar nur unter dem

Deckmantel fremder Unterhaltung fertigbrachte zu reden, und der sofort verstummte, ja mitten im Satz abbrach, sobald ihm der isolierte Klang seiner eigenen Stimme entgegenschlug, sang eine halbe Stunde lang inmitten völligen Schweigens, allgemeiner Aufmerksamkeit. Er, der von einem Autobusfahrschein bis zu einer Gabel alle Gegenstände betrachtete, als ob sie für ihn eine geheime Drohung bargen, spähte nur hin und wieder aufs Notenblatt nieder, um sich des nächsten Tones oder Textwortes zu versichern; es war, als sei das bedruckte Blatt für ihn wie auch für uns andere lediglich ein Stück Papier gewesen. Er war ganz gelöst. Wenn er in einem von Aufmerksamkeit erfüllten Raum allein singend dastand, konnte er auch unsere Blicke erwidern.

Im besonderen erinnere ich mich noch eines Schlagers aus einer englischen Revue, ›Clowns im Glück‹ betitelt. Hatte Chookie sich beim Musizieren noch nicht zu uns gesellt, so durfte man wetten, daß er's tat, wenn wir an der Stelle der Auswahl angelangt waren, an der dieser Schlager begann. Wir Kinder versuchten uns mit dünner, zittriger Stimme zunächst an den ›Chor‹-Stücken, dann am Tanzcouplet und dann an etwas, was wohl eine Art Tango war – und bei den ersten Tönen des Schlagers war bereits seine Stimme unter uns zu vernehmen:

Das Herz, das macht mir Liebesweh,
es klopft mir bis zum kleinen Zeh,
schlägt für den kleinen Jungen, der – oje –
mich ganz vergißt …

Es ist mir heute völlig klar, daß es merkwürdig befremdlich gewesen sein muß, diesen Schlager ausgerechnet von Onkel Chookie gesungen zu hören: war er doch offensichtlich für eine der damals berühmten Soubretten bestimmt. Und doch fanden wir es auch nicht im geringsten befremdlich, und darum bin ich überzeugt, daß es das aus irgendeinem ähnlich merkwürdigen

Grunde auch nicht war. Wir wären sogar erstaunt gewesen, wenn jemand es komisch gefunden hätte. Dann kann es also gleichfalls nicht gewesen sein. Kinder haben für so etwas gewöhnlich das richtige Gefühl. Heute hat natürlich der Gegensatz zwischen Onkel Chookie und seinem Schlager für mich fast etwas Ironisches. Wenn aber Kinder bis zum zwölften Lebensjahr sich eine gewisse Unberührbarkeit des Bewußtseins bewahrt haben, so sind sie gerade für Ironie nicht empfänglich, und wir hätten also auch davon unmöglich etwas bemerken können.

Es geschah, als die McKechnies das zweitnächste Haus räumten. Wir Kinder lungerten auf der Straße herum, um die neuen Mieter einziehen zu sehen. Ich bemerkte zwei Jungen mit Henkelohren, etwa in Bernards Alter, und dann ein etwas seltsam aussehendes kleines Mädchen, jünger als ich, das einen dicklichen Nacken und eine Kleinkinderschleife im Haar hatte. Sie rief mir irgend etwas zu, das ich nicht deutlich verstand, weil ich nicht begriff, was sie meinte.

Bernard fiel es niemals schwer, Bekanntschaften zu machen. Schon am gleichen Nachmittag hatte er mit den beiden Jungen gespielt.

»Was ist denn nur mit der Schwester los?« fragte ich. »Sie sagte etwas zu mir, was ich nicht hören konnte, und warf dann die Tür hinter sich zu.«

»Die ist plemplem«, sagte Bernard mit funkelnden Blicken. Er rollte die Augen, zauste die Stirnhaare und ließ die Zunge heraushängen.

»Du weißt doch, daß du das Wort nicht gebrauchen darfst«, sagte Katie und warf ihm einen ihrer gewohnten abschätzigen Blicke zu.

»Ihre Brüder haben es mir doch gesagt, daß sie plemplem ist«, erwiderte Bernard empört. »Stellt euch vor – da, wo sie früher wohnte, hat sie die Blätter aus dem Telefonbuch gerissen und ins

Klosett gestopft. Ihr solltet sie nur einmal hören – sie gibt die schrecklichsten Laute von sich – wie eine alte Katze.« Er demonstrierte uns etwas davon vor und fegte Katies Protest beiseite: »Ich bin verrückt, oh – oh, ich bin verrückt, ich kann's nicht ändern, ich sage euch, ich bin verrückt ...«

Er und ich fielen kreischend übereinander her. Ich wälzte mich lachend auf dem Boden, er aber schwelgte geradezu in der Vorstellung, den Wahnsinnigen zu spielen – immerzu streckte er Katie die Zunge heraus.

»Laß das nur Mutter sehen, wie du dich aufführst« sagte Katie. »Laß sie nur hören, wie du die Kleine verhohnepipelst.«

»Hier, meine Zunge ist jetzt ganz trocken – fühlt doch« – und Bernard war plötzlich gar nicht mehr wahnsinnig. Als seine Zunge sich beruhigenderweise wieder gefeuchtet hatte, bemerkte er: »Wenn das Mädchen erwachsen ist, muß es wahrscheinlich in eine Anstalt.«

»Bernard!«

»Angst vor Mami – was wird Mami dazu sagen?« hänselte Bernard.

Katies Gesicht nahm den Ausdruck an, den es trug, wenn sie etwas im Rücken versteckt hielt, was sie niemandem zeigen wollte. »Du weißt doch, daß es damit gar nichts zu schaffen hat. Du wirst ihr eben nur weh tun. Das ist alles.« Sie blickte uns unverwandt an.

»Wieso?« fragte ich, mich plötzlich etwas unbehaglich fühlend.

»Darum« sagte sie.

»Sie würde nur einfach bemerken, es wäre unfreundlich, sich so auszudrücken« sagte ich zögernd.

Katie schüttelte den Kopf. Mit einem Neidnagel ihres Daumens blieb sie in der Seide ihres Kleides hängen, und sie hob den Daumen in die Höhe und kaute mit entschlossener Nachdenklichkeit ein paar Sekunden lang daran herum. »Ihr wißt doch, wieso. Wegen Onkel Chookie. Auch Onkel Chookie ist ja in einer Anstalt.«

Bernard schoß ihr einen jähen, entsetzten, verächtlichen Blick zu. »Das ist nicht wahr!«

»O doch, das ist wahr«, sagte sie im Tonfall gewöhnlicher Unterhaltung. »In einer Irrenheilanstalt. Wo, glaubt ihr wohl, sollte er sonst die ganze Zeit über sein, und warum dürfen wir ihn niemals besuchen?«

»Aber er ist doch gar nicht irrsinnig«, sagte ich und ließ den Blick von Katie zu Bernard wandern – ich sah ihn noch immer wie eine Minute zuvor mit heraushängender Zunge und rollenden Augen. »Onkel Chookie ist doch nicht irrsinnig, wie?«

Katie zuckte mit der Schulter. Sie hielt den schmerzenden Daumen an ihren warmen Nacken und betrachtete uns beide mit dem Ausdruck verschämter Genugtuung über den Erfolg des von ihr Zustandegebrachten.

Ich verschwendete eine Unmenge Zeit damit, herauszufinden, ob es mit Katies Behauptung seine Richtigkeit hatte. Ich unternahm alles mögliche, nur daß ich keine direkte Frage stellte. Das war undenkbar. Undenkbar auch, mit Bernard davon zu sprechen, der nicht weniger betroffen sein mußte als ich selbst; oder mit Katie, die sich längst damit abgefunden hatte und sich offenbar auch nicht weiter davon beirren ließ. Es stimmte natürlich, daß Mutter uns verboten hatte von ›Verrückten‹ zu sprechen. Aber wir durften auch ›Schwarze‹ nicht Nigger oder Kaffern titulieren und uns nicht dabei erwischen lassen, daß wir einen Schieläugigen als ›Schiefauge‹ bezeichneten. Wie hätte man sich da also auskennen sollen?

Oftmals ging ich draußen an dem anderen Hause vorbei, um wie gebannt auf das dicknackige Kind zu starren, das sich den ganzen Tag lang grunzend im Staube des Gartens herumtrieb, ausgesperrt wie irgendein kleines, geräuschvolles Tier. Ich beobachtete auch ihre Brüder, wenn sie zu uns kamen, um mit Bernard zu spielen. Ich lauschte meiner Mutter, die über dem hohlen Geräusch des Eiweißschlagens in der Küche mit unserem schwarzen Hausmädchen schwatzte.

Ich suchte das Schlafzimmer auf, das ich mit Katie teilte, und musterte im Spiegel meine Augen. Meiner Mutter Augen.

Seine Augen.

Und wenn des Abends die Stimmen der anderen sich fröhlich um das Piano vernehmlich machten:

Es klopft mir bis zum kleinen Zeh,
schlägt für den kleinen Jungen, der – oje –
mich ganz vergißt ...

entschlüpfte ich ihrem Kreis, ihrer Fröhlichkeit und lief wieder auf mein Zimmer, wo ich mich niederlegte, die Augen im Dunkeln weit offen und im Ohr noch immer den Klang des Schlagers.

Als ich eines Nachmittags mit Klavierüben fertig war, zog ich die Noten zu ›Clowns im Glück‹ aus dem Stoß der Musikbücher heraus und versteckte sie in einer alten Kiste, die meines Vaters technische Lehrbücher enthielt.

Im Grunde habe ich Genaueres niemals ausfindig machen können. Erst allmählich, als ich älter wurde, begann meine Mutter bei der Unterhaltung vorauszusetzen, daß ich wußte, daß Onkel Chookie sich in einer Anstalt befand – wie sie es auch wohl früher in Gegenwart Katies getan hatte, als diese noch in meinem derzeitigen Alter war. Und zweifellos erwartete sie, daß ich mich nach dem Beispiel Katies damit abfinden würde, wie mit einer etwas betrüblichen Lebenstatsache. Niemals bemerkte sie etwas von der kalten Ausdrucklosigkeit, die ich jeder Erwähnung von Onkel Chookies Namen entgegenstellte. Und nicht ein einziges

Mal spürte sie etwas von der Feindseligkeit, die ich damals empfand – gegen wen empfand? Etwa gegen Onkel Chookie, weil er mich unentrinnbar einer Welt des Grauens und der Verwirrung verband, die ich in meiner Furcht halb erwitterte, halb erahnte? Oder gegen meine Mutter, bisher mein Schutz und Schirm gegen alles Schmerzhafte dieser Welt – weil sie mich dieser schlimmen Erfahrung dadurch auslieferte, daß sie ausgerechnet Chookie zum Bruder hatte? Oder gar gegen mich selbst, weil in meinen Adern etwas vom Blute dieses sanften, freundlichen Wesens floß?

Als wir Kinder heranwuchsen, wurden die jährlichen Besuche eingestellt. Vielleicht geschah es darum, weil der Bruder meiner Mutter wie ein Häftling, dem mit der Zeit mehr an der Geborgenheit seiner vier Zellenwände gelegen ist als an der verwirrenden Fülle der Außenwelt, nicht mehr zu uns kommen wollte. Vielleicht hatte aber meine Mutter auch das Gefühl, daß nun, da Katie eine junge Dame war und ernsthafte Bewerber hatte, Chookies Gegenwart uns in Verlegenheit bringen könnte. Immerhin erinnere ich mich an das wohl letzte Mal, daß er zu uns kam, das letzte Mal, daß ich ihn sah. Gleich nachdem ich gehört hatte, daß er für die Dauer der üblichen vierzehn Tage erwartet wurde, kündigte ich wie beiläufig an, ich wollte genau die gleiche Zeitspanne bei einer Freundin verbringen, mit der ich häufig Besuche wechselte. Ich war damals in dem Alter, in dem junge Mädchen leidenschaftlich-verstohlene Freundschaften unterhalten. Aber unglücklicherweise traf Chookie ein wenig früher als erwartet ein, und so hatte ich doch noch mit ihm zusammenzutreffen – und zwar genau genommen auf dem oberen Treppenabsatz, als ich, meinen Koffer und den Tennisschläger in der mit den Anfangsbuchstaben meines Namens bestickten Hülle in der Hand, mich zum Herabgehen anschickte.

Ich hatte so viel über Chookie nachgedacht und ihn so lange nicht gesehen, daß sein Anblick mich auf fast erschreckende

Weise enttäuschte. Es war als hätte ich, plötzlich die Augen öffnend, einen von einfachem stillem Tageslicht erfüllten Raum erblickt, der soeben noch, aufgebläht und verzerrt, der Schauplatz eines Alptraums gewesen war. Ich stand also auf dem oberen Treppenabsatz, und er ein paar Stufen weiter unten, einen Regenschirm und eine reinlich-schäbige Tragtasche in der Hand, die die Krümmung seiner gebeugten Schultern noch verstärkte. Wir beide verhielten den Schritt und warteten, daß der andere zuerst beiseitetreten werde – zögerten wie zwei furchtsame Tiere, denen die Witterung des anderen unvertraut ist. Er hatte Angst, hatte immerzu Angst, und vielleicht war es für ihn nun die Bestätigung dessen, was er eines Tages zu entdecken gewiß war, daß nämlich jemand anders, jemand von den anderen, die nicht mit zu der ihm vertrauten Welt gehörten, sich gleichfalls ängstigte. An jenem Tage begegneten wir uns auf der gleichen, auf seiner Ebene. Während ich ihn betrachtete, diesen ergrauenden, niemals ganz alten, niemals ganz jungen Mann, schoß Schuldgefühl durch meine Adern wie im Zustand der Erregung ans Blut abgegebenes Adrenalin. Aber alles das, womit ich sein Bild entstellt hatte, wurde mir plötzlich wieder gegenwärtig und überwucherte in mir jede Regung der Scham. Das Schuldgefühl verhärtete sich zur Feindseligkeit, zum Abscheu. Ohne ein einziges Wort hastete ich an ihm vorüber, die Stufen hinab.

In den seither verflossenen fünfzehn Jahren habe ich niemals Gelegenheit gehabt, jenes ungesprochene Wort zu äußern, jenes zurückgehaltene Lächeln nachzuholen. Er selbst ist nun gestorben, unsern Blicken so weit entrückt, wie er es schon zu Lebzeiten gewesen war.

Aber als ich neulich das Radio anstellte, tönte mir unerwartet der Schlager daraus entgegen, der Schlager aus ›Clowns im Glück‹. Und mit einer Aufwallung echten Wohlgefühls gedachte ich jener etwas belegten, volltönenden Stimme – der Stimme Onkel Chookies.

So habe ich es vielleicht doch noch wiedergutmachen können zwischen ihm und mir – wenn so etwas zwischen dieser und der anderen Welt überhaupt möglich ist.

DINO BUZZATI

Ein übermütiger Mensch

DIE UNTERWÜRFIGKEIT DES ARZTES Antonio Deroz begann gegen Ende des Jahres nachzulassen, als die Trockenheit mit riesiger Sonne über der Tiefebene herrschte. Antonio Deroz war neu im Krankenhaus, und Ende Februar sollte seine Probezeit ablaufen. Er war eifrig und genau, aber niemand hatte ihn ernst genommen, vielleicht gerade wegen der ihm eigenen schüchternen Art eines Mannes, der sich grundsätzlich unterlegen fühlt, immer dienstbereit ist und niemals sitzt, solange ein anderer steht. Ich sah ihn mehrere Male, wenn er durchs Städtchen ging, aber ich kann mich seines Gesichtes nicht mehr entsinnen, so sehr ich mich auch bemühe.

Seine Demut schwand dahin in wenigen Tagen, da er doch gerade zu kränkeln schien und sein Gesicht immer mehr einfiel. Er war schmächtig, von mittlerer Statur. Als Professor Dominici, der Hygienische Parasitologe, ihn rufen ließ, um gewisse Medikamente von ihm zu erhalten, sandte Deroz den Bescheid zurück, er habe keine Zeit. Es waren genau diese Worte, und sie schienen unglaubhaft, denn bisher hatte ein wohlwollendes Lächeln des Professors genügt, um Deroz vor Freude erröten zu lassen. Ein Gutachten Dominicis würde von großer Bedeutung für seine Anstellung im Krankenhaus sein; und um ihn sich zu verpflichten, hatte der junge Arzt ihm oft Mücken, Holzböcke oder Läuse gebracht. Aber gewöhnlich ohne Erfolg. Der Gelehrte empfing solches Material wie einen pflichtgemäßen Tribut, und außerdem machte er sich über Deroz mit technischen Spitzfindigkeiten lustig, indem er ihn verstehen ließ, er verliere keine Zeit. Nach einem flüchtigen Blick auf die Insekten stülpte er die Glasröhrchen um und ließ die Tiere zu Boden fallen, wo er sie mit den Füßen zertrat. Als Dominici die Antwort vernahm, glaubte er an ein Mißverständnis und sandte den schwarzen Diener von neuem, um Deroz zu holen. Diesmal erhielt er einen Zettel überbracht, der folgendes mitteilte: »Lieber Herr Professor, ich habe keine der von Ihnen erbetenen Phiolen mehr. Es tut mir leid, daß ich nicht zu Ihnen kommen kann, aber ich muß Verschiedenes erledigen. Auf Wiedersehen.« Der Gelehrte lächelte mit einer gewissen Anstrengung (obwohl niemand ihm zusah) und zerriß das Papier. Hatte sich diesem unseligen Deroz das Gehirn verdreht? An Professor Dominici ein nacktes und rohes »Auf Wiedersehen«. Er würde schon darauf achten, bei der nächsten Gelegenheit die richtige Entfernung zwischen ihnen wieder herzustellen. Und wenn man daran dachte, daß die Karriere des jungen Mannes in seinen Händen lag! Ein Wörtchen zum Sanitätsinspektor, scheinbar zufällig fallen gelassen, würde genügen. Oder ob Deroz sich schlecht fühlte? Ob er Fieber bekommen hatte?

Nein, er hatte kein Fieber bekommen. Am Abend, als die Sonne gerade unter den nackten, felsenlosen Horizont tauchen wollte, erschien Doktor Deroz ganz weiß gekleidet im Café Antinea, mit Seidenhemd und Krawatte; das war noch nie vorgekommen. Er setzte sich rittlings an ein Tischchen, entzündete eine Zigarette und begann, die Mauer des gegenüberliegenden Hauses (dessen Gitter geschlossen waren) zu betrachten, als unterhalte er sich mit sich selbst über sehr angenehme Dinge. Sogar ein Lächeln erleuchtete das müde Gesicht.

»Deroz! Warum sind Sie denn nicht gekommen?« rief ihn plötzlich von hinten Professor Dominici an, der in Begleitung zweier Freunde eintraf.

Er wandte kaum ein wenig den Kopf, machte keinerlei Miene,

sich zu erheben, und sagte einfach: »Ich konnte nicht, Professor. Ich konnte wirklich nicht.« Dann fuhr er fort, die Mauer des Hauses gegenüber zu betrachten, die ihn schon vorher fasziniert hatte. »Was fällt Ihnen ein, Deroz?« erwiderte der Gelehrte scharf. »Ist das die richtige Art zu antworten? Sind Sie sich darüber im klaren? Sagen Sie, sind Sie sich darüber im klaren?« Und die beiden Freunde sahen den jungen Mann mit Augen an, die nichts Gutes verhießen, und genossen im voraus seine Demütigung. Da erst stand Deroz auf, und er tat dies langsam, indem er sich mit einer Hand auf das rotlackierte Tischchen stützte, auf dem geschrieben stand: »Trinkt Leopardi bitter!« Dann begann er zu lachen, nicht bösartig, sondern in einem offenen jovialen Ton wie jemand, der einen Scherz versteht. Er schlug dem Gelehrten mit einer Hand und nicht ohne Kraft auf die Schulter: »Großartig!« rief er, »wissen Sie, daß ich in manchen Augenblicken dachte, Sie meinten es ernst? Aber setzen Sie sich, darf ich Ihnen einen Aperitif anbieten?»

»Aber, was ich sagen - ich kann - ich kann ...« stotterte Dominici sprachlos und setzte sich mechanisch, zugleich mit den beiden anderen. Irgend etwas mußte geschehen sein, daß Deroz ihn so zu behandeln wagte. War ihm vielleicht ein höherer Rang angekündigt worden? Sollte man ihm jetzt eine Lektion erteilen? Oder war es vorsichtiger, abzuwarten?

Er tat, als sei nichts vorgefallen: »Ich wollte Ihnen mitteilen, Deroz«, und er nahm seinen klassischen Akademikerton an, dessen Wirkung er gewöhnlich sicher sein konnte, »in fünfzehn Tagen wird es nötig sein, die Tabelle der Milzkrankheiten zu den Brunnen von Allibad zu bringen, Sie werden mir die Freundlichkeit erweisen müssen ...«

»In fünfzehn Tagen«, unterbrach Deroz, »werde ich nicht mehr hier sein. Oder um mich noch genauer auszudrücken, ich werde sogar sehr weit fort sein.« »Sie gehen fort?« fragte der andere ernstlich überrascht. »Gehen Sie nach Italien zurück? Sie verlassen uns also?«

Da lächelte der junge Arzt in bitterer und zugleich nachsichtiger Weise: »Oh, nicht nach Italien! Nur eine Reise, ein ziemlich langer Spaziergang«, und er strich sich mit der Rechten über die Stirn, als fühle er sich erschöpft.

Dominici verfinsterte sich von neuem: Also handelte es sich nicht um Heimkehr, Bestrafung, Degradierung im Dienst.

Vielleicht war es statt dessen eine offizielle Reise, eine echte, richtige Mission.

»Im Auftrag der Regierung? Das haben Sie mir nie gesagt, Deroz«, meinte er nun mit der Miene zärtlichen Vorwurfes, indem er so tat, als habe er als »guter Freund« ein Recht darauf, es zuerst erfahren zu haben.

»Ein Auftrag, ja«, sagte Deroz ausweichend. »Man kann es auch einen Auftrag nennen. Maßnahmen einer höheren Stelle.«

Zwei große Wolken lagerten am Himmel, noch von der Sonne beleuchtet, während die Erde sich schon mit Schatten bedeckte. Sie waren von ziemlich gewöhnlichen Formen, aber von den unteren Rändern hingen schwarze Fransen herab, die sich hier und da über dem Horizont auflösten.

»Ich will es gar nicht wissen«, erwiderte Dominici unwillig. »Aber wohin? Sie könnten wir wenigstens sagen, wohin?«

»Das weiß ich noch nicht genau«, sagte Deroz und sah dem Professor mit einem fast frechen Ausdruck gerade ins Gesicht. »Aber ich glaube, so etwa da hinunter.«

Die drei starrten ihn verblüfft an. Und er stand auf, ging etwa in die Mitte der Straße, damit die Häuser ihm nicht die Sicht abschnitten, und zeigte in Richtung auf die nördlichen Länder, die Wüste, die undurchdringlichen Ebenen. So blieb er stehen, die Rechte ausgestreckt, ungewöhnlich weiß im blassen Widerschein der Lampen des Café Antinea.

»Ah, eine Expedition in die Wüste?« beharrte Dominici und

beugte sich weit vor. »Eine der üblichen Inspektionen, nicht wahr? Und jemand von der Behörde wird mit Ihnen gehen?«

Deroz schüttelte den Kopf. »Nein, nein«, sagte er. »Ich glaube wirklich, daß ich alleine gehen muß.«

Nach diesen Worten taumelte er plötzlich, als habe ein unsichtbares Wesen, die Straße entlanglaufend, ihm einen Stoß gegeben. Es fehlte wenig, daß er zur Erde gestürzt wäre, aber dann fing er sich wieder und setzte sich von neuem an den Tisch.

Den Tag darauf versuchte Dominici bei der Regierungsstelle den Boden zu erkunden, aber von Deroz' Reise wußte niemand etwas. Der Sanitätsinspektor sagte unter anderem: »Er scheint mir etwas verwirrt, der junge Mann. Ich fürchte, daß er nicht genug Widerstand besitzt. Es gibt übrigens viele, die mit dem Klima nicht fertig werden.« Bedeutsame Worte, die Dominici erfreuten: nicht lange, dachte er, und dieser Frechling würde seine verdiente Lektion davontragen.

Doch statt dessen wurde Deroz' Benehmen immer hochmütiger. Er grüßte fast nie als erster, tat so, als höre er nicht, wenn man ihn ansprach, abends blieb er zu Hause, um gewisse Holzkisten vollzupacken, die für Reisen in einer Karawane geeignet sind. Und endlich, an einem sehr heißen Nachmittag, stellte er sich bei Professor Dominici ein, um Abschied zu nehmen. Weißer denn je war er gekleidet und stützte sich auf einen Stock. Die Füße schleppten sich auf dem Fußboden wie Schnecken vorwärts, so daß dieser Abschied Dominici als Pose erschien.

»Herr Professor, ich komme, um Ihnen Lebewohl zu sagen«, meinte er. »Der Befehl ist noch nicht eingetroffen, aber ich glaube, daß ich diese Nacht aufbrechen werde, kurz vor dem Morgengrauen, um fünfeinhalb Uhr etwa, denke ich.«

»Ich will gar nichts wissen«, antwortete Dominici eisig. »Behalten Sie Ihre Geheimnisse für sich. Und gute Reise ...« Dann zeigte er ein leichtes Grinsen, da er jetzt sicher war, daß die berühmte Reise nichts weiter sei als ein dummer Witz.

Ein kurzer Hustenstoß wurde hörbar in dem von Schriften und Instrumenten angefüllten Studierzimmer, dann die ruhige Stimme des Arztes Antonio Deroz: »Professor, warum grinsen Sie? Tun Sie das nicht, wenn ich bitten darf.«

Er wandte sich um und erreichte die Tür, indem er sich mit seinem ganzen Gewicht auf den Stock lehnte, es war ungewiß, ob er dies nun absichtlich tat oder wirklich Mühe hatte, auf den Füßen zu bleiben. »Verdammter Heuchler!« murmelte Dominici zwischen den Zähnen, damit man es nicht hören könne. »Haben Sie etwas gesagt, Herr Professor?« fragte Deroz und hielt auf der Schwelle inne.

»Wenn ich Sie wäre, würde ich abwarten«, antworte der andere, um ihn zu quälen. »Es geht Ihnen nicht gut, ich versichere es Ihnen. Sie haben heute ein Leichengesicht, ausgesprochen ein Leichengesicht.«

»Tatsächlich, Herr Professor? Sie würden mit der Abreise zögern, wenn Sie an meiner Stelle wären? Oh, Sie sind klug, Herr Professor. Sie wissen so vieles.« Deroz bemerkte es ohne jeden Groll. Er verschwand hinter dem Türpfosten, und seine unsicheren Schritte hörte man bald darauf schon nicht mehr. Dann begann die Nacht, eine verhältnismäßig kurze Zeitspanne von Finsternis, verglichen mit dem Lauf der Welten, aber beträchtlich genug in der gegenwärtigen Lage; sie war nicht tröstlich erhellt vom Licht des Mondes, sondern einzig vom Gefunkel der in Millionen über die Himmelswölbung ausgestreuten Sterne. Die Nacht glitt ruhevoll über die kleine Kolonialstadt dahin, über die nahe Wüste, über die geheimnisvollen Friedhöfe der Berge (und die ganze Zeit blieb ein Fenster erleuchtet im Hause von Doktor Deroz).

Man mußte bis fünf Uhr morgens warten, wenn man ein neues Ereignis mit ansehen wollte: In dieser Stunde hörte man tatsächlich einen Schritt sich dem Hause nähern, und da: Im gelben

Licht der Laternen des Ortes sah man die lange Gestalt des Professors Dominici.

Er war nicht allein, sondern von zwei Freunden begleitet, und sie bereiteten sich gemeinsam darauf vor, auf Kosten eines Mannes zu lachen, der prahlerisch große Reisen vortäuschte, und aller Wahrscheinlichkeit nach statt dessen nur betrunken in einem Sessel ausgestreckt lag, um das Elend des Lebens zu vergessen.

Jetzt näherten sie sich dem Haus, daß ihre Schritte mit erschreckend lautem Echo zwischen den entschlafenen Mauern widerhallten. Alles war reglos und ruhig. Ein herrenloser Hund schlief vor der Tür. Da waren keine Autos in Bereitschaft, keine Lastwagen, beladen mit Lebensmitteln, Kisten und Medikamenten, wie es für eine Expedition quer durch die Wüste erforderlich gewesen wäre. Kein Zweifel also, daß Deroz' Reise eine lächerliche Phantasterei war, die gerade recht kam, um ihn selber mit großer Schande zu bedecken.

Nach der Straße hin waren die Fenster geschlossen und verdunkelt; auf der gegenüberliegenden Seite hingegen war eines erleuchtet. Und man muß beachten, daß unmittelbar hinter dem Haus das Gehölz begann, so daß man geradeaus darin vorwärtsdringend früher oder später die rauhe Einsamkeit der Wüste erreichen würde; ihr Geheimnis reichte also in einem gewissen Sinn bis an das Gebäude, wie eine Woge ans Felsenriff greift. Nachdem Professor Dominici das erleuchtete Fenster bemerkt hatte, ging er im Kreis um das Haus herum und blickte, sich auf die Fußspitzen stellend, durch das Gitter. Ohne um Erlaubnis zu fragen, erkühnte er sich, ins Innere der Behausung zu blicken und beleidigte so die Nacht selbst, die von sehr fern mit ihren geheimnisvollen Schritten gekommen war und sich dort drinnen eingeschlossen hatte, um dem jungen Arzt Trost zu bringen.

Die Anwesenheit der Nacht war allerdings von zu feiner Beschaffenheit, als daß Dominici ihrer hätte gewahr werden können. Er sah nur Deroz in einem Sessel ausgestreckt (wie er es sich vorgestellt hatte) und augenscheinlich eingeschlafen. Über ihm an der Wand hing ein ausgestopfter Antilopenkopf, doch fehlten an Stelle der Augen die üblichen Halbkugeln aus Glas, so daß die Höhlen leer und qualvoll nachdenklich blieben. Der junge Arzt war in ein weißes Seidengewand gekleidet, und etliche Mücken umkreisten sein Haupt in stetigem Flug, ohne daß sie gewagt hätten, ihn anzurühren: So sehr war in den letzten Stunden sein Ansehen gestiegen.

Dieses merkwürdige Benehmen der Mücken entging natürlich Professor Dominici, der schon frohlockte und sich von neuem viele Lachsalven versprach. »Ein Narr ist das!« rief er mit unterdrückter Stimme, überzeugt, daß Deroz sich einfach betrunken habe, und er bückte sich, um einen Stein aufzuheben und ins Zimmer zu werfen, als einer der Gefährten ihn besorgt am Arm ergriff.

Die hintere Tür des Hauses hatte sich geöffnet und heraus war Doktor Deroz selber getreten, man wußte nicht wie.

Er war weiß gekleidet wie in den letzten Tagen, erschien aber, sicher infolge einer optischen Täuschung, sehr verschieden von seiner gewohnten Gestalt, was wohl auf die Finsternis zurückzuführen war. Auch seine Umrisse entzogen sich in eigentümlicher Phosphoreszenz dem sicheren Überblick, als wären sie Rauch.

Zuerst glaubte Dominici, daß der Arzt den unerwünschten Besuch bemerkt habe und zu verschwinden suche, um dem Spott zu entfliehen. Und deshalb begann er zu rufen, ohne Rücksicht auf die vollkommene Feierlichkeit der Nacht: »Deroz! Deroz! Wohin laufen Sie denn?« Er verschwendete seine Stimme völlig vergeblich, denn der Junge, anstatt sich auf den Anruf umzuwenden, verfolgte den Weg durchs Gehölz, mit seinem neuen, verächtlichen Gang und in stiller Bestimmtheit; er schleppte die Füße nicht und benützte auch nicht seinen Stock; ein unsägliches Fluidum strahlte von ihm aus, und selbst Dominici wurde davon überwältigt, da er endlich begriff, daß eben dies der Aufbruch zur sagenhaften Reise war, daß Deroz sich nicht mehr umwenden, sondern zu Fuß unaufhörlich weiter nach Norden vorwärtsdringen werde, den fernsten Fernen entgegen, gleich einem Bettler oder einem Gott.

Jener ging weiter, allein, zwischen den Spinnweben der dornigen Akazien, bleichen Gesichts, in Richtung auf uns unbekannte Städte; doch ein Kreis gütiger Geister umgab ihn, ein mitleidiges Gefolge, das ihm freundliche Worte und ehrenvolle Titel zuflüsterte, wie: »Hier entlang nach rechts bitte, Exzellenz! Achtung, da ist ein Loch! Sie sind wirklich sehr beschwingt, Exzellenz!« Was den Professor Dominici betrifft, so betrat er, kaum daß er die zweideutige Gestalt hatte entschwinden sehen, mit polizeilichem Eifer das Haus. Dort entdeckte er natürlicherweise unter dem gedankenvollen Antilopenkopf im Sessel ausgestreckt den zerbrechlichen Körper von Doktor Deroz; zu zart und doch auch zu schwer, um seinen Herrn auf die lange Reise begleiten zu können.

DORIS LESSING

Wie ich endlich mein Herz verlor

WIE LEICHT WÄRE ES zu sagen, ich habe ein Messer genommen, mir die Seite aufgeschlitzt, mein Herz herausgeholt und es fortgeworfen; doch leider war es nicht so einfach. Nicht, daß ich es mir nicht oft gewünscht hätte, wie wohl jeder andere auch. Nein, es geschah ganz anders und nicht, wie ich es mir vorgestellt hatte.

Es passierte, nachdem ich gerade mit zwei verschiedenen Männern zu Mittag gegessen und Tee getrunken hatte. Mit dem Mann vom Mittagessen hatte ich (so ungefähr) vier Jahre und sieben Zwölftel zusammengelebt. Als er mich wegen neuer Jagdgründe verlassen hatte, verbrachte ich zwei Jahre (oder waren es drei) mehr tot als lebendig; und mein Herz war ein Stein, den ich unmöglich mit mir herumtragen konnte, wenn man bedenkt, wieviel sonst noch auf einem lastet. Dann befreite ich mich allmählich und mit großer Mühe, denn mein Herz hing mit tausend Fasern an meiner ersten Liebe – aus anderer Sicht könnte er allerdings zu Recht entweder als meine zweite *wirkliche* Liebe bezeichnet werden (mein Vater als die erste) oder als meine dritte (mein Bruder drängte sich noch dazwischen).

Wie es in dem Volkslied heißt:

Drei Männer nur hab' ich geliebt in meinem Leben,
Mein' Vater, mein' Bruder und den Mann,
der mir nahm das Leben.

Doch sähe man sich das Ganze von außen an, ohne tieferen Einblick, dann könnte er als der dreizehnte gelten (in etwa jedenfalls, ich bin vergeßlich), was allerdings bedeuten würde, daß man die innere Gefühlswahrheit außer acht ließe. Denn jene Affären, Verwicklungen, die man zwischen *ernsthaften* Liebschaften hat, zählen ja bekanntlich, auch wenn sie vielleicht in die Dutzende gehen und sich über Jahre hin erstrecken, *nicht wirklich*.

Diese Art der Betrachtung bringt eine ganze Reihe von Unglücken mit sich, denn man weiß ja, was für einen selbst nicht wirklich zählt, kann für einen anderen sehr wohl zählen. Aber über diese Schwierigkeit kommt man nicht hinweg, schließlich ist eine *ernsthafte* Liebe die wichtigste Sache im Leben, beinahe jedenfalls. Zumindest sind wir alle auf der Suche danach. Selbst wenn gerade etwas nun wirklich Ernsthaftes mit jemandem abläuft, werfen wir dennoch aus dem Augenwinkel vielsagende Blicke umher, für den Fall, daß eine unerwartete Begegnung mit einem Fremden sich als noch ernsthafter herausstellen könnte. Wir sind alle völlig überzeugt, daß wir auf unserem Weg zu dem *Richtigen* das Recht dazu haben, tausend Leute zu prüfen, zu probieren, an ihnen zu nippen und zu naschen. Ohne Übertreibung kann man sagen, daß in unseren Kreisen das Prüfen und Probieren die wohl zweitwichtigste Beschäftigung ist, nach der ersten, dem Geldverdienen. Oder anders ausgedrückt, wenn man es ernst mit dieser Sache meint, dann schläft man mit jedem, der sich anbietet, bis etwas klickt und es losgehen kann.

Ich bin etwas abgeschweift: Ich betrachte diesen Mann, mit dem ich zu Mittag aß (nennen wir ihn A) als meine erste Liebe, und ich tue es noch immer, trotz der Freudianer, die darauf bestehen, meinen Vater als A anzusehen und meinen Bruder wahrscheinlich als B, womit sie meine (wirkliche) erste Liebe zu C machen. Und auch trotz derer, die fragen könnten: Was ist mit Ihren zwei Ehemännern und all den Affären?

Was ist mit denen? Ich habe sie nicht *wirklich* geliebt, so wie ich A geliebt habe.

Ich aß mit ihm zu Mittag. Danach trank ich, rein zufällig, mit B Tee. Wenn ich an dieser Stelle B sage, so meine ich damit meine *zweite* ernsthafte Liebe, nicht meinen Bruder oder die Jüngelchen, in die ich zwischen fünf und fünfzehn verliebt war, falls wir fünfzehn (ganz willkürlich) als die Schwelle ansehen, von der es kein Zurück gibt - wobei dieser letzte Satz schon an sich eine ganz schön mutige Herausforderung profaner Schiedsrichter darstellt.

Zwischen A und B (nach meiner Rechnung) gab es ziemlich viele Affären oder Kostproben, doch sie zählten nicht. Zwischen mir und B *klickte* es, wir zündeten wie eine Bombe, wenn es auch nicht so prompt klickte wie bei A und mir, denn mein Herz war wund, verstockt und mißtrauisch: A hatte mich sitzengelassen. Auch gab es da noch all die Bande und Bindungen an A, die nach und nach gelöst werden mußten. Dennoch loderten B und ich eine Zeitlang lichterloh, und dann kam das schlimme Ende. Mein Herz wog wieder zentnerschwer in meiner Brust.

Wär' dies ein Stein in meiner Brust, ein Stein,
Ich riß' ihn heraus und wäre frei ...

Indem ich mit A zu Mittag aß und anschließend mit B Tee trank - mit zwei Männern, die zusammen ein Jahrzehnt meiner kostbaren Jahre verzehrt hatten (ich zähle dabei nicht die dazwischenliegenden Kostproben oder Versuchsaffären) und die, wie man gerechterweise sagen muß, alle Wonne und Lust (reichlich und heftig) mit Schmerz (o mein Gott) aufgewogen hatten -, bewegte ich mich im Laufe eines Nachmittags von einem zum andern, freundlich über dies und jenes plaudernd, derweil mein Herz kaum merklich in Erinnerung zuckte, der Fisch der Erinnerung am Ende einer langen, schlaffen Angel ...

Um es zusammenzufassen: Es war heilsam.

Besonders, da ich an jenem Abend erwartete, C zu treffen oder jemanden, der sich sehr wohl als C entpuppen könnte; allerdings möchte ich C nicht zuviel Bedeutung beimessen, denn wahr ist, ich kann mich kaum daran erinnern, wie er aussah, aber man kann auch nicht verlangen, daß man sich an die Unbedeutenden erinnert, die man zwischendurch gekostet oder getestet hat. Aber schließlich hätte er sich ja als C entpuppen können, es hätte zwischen uns *klicken* können, ich befand mich in jener Verfassung (wie wir alle so oft), in der man denkt: Er könnte sich als der Eine herausstellen. (Ich verwende hier absichtlich einen Ausdruck der Frauenillustrierten, anstatt zu sagen, was ich durchaus sagen könnte: *Vielleicht wird es etwas Ernsthaftes.*)

Da stand ich also an einem Fenster (ich möchte die Einzelheiten und die Atmosphäre richtig hinkriegen), blickte auf eine Straße hinaus (Great Portland Street, um es genau zu sagen) und überlegte, daß, obwohl ich nicht daran dachte, meine Affären, meine Erfahrungen mit A und B zu bereuen (es ist besser, geliebt und verloren zu haben, als überhaupt nie geliebt zu haben), meiner Herzenshoffnung, den Abend mit einem möglichen C zu verbringen, eine gewisse Unwirklichkeit anhaftete, denn zweifellos hatten mir beide, A und B, unvorstellbares Leid zugefügt. Warum also freute ich mich auf C? Ich sollte lieber, so schnell ich konnte, davonlaufen.

Plötzlich ging es mir durch den Kopf, daß ich das ganze Phänomen bisher falsch betrachtet hatte. Meine (oder vielleicht darf ich sagen unsere?) Art, das Ganze anzugehen, ist, daß man nach einem A, einem B, einem C oder einem D suchen muß, der in sich gewisse erstrebenswerte, sympathische Eigenschaften vereinigt, damit es klicken kann, damit man sofort Feuer fängt; oder anders ausgedrückt, man braucht einen Menschen, der einem wie ein schwimmender Untersatz erlaubt, auf ihm/ihr davonzugleiten, so etwas wie ein Fährboot. Aber so war das überhaupt nicht. Tatsächlich trägt man eine Art brennenden Speer mit sich, der einem in der Brust steckt, und man wartet darauf, daß jemand anders ihn herauszieht; es ist etwas Schmerzhaftes, wie eine offene Wunde, etwas, das man ungeduldig mit jemandem teilen will. Ich sah mich selbst in einem Augenblick der Wahrheit klar und deutlich: Ich stand am Fenster (im dritten Stock), hinter mir A und B (um nur die Gipfel meines Gefühlslebens zu erwähnen), eine recht attraktive Frau, wenn ich das sagen darf, von einer Reife und Weichheit, die, wie ich als erste zugeben würde, die traurigen Vorboten des Alters, dennoch per definitionem attraktiv sind, weil sie Zeugnis geben vom Ausmaß des Naschens und Nippens in meinem Leben (beinah hätte ich ›Haschens‹ und ›Neppens‹ geschrieben) ... Da stand ich nun, frisiert, gut gekleidet, mit geschminkten Lippen, schwarzem Lidstrich und wartete aus ganzer Seele auf einen Abend mit einem eventuellen C. Und an einem anderen Fenster mit Blick auf die Margaret Street (ich glaube, ich irre mich da nicht) stand C, frisiert, gewaschen, rasiert, lächelnd: ein attraktiver Mann (so glaube ich), und er dachte: Vielleicht ist sie D (oder A oder 3 oder? oder % oder welches Symbol auch immer er verwendete). Wir waren zwar räumlich getrennt, sicherlich, doch in derselben angenehmen Ungewißheit und Erwartung, und wir hielten beide unsere Herzen in den Händen: rosa und pochend und bereit zu Lust und Leid, und wir waren bereit, diese Herzen einander wie Schneebälle ins Gesicht zu werfen, wie Kricketbälle (Na, wie klingt das?) oder zutreffender, wie große blutende Wunden: »Nimm meine Wunde!« Denn was man sich in solchen Augenblicken am wenigsten vorstellt, ist, daß der andere (die andere) sagen könnte: Nimm meine Wunde, bitte entferne den Speer aus meiner Brust. Nein, ganz und gar nicht; man hofft ganz schlicht, den eigenen Speer loszuwerden.

Da entschloß ich mich, zum Telephon zu gehen und hineinzusprechen: C! – Sie kennen doch den Witz über die Witzeerzähler, die sich nicht die Mühe machen, einander Witze zu erzählen, sondern schlicht sagen: Witz 1 oder Witz 2, und jeder brüllt vor Lachen oder gluckst und kichert, je nachdem … Übrigens könnte man das Spiel auch umkehren, indem man errät, ob es Witz C (b) oder Witz A (d) ist, je nachdem, auf welche Art und Weise jemand gelacht hat, um seinem verborgenen Gedanken zum Ausdruck zu verhelfen … Nun, C (so stellte ich mir vor, würde ich sagen), die Analogie kann uns eine Lehre sein: Nehmen wir doch das Ganze als schon geschrieben oder gesagt. Lecken wir uns nicht gegenseitig die Wunden; behalten wir unsere Herzen für uns selbst. Denn bedenken Sie nur, C, wie völlig lächerlich – hier stehen wir an unseren jeweiligen Fenstern mit unseren pochenden Herzen in der Hand …

In diesem Augenblick, lieber Leser, war ich einfach gezwungen, den Hörer mit irgendeiner Entschuldigung aufzulegen. Denn ich spürte, wie die Finger meiner linken Hand sich spreizten und nach etwas ziemlich Großem, Leichtem, Schlüpfrigen griffen – gar nicht so einfach, dieses Gefühl zu beschreiben. Meine Hand ist nicht groß, und mein Herz war angeschwollen, nachdem ich mit A zu Mittag gegessen, mit B Tee getrunken und mich dann auf C gefreut hatte … Jedenfalls spreizten sich meine Finger in verzweifelter Anstrengung, einen unbekannten, größeren, ziemlich leichten Gegenstand zu umklammern, und ich sagte zu C: Entschuldigen Sie mich einen Augenblick, blickte hinunter, und da lag mein Herz in meiner Hand.

Hier mußte ich das Gespräch abbrechen.

Zum einen ist die Erfahrung, daß man etwas, nach dem man sich so lange gesehnt hat, auf so leichte Art erreicht hat, bestürzend. Nicht, als ob ich mich darum bemüht hätte. Etwas, das man haben will, rein zufällig bekommen – nein, das macht kein Vergnügen, schafft einem kein Erfolgserlebnis. Mein Herz also frei, genauer gesagt: ich selbst von meinem Herzen frei, auf alle Fälle von dem verdammten Ding befreit, und das in einem unpassenden Augenblick, mitten in einem imaginären Telephongespräch mit einem Mann, der sich möglicherweise als C entpuppen könnte – also, das war schon ärgerlich.

Zum anderen ist ein Herz, roh und aus frischen Wunden blutend, aus der Brust geholt, nicht gerade der hübscheste Anblick. Ich will mich darüber nicht weiter auslassen. Ich war entsetzt und peinlich berührt dazu, daß es *das* war, was all die Jahre hindurch so heftig geliebt und gepocht hatte, denn hätte ich die geringste Ahnung gehabt – ach, genug. Das Problem war nun, wie ich das Ding loswerden könnte. Ganz einfach, werden Sie sagen, in den Mülleimer damit.

Ich sag Ihnen, genau das habe ich versucht. Ich schaute mir dieses Ding genau an, starb fast vor Scham und Widerwillen und ging zum Abfalleimer, wo ich versuchte, es aus meinen Fingern rollen zu lassen. Es ging nicht. Es klebte fest. Da war also mein Herz, ein großes rotblutig pulsierendes, ekliges Ding, das an meinen Fingern klebte. Was sollte ich machen? Ich setzte mich und zündete mir eine Zigarette an (mit einer Hand, die Streichholzschachtel hielt ich zwischen den Knien), die Hand mit dem festgeklebten Herzen hielt ich über den Stuhlrand, so daß es in den Eimer abtropfen konnte, und überlegte.

Wär' dies ein Stein in meiner Hand, ein Stein,
Ich würfe ihn hoch über den Baum …

Als ich meine Zigarette geraucht hatte, wickelte ich sorgfältig etwas Alufolie ab, wie man sie gewöhnlich in der Küche zum Braten verwendet, und verpaßte meinem Herzen so etwas wie eine Schutzhülle. Das war dringend nötig. Erstens litt es heftig. Schließlich hatte es etwa vierzig Jahre im Schutz von Fleisch und Rippen geschlagen, und nun die Luft, das war zuviel. Zweitens wollte ich nicht, daß Hinz und Kunz hereinspazierten und es da sähen. Drittens, ich selbst konnte nicht allzu lang draufblicken, es erfüllte mich mit Scham. Die Alufolie tat ihre Wirkung, und zwar ganz verblüffend. Sie paßte sich geschmeidig an, und es sah jetzt so aus, als balancierte ich ein stilisiertes Herz auf meiner Handfläche, wie eine Kugel aus einer glitzernden silbernen Substanz. Mir kam es fast so vor, als brauchte ich ein Zepter in der anderen Hand, um das Gleichgewicht zu halten ... Aber das Ganze war, es läßt sich nicht anders sagen, geschmacklos. Ich wickelte darauf einen Schal um die Hand und das Herz in Alufolie und fühlte mich wohler. Nun ging es darum, so zu tun, als hätte ich mir die Hand verletzt, bis mir eine Möglichkeit einfiel, mein Herz ganz loszuwerden, wenn ich mir nicht gar die Hand amputieren lassen wollte.

Unterdessen rief ich C an (in Wirklichkeit, nicht in der Fantasie), der nun niemals C sein würde. Ich konnte spüren, wie mein Herz, das so fest an meinen Fingern klebte, daß ich jeden Schlag, jedes Beben fühlte, bei dem Gedanken, jetzt nie diese herrliche Erfahrung machen zu können, resigniert den Kummer herunterschluckte. Ich erzählte ihm irgendeine idiotische Lüge, daß ich Grippe hätte. Er darauf ganz förmlich und indigniert, doch verbarg er das höflich, wie ich es ja auch getan hätte; er machte einen Scherz, ließ aber in der letzten wohlgezielten Wendung einen winzigen weiterschwärenden Stachel aus Sarkasmus stecken. Ich setzte mich wieder hin, um meine Lage richtig zu überdenken.

Da saß ich also.

Was sollte ich tun?

Da saß ich.

Ich muß an dieser Stelle etwa vier Tage überspringen – die wahrlich nicht ohne Bedeutung waren –, weil ich einfach nicht jedem einzelnen Herzschlag in meiner Erinnerung nachgehen kann. Eigentlich schade, denn vermutlich dreht es sich in dieser Geschichte gerade darum; aber kurzum: Ich zog die Vorhänge zu, hob den Hörer von der Gabel, machte Licht an, nahm den Schal von dem glitzernden Dings, schließlich die Alufolie; dann untersuchte ich das Herz. Es mußten zwei Fünftel einer Jahrhundert-Erfahrung durchgearbeitet werden, und bevor noch die erste Nacht hinter mir lag, befand ich mich in einer Verfassung, die schwer zu beschreiben ist ...

Oder könnte ich die Nerven aus meiner Haut ziehen,
Ein lebendiges rotes Netz, um ein Meer nach Fischen
abzusuchen ...

Am Ende des vierten Tages war ich erschöpft. Keine Willensanstrengung, kein Plan, kein noch so heftiges Verlangen vermochte das Herz auch nur um einen Millimeter zu bewegen – ganz im Gegenteil, es klebte nicht nur an meinen Fingern wie ein angelutschtes Karamelbonbon, es wuchs regelrecht an das Fleisch meiner Finger und meiner Handfläche an.

Ich wickelte es wieder in die Alufolie und in den Schal, knipste das Licht aus, zog die Jalousien hoch und die Vorhänge auf. Es war ungefähr zehn Uhr vormittags, ein normaler Londoner Tag, weder heiß noch kalt, weder klar noch bedeckt, weder naß noch sonnig. Wenn die Straße unten auch recht interessant ist, schön ist sie nicht gerade; ich schaute also nicht eigentlich hinunter, sondern wartete, daß etwas meine Aufmerksamkeit erregen würde, während ich an etwas anderes dachte.

Plötzlich hörte ich ein Klapp-Klapp, das immer lauter wurde, scharf und deutlich, und ich wußte, noch bevor ich sie sah, daß dies der Klang von Stöckelschuhen auf dem Bürgersteig war, obwohl es auch ebensogut ein Hämmern auf Stein hätte sein können. Sie ging eilig auf der gegenüberliegenden Straßenseite vorbei, und ihre Hacken schlugen so hart auf das Pflaster auf, daß alle anderen Straßengeräusche in diesem einzelnen Klipp-Klapp, Klipp-Klapp aufgegangen zu sein schienen. Als sie die Ecke der Great Portland Street erreichte, schossen zwei Londoner Tauben blitzschnell schräg vom Himmel herab, als wären sie Geschosse, die sie töten sollten; und dann, als sie sie erblickten, drehten sie in einem steilen Winkel nach oben ab und waren davon. Unterdessen war sie um die Ecke gebogen. Das aufzuschreiben, hat Zeit gebraucht, doch was sich abspielte, dauerte nur wenige Sekunden: der Körper der Frau mit ihren Absätzen den Bürgersteig entlanghämmernd, dann scharf im rechten Winkel um die Ecke biegend; die Tauben im spitzen Winkel dazu auffliegend und ihn, schnell herabstoßend durch verdrängte Luft, durchschneidend. Ach was – nichts davon natürlich, nichts –, sie war die Straße entlang gegangen, ihre Absätze klapperten, und die Tauben landeten auf meinem Fensterbrett und begannen zu gurren. Alles fort, alles verschwunden, der wundervoll genaue Einklang von Laut und Bewegung, aber es war passiert, hatte mich glücklich gemacht und aufgeheitert, ich hatte keine Probleme mehr auf dieser Welt, und ich bemerkte, daß das Herz an meinen Fingern sich lockerte. Ich konnte es nicht ganz abkriegen, doch zerrte ich weiter an ihm unter dem Schal und der Alufolie, beinah gelang's. Ich verstand auf einmal, daß es ein Fehler war, herumzusitzen und jede kleinste Gefühlsregung, jeden einzelnen Pulsschlag meines Herzens während all der vierzig Jahre zu analysieren. Ich war völlig auf dem Holzweg: das war es gerade, womit ich mein rotes, verbittertes, erfreutes Herz für alle Zeiten an mein Fleisch fesseln würde …

So! Sie glauben also, ich sei erledigt! Sie glauben …
Passen Sie auf, ich wickle mein Herz in ein Netz aus Wut,
Und laß es wie einen Handball abprallen
Von Wänden, Gesichtern, Gittern, Schirmen und
Taubenrücken …

Nein, das alles nützte doch gar nichts; es macht die Sache nur schlimmer. Was ich tun müßte, wäre, mich selbst zu überrumpeln, so wie ich von der Frau, den Tauben und vom scharfen Geräusch der Absätze und von den seidenen Flügeln überrascht worden war.

Ich zog meinen Mantel an, hielt meinen unförmig umwickelten Arm vor die Brust, so daß, sollte jemand fragen: Was haben Sie denn mit Ihrer Hand gemacht? ich antworten könnte: Ich habe mir die Finger in der Tür gequetscht. Dann ging ich hinunter auf die Straße.

Es war nicht so einfach, inmitten einer Menschenmenge herumzulaufen mit der beunruhigenden Vorstellung, daß sie alle dachten: Was hat die Frau mit ihrer Hand gemacht?, denn das machte es so schwierig, mich selbst zu vergessen. Und die ganze Zeit über bebte und schlug es heftig gegen meine Finger und rief sich so ständig in Erinnerung.

Jetzt, da ich draußen war, wußte ich nicht, was ich tun sollte. Sollte ich mit jemandem zu Mittag essen? Oder im Park spazierengehen? Oder mir ein Kleid kaufen? Ich beschloß, zum Round Pond zu gehen und ganz allein um ihn herumzuspazieren. Ich fühlte mich müde nach den vier Tagen und Nächten ohne Schlaf. Ich stieg hinunter in die U-Bahnstation am Oxford Circus. Mittag, Menschenmassen. Ich fühlte mich befangen, aber natürlich hätte ich mir keine Sorgen zu machen brauchen. Ich schwöre, man könnte in London nackt auf der Straße herumlaufen, und niemand würde sich auch nur umdrehen.

So fuhr ich die Rolltreppe hinunter und blickte, wie ich das immer tue, in die Gesichter derer, die mir auf der anderen Seite entgegenrollten; und wie immer dachte ich bei mir, wie es doch seltsam ist, daß diese Menschen und ich uns rein zufällig auf solche Art begegneten, und wie seltsam, daß wir uns nie wieder sehen würden, oder wenn doch, es dann gar nicht wüßten. Ich stellte mich auf den überfüllten Bahnsteig und blickte, wie ich es immer tue, in die Gesichter, stieg in die Bahn ein, die sehr voll war, und fand einen Platz. Es war nicht ganz so schlimm wie zu den Stoßzeiten, doch alle Plätze waren besetzt. Ich lehnte mich zurück, schloß die Augen und hatte vor, ein bißchen zu schlafen, da ich so übermüdet war. Ich war gerade im Begriff einzudösen, als ich eine Frauenstimme murmeln oder vielmehr deklamieren hörte:

»Ein goldenes Zigarettenetui, das ist was Schönes,
wirklich, ich muß schon sagen, ein goldenes Etui, ja …«

Etwas an dieser Stimme ließ mich die Augen öffnen: Auf der anderen Seite des Abteils, ungefähr acht Leute weiter, saß eine noch junge Frau in einem billigen grünen Stoffmantel, ohne Handschuhe, mit flachen braunen Schuhen und Baumwollstrümpfen. Sie mußte ziemlich arm sein - eine Frau, die so angezogen ist, sieht man selten heutzutage. Aber ihre Haltung war es, die mir auffiel. Sie saß halb verdreht auf ihrem Platz, den Kopf hatte sie über ihre linke Schulter geneigt, und sie starrte geradewegs auf den Bauch eines älteren Herrn neben ihr. Aber es war offenkundig, daß sie ihn nicht sah: Ihre jungen starrenden Augen sahen nichts, sie blickten nach innen.

Sie war so offensichtlich allein in dem vollen Abteil, daß es nicht annähernd so peinlich war, wie man hätte denken können. Ich blickte mich um, die Leute lächelten, tauschten miteinander Blicke aus, zwinkerten sich zu oder ignorierten sie einfach, je nach Veranlagung, doch sie nahm uns alle nicht wahr.

Plötzlich richtete sie sich auf, drehte sich nach vorne, so daß sie aufrecht dasaß, und richtete Blick und Stimme auf ihr Gegenüber.

»Das glaubst du also. Das glaubst du, nicht war;
du glaubst also, ich gehe einfach
und warte zu Hause auf dich,
aber ihr hast du ein goldenes Etui geschenkt und …«

Und mit einer automatenhaften Bewegung ihres dünnen Körpers drehte sie ihren schmalen Kopf mit dem bleichen Haar zur Seite über die linke Schulter und blickte wieder starr und mit leerem Blick auf den Bauch des Mannes. Dieser grinste unbehaglich. Ich lehnte mich vor, um die Leute in meiner Sitzreihe zu betrachten; der Mann ihr gegenüber, ein junger Mann, hatte genau denselben unbehaglichen Gesichtsausdruck, doch war er entschlossen, amüsiert dreinzublicken. Alle schauten wir auf sie, wie die junge, dünne, blasse Frau da in ihrem privaten Elend und Jammer saß und uns so völlig vergaß, daß sie laut dachte und redete. Und wieder, ohne vorherige Anzeichen, ohne Grund, zwischen den Haltestellen (so wurde sie also nicht dadurch aus ihrem Traum aufgeschreckt, daß die Bahn an der Bond Street hielt und dann wieder ruckartig anfuhr), drehte sie ihren Körper nach vorne und sprach den Sitz ihr gegenüber an (der junge Mann war ausgestiegen, eine elegante Matrone mit grauen Locken hatte sich dort hingesetzt):

»Ich weiß also jetzt Bescheid, nicht, und wenn du
so breit lächelnd und zufrieden hereinkommst,
ja, dann weiß ich Bescheid, nicht, du brauchst mir
nichts zu sagen, ich weiß, und ich hab ihr gesagt,
ich hab gesagt, ich weiß, daß er Ihnen ein
goldenes Zigarettenetui geschenkt hat …«

Hier hielt sie wieder mit diesem automatenhaften Impuls inne (wurde zum Stehen gebracht oder war ganz einfach abgelaufen) und drehte sich halb herum, um auf den Bauch zu starren – denselben Bauch, denn der Herr mittleren Alters saß noch immer da. Aber wir hielten an Marble Arch und er stieg aus, wobei er mehr dem Abteil, nicht so sehr den Mitreisenden ein nachsichtiges, dünnes Lächeln zuwarf, das besagte: Ihnen ist doch wohl hoffentlich klar, daß diese unglückliche Frau total verrückt ist …

Sein Platz blieb unbesetzt. Niemand stieg am Marble Arch ein, und die zwei auf einen freien Platz wartenden Fahrgäste wollten nicht neben ihr sitzen, ihrem starrenden Blick ausgesetzt.

Wir saßen da und blickten freundlich vor uns hin, täuschten uns selbst und einander vor, wir wüßten nicht, daß die arme Frau verrückt war und daß wir eigentlich irgend etwas tun sollten. Ich überlegte sogar, was ich denn sagen könnte: Madam, Sie sind verrückt – soll ich Sie nicht lieber nach Hause begleiten? Oder: Sie Ärmste, hören Sie auf damit, es nützt doch nichts – lassen Sie ihn einfach, das wird ihn zur Vernunft bringen …

Und siehe da, nach der Pause, die durch ihren inneren Mechanismus bestimmt wurde, drehte sie sich um und sagte zu der eleganten Matrone, die diese anklagenden Worte mit vollkommener Selbstbeherrschung aufnahm:

»Ja, ich weiß Bescheid! O ja! Und was ist mit
meinen Schuhen, was ist damit, ein goldenes
Zigarettenetui, das hat sie bekommen,
die dreckige Hure, ein goldenes Etui …«

Innehalten. Drehung. Starren. Auf den leeren Sitz neben sich. Außergewöhnlich. Denn dies war das erstarrte Elend, oder wie kann ich das ausdrücken? Eine leidenschaftslose Leidenschaft – wir erblickten das personifizierte Unglück; wir erlebten das innerste Wesen einer persönlichen Tragödie – vielmehr der Tragödie. Es war gar kein Gefühl darin. Die Frau glich einer Schauspielerin in der Rolle der ›Anklägerin‹, der ›Verratenen Geliebten‹, der ›Betrogenen‹, gerade zu dem Zeitpunkt, da sie ihren Part auswendig gelernt hat und sich nur darum bemüht, die Worte richtig hinzukriegen.

Und ob sie nun in ihrer verdrehten Haltung dasaß, ihre furchtlosen Augen starr auf den grünlichen, pelzartigen, häßlichen Bezug der Wagensitze gerichtet, oder aufrecht sitzend ihre Anklage an die elegante Matrone gegenüber richtete, immer war sie von einer erschreckenden Unbewegtheit – ja, genau das war es, was uns Angst einflößte. Denn ganz offensichtlich hätte sie (wenn die innere Uhr abgelaufen wäre) für alle Zeit stillstehen können, in verdrehter oder in aufrechter Haltung oder auch in einer Zwischenposition – ja, wir konnten uns alle vorstellen, wie sie in irgendeiner beliebigen Stellung für immer erstarrte. Es war, als beobachteten wir die Hülle einer Frau, die gewisse vorbestimmte Bewegungen ausführte.

Denn *sie* war überhaupt nicht anwesend. *Was* da war, wer sie war, das ließ sich unmöglich sagen, obgleich man es sich leicht ausmalen konnte, wie ihr schmales, freundliches Gesichtchen in völliger Unwissenheit dessen, was sie da im Augenblick rollenhaft verkörperte, auf einmal lächelte. Sie war sich nicht bewußt, daß sie mit der U-Bahn von Marble Arch nach Queensway fuhr, auch nicht, daß sie in aller Öffentlichkeit ihren Ehemann oder Liebhaber anklagte, noch, daß wir sie anschauten.

Und wir, die wir sie anblickten, empfanden Verlegenheit und Scham, was nicht ihre Schuld war …

Plötzlich spürte ich unter dem Schal und der Alufolie, daß meine Finger sich unbeschwerter anfühlten, als ob mein Herz sich löste.

Ich nahm es, bevor es womöglich wieder an der Handfläche festzuwachsen gedachte, hastig weg, entfernte den Schal und balancierte ein vollkommen stilisiertes Herz auf meinen Knien, ähnlich dem silbernen Herz auf einer Valentinskarte, wobei dies hier natürlich dreidimensional war. Dieses Herz war jetzt nicht so sehr unschädlich, nein, das ist nicht das richtige Wort, vielmehr künstlich, kunstvoll, war es, allerdings äußerst geschmacklos, wie ich ja schon sagte. Ich konnte sehen, daß die Fahrgäste, die jetzt auf mich und das Herz schauten und nicht auf die arme Verrückte, daran Gefallen fanden.

Ich stand auf, ging die etwa vier Schritte bis zu ihr und legte das Aluherz auf den Sitz, damit ihr Blick drauffallen konnte.

Einen Augenblick lang reagierte sie nicht, dann mit einem Seufzer oder einem Murmeln der Erleichterung und voll theatralischen Schmerzes, beugte sie sich vor, hob das glitzernde Herz auf, nahm es fest in ihre Arme, liebkoste es und wiegte es hin und her, schmiegte sogar ihre Wange daran und starrte über seine Spitze hinweg auf ihren Ehemann, als wollte sie sagen: Sieh mal, was ich habe, ich kümmere mich nicht um dich und dein Zigarettenetui, ich habe ein silbernes Herz gekriegt.

Ich erhob mich, denn wir waren in Notting Hill Gate und, begleitet von zufriedenem Nicken und anerkennendem Lächeln der Zurückbleibenden, stieg ich aus, fuhr die Rolltreppe hoch, ging auf die Straße hinaus und weiter zum Park. Kein Herz. Kein Herz mehr. Welch ein Segen. Welche Freiheit …

Hörst du das da? Ja, das ist ein Lachen.
Ich lach da, ja, das bin ich.

MARGARET ATWOOD

Das Bleizeitalter

DER MANN IST einhundertfünfzig Jahre lang begraben gewesen. Sie gruben ein Loch in das gefrorene Geröll, tief in den Dauerfrostboden, und legten ihn dort hinein, damit die Wölfe nicht an ihn herankamen. Jedenfalls nimmt man das an.

Als sie das Loch gruben, war der Dauerfrostboden der Luft ausgesetzt, die wärmer war. Das taute ihn auf. Aber nachdem der Mann zugedeckt war, gefror er wieder, so daß er, als er an die Oberfläche gebracht wurde, völlig in Eis eingeschlossen war. Sie nahmen den Deckel von dem Sarg, und es war wie bei diesen Maraschinokirschen, die man für tropische Drinks in Eisfächern einfriert: eine verschwommene Form, die hinter einer festen Wolke undeutlich zu erkennen ist.

Dann schmolzen sie das Eis, und er kam ans Licht. Er ist fast noch genauso wie damals, als er begraben wurde. Das gefrierende Wasser hat seine Lippen von den Zähnen weggedrückt, es ist ein erstauntes Fletschen, und er ist beige wie ein Fleck Bratensoße auf Leinen, anstatt rosa, aber es ist noch alles da. Er hat sogar Augäpfel, nur, daß sie nicht weiß sind, sondern hellbraun wie Milchtee. Mit diesen teegefärbten Augen sieht er Jane an: ein nicht zu entziffernder Blick, unschuldig, wild, überrascht, aber nachdenklich, wie ein meditierender Werwolf, eingefangen in einem Blitzschlag genau in dem Sekundenbruchteil seiner turbulenten Verwandlung.

Jane sieht nicht sehr viel fern. Früher hat sie sich mehr angesehen. Früher hat sie sich an den Abenden Komikserien angesehen, und als sie auf die Universität ging, hat sie sich nachmittags Seifenopern über Krankenhäuser und reiche Leute angesehen, um das Arbeiten hinauszuzögern. Für eine Weile, vor noch gar nicht so langer Zeit, hat sie sich die Abendnachrichten angesehen, hat die Katastrophen mit untergeschlagenen Beinen auf dem Sofa zur Kenntnis genommen, mit einer Decke über den Beinen und einer heißen Milch mit Rum, um sich vor dem Schlafengehen zu entspannen. Es war alles eine Form von Flucht gewesen.

Aber was man im Fernsehen sieht, ganz gleich, zu welcher Tageszeit, rückt jetzt zu nah an ihr eigenes Leben heran; wenn auch in Janes Leben nicht alles so ordentlich in Schubläden verteilt ist wie im Fernsehen, Komik hier, schäbige Romanzen und sentimentale Tränen dort, Unfälle und gewaltsame Tode in Dreißig-Sekunden-Clips, in kleinen Häppchen, als wären es Schokoladenriegel. In ihrem eigenen Leben ist alles miteinander vermischt. *Ich dachte, ich sterb' vor Lachen*, hatte Vincent vor sehr langer Zeit mit einer Stimme gesagt, welche die Banalität von Müttern nachahmte; so wird es allmählich tatsächlich. Und wenn sie dieser Tage das Fernsehen andreht, dann schaltet sie es bald wieder ab. Selbst die Werbung mit ihrer surrealen Alltäglichkeit beginnt unheimlich auszusehen, Bedeutungen hinter ihrem Rükken anzudeuten, hinter der Fassade von Sauberkeit, Köstlichkeit, Gesundheit, Macht und Geschwindigkeit.

Heute abend läßt sie den Fernseher an, denn was sie sieht, ist dem, was sie gewöhnlich sieht, so gar nicht ähnlich. An diesem Bild von dem gefrorenen Mann ist nichts unheimlich. Es ist völlig es selbst. *Was man sieht, ist was man kriegt*, wie Vincent immer sagte, während er schielte, die Zähne an einer Seite entblößte, die Nase zu einem Horrorfilm-Rüssel hochschob. Obwohl das bei ihm niemals so war.

Der Mann, den sie ausgegraben und aufgetaut haben, war ein junger Mann. Oder ist es noch immer: Es läßt sich schwer sagen, welches Tempus ihm zugeordnet werden sollte, er ist so beharrlich gegenwärtig. Trotz der Entstellungen, die durch das Eis und die Auszehrung seiner Krankheit verursacht wurden, sieht man, daß er jung ist, keine Verhärtung, keine Abnutzung. Nach den Daten, die sorgfältig in sein Namensschild gemalt sind, ist er erst zwanzig Jahre alt gewesen. Sein Name war John Torrington. Er war, oder ist, ein Matrose, ein Seemann. Er war aber kein einfacher Seemann, sondern eine Art Unteroffizier, ein Maat, einer, der unbedeutendere Befehlsbefugnis besaß.

Er war einer der ersten, die starben. Das ist der Grund, warum er einen Sarg und ein metallenes Namensschild bekam, und ein tiefes Loch im Permafrost – weil sie anfangs noch die Kraft hatten für solche Dinge und die Pietät. Es wird eine Begräbnisrede gegeben haben, und Gebete. Als die Zeit voranschritt und alles verschwamm und die Dinge nicht besser wurden, müssen sie ihre Kräfte für sich selbst bewahrt haben; und auch die Gebete. Die Gebete werden nicht mehr Routine gewesen, sondern verzweifelt geworden sein, und dann hoffnungslos. Die späteren Toten bekamen Steinhaufen aus übereinandergeschichteten Steinen, und die noch viel späteren nicht einmal das. Sie endeten als Knochen und als Schuhsohlen und gelegentlich als Knopf, die auf dem gefrorenen steinigen baumlosen harten Boden verstreut waren und deren Spur nach Süden führte. Wie die Spuren in Märchen, aus Brotkrumen und Samenkörnern oder weißen Steinen. Aber hier war nichts aus dem Boden gesprossen oder hatte im Mondschein geleuchtet und einen wundersamen Pfad zum Leben gebildet; es war niemand gekommen, um sie zu retten. Es dauerte zehn Jahre, bis auch nur die spärlichsten Ansätze dessen bekannt wurden, was mit ihnen geschehen war.

Alle zusammen waren sie die Franklin-Expedition. Jane hat

sich selten mit Geschichte befaßt, außer wenn sie mit ihrem Wissen über antike Möbel und Immobilien zusammenfiel – »Erntetisch aus Kiefer, 19. Jahrhundert« oder »Georgianisches Herrenhaus, beste Lage, einwandfrei renov.« –, aber sie weiß, was die Franklin-Expedition war. Die Schiffe mit den Unglücksnamen waren auf Briefmarken abgedruckt – die *Terror*, die *Erebus*. Auch in der Schule hatte sie es, zusammen mit einer ganzen Reihe anderer untergegangener Expeditionen, durchgenommen. Nicht viele von diesen Forschern schienen gut davongekommen zu sein. Immer kriegten sie Skorbut oder verirrten sich.

Die Franklin-Expedition hatte nach der Nordwestpassage gesucht, einem offenen Seeweg quer durch die Arktis, damit die Menschen, Kaufleute, von England nach Indien gelangen konnten, ohne erst um ganz Südamerika herum zu müssen. Das war bei weitem nicht so exotisch wie Marco Polo oder die Quellen des Nils; trotzdem, der Gedanke der Erforschung hatte ihr damals gefallen: auf ein Schiff zu gehen und einfach irgendwohinzufahren, ins Kartenlose, hinaus ins Unbekannte. Sich selbst der Furcht ausliefern; Dinge herausfinden. Das war irgendwie kühn und edel, trotz all der Verluste und Mißerfolge, oder vielleicht gerade deswegen. Es war wie Sex in der High-School, damals, vor der Pille, selbst wenn man sich vorsah. Das heißt, wenn man ein Mädchen war. Wenn man ein Junge war, für den ein solches Risiko ziemlich gering war, mußte man andere Dinge tun: mit Waffen oder großen Mengen Alkohol oder sehr schnellen Wagen; was in ihrer High-School in einem Vorort von Toronto damals zu Beginn der sechziger Jahre Springmesser bedeutete, Bier und am Samstagabend Autorennen auf den Hauptstraßen.

Während Jane jetzt auf den Fernseher sieht, während das rautenförmige Eis langsam schmilzt und die Körperumrisse des jungen Seemanns klar und scharf werden, erinnert sich Jane an Vincent, mit sechzehn und noch mit mehr Haaren, der spöttisch eine Augenbraue hochzieht und, die Lippen in nachgeahmten

Spott verzogen, sagt: »Franklin, mein Lieber, das ist mir scheißegal.« Er sagte es laut genug, um gehört zu werden, aber der Geschichtslehrer ignorierte ihn, weil er nicht wußte, was er sonst hätte tun sollen. Es war für die Lehrer schwer, Vincent unter Kontrolle zu halten, weil er sich vor nichts zu fürchten schien, das ihm zustoßen konnte.

Selbst damals war er hohläugig gewesen; oft sah er aus, als wäre er die ganze Nacht lang auf gewesen. Selbst damals ähnelte er einem sehr jungen alten Mann oder einem frühverdorbenen Kind. Die dunklen Ringe unter seinen Augen waren das Alte an ihm, aber wenn er lächelte, hatte er hübsche kleine weiße Zähne, wie die Werbeanzeigen für Babynahrung in den Illustrierten. Er machte sich über alles lustig und wurde bewundert. Er wurde nicht auf die gleiche Art bewundert, wie andere Jungen bewundert wurden, jene Jungen mit mürrisch verzogener Unterlippe und fettigen Haaren und einer einstudierten schwelenden Bedrohlichkeit. Er wurde wie ein Schoßtier bewundert. Nicht ein Hund, sondern eine Katze. Er ging, wohin er wollte und gehörte niemandem. Niemand nannte ihn Vince.

Seltsam, aber Janes Mutter mochte ihn. Gewöhnlich mochte sie die Jungen, mit denen Jane ausging, nicht. Vielleicht ließ sie ihn deshalb durchgehen, weil ihr klar war, daß Jane keinen Schaden davontragen würde, wenn sie mit ihm ausging: kein gebrochenes Herz, keine Schwere, nichts Belastendes. Nichts von dem, was sie *Folgen* nannte. Folgen: die Schwere des Körpers, das wachsende Fleisch, das wie ein Bündel herumgeschleppt wurde, der kleine rüschenumsäumte Wichtelkopf im Kinderwagen. Babys und Hochzeit, in dieser Reihenfolge. So verstand sie die Männer und ihre verstohlenen, plumpen, bedrohlichen Wünsche, denn Jane war selbst eine Folge gewesen. Sie war ein Fehler gewesen, sie war ein Kriegskind gewesen. Sie war ein Verbrechen gewesen, für das immer wieder und wieder hatte gezahlt werden müssen.

Mit sechzehn hatte Jane schon so viel davon gehört, daß es für mehrere Leben reichte. In den Darstellungen ihrer Mutter über die Art und Weise, wie es zuging im Leben, war man eine kurze Zeit jung, und dann fiel man. Man plumpste runter wie ein reifer Apfel und wurde am Boden zu Brei zerquetscht; man fiel, und alles um einen herum fiel ebenfalls. Man kriegte Senkfüße, und die Gebärmutter senkte sich auch, und Haare und Zähne fielen aus. Das hatte man vom Kinderkriegen. Man wurde den Gesetzen der Schwerkraft unterworfen.

So sieht sie ihre Mutter noch immer vor sich: in baumelnder, sinkender, erschlaffender Bewegung. Ihre hängenden Brüste, die nach unten gezogenen Mundwinkel. Jane beschwört sie herauf: da ist sie, sitzt wie gewöhnlich mit einer Tasse abkühlenden Tees am Küchentisch, erschöpft von ihrer Arbeit als Verkäuferin im Kaufhaus Eaton, wo sie den ganzen Tag hinter dem Schmucktresen steht, den Hintern in einen Hüftgürtel verpackt und die geschwollenen Füße in die vorgeschriebenen halbhohen Schuhe gequetscht, lächelt ihr neidisches, mißbilligendes Lächeln über die verwöhnten Kunden, die hochnäsig auf den glitzernden Trödelkram blicken, den sie sich selbst nie würde leisten können. Janes Mutter seufzt, pickt in den Spaghetti herum, die Jane für sie in der Dose aufgewärmt hat. Stumme Worte steigen von ihr auf wie schales Talkumpuder: *Was kann man schon erwarten*, immer eine Feststellung, nie eine Frage. Aus der Ferne versucht Jane es mit Mitleid, bringt aber keins zustande.

Was Janes Vater angeht, der war von zu Hause weggelaufen, als Jane fünf wurde, er hat ihre Mutter im Stich gelassen. So drückte es ihre Mutter aus – »von zu Hause weggelaufen«, wie ein verantwortungsloses Kind. Ab und zu kam Geld, aber das war auch die Summe dessen, was er zum Familienleben beitrug. Jane war ihm deswegen böse, aber die Schuld gab sie ihm nicht. Ihre Mutter weckte in jedem, der ihr begegnete, ein wildes Fluchtverlangen.

Jane und Vincent saßen immer draußen in dem engen Garten hinter Janes Haus, einem jener mit Gipsmörtel verputzten Kriegsbungalows mit blinzelnden kleinen Fenstern, die am Fuß des Hügels standen. Oben auf dem Hügel waren die reicheren Häuser und die reicheren Leute: die Mädchen, die Kaschmirpullis besaßen, wenigstens einen, und nicht die aus Orlon und Lambswool, die Jane so vertraut waren. Vincent wohnte etwa auf halber Höhe den Hügel hinauf. Er hatte noch einen Vater, theoretisch.

Sie saßen, an den hinteren Zaun gelehnt, bei den spindeldürren Schmuckkörbchenblumen, die als Garten durchgingen, so weit vom Haus entfernt, wie sie nur konnten. Sie tranken Gin, den Vincent aus dem Alkoholvorrat seines Vaters abgefüllt und in einer alten Militärtaschenflasche, die er irgendwo aufgelesen hatte, hierher geschmuggelt hatte. Sie machten ihre Mütter nach.

»Ich hetz' rum und spare und arbeite mir die Finger wund, und wie dankt man es mir?« sagte Vincent zänkisch. »Du bist auch keine Hilfe, Sonny Boy. Du bist genauso wie dein Vater. Frei wie ein Vogel, die ganze Nacht unterwegs, tust, was dir gefällt, ohne dich auch nur im geringsten um die Gefühle anderer zu kümmern. Und jetzt bring den Müll raus.«

»Das kommt von der Liebe, die tut dir das an«, erwiderte Jane dann mit der resignierten schweren Stimme ihrer Mutter. »Wart nur ab, mein Mädchen. Eines Tages wirst du schon noch runterkommen von deinem hohen Roß.« Während Jane es sagt, und obwohl sie Spaß macht, konnte sie sich LIEBE vorstellen, in Großbuchstaben, die wie ein riesiger Fuß vom Himmel auf sie herabstieg. Das Leben ihrer Mutter war eine Katastrophe gewesen, aber ihrer eigenen Ansicht nach eine unvermeidliche Katastrophe, wie in Liedern und Filmen. Es war die LIEBE, die dafür verantwortlich war, aber was konnte man tun, angesichts der LIEBE? Liebe war wie eine Dampfwalze. Man konnte ihr nicht ausweichen, sie walzte über einen hinweg, und am Ende war man plattgedrückt.

Janes Mutter wartete, ängstlich und Warnungen ausstoßend, aber auch mit einer Art Schadenfreude, daß es Jane genauso erging. Jedesmal, wenn Jane sich mit einem neuen Jungen traf, betrachtete ihre Mutter ihn als einen potentiellen Gesandten des Untergangs. Sie mißtraute den meisten dieser Jungen; sie mißtraute ihren mürrisch aufgeworfenen Mündern, ihren im aufsteigenden Rauch ihrer Zigaretten halb geschlossenen Augen, ihrer langsamen, schlendernden Art zu gehen, ihrer Kleidung, die zu eng saß, zu voll war, zu voll von ihren Körpern. Sie sahen selbst dann noch so aus, wenn sie die Rolle des verdrossenen Helden ablegten, wenn sie sich vor Janes Mutter bemühten, aufmerksam zu gucken und geschäftig und höflich zu sein, und sich an der Haustür verabschiedeten, in ihren Hemden und Krawatten und ihren gebügelten Anzügen für besondere Anlässe. Sie konnten nichts dafür, wie sie aussahen, wie sie waren. Sie waren hilflos; ein Kuß in einer dunklen Ecke ließ sie in Sprachlosigkeit versinken; sie waren Schlafwandler in ihren eigenen flüssigen Körpern. Jane indessen war hellwach.

Jane und Vincent gingen eigentlich nicht richtig aus. Sondern sie machten sich über das Ausgehen lustig. Wenn die Luft rein war und Janes Mutter nicht zu Hause war, erschien Vincent mit knallgelb angemaltem Gesicht an der Tür, und Jane zog ihren Bademantel verkehrt herum an, und sie bestellten sich chinesisches Essen und erschreckten den Lieferjungen und aßen mit gekreuzten Beinen auf dem Fußboden, unbeholfen mit Stäbchen hantierend. Oder Vincent kreuzte in einem fadenscheinigen, dreißig Jahre alten Anzug und einem Bowlerhut und einem Spazierstock auf, und Jane wühlte in den Schränken nach einem abgelegten Kirchganghut ihrer Mutter, mit zerdrücktem Stoffveilchen und einem Schleier, und dann gingen sie in die Stadt und spazierten umher, machten laute Bemerkungen über die Passanten, taten so, als wären sie alt oder arm oder verrückt. Das war gedankenlos und schlechter Geschmack, genau das, was ihnen so gut daran gefiel.

Vincent lud Jane zur High-School-Abschlußfeier ein, und sie suchten ihr Kleid gemeinsam in einem der Secondhand-Kleiderläden aus, die Vincent ständig aufsuchte, kicherten über den Schock und die Bewunderung, die sie beide auszulösen hofften. Sie schwankten zwischen einem flammendroten mit abfallenden Ziermünzen und einem rückenfreien engen schwarzen mit tiefem Ausschnitt, und wählten das schwarze, weil es zu Janes Haaren paßte. Vincent schickte eine giftig aussehende lindgrüne Orchidee, die Farbe ihrer Augen, wie er sagte, und Jane malte sich die Augenlider und die Fingernägel dazu passend an. Vincent trug eine weiße Krawatte und einen weißen Schwalbenschwanz und einen Zylinder, alles durchgescheuerte alte Sachen und lächerlich groß für ihn. Sie tanzten Tango in der Turnhalle, obwohl es keine Tangomusik war, unter den Blumen aus Seidenpapier, zogen einen schwarzen Schnitt durch die Schwaden aus pastellfarbenem Tüll, todernst, stellten eine übertriebene Sexualität zur Schau, Vincent, indem er Janes lange Perlenkette in den Zähnen hielt.

Der Applaus galt vor allem ihm, weil er bewundert wurde. Wenn auch vor allem von den Mädchen, denkt Jane. Aber auch unter den Jungen schien er sehr beliebt zu sein. Wahrscheinlich erzählte er ihnen in der Kabine der Sporthalle schmutzige Witze. Er kannte ja genügend.

Als er Jane nach hinten bog, ließ er die Perlen los und flüsterte ihr ins Ohr: »Kein Gürtel, keine Nadeln, keine Binden, kein Scheuern.« Das war aus einer Reklame für Tampons, aber es war auch ihr Leitmotiv. Es war, was sie beide wollten: Freiheit von der Welt der Mütter, der Welt der Vorsorge, der Welt der Lasten und des Schicksals und der schweren weiblichen Beschränkungen des Fleischs. Sie wollten ein Leben ohne Folgen. Bis vor kurzem hatten sie das geschafft.

Die Wissenschaftler haben jetzt die gesamte Länge des jungen Seemanns aufgetaut, wenigstens die obere Schicht. Sie haben warmes Wasser über ihn geschüttet, vorsichtig und geduldig; sie wollen ihn nicht zu plötzlich auftauen. Es ist, als schliefe John Torrington, und als wollten sie ihn nicht aufschrecken.

Jetzt sind seine Füße sichtbar. Sie sind nackt und eher weiß als beige; sie sehen aus wie die Füße von jemandem, der an einem Wintertag über einen kalten Fußboden gegangen ist. Ein solches Licht reflektieren sie: winterliches Sonnenlicht am frühen Morgen. Das Fehlen von Socken empfindet Jane als ausgesprochen schmerzhaft. Sie hätten ihm seine Socken lassen können. Aber vielleicht haben die anderen sie gebraucht. Seine großen Zehen sind mit einem Stoffstreifen zusammengebunden; der Mann, der spricht, sagt, das sei geschehen, damit sein Körper für die Beerdigung ordentlich verpackt war, aber Jane ist nicht überzeugt. Seine Arme sind an seinen Körper gebunden, seine Knöchel sind zusammengebunden. Das tut man, wenn man nicht will, daß jemand herumläuft.

Dieser Teil ist fast zuviel für Jane, er weckte zu viele Erinnerungen. Sie greift nach der Fernsteuerung, aber zum Glück wechselt die Sendung (es ist nur eine Sendung, es ist nur eine weitere Sendung) zu den beiden historischen Experten über, welche die Kleidung analysieren. Es gibt eine Großaufnahme von John Torringtons Hemd, ein einfaches hochgeschlossenes Nadelstreifenhemd aus weißblauer Baumwolle mit Perlmuttknöpfen. Die Streifen sind aufgedruckt, nicht gewebt; Weben wäre teurer gewesen. Die Hosen sind aus grauem Leinen. Ah, denkt Jane. Garderobe. Ihr ist jetzt wohler: Davon versteht sie was. Ihr gefällt die Feierlichkeit, die Ehrerbietung, mit der die Streifen und Knöpfe diskutiert werden. Interesse an der Kleidung der Gegenwart ist eine Frivolität, Interesse an der Kleidung der Vergangenheit ist Archäologie; eine Unterscheidung, die Vincent fasziniert hätte.

Nach der High-School bekamen beide, Jane und Vincent, ein Stipendium für die Universität, obwohl Vincent anscheinend weniger gelernt und dennoch besser abgeschnitten hatte. In jenem Sommer machten sie alles gemeinsam. Sie kriegten im selben »Hamburger Heaven« einen Sommerjob, sie gingen nach der Arbeit zusammen ins Kino, auch wenn Vincent nie für Jane bezahlte. Gelegentlich zogen sie noch alte Sachen an und gingen in die Stadt und taten so, als wären sie ein verrücktes Paar, aber es war nicht mehr dasselbe unbekümmerte und von absurden Phantasien erfüllte Gefühl. Manchmal ging ihnen nun durch den Kopf, daß sie möglicherweise am Ende wirklich so aussehen könnten.

In ihrem ersten Jahr an der Universität hörte Jane auf, mit anderen Jungen auszugehen: Sie brauchte einen Teilzeitjob, um finanziell zurechtzukommen, und der und die Hausaufgaben und Vincent nahmen ihre ganze Zeit in Anspruch. Sie dachte, daß sie vielleicht in Vincent verliebt sei. Sie dachte, daß sie vielleicht miteinander schlafen sollten, um es herauszufinden. So etwas hatte sie noch nie richtig getan; dazu hatte sie viel zuviel Angst vor Männern gehabt, denen man nicht trauen konnte, vor der Schwerkraft der Liebe, zuviel Angst vor den Folgen. Allerdings dachte sie, daß sie Vincent vielleicht trauen könnte.

Aber so liefen die Dinge nicht. Sie hielten Händchen, aber sie umarmten sich nicht; sie umarmten sich, aber sie wurden nicht zärtlich; sie küßten sich, aber sie schmusten nicht. Vincent sah sie gern an, aber es gefiel ihm so gut, daß er niemals die Augen schloß. Sie machte die Augen zu und dann wieder auf, und da war Vincent, und seine Augen glänzten im Licht der Straßenlampe oder des Mondes und sahen sie fragend an, als warteten sie darauf zu sehen, welch merkwürdiges weibliches Benehmen sie wohl als nächstes an den Tag legen würde, um ihn zu amüsieren. Mit Vincent zu schlafen, schien ganz und gar unmöglich.

(Später, nachdem sie sich kopfüber in die Meinungsströmung geworfen hatte, die bis Ende der sechziger Jahre zu einem breiten Fluß angeschwollen war, sagte sie nicht mehr »schlafen«; sie sagte »Sex haben«. Aber es lief auf dasselbe hinaus. Man hatte Sex, und daraus war Liebe gemacht, ob man nun wollte oder nicht. Man wachte in einem Bett auf - oder eher auf einer Matratze - im Arm eines Mannes, und man fragte sich, wie es wohl wäre, wenn man das mit ihm immer weitermachte. An diesem Punkt begann Jane auf die Uhr zu sehen. Sie hatte nicht die Absicht, auf irgendeine Weise sitzengelassen zu werden. Sie wollte es selbst sein, die verließ. Und das tat sie auch.)

Jane und Vincent zogen in verschiedene Städte. Sie schrieben einander Postkarten. Jane tat dies und das. Sie leitete einen Coop-Lebensmittelladen in Vancouver, kümmerte sich um die Finanzen eines kleinen Theaters in Montreal, arbeitete als Geschäftsführerin für einen kleinen Verlag, machte die Öffentlichkeitsarbeit für eine Tanzgruppe. Sie hatte einen Kopf fürs Detail und war gut im Addieren kleiner Summen - sich durchs Studium schlagen zu müssen, war lehrreich gewesen -, und solche Jobs gab es viele, wenn man nicht allzuviel Geld dafür verlangte. Jane sah keinen Grund, warum sie sich binden sollte, warum sie gegenüber irgendwas oder irgendwem irgendwelche seelenverrenkenden Verpflichtungen eingehen sollte. Es war Anfang der siebziger Jahre; die alte beschwerliche Frauenwelt der Hüftgürtel und Vorsichtsmaßnahmen und Folgen war weggefegt worden. Eine Menge Fenster gingen auf, eine Menge Türen: Man konnte hineinsehen, dann hineingehen, dann wieder herauskommen.

Sie lebte mit verschiedenen Männern zusammen, aber in jeder Wohnung standen Pappkartons, die ihr gehörten und nie ausgepackt wurden. Machte nichts, weil es so viel einfacher war, wieder auszuziehen. Als sie dreißig war, kam sie zu dem Schluß, daß es vielleicht schön wäre, ein Kind zu haben, irgendwann, später. Sie versuchte sich etwas einfallen zu lassen, wie sie das anstellen konnte, ohne Mutter zu werden. Ihre eigene Mutter war nach Florida gezogen und schickte langatmige, nörgelnde Briefe, die Jane nur selten beantwortete.

Jane zog wieder nach Toronto und fand es zehnmal interessanter als früher, bevor sie es verlassen hatte. Vincent war schon da. Er war aus Europa zurück, wo er Film studiert hatte; er hatte ein Designstudio. Er und Jane trafen sich zum Lunch, und es war noch immer genauso: dieselbe verschwörerische Atmosphäre, dasselbe Gefühl, zu jeder Unverschämtheit fähig zu sein. Genausogut hätten sie noch immer in Janes Garten sitzen können, neben den Schmuckkörbchen, verbotenen Gin trinkend und herumalbernd.

Jane merkte, wie sie in Vincents Kreise geriet – oder waren es Umlaufbahnen? Vincent kannte sehr viele Leute, Leute jeder Art; manche waren Künstler, und manche wollten gern welche sein, und manche wollten die kennenlernen, die welche waren. Manche hatten von vornherein Geld, manche machten Geld; alle gaben es aus. Es wurde dieser Tage sehr viel mehr über Geld gesprochen, oder jedenfalls unter diesen Leuten. Die wenigsten von ihnen wußten, wie sie damit umgehen sollten, und Jane begann, ihnen dabei zu helfen. Sie brachte eine kleine Firma auf die Beine, indem sie sich um ihr Geld kümmerte. Sie hielt es zusammen, brachte es für sie in Sicherheit, sagte ihnen, wieviel sie ausgeben konnten, gewährte ihnen »Taschengeld«. Jane verfolgte mit großem Interesse, was sie sich kauften, wenn sie ihre Rechnungen beglich: welche Möbel, welche Kleider, welche »Objekte«. Sie freuten sich über ihr Geld, waren entzückt. Es war für sie wie Milch und Plätzchen nach der Schule. Wenn Jane ihnen zusah, wie sie mit ihrem Geld spielten, fühlte sie sich verantwortlich und nachsichtig und ein wenig matronenhaft. Ihr eigenes Geld sparte sie sorgfältig an und kaufte damit ein Stadthaus.

Während der ganzen Zeit war sie mehr oder weniger mit Vincent zusammen. Sie hatten es ausprobiert, ein Liebespaar zu sein, aber es hatte nicht geklappt. Vincent hatte mitgemacht, weil Jane es wollte, aber er blieb ausweichend, erklärte nichts. Was mit anderen Männern funktionierte, mit ihm funktionierte es nicht: Appelle an seine Beschützerinstinkte, vorgespielte Eifersucht, die Bitte, festsitzende Deckel von Gläsern zu entfernen. Mit ihm war Sex wie eine Aerobic-Übung. Er konnte ihn nicht ernst nehmen und machte ihr den Vorwurf, zu feierlich zu sein. Sie fragte sich, ob er vielleicht schwul war, wagte aber nicht, ihn zu fragen; sie hatte Angst davor, sich überflüssig zu fühlen, ausgeschlossen zu sein. Sie brauchten Monate, bis alles wieder beim alten war.

Er war jetzt älter, beide waren sie älter. An den Schläfen und über der Stirn lichteten sich seine Haare, Geheimratsecken, und seine hellen forschenden Augen versanken noch tiefer in ihren Höhlen. Was zwischen ihnen ablief, sah immer noch aus wie Liebeswerben, war es aber nicht. Er brachte ihr immer etwas mit: irgend etwas neues Ungewöhnliches zum Essen, irgendein neues groteskes Stück zum Anschauen, eine Klatschgeschichte, die er ihr wie eine Blume zu einem besonderen Anlaß überreichte. Und sie wußte ihn zu schätzen. Es war wie eine Yoga-Übung, Vincent zu schätzen; es war, als würde man eine Sardelle schätzen oder einen Stein. Er war nicht jedermanns Geschmack.

Auf dem Fernsehschirm ist ein Schwarzweißbild, dann noch eins: das 19. Jahrhundert in seiner eigenen Version, in Stichen. Sir John Franklin, älter und dicker, als Jane angenommen hatte; die *Terror* und die *Erebus*, eingeschlossen im drückenden Eis. In der hohen Arktis, vor hundertfünfzig Jahren, im tiefsten Winter. Da ist keine Sonne, kein Mond; nur die knisternden Nordlichter, wie elektronische Musik, und die harten kleinen Sterne.

Was war mit der Liebe, auf einem solchen Schiff, in einer solchen Zeit? Verstohlene, einsame Handhabungen, verworrene und klagende Träume, die Sublimierung der Romane. Das übliche für jene, die einsam geworden sind.

Unten im Laderaum, umgeben von dem Knarren des hölzernen Rumpfs und den muffigen Gerüchen von Männern, die schon viel zu lange eingeschlossen sind, liegt John Torrington im Sterben. Er muß es gewußt haben; man kann es an seinem Gesicht sehen. Er wendet Jane seinen teefarbenen Blick fragenden Vorwurfs zu.

Wer hat seine Hand gehalten, wer hat ihm vorgelesen, wer hat ihm Wasser gebracht? Wer, falls überhaupt jemand, hat ihn geliebt? Und was haben sie ihm gesagt, warum er sterben mußte, was immer es war, das ihn umbrachte? Schwindsucht, Gehirnfieber, die Erbsünde. All die viktorianischen Gründe, die nichts zu bedeuten hatten und falsch waren. Aber sie müssen tröstlich gewesen sein. Wenn man stirbt, will man wissen, warum.

In den achtziger Jahren gerieten die Dinge ins Rutschen. Toronto war nun nicht mehr so lustig. Da waren zu viele Menschen, zu viele arme Menschen. Man sah sie auf den Straßen betteln, die von Auspuffschwaden und Autos erfüllt waren. Die billigen Künstlerateliers wurden abgerissen oder in modernen Büroraum umgewandelt, die Künstler waren irgendwoanders hingezogen. Ganze Straßenzüge wurden auf- oder abgerissen. Die Luft war voll von körnigem Staub.

Leute starben. Sie starben zu früh. Einer von Janes Klienten, ein Mann, dem ein Antiquitätengeschäft gehörte, starb fast über Nacht an Knochenkrebs. Jemand anders, eine Frau, die Anwältin in der Unterhaltungsbranche war, probierte in einer Boutique ein Kleid an und hatte einen Herzanfall. Sie fiel um, und man rief die Ambulanz, und als die kam, war sie schon tot. Ein Theaterproduzent starb an AIDS, und ein Fotograf; der Liebhaber des Fotografen erschoß sich, entweder aus Kummer, oder weil er wußte, daß er der nächste sein würde. Ein Freund eines Freundes starb an einem Emphysem, ein anderer an Lungenentzündung, ein anderer an Hepatitis, die er sich bei einem Urlaub in den Tropen geholt hatte, ein anderer an Hirnhautentzündung. Es war, als wären sie durch irgendeine geheimnisvolle Kraft geschwächt worden, etwas wie ein farbloses Gas, geruchlos und unsichtbar, so daß jeder Krankheitserreger, der zufällig vorbeikam, in ihren Körper gelangen und ihn sich unterwerfen konnte.

Jane begannen bestimmte Nachrichten aufzufallen, über die sie früher hinweggelesen hatte. Ahornwälder, die am sauren Regen starben, Hormone im Rindfleisch, Quecksilber in den Fischen, Pestizide im Gemüse, Gift, das auf Obst gesprüht war, Gott weiß was im Trinkwasser. Sie bestellte bei einer Lieferfirma Quellwasser in Flaschen und fühlte sich ein paar Wochen lang besser, dann las sie in der Zeitung, daß es ihr nicht viel nützen würde, denn was immer es war, es war in alles eingedrungen. Jedesmal, wenn man Luft holte, atmete man etwas davon ein. Sie dachte daran wegzuziehen aus der Stadt, dann las sie von Giftmüllhalden, radioaktivem Abfall, der hier und da auf dem Land verborgen und unter dem üppigen, trügerischen Grün der sich im Wind wiegenden Bäume getarnt war.

Vincent ist noch kein Jahr tot. Er wurde nicht in den Dauerfrostboden gelegt oder in Eis gefroren. Er kam auf den Necropolis, den einzigen Friedhof in Toronto, dessen allgemeines Ambiente er billigte; er kriegte Blumenzwiebeln über sich gepflanzt, von Jane und anderen. Vor allem von Jane. Im Augenblick sieht John Torrington, der gerade nach hundertfünfzig Jahren aufgetaut worden ist, wahrscheinlich besser aus.

Eine Woche vor Vincents dreiundvierzigstem Geburtstag ging ihn Jane im Krankenhaus besuchen. Er war zu Untersuchungen hier. Von wegen. Er war wegen des Unaussprechlichen, des Unbekannten hier. Er war wegen eines mutierten Virus hier, das noch nicht mal einen Namen hatte. Es kroch seine Wirbelsäule rauf, und wenn es sein Gehirn erreichte, würde es ihn töten. Es reagierte nicht auf Medikation, wie sie sagten. Er war auf Dauer hier.

In seinem Zimmer war es weiß, winterlich. Er lag in Eis verpackt da, wegen der Schmerzen. Ein weißes Laken hüllte ihn ein, seine dünnen weißen Füße ragten darunter hervor. Sie waren so blaß und kalt. Jane sah ihn an, wie er dalag, wie ein Lachs auf Eis, und begann zu weinen.

»Ach, Vincent«, sagte sie. »Was soll ich bloß ohne dich tun?« Es klang schrecklich. Es klang, als würden sich Jane und Vincent über veraltete Bücher, veraltete Filme, ihre veralteten Mütter lustig machen. Es klang auch egoistisch: Da stand sie und dachte nur an sich und ihre Zukunft, obwohl es doch Vincent war, der krank im Bett lag. Aber es stimmte. Alles in allem würde es eine ganze Menge weniger zu tun geben ohne Vincent.

Vincent sah zu ihr auf; unter seinen Augen lagen höhlenartige Schatten. »Na, komm schon«, sagte er, nicht sehr laut, denn er konnte jetzt nicht sehr laut sprechen. Sie hatte sich hingesetzt, beugte sich über ihn; sie hielt seine Hand. Die war dünn wie eine Vogelkralle. »Wer sagt denn, daß ich sterbe?« Er dachte einen Moment darüber nach, verbesserte sich. »Du hast recht«, sagte er. »Sie haben mich erwischt. Das waren die ›Body-Snatcher‹* aus dem Weltraum. ›Ich will nichts als deinen Body‹, sagten sie.«

Jane weinte noch mehr. Es war schlimmer, weil er komisch zu sein versuchte. »Aber was *ist* es?« sagte sie. »Wissen sie das schon?«

Vincent setzte sein altes unbekümmertes Lächeln auf, distanziert, amüsiert. Da waren seine wunderbaren Zähne, jugendlich wie eh und je. »Wer weiß?« sagte er. »Es muß was gewesen sein, das ich gegessen habe.«

Jane saß da, und die Tränen rannen ihr übers Gesicht. Sie fühl-

* »Body-Snatcher« stammen aus einer amerikanischen Fernsehserie, in der Außerirdische Menschen töten und sich ihrer Körper bemächtigen. A.d.Ü.

te sich trostlos: zurückgelassen, gestrandet. Ihre Mütter hatten sie schließlich doch noch eingeholt, hatten recht behalten. Es gab letztlich doch Folgen; aber sie waren die Folgen auf Dinge, von denen man nicht einmal wußte, daß man sie getan hatte.

Die Wissenschaftler sind wieder auf dem Bildschirm. Sie sind aufgeregt, ihre ernsten Münder zucken, man könnte sie fast fröhlich nennen. Sie wissen, warum John Torrington gestorben ist; endlich wissen sie, warum die Franklin-Expedition ein so schreckliches Ende nahm. Sie haben John Torrington ein paar Stückchen abgeschnipselt, einen Fingernagel, eine Haarlocke, sie haben sie durch Maschinen laufen lassen und die Antworten erhalten.

Dann kommt eine Aufnahme von einer alten Blechdose, sie ist aufgerissen, um die Naht zu zeigen. Sie sieht aus wie eine Bombenhülle. Ein Finger weist darauf: Es waren die Dosen, damals eine neue Erfindung, die neue Technologie, der endgültige Schutz vor dem Verhungern und dem Skorbut. Die Franklin-Expedition war vorzüglich mit Blechdosen ausgerüstet, die mit Fleisch und Suppe vollgestopft und mit Blei zugelötet worden waren. Die ganze Expedition kriegte Bleivergiftung. Niemand wußte es. Niemand konnte es schmecken. Es breitete sich in ihren Knochen aus, ihren Lungen, ihren Gehirnen, schwächte sie und verwirrte ihre Köpfe, so daß sich am Ende alle, die noch nicht auf den Schiffen gestorben waren, zu einem idiotischen Treck über den steinigen, eisigen Boden aufmachten, ein Rettungsboot ziehend, das vollgepackt war mit Zahnbürsten, Seife, Taschentüchern und Pantoffeln, völlig nutzlosem Zeug. Als man sie zehn Jahre später fand, waren sie Skelette in zerfallenen Mänteln, sie lagen dort, wo sie zusammengebrochen waren. Sie waren auf dem Weg zurück zum Schiff. Was sie gegessen hatten, war das, was sie getötet hatte.

Jane schaltet den Fernseher ab und geht in ihre Küche – völlig weiß, im vorletzten Jahr neu eingerichtet, die Fleischertresen aus den siebziger Jahren, die aus der Mode gekommen waren, rausgerissen und weggekarrt –, um sich heiße Milch mit Rum zu machen. Dann überlegt sie es sich anders; sie kann sowieso nicht schlafen. Alles hier drin sieht aus, als gehörte es niemandem. Ihr Toaster, so perfekt für ein Soloessen, ihre Mikrowelle für das Gemüse, ihre Espressomaschine – sie stehen herum und warten auf ihren Abgang, für diesen Abend oder für immer, um ihre endgültige reale Erscheinung zweckfreier Objekte anzunehmen, die durch die physische Welt dahintreiben. Genausogut könnten sie Stücke von einem explodierten Raumschiff sein, die den Mond umkreisen.

Sie denkt an Vincents Wohnung, so sorgfältig eingerichtet mit den schönen oder absichtlich häßlichen Sachen, die er einmal geliebt hat. Sie denkt an seinen Kleiderschrank mit den schrulligen, eigentümlichen Kleidungsstücken, jetzt ohne seine Arme und Beine darin. Es ist alles aufgelöst, verkauft, weggegeben worden.

Zunehmend ist jetzt der Gehsteig, der an ihrem Haus vorbeiführt, mit Plastikbechern, zusammengedrückten Getränkedosen, benutzten Papptellern übersät. Sie hebt sie auf, räumt sie weg, aber über Nacht sind sie wieder da, wie eine Spur, die eine Armee auf dem Marsch oder die flüchtenden Bewohner einer bombardierten Stadt hinterlassen, die Gegenstände abwerfen, welche früher für notwendig gehalten wurde, aber jetzt zu schwer zum Tragen sind.

Das Tatsachenmaterial über die Franklin-Expedition und die Ausgrabung von John Torrington ist aus Frozen in Time *von Owen Beattie und John Geiger, Western Producer Prairie Books, 1987. Es hat zu diesem Thema ein Fernsehprogramm gegeben, aber die Sendung in dieser Geschichte ist erfunden.*

ITALO CALVINO

Die Stadt, die sich im Schnee verloren hatte

An diesem Morgen weckte ihn die Stille. Marcovaldo erhob sich von seinem Bett mit dem Gefühl, irgend etwas Sonderbares müsse in der Luft liegen. Er begriff nicht, was das sein könnte, das Licht zwischen den Streben und den Fensterläden schien anders als zu allen sonstigen Tages- und Nachtstunden. Er öffnete das Fenster: Die Stadt war nicht mehr da, an ihrer Stelle lag ein weißes Tuch. Bei genauerem Hinsehen unterschied er mitten in dem Weiß ein paar fast verwischte Linien, die denjenigen des gewohnten Anblicks entsprachen: die Fenster und Dächer und Laternen ringsum, doch alle verborgen unter dem Schnee, der über Nacht gefallen war.

»Schnee!« rief Marcovaldo seiner Frau zu, das heißt, er wollte es rufen, doch seine Stimme klang ganz gedämpft. Wie auf die Linien und Farben und die Aussicht hatte sich der Schnee auch auf alle Geräusche gelegt, ja sogar auf die Fähigkeit, Geräusche zu machen; die Töne vibrierten nicht im abgepolsterten Raum.

Er ging zu Fuß zur Arbeit; die Straßenbahnen fuhren nicht wegen des Schnees. Auf der Straße, wo er sich selbst einen Weg bahnen mußte, fühlte er sich so frei wie noch nie. In der Stadt war jeder Unterschied zwischen Fußweg und Fahrweg verschwunden, alle Verkehrsmittel waren im Schnee steckengeblieben, und Marcovaldo, wenn er auch bei jedem Schritt bis zum Knie einsank und spürte, wie der Schnee ihm in die Strümpfe rutschte, konnte endlich einmal mitten auf der Straße laufen oder die Beete zerstampfen oder sich außerhalb der Begrenzungslinien bewegen oder im Zickzack laufen. Straßen und Alleen öffneten sich unendlich weit wie blendend weiße Schluchten zwischen Bergfelsen. Wer weiß, ob die Stadt unter diesem Mantel überhaupt noch dieselbe war oder ob man sie nachts mit einer anderen vertauscht hatte. Wer weiß, ob unter diesen weißen Hügeln noch die Tankstellen, die Zeitungskioske, die Straßenbahnhaltestellen waren oder nur noch Säcke und Säcke voll Schnee. Wie Marcovaldo so dahinging, träumte ihm, er habe sich in einer anderen Stadt verirrt: Doch seine Schritte trugen ihn nirgend anderswo hin als zu seinem tagtäglichen Arbeitsplatz, zum vertrauten Lagerraum, und als der Hilfsarbeiter über die Schwelle trat, wunderte er sich sogar, in den stets gleichbleibenden Wänden zu stehen, als hätte die Veränderung, die die Außenwelt ausgelöscht hatte, einzig und allein seine Firma verschont.

Eine Schaufel wartete auf ihn, größer als er selbst. Herr Viligelmo, der Lagerverwalter, reichte sie ihm und sagte: »Schneeräumen vor dem Geschäft ist unsere Aufgabe, folglich die deine.« Marcovaldo ergriff die Schaufel und trollte sich hinaus.

Schneeschaufeln ist kein Kinderspiel, besonders nicht für einen, der kaum etwas im Magen hat, doch Marcovaldo empfand den Schnee als einen Freund, als ein Element, das den gemauerten Käfig zunichte machte, in dem er lebenslänglich eingesperrt war. Und mit viel Schwung machte er sich ans Werk, ließ große Schaufeln voller Schnee mitten auf die Fahrbahn fliegen.

Auch der Arbeitslose Sigismondo war dem Schnee dankbar, denn er hatte sich heute morgen zum Schneeräumen gemeldet und sah nun endlich ein paar Tage gesicherter Arbeit vor sich. Doch dieses Bewußtsein verleitete ihn nicht etwa zu Phantastereien wie Marcovaldo, sondern zu genauen Berechnungen, wieviel Kubikmeter Schnee er zu schaufeln habe, um soundsoviele Quadratmeter zu räumen; er hatte es darauf abgesehen, sich beim Vorarbeiter in gutes Licht zu setzen und – geheimer Ehrgeiz – Karriere zu machen.

Sigismondo drehte sich um, und was mußte er sehen? Die soeben geräumte Strecke der Fahrbahn bedeckte sich von neuem mit Schnee unter den unordentlichen Schaufelwürfen eines Burschen, der sich auf dem Bürgersteig abplagte. Fast hätte ihn der Schlag getroffen. Er stürzte auf ihn zu, hielt ihm die Schneeschaufel vor die Brust: »He, du da! Bist du das, der den Schnee dahin geworfen hat?«

»Wie? Was?« Marcovaldo fuhr zusammen, aber er leugnete nicht. »Ja, schon möglich.«

»Also, entweder du holst ihn dir wieder zurück mit deiner Kinderschaufel, oder ich laß ihn dich fressen bis zur letzten Flocke!«

»Aber ich muß doch den Bürgersteig räumen!«

»Und ich die Straße. Also?«

»Wohin soll ich denn damit?«

»Gehörst du zur Stadtreinigung?«

»Nein. Zur Firma Sbav.«

Sigismondo zeigte ihm, wie man den Schnee auf dem Straßenrand anhäuft, und Marcovaldo machte seine Wegstrecke wieder frei. Zufrieden, die Schaufeln in den Schnee gesteckt, betrachteten sie das vollbrachte Werk.

»Hast du eine Kippe?« fragte Sigismondo.

Sie zündeten sich gerade jeder eine halbe Zigarette an, als ein Schneeräumwagen durch die Straße fuhr und große weiße Wellen aufwarf, die seitwärts herunterfielen. Jeder Laut war an diesem Morgen nur ein leises Geräusch: Als die beiden aufsahen, war die ganze Strecke, die sie geräumt hatten, wieder mit Schnee bedeckt. »Was ist denn los? Schneit es schon wieder?« Und sie sahen zum Himmel. Der Lkw mit seinen Rollbürsten bog schon um die Ecke.

Marcovaldo lernte den Schnee zu festen Mäuerchen aufschichten. Wenn er weiter solche Mäuerchen baute, könnte er Wege nur für sich machen, Wege, die an einen Ort führten, den er allein kannte, und in denen sich alle andern verirren würden. Die Stadt neu bauen, Berge aufschichten hoch wie Häuser, die kein Mensch von den richtigen Häusern unterscheiden könnte. Oder vielleicht waren jetzt alle Häuser aus Schnee, innen und außen; eine ganze Stadt aus Schnee, mit Denkmälern und Kirchtürmen und Bäumen, eine Stadt, die man mit der Schaufel abreißen und woanders wieder aufbauen könnte.

Am Rande des Bürgersteigs lag an einer Stelle ein tüchtiger Schneehaufen. Marcovaldo war schon dabei, ihn auf die Höhe seiner Mäuerchen einzuebnen, als er gewahr wurde, daß dies ein Auto war: das Luxusauto des Aufsichtsratsvorsitzenden Alboino, ganz von Schnee bedeckt. In Anbetracht der Tatsache, daß der Unterschied zwischen einem Auto und einem Schneehaufen so gering war, machte sich Marcovaldo daran, mit der Schaufel die Umrisse eines Autos zu modellieren. Es gelang ihm prächtig: Man konnte nicht mehr unterscheiden, welches von beiden das echte war. Um seinem Werk den letzten Schliff zu geben, benutzte Marcovaldo ein paar Stücke Alteisen, die er gefunden hatte: Eine verrostete Büchse kam ihm gerade recht, um die Form eines Scheinwerfers zu modellieren; mit einem halben Wasserhahn bekam die Tür ihren Griff.

Großes Mützenziehen von Portiers, Bediensteten, Laufburschen, und Aufsichtsratsvorsitzender Alboino trat aus der Tür. Kurzsichtig und imposant schritt er entschlossen daher, um rasch seinen Wagen zu besteigen, legte die Hand an den hervorstehenden Wasserhahn, zog an, senkte den Kopf und kroch bis zum Hals in den Schneehaufen.

Marcovaldo war schon um die Ecke gebogen und schaufelte im Hof.

Die Jungen im Hof hatten einen Schneemann gebaut. »Dem fehlt ja noch die Nase!« sagte einer von ihnen. »Was nehmen wir bloß? Eine Mohrrübe!« Und jeder lief in seine Küche, um unter dem Gemüse zu kramen.

Marcovaldo betrachtete den Schneemann. »Ja, unterm Schnee kann man nicht unterscheiden, was Schnee ist und was nur vom Schnee zugedeckt ist. Mit einer Ausnahme: der Mensch, denn jedermann weiß ja, daß ich eben ich bin und nicht so einer da!«

Ganz in seine Überlegungen versunken, achtete er nicht darauf, wie zwei Männer vom Dach herunterriefen: »Hallo! Sie da unten! Gehen Sie mal ein bißchen zur Seite!« Das waren die Männer, die den Schnee von den Dachziegeln herunterschoben. Und plötzlich fiel eine drei Doppelzentner schwere Schneelast auf seinen Kopf.

Die Kinder kamen zurück mit ihrer Ausbeute an Mohrrüben. »He! Da hat jemand noch einen Schneemann gebaut!« Mitten im Hof standen zwei Schneemänner Seite an Seite, glichen einander wie ein Ei dem andern.

»Geben wir allen beiden eine Nase!« Und sie steckten zwei Mohrrüben in die Gesichter der zwei Schneemänner.

Marcovaldo, mehr tot als lebendig, merkte, wie auf ihn durch die Hülle, in der er begraben und eingefroren war, Essen zukam. Und er kaute.

»Meine Güte! Die Mohrrübe ist verschwunden!« Die Kinder waren furchtbar erschrocken.

Der Verwegenste unter ihnen ließ sich nicht aus der Fassung bringen. Er hatte eine Ersatznase: eine Paprikaschote; und er heftete sie dem Schneemann an. Der Schneemann verspeiste auch diese.

Dann versuchten sie, ihm ein Stück Kohle als Nase einzusetzen, ein Stück Holzkohle. Marcovaldo spuckte sie mit voller Kraft aus. »Hilfe! Der ist lebendig! Der ist lebendig!« Die Jungen nahmen Reißaus.

In einer Ecke des Hofs war ein Gatter, aus dem eine Wolke von Wärme drang. Mit schwerem Schneemannschritt stapfte

Marcovaldo dorthin. Der Schnee taute ab, lief ihm in Bächen über die Kleidung: Zum Vorschein kam ein Marcovaldo, ganz verschwollen und verschnupft vor Kälte.

Er packte den Spaten, hauptsächlich um sich zu wärmen, und machte sich im Hof an die Arbeit. In ihm steckte ein Nieser, der sich in der Nasenspitze festgesetzt hatte und dort hockte und sich nicht entschließen konnte herauszukommen. Marcovaldo schaufelte mit halbgeschlossenen Augen, und der Nieser hockte unablässig in seiner Nasenspitze. Auf einmal: »Ha …«, das war fast wie ein Donner, und das: »… tschi!« tönte lauter als eine explodierende Mine. Durch den Luftdruck wurde Marcovaldo an die Wand geschleudert.

Von wegen Luftdruck: Eine Windhose war's, die der Nieser ausgelöst hatte. Aller Schnee im Hof stieg in die Höhe, wirbelte wie im Sturm umher, wurde nach oben gezogen, zerstäubte am Himmel.

Als Marcovaldo aus seiner Betäubung erwachte und die Augen öffnete, war der Hof ganz leer gefegt, kein Flöckchen Schnee lag mehr da. Und vor Marcovaldos Augen zeigte sich der Hof von eh und je, die grauen Wände, die Lagerkisten, die unangenehmen, feindlichen Dinge des Alltags.

ITALO CALVINO

Die falsche Haltestelle

FÜR EINEN, DER SEINE ungastliche Wohnung leid ist, bleibt an kalten Abenden das Kino immer noch der liebste Zufluchtsort. Marcovaldos Leidenschaft waren Farbfilme auf Breitwand, die weiteste Horizonte zu umfassen imstande ist: Prärien, Felsengebirge, Urwälder, Inseln, auf denen blumenbekränzte Menschen leben. Er pflegte sich jeden Film zweimal anzusehen und ging erst fort, wenn das Kino geschlossen wurde; und in Gedanken lebte er dann weiter in den Landschaften, die er gesehen, atmete ihre Farben ein. Doch der Heimweg am regnerischen Abend, das Warten an der Straßenbahnhaltestelle der Nummer 30, die Feststellung, daß sein Leben nie eine andere Aussicht bieten würde als Straßenbahnen, Verkehrsampeln, Kellerwohnungen, Gasherde, aufgehängte Wäsche, Lagerräume und Packereien, lösten den Glanz des Filmes in farblose, graue Traurigkeit auf.

Der Film, den er an diesem Abend gesehen hatte, spielte in den Urwäldern Indiens: Aus sumpfigem Dickicht stiegen Dunstschwaden, und Schlangen wanden sich an Lianen empor und glitten auf die Statuen uralter, vom Dschungel überwucherter Tempel.

Am Kinoausgang starrte er mit weit offenen Augen auf die Straße, schloß die Augen, öffnete sie von neuem: Er sah nichts. Rein gar nichts. Nicht mal eine Handbreit vor seiner Nase. In den Stunden, die er da drinnen zugebracht, hatte sich Nebel auf die Stadt gesenkt, dicker, bleicher Nebel, der Dinge und Geräusche einhüllte, Entfernungen in einen Raum ohne Maße verdrängte, die Lichter in der Dunkelheit vermischte und in ein Aufleuchten ohne Gestalt und Ort verwandelte.

Marcovaldo ging mechanisch zur Haltestelle der 30 und stieß mit der Nase an den Hochleitungsmast. In diesem Augenblick merkte er, daß er glücklich war: Der Nebel, der die Welt ringsum auslöschte, gestattete ihm, die Bilder vom Breitwandkino in seinen Augen festzuhalten. Auch die Kälte hatte nachgelassen, fast als habe die Stadt sich eine Wolke als Decke übergezogen. Marcovaldo, in seinen Mantel vermummt, fühlte sich geschützt vor jeder äußeren Einwirkung, wie wenn er in einem leeren Raum stünde, und diesen leeren Raum konnte er ausfüllen mit den Bildern von Indien, vom Ganges, vom Dschungel, von Kalkutta.

Die Straßenbahn kam angefahren, mit verschwommenen Konturen wie ein Gespenst, langsam klingelnd; die Dinge existierten gerade so weit wie nötig; für Marcovaldo war es an diesem Abend der ideale Zustand, hinten in der Straßenbahn zu stehen, mit dem Rücken zu den andern Fahrgästen, und durch die Scheiben in die leere Nacht hinauszusehen, die nur hier und da vom ungewissen Lichtschein unterbrochen wurde und von Schatten, die noch schwärzer waren als das Dunkel; so konnte er offenen Auges träumen und, wohin er auch fuhr, einen ununterbrochenen Filmstreifen auf unendlicher Bildfläche vor sich abrollen lassen.

Unter solchen Träumereien war er mit den Haltestellen durcheinandergekommen; plötzlich fragte er sich, wo er denn eigentlich sei; er bemerkte, daß die Straßenbahn beinahe leer war; angestrengt starrte er durch die Scheiben, suchte die auftauchenden Lichter zu deuten, kam zu dem Schluß, daß seine Haltestelle die nächste sein müsse, erreichte die Ausgangstür gerade noch rechtzeitig und stieg aus. Er sah sich nach einem Orientierungspunkt um. Doch die wenigen Schatten und Lichter, die seine Augen auffingen, fügten sich zu keinem bekannten Bild zusammen. Er hatte sich in der Haltestelle geirrt und wußte nicht, wo er war.

Wäre er einem Passanten begegnet, so hätte er sich ohne weiteres die Straße zeigen lassen können; aber ob nun die einsame Gegend, die späte Stunde oder das mißliche Wetter daran schuld war, er sah nicht die Spur einer Menschenseele. Endlich gewahrte er einen Schatten und wartete, daß er näher käme. Nein: Der Schatten entfernte sich, vielleicht überquerte er die Straße, vielleicht ging er mitten auf der Straße, es konnte auch kein Fußgänger sein, sondern ein Radfahrer auf einem Fahrrad ohne Licht.

Marcovaldo rief: »Bitte! Bitte schön, mein Herr! Wissen Sie, wie ich hier zur Via Pancrazio Pancrazietti komme?«

Die Gestalt bewegte sich immer weiter fort, fast sah man sie nicht mehr. Und sagte: »Dorthin ...« Aber es war nicht zu erkunden, in welche Richtung sie deutete.

»Rechts oder links?« rief Marcovaldo, doch wußte er nicht, ob er ins Leere sprach.

Eine Antwort kam, oder der Fetzen einer Antwort: ein »... echts!«, das aber genausogut ein »... inks!« sein konnte. Einem, der nicht sah, in welcher Richtung der andere sich bewegte, war rechts oder links gleichermaßen nichtssagend. Marcovaldo lief nun einer Helligkeit entgegen, die vom andern Bürgersteig herzukommen schien oder von ein bißchen weiter weg. In Wirklichkeit war es viel weiter weg: Er mußte eine Art Platz überqueren, in dessen Mitte sich eine grasbewachsene Fläche befand, und dann waren da auch Richtungsweiser (das einzige klar Erkennbare) für den Kreisverkehr der Autos. Es war schon spät, aber gewiß hatte noch irgendein Café offen oder eine Wirtschaft; die Leuchtschrift wurde deutlicher und lautete: Bar ... Dann verlosch sie; über das, was wohl ein beleuchtetes Fenster sein mochte, senkte sich etwas Dunkles wie ein Rolladen. Die Kaffeebar wurde geschlossen und war – wie er in diesem Augenblick zu erkennen meinte – noch sehr weit weg.

Da war es schon besser, sich an ein anderes Licht zu halten: Und während Marcovaldo so dahinschritt, wußte er nicht, ob er geradeaus ging und der Lichtpunkt, dem er entgegenstrebte, immer derselbe war oder sich verdoppelte, verdreifachte oder von der Stelle bewegte. Der etwas milchige, schwarze Sprühstaub um ihn war so fein, daß er spürte, wie er durch den Mantel drang und durch die Fäden des Gewebes, wie durch ein Sieb, und wie die Feuchtigkeit ihn wie einen Schwamm durchtränkte.

Das Licht, das er schließlich erreichte, war der verräucherte Eingang einer Osteria. Drinnen saßen Leute oder standen an der Theke, aber wegen der schlechten Beleuchtung oder auf Grund des Nebels, der überall Eingang gefunden hatte, waren auch diese Gestalten verschwommen wie in Wirtshäusern aus alten Zeiten oder in entfernten Ländern, die man im Kino zu sehen bekommt.

»Ich suche ... vielleicht könnten Sie mir Auskunft geben ... die Via Pancrazietti ...«, hub er an, aber in der Osteria war es laut, Betrunkene, die lachten und ihn gleichfalls für einen Betrunkenen hielten, und die Fragen, die er stellte, und die Erklärungen, die er bekam, waren auch nebelhaft und verschwommen. Dies um so mehr, als er, um sich zu wärmen, zunächst ein Viertel Wein bestellte, dann noch eins - oder richtiger, sich von denen, die an der Theke standen, dazu überreden ließ und schließlich noch ein paar Gläser, die ihm, mit viel Schulterklopfen, von den andern spendiert wurden. Kurz und gut, als er aus der Osteria kam, war seine Vorstellung über den Heimweg auch nicht klarer als zuvor, doch zum Ausgleich dafür barg der Nebel jetzt mehr denn je alle Kontinente und Farben in sich.

Mit dem wärmenden Wein im Leib lief Marcovaldo eine gute Viertelstunde lang mit Schritten, die stets danach trachteten, nach links und nach rechts auszuweichen, um die ganze Breite des Bürgersteigs zu erkunden (falls er noch auf dem Bürgersteig ging), und mit Händen, die das Bedürfnis empfanden, dauernd die Wände abzutasten (falls er noch an einer Wand entlangging). Der Nebel in seinem Kopf verzog sich beim Laufen; doch der Nebel draußen blieb unvermindert dicht. Er erinnerte sich, daß man ihm in der Osteria geraten hatte, einem Straßenzug hundert Meter weit zu folgen und dann noch einmal zu fragen. Aber jetzt wußte er nicht mehr, wie weit er sich von der Osteria entfernt hatte oder ob er nicht vielleicht im Kreis um die Häusergruppe herumgelaufen war.

Die Gegend zwischen den Backsteinmauern, die wie Fabrikmauern aussahen, schien unbewohnt. An der Ecke mußte sich doch ein Straßenschild befinden, aber der Lichtschein der Lampe, die mitten über der Fahrbahn hing, reichte nicht bis dort hinauf. Um die Beschriftung näher betrachten zu können, kletterte Marcovaldo an der Stange eines Halteschilds hinauf. Er kletterte so weit, daß er mit der Nase ans Schild stieß, doch die Schrift war verblichen, und er hatte keine Streichhölzer, sie zu beleuchten. Oberhalb des Straßenschilds war der Mauerrand flach und breit. Marcovaldo beugte sich von der Stange des Halteverbots hinüber und konnte sich so auf die Mauer hochziehen. Über dem Mauerrand hatte er ein großes, helles Schild gesehen. Er lief ein paar Schritte auf der Mauer entlang, bis zum Schild; hier ließ die Lampe die schwarzen Buchstaben auf weißem Grund klar erkennen, doch die Aufschrift »Unbefugten ist der Zutritt strengstens verboten« konnte ihm keinerlei Aufklärung geben.

Der Mauerrand war breit genug, um sich im Gleichgewicht halten und auch weitergehen zu können; wenn er es recht bedachte, war dies sogar besser als auf dem Bürgersteig, denn die Lampen hingen gerade in der richtigen Höhe, um die Schritte zu beleuchten, sie zeichneten einen hellen Streifen mitten in die Dunkelheit. Schließlich war die Mauer zu Ende, und Marcovaldo stand vor der Spitze eines Pfostens; nein, sie beschrieb einen rechten Winkel und ging doch weiter … Und so beschrieb Marcovaldos Weg mit Einbuchtungen, Gabelungen und Pfosten eine unregelmäßige Bahn; mehrmals glaubte er, die Mauer müsse nun aufhören, aber dann entdeckte er, daß sie in einer anderen Richtung weiterging; bei all den vielen Biegungen wußte er nicht mehr, in welcher Richtung er abgebogen war, auf welche Seite er also hinunterspringen mußte, wenn er wieder auf die Straße wollte. Springen … Und wenn der Höhenunterschied sich vergrößert hatte? Er hockte sich auf einen Pfosten und versuchte zu erkennen, was unten war, auf der einen wie auf der anderen Seite, doch kein Lichtstrahl drang bis auf den Grund: Es konnte also ein Sprung von zwei Metern sein oder auch ein Abgrund. Ihm blieb nichts übrig, als oben weiterzulaufen.

Die Rettung zeigte sich alsbald. Eine ebene weiße Fläche, die an die Mauer grenzte: das Zementdach eines Gebäudes – wie Marcovaldo bemerkte, als er darüberlief –, das sich ins Dunkel erstreckte. Er bereute sofort, sich hinaufgewagt zu haben: Jetzt hatte er jeden Anhaltspunkt verloren, er hatte sich von der Reihe der Straßenlaternen entfernt, und jeder Schritt, den er weiterging, konnte ihn an den Rand des Daches bringen und, darüber hinaus, ins Leere.

Das Leere war wirklich wie ein Sarg. Von unten schienen kleine Lichter herauf, wie aus großer Entfernung, und wenn sich die Laternen schon dort unten befanden, mußte der Boden ja noch tiefer liegen. Marcovaldo war so hoch droben, wie man es sich gar nicht vorstellen kann: Ab und an leuchteten in der Höhe grüne und rote Lichter auf, in unregelmäßigen Figuren, wie Sternbilder. Gerade als er sich diese Lichter mit emporgereckter Nase betrachtete, geschah es, daß er einen Schritt ins Leere tat und abstürzte.

Jetzt bin ich tot, dachte er, aber im selben Augenblick wurde er gewahr, daß er auf weichem Boden saß; seine Hände berührten Gras; er war mitten auf eine Wiese gefallen und ganz unversehrt. Die tiefen Lichter, die ihm so weit weg erschienen waren, waren in Wirklichkeit eine Reihe Lämpchen direkt auf dem Boden.

Ein ungewöhnlicher Ort, Lichter aufzustellen, doch hatten sie ihren Nutzen, denn sie wiesen ihm einen Weg. Seine Füße gingen jetzt nicht mehr übers Gras, sonder über Asphalt: Mitten durch die Wiesen führte eine große asphaltierte Straße, die von dem Schein dieser Bodenlichter beleuchtet wurde. Ringsum nicht: nur noch droben dies farbige Aufleuchten, das blinkte und wieder verschwand.

Eine Asphaltstraße wird schon irgendwohin führen, dachte Marcovaldo und folgte ihr. Er kam zu einer Abzweigung, sogar zu einer Straßenkreuzung, und jeder Straßenteil war von diesen kleinen, niedrigen Lampen flankiert, und riesige weiße Ziffern waren darauf gemalt.

Er wurde mutlos. Was hatte es schon für einen Zweck, sich für irgendeine Richtung zu entscheiden, wenn ringsum doch nichts war als Rasenfläche und leerer Nebel? Da bemerkte er in Menschenhöhe eine Bewegung von Blinklichtern. Ein Mann, tatsächlich ein Mann, die Arme weit geöffnet und - wie es schien - in einem gelben Arbeitsanzug, bewegte zwei leuchtende Schildchen, wie sie die Bahnhofsvorsteher haben. Marcovaldo lief auf den Mann zu, und noch ehe er ihn erreicht hatte, keuchte er atemlos: »He! Sie! Sagen Sie, hier mitten im Nebel, was soll ich denn, so hören Sie doch zu ...«

»Seien Sie unbesorgt«, antwortete der Mann in Gelb ruhig und höflich, »über tausend Meter hoch ist kein Nebel, Sie können sich darauf verlassen, dort vorn ist der Einstieg, die andern sind schon hinaufgegangen.«

Das war eine dunkle, doch ermutigende Rede: Marcovaldo freute sich vor allem zu hören, daß noch andere Menschen in der Nähe waren; er ging weiter, um zu ihnen zu kommen und stellte keine Fragen mehr.

Der so geheimnisvoll angekündigte Einstieg war eine kleine Treppe mit bequemen Stufen und einem Geländer an den Seiten, das im Dunkel weiß aufleuchtete. Marcovaldo stieg hinauf.

An der Schwelle einer schmalen Tür begrüßte ihn ein Mädchen so liebenswürdig, daß sie, wie er glaubte, unmöglich ihn gemeint haben konnte.

Marcovaldo erging sich in Höflichkeitsfloskeln: »Meine Hochachtung, Signorina! Und alle guten Wünsche!« Ganz durchfroren vor Kälte und Feuchtigkeit, schien es ihm wie ein Märchen, doch noch Zuflucht unter einem Dach gefunden zu haben ...

Er trat ein und mußte blinzeln, vom Licht geblendet. Dies war kein Haus. Wo war er dann? In einem Autobus, wie ihm schien, in einem langen Autobus mit vielen leeren Plätzen. Er setzte sich; zur Heimfahrt benutzte er für gewöhnlich nicht den Bus, sondern die Straßenbahn, weil die Fahrkarte etwas billiger war, diesmal aber hatte er sich in einen so entlegenen Stadtteil verirrt, daß von dort aus wohl nur Autobusse verkehrten. Welches Glück, daß er zu dieser gewiß letzten Fahrt noch rechtzeitig gekommen war! Und was für weiche, einladende Polstersessel! Jetzt, da er dies wußte, würde Marcovaldo nur noch Autobus fahren, auch wenn die Fahrgäste einigen Verpflichtungen unterworfen waren (»... Sie werden gebeten«, ertönte es vom Lautsprecher, »nicht zu rauchen und die Gurte anzulegen ...«), auch wenn das Motorengeräusch bei der Abfahrt ungewöhnlich laut war.

Ein uniformierter Mann ging zwischen den Sitzen hindurch. »Verzeihung, Herr Schaffner«, sagte Marcovaldo, »können Sie mir sagen, wo es eine Haltestelle in der Nähe der Via Pancrazio Pancrazietti gibt?«

»Wie meinen Sie, mein Herr? Die erste Landung ist in Bombay, dann kommt Kalkutta und dann Singapur.«

Marcovaldo sah sich um. Auf den anderen Plätzen saßen unbewegte Inder mit Bart und Turban. Auch Frauen waren da, eingehüllt in bestickte Saris und mit Schönheitspflästerchen auf der Stirn. Die Nacht vor den kleinen Fenstern war voller Sterne, jetzt, da das Flugzeug die dichte Nebeldecke durchstoßen hatte und in großer Höhe durch den klaren Himmel flog.

ITALO CALVINO

Die Kinder des Weihnachtsmanns

ES GIBT KEINE ZEIT IM JAHR, die der Industrie- und Handelswelt freundlicher gesonnen wäre als die Weihnachtszeit und die Wochen vorher. Von den Straßen steigt der tremolierende Klang der Dudelsackpfeifen empor; und die GmbHs, bis gestern mit der nüchternen Berechnung von Umsatz und Dividenden beschäftigt, entdecken auf einmal ihr Herz für die Sympathie und das Lächeln. Die Verwaltungsräte haben jetzt nur noch den einen Gedanken, wie sie ihren Nächsten Freude bereiten können, und so verschicken sie Geschenke und Glückwünsche sowohl an ihre Schwesterfirmen als auch an Privatpersonen; jede Firma fühlt sich verpflichtet, einen großen Vorrat von Produkten einer anderen Firma zu erwerben, um damit wieder andere Firmen zu beschenken, die ihrerseits von einer dritten Firma Berge von Geschenken für die erste Firma gekauft haben; die Fenster der Betriebe sind bis spät in die Nacht hinein erleuchtet, besonders die in den Lagern, wo das Personal Überstunden macht beim Verpacken von Paketen und Kisten; draußen vor den beschlagenen Fenstern, auf den vereisten Bürgersteigen, bewegen sich die Dudelsackpfeifer, von dunklen, geheimnisvollen Bergen herabgestiegen, bleiben an den Kreuzungen im Stadtzentrum stehen, ein wenig geblendet von den allzu vielen Lichtern, den allzu grell geschmückten Schaufenstern, und blasen mit gesenktem Kopf auf ihren Instrumenten; bei diesen Tönen klingen die harten Interessenkämpfe ab und machen einem neuen Wettbewerb Platz: wer auf die netteste Art und Weise das wertvollste und originellste Weihnachtsgeschenk macht.

Bei der Sbav hatte das Public-Relations-Büro in diesem Jahr den Vorschlag gemacht, daß den angesehensten Kunden das Geschenk nach Hause gebracht werden sollte, und zwar von einem Boten, der als Weihnachtsmann verkleidet war.

Der Gedanke stieß auf die einhellige Zustimmung der leitenden Herren. Man kaufte ein komplettes Weihnachtsmannkostüm: weißer Bart, rote, pelzverbrämte Mütze, Mantel und Stiefel. Man probierte, welchem Boten diese Gewandung am besten paßte, aber der eine war zu klein, und der Bart reichte ihm bis zu den Füßen, der andere war zu dick und kam nicht in den Mantel, ein anderer zu jung und wieder ein anderer zu alt, so daß es sich gar nicht verlohnte, ihn erst zu kostümieren.

Während der Personalchef andere potentielle Weihnachtsmänner aus den verschiedenen Abteilungen holen ließ, spannen die leitenden Herren auf einer Direktionssitzung die Idee noch weiter aus: Auf Wunsch des Public-Relations-Büros sollte auch das Weihnachtspaket für die Belegschaft im Rahmen einer Kollektivfeier vom Weihnachtsmann überreicht werden; das Handelsbüro beantragte, daß der Weihnachtsmann auch bei den Geschäften die Runde machen sollte; das Werbebüro war dafür, den Firmennamen klar ersichtlich herauszustellen, etwa derart, daß der Weihnachtsmann vier kleine Luftballons mit den Buchstaben S, B, A, V an einer Schnur mit sich führen sollte.

Alle waren sie erfüllt von der freudigen und herzlichen Atmosphäre, die sich über die festliche und produktive Stadt gelegt hatte; nichts ist schöner, als das Fließen von materiellen Gütern und gleichzeitig von Güte zu spüren, die jeder für den andern übrig hat; und darauf kommt es ja vor allem an, wie uns das Firuli-Firuli der Dudelsäcke ins Gedächtnis ruft.

Im Lager ging das – materielle und geistige – Gut in Form von ein- und auszuladender Ware durch Marcovaldos Hände. Und nicht nur beim Ein- und Ausladen nahm er teil an der allgemeinen Festesstimmung, sondern auch, weil er daran dachte, daß in diesem Labyrinth von Hunderttausenden Paketen eines auch auf ihn wartete, das ganz allein für ihn bestimmt und für ihn vom Public-Relations-Büro vorbereitet war; und noch mehr, weil er sich ausgerechnet hatte, was ihm am Monatsende als dreizehntes Gehalt und für Überstunden zustand. Mit diesem Geld würde auch er in die Geschäfte laufen und kaufen, kaufen, kaufen und dann schenken, schenken, schenken können, wie seine redlichsten Gefühle und das Gemeininteresse von Handel und Geschäft es verlangten.

Der Personalchef kam ins Lager, einen falschen Bart in der Hand: »He, du!« sagte er zu Marcovaldo, »probier mal, wie dir dieser Bart steht. Ausgezeichnet! Du machst den Weihnachtsmann. Komm mit nach oben, beeil dich. Du bekommst eine Sonderprämie, wenn du fünfzig Haushalte pro Tag schaffst.«

Als Weihnachtsmann verkleidet, fuhr Marcovaldo auf dem Sattel seines Motorrad-Lieferwagens durch die Stadt, beladen mit bunt eingewickelten Paketen, die mit hübschen Bändern verziert und mit Misteln und Stechpalmen geschmückt waren. Der Wattebart kitzelte ihn wohl ein bißchen, schützte aber zum andern seinen Hals vor Zugluft.

Die erste Fahrt führte ihn heim, weil er der Versuchung nicht widerstehen konnte, seinen Kindern eine Überraschung zu bereiten. Zuerst werden sie mich gar nicht erkennen, dachte er, ich bin gespannt, wie sie hinterher lachen werden!

Die Kinder spielten auf der Treppe. Sie drehten sich kaum um nach ihm: »Tag, Papa!«

Marcovaldo war schwer enttäuscht. »Aber ... seht ihr denn nicht, wie ich verkleidet bin?«

»Wie denn schon?« antwortete Pietruccio. »Als Weihnachtsmann, oder?«

»Und ihr habt mich gleich erkannt?«

»Als ob da was dazugehörte! Wir haben ja auch Herrn Sigismondo erkannt, und der war besser maskiert als du!«

»Und den Schwager der Portiersfrau!«

»Und den Vater der Zwillinge von gegenüber!«

»Und den Vater von Ernestina, die mit den kurzen Zöpfen!«

»Alle als Weihnachtsmann verkleidet?« fragte Marcovaldo, und die Enttäuschung in seiner Stimme rührte nicht nur von der mißglückten Überraschung seiner Familie, sondern auch daher, daß er spürte, daß hier das Prestige seiner Firma auf dem Spiele stand.

»Natürlich. Genauso wie du«, antworteten die Kinder. »Ein Weihnachtsmann, wie gehabt, mit falschem Bart«, damit drehten sie ihm den Rücken zu und spielten ungerührt weiter. Die Public-Relations-Büros vieler Firmen waren nämlich gleichzeitig auf denselben Einfall gekommen, und sie alle hatten eine Menge Leute eingestellt, meist Arbeitslose, Rentner, Hausierer, um sie mit rotem Mantel und Wattebart herauszustaffieren. Nachdem die Kinder die ersten paar Male ihren Spaß daran gehabt hatten, unter dieser Maskierung Bekannte aus dem eigenen Wohnviertel wiederzuerkennen, hatten sie sich bald daran gewöhnt und beachteten die Weihnachtsmänner nicht mehr.

Es hatte den Anschein, als ob sie ihr Spiel mit großer Leidenschaft betrieben. Sie hockten im Kreis auf dem Treppenabsatz. »Was heckt ihr denn da für eine Verschwörung aus?« fragte Marcovaldo.

»Stör uns nicht, Papa, wir müssen die Geschenke herrichten.«

»Geschenke? Für wen denn?«

»Für irgendein armes Kind. Wir müssen ein armes Kind ausfindig machen und es bescheren.«

»Wer hat euch das gesagt?«

»Das steht im Lesebuch.«

Marcovaldo lag schon auf der Zunge zu sagen: »Ihr seid ja selbst solche armen Kinder!«, doch im Lauf dieser ganzen Woche hatte er sich so sehr eingeredet, Bewohner eines Schlaraffenlandes zu sein, wo jedermann nur kaufte und sich gütlich tat und Geschenke machte, daß es ihm unschicklich erschienen wäre, von Armut zu sprechen, und so zog er vor zu erklären: »Arme Kinder gibt es keine mehr!«

Da stand Michelino auf und fragte: »Deshalb bringst du uns wohl keine Geschenke, Papa?«

Marcovaldo fühlte, wie sein Herz sich zusammenkrampfte. »Ich mache jetzt Überstunden«, sagte er rasch, »und dann bringe ich euch auch was mit.«

»Womit machst du denn Überstunden?« fragte Filippetto.

»Indem ich Geschenke austrage«, erwiderte Marcovaldo.

»Für uns?«

»Nein, für andere.«

»Warum nicht für uns? Das ginge doch schneller ...«

Marcovaldo versuchte zu erklären: »Weil ich nicht der Weihnachtsmann für ›menschliche Beziehungen‹ bin, sondern einer für ›öffentliche Beziehungen‹. Habt ihr verstanden?«

»Nein.«

»Da kann man halt nichts machen.« Aber da er auf irgendeine Entschuldigung sann, weil er mit leeren Händen gekommen war, fiel ihm ein, daß er Michelino auf seine Geschenktour mitnehmen könnte. »Wenn du brav bist, kannst du mitkommen und zusehen, wie dein Vater den Leuten Geschenke bringt«, sagte er und setzte sich auf den Sattel eines Motorrades mit Lieferwagen.

»Na schön, fahren wir, vielleicht kann ich ein armes Kind auftreiben«, sagte Michelino, sprang hinten aufs Motorrad und klammerte sich an den Schultern seines Vaters fest.

In den Straßen der Stadt begegnete Marcovaldo lauter andern weiß-roten Weihnachtsmännern, die genauso aussahen wie er selbst, drei- oder vierrädrige Lieferwagen fuhren oder den paketbeladenen Kunden die Ladentüren öffneten oder ihnen die Einkäufe bis ans Auto nachtrugen. Und alle diese Weihnachtsmänner sahen sehr konzentriert und dienstbeflissen aus, als seien sie für den reibungslosen Ablauf der ganzen riesigen Festmaschinerie verantwortlich.

Und Marcovaldo, der aufs Haar genauso aussah wie alle andern, beeilte sich, von einer Adresse zur anderen zu kommen, stieg vom Sattel, sortierte die Pakete in dem kleinen Anhänger, nahm eines davon, übergab es dem, der die Tür öffnete, und sagte langsam und klar: »Die Firma Sbav wünscht frohe Weihnachten und ein glückliches neues Jahr« und bekam sodann sein Trinkgeld.

Dieses Trinkgeld war zuweilen beachtlich, und Marcovaldo hätte wohl zufrieden sein können, aber irgend etwas fehlte ihm noch. Jedesmal, ehe er, von Michelino gefolgt, an einer Tür klingelte, kostete er im voraus die Überraschung dessen aus, der die Tür aufmachen und den Weihnachtsmann in Person vor sich sehen würde; er erwartete Freude, Neugierde, Dankbarkeit. Und allemal wurde er wie der Briefträger empfangen, der die tägliche Zeitung bringt.

Er klingelte an der Tür eines hochherrschaftlichen Hauses. Eine Gouvernante öffnete. »Ach, schon wieder ein Paket. Woher kommt es denn?«

»Die Firma Sbav wünscht …«

»Schon gut, kommen Sie mit«, und sie ging dem Weihnachtsmann voraus durch eine Diele voller Gobelins, Teppiche, Majoliken. Michelino folgte seinem Vater mit weit aufgerissenen Augen.

Die Gouvernante öffnete eine Glastür. Sie traten in ein riesengroßes Zimmer mit riesenhoher Decke, so groß, daß eine große Tanne darin Platz hatte. Es war ein Weihnachtsbaum, von Glaskugeln in allen Farben glitzernd, und an seinen Zweigen hingen Geschenke und Süßigkeiten aller Art. Oben an der Decke waren schwere Kristallüster angebracht, und die Zweige des Baumes ragten in die funkelnden Gehänge hinein. Auf einem großen

Tisch waren Kristallwaren ausgebreitet, Silber, Schachteln mit kandierten Früchten und Kistchen mit Flaschen. Auf einem Teppich lag lauter Spielzeug herum, so viel wie in einem Spielzeugladen, besonders viele komplizierte elektronische Instrumente und Raumschiffmodelle. Auf dem Teppich lag in einer freien Ecke bäuchlings ein etwa neunjähriger Junge mit mißmutigem, gelangweiltem Gesicht. Er blätterte in einem Bilderbuch, als mache er sich überhaupt nichts aus all den Herrlichkeiten ringsum.

»Gianfranco, was soll das, Gianfranco«, sagte die Gouvernante, »hast du nicht gesehen, daß wieder ein Weihnachtsmann mit einem Geschenk gekommen ist?«

»Dreihundertundzwölf«, seufzte der Junge, ohne den Blick vom Buch zu heben. »Legen Sie's nur hin!«

»Es ist das dreihundertundzwölfte Geschenk, das hier eintrifft«, erklärte die Gouvernante. »Gianfranco ist ja so tüchtig, er führt genau Buch, kein einziges vergißt er, das Zählen ist seine Leidenschaft.«

Marcovaldo und Michelino verließen auf Zehenspitzen das Haus.

»Papa, ist das ein armer Junge?« fragte Michelino.

Marcovaldo war damit beschäftigt, die Ladung des kleinen Lieferwagens zu ordnen, und antwortete nicht gleich. Aber einen Augenblick später widersprach er eilig: »Arm? Was sagst du da? Weißt du, wer sein Vater ist? Der Präsident der Industriegemeinschaft zur Förderung des Weihnachtsverkaufs! Der Herr Commendatore höchstselbst ...«

Er stockte, denn Michelino war auf einmal nicht mehr zu sehen. »Michelino! Michelino! Wo bist du denn?« Er war verschwunden.

»Wahrscheinlich hat er einen andern Weihnachtsmann mit mir verwechselt und ist ihm nachgelaufen ...« Marcovaldo setzte seine Tour fort, aber er war doch ein bißchen besorgt und konnte kaum erwarten, wieder nach Hause zu kommen. Daheim fand er Michelino mit seinen Geschwistern zusammen ganz brav wieder.

»Sag mal, warum warst du eigentlich auf einmal verschwunden?«

»Ich bin nach Haus, die Geschenke holen gegangen ... Ja, die Geschenke für den armen Jungen ...«

»Was sagst du da? Für wen?«

»Für den Jungen, der so traurig aussah ... in der Villa mit dem großen Weihnachtsbaum ...«

»Für den? Was konntest du dem schon für Geschenke machen?«

»Na, wir hatten sie auch hübsch hergerichtet ... drei Geschenke, in Silberpapier gewickelt.«

Nun mischten sich auch die Geschwister ein: »Wir haben sie alle zusammen hingebracht! Wenn du gesehen hättest, wie der sich gefreut hat!«

»Ach was!« brummte Marcovaldo. »Dem haben eure Geschenke gerade noch gefehlt!«

»Allerdings, gerade die unseren ... er ist gleich angelaufen gekommen, hat das Papier aufgerissen und nachgesehen, was drin ist ...«

»Und was war drin?«

»Das erste Geschenk war ein Hammer: der große, runde Holzhammer ...«

»Und was hat er dazu gesagt?«

»Er ist vor Freude in die Luft gesprungen! Er hat ihn auch gleich ausprobiert!«

»Wozu denn?«

»Er hat sein ganzes Spielzeug kurz und klein geschlagen! Und das ganze Kristall dazu! Dann hat er das zweite Geschenk ausprobiert ...«

»Was war denn das?«

»Eine Steinschleuder. Du hättest ihn sehen sollen, wieviel

Spaß sie ihm gemacht hat … Alle Glaskugeln am Weihnachtsbaum hat er damit kaputtgeschossen. Dann hat er auf die Lüster gezielt …«

»Hört auf, hört auf, ich will nichts mehr hören! Und … das dritte Geschenk?«

»Wir hatten nichts mehr zum Herschenken, da haben wir einfach eine Schachtel Streichhölzer in Silberpapier gewickelt. Und das war das Geschenk, worüber er sich am meisten gefreut hat. Er hat gesagt: ›Ich darf Streichhölzer überhaupt niemals anfassen!‹ Und dann hat er sie angezündet, und …«

»Und …?«

»… alles damit in Brand gesteckt!«

Marcovaldo raufte sich die Haare. »Ich bin ruiniert.«

Als er am nächsten Morgen in die Firma kam, spürte er, daß ein Gewitter sich zusammenbraute. Er zog sich in aller Eile wieder als Weihnachtsmann an, belud den kleinen Lieferwagen mit den Paketen, die er zu überbringen hatte, wunderte sich, daß ihn bisher noch niemand angesprochen hatte, dann aber sah er gleich drei Abteilungsleiter auf sich zukommen, nämlich den vom Public-Relations-Büro, den von der Werbung und den vom Handel.

»Halt!« sagten sie zu ihm. »Alles wieder ausladen, auf der Stelle!«

Da haben wir die Bescherung, dachte Marcovaldo und glaubte sich bereits entlassen.

»Rasch! Die Pakete müssen ausgetauscht werden!« sagten die Abteilungsleiter. »Die Industrievereinigung zur Förderung der Weihnachtsverkäufe hat eine Kampagne gestartet für das destruktive Geschenk!«

»Und so plötzlich …«, meinte einer von ihnen. »Das hätten sie sich auch wirklich eher einfallen lassen können …«

»Es war eine ganz unvorhergesehene Entdeckung des Präsidenten«, erklärte ein anderer. »Anscheinend hat sein kleiner

Sohn ganz supermoderne Geschenkartikel bekommen, japanische, glaube ich, und dabei machte man die Beobachtung, daß er sich zum erstenmal wirklich amüsierte ...«

»Und was noch wichtiger ist«, fügte der dritte hinzu, »diese destruktiven Geschenke dienen dazu, Artikel jeder Art zu zerstören: genau das, was wir brauchen, um den Konsum zu beschleunigen und den Markt neu zu beleben ... Alles in kürzester Zeit und in Reichweite eines Kindes ... Der Präsident der Vereinigung hat neue Horizonte gesehen und schwebt im siebenten Himmel der Begeisterung ...«

»Aber«, wagte Marcovaldo ganz schüchtern zu fragen, »hat dieser Junge denn so viel Schaden angerichtet?«

»Jede auch nur annähernde Kalkulation ist natürlich schwierig, da das Haus abgebrannt ist ...«

Marcovaldo kehrte auf die Straße zurück, die so hell erleuchtet war, als sei bereits Nacht, die belebt war von Müttern und Kindern und Onkeln und Großeltern und Paketen und Ballons und Schaukelpferden und Weihnachtsbäumen und Weihnachtsmännern und Hühnern und Puten und Stollen und Flaschen und Dudelsackpfeifern und Schornsteinfegern und Maronenverkäuferinnen, die ganze Pfannen voll Kastanien auf dem brennenden schwarzen Öfchen in die Höhe springen ließen.

Und die Stadt wirkte kleiner, eingeschlossen in ein leuchtendes Gefäß, begraben im dunklen Herzen eines Waldes, zwischen den hundertjährigen Stämmen der Kastanienbäume, unter einer unendlichen Schneedecke. Irgendwoher aus dem Dunkel hörte man das Heulen eines Wolfs; die Häschen hatten eine im Schnee vergrabene Höhle, im warmen roten Erdreich unter einer Schicht von Kastanien.

Ein weißes Häschen kam herausgelaufen, wackelte mit den Ohren, lief dahin unter dem Mond, aber es war weiß, und man sah es nicht, so als ob es nicht da wäre. Nur seine Pfötchen hinterließen einen leichten Abdruck auf dem Schnee, wie die Blättchen eines Kleeblatts. Auch den Wolf sah man nicht, weil er schwarz war und in der schwarzen Finsternis des Waldes stand. Nur wenn er das Maul öffnete, sah man die spitzen weißen Zähne.

Es gab eine Linie, an der der ganz schwarze Wald aufhörte und der ganz weiße Schnee begann. Das Häschen lief hierhin und der Wolf dahin.

Der Wolf sah die Spuren des Häschens im Schnee und folgte ihnen, blieb aber immer im Dunkeln, um nicht gesehen zu werden. Dort, wo die Spuren aufhörten, mußte das Häschen sein, und der Wolf trat aus der Schwärze hervor, sperrte den roten Rachen auf, ließ die spitzen Zähne sehen und schnappte nach dem Wind.

Das Häschen war ein bißchen weiter weg, unsichtbar; es kratzte sich mit der Pfote am Ohr und sprang hakenschlagend davon.

Ist es da? Ist es dort? Ist es ein bißchen weiter weg?

Man sah einzig und allein die Schneefläche, so weiß wie diese Seite.

HANS ERICH NOSSACK

Das Mal

UNGEFÄHR IN DER SIEBENTEN WOCHE nach unserm Aufbruch sahen wir in der Ferne etwas, was einem Mal glich, das sich jemand aufgerichtet hat. Wir stutzten. Auch die Hunde nahmen es wahr und witterten danach hin. Es stand mitten in der Einförmigkeit der endlosen Schnee-Ebene, durch die wir schon tagelang gezogen waren. Zufällig war die Sicht verhältnismäßig klar, obwohl die Sonne nicht schien. Das Mal warf deshalb auch kaum einen Schatten, soweit sich das aus der Entfernung beurteilen ließ. Aber kein Schneesturm wie sonst. Überhaupt hatte der Wind in den letzten Stunden merklich nachgelassen.

»Also doch«, murmelte Blaise, mehr für sich als für mich, der neben ihm stand; denn es war im allgemeinen nicht seine Art, sofort eine Meinung zu äußern. Ich begriff, was er damit sagen wollte. Man hatte uns erzählt, daß vor uns bereits andere den Versuch gemacht hätten, und daß sie niemals zurückgekommen wären. Genaues wußte natürlich niemand, wenn man nachfragte. Wir hielten es für ein Märchen, um uns von dem Unternehmen abzuschrecken. Solche Märchen bilden sich ja immer, wenn etwas als unmöglich gilt. Und wenn sie nun einfach deshalb nicht zurückgekehrt sind, weil sie was Besseres entdeckt haben? hatte ich damals einem Biedermann entgegnet. Das war sehr töricht von mir gewesen; denn damit erweckte ich den Eindruck, als ob es uns um etwas Besseres ginge. Aber in jener Zeit, bevor wir den Entschluß endgültig faßten, war ich sehr reizbar.

»Also los! Gucken wir uns den Schneemann mal an«, rief Patrick schließlich. Er schnalzte mit der Zunge, und die Schlittenhunde legten sich ins Geschirr.

Wir brauchten eine gute Stunde, bis wir hinkamen. Die Entfernung läßt sich schwer einschätzen, wenn sonst nichts da ist. Dann allerdings erkannten wir sofort, daß es tatsächlich ein eingeschneiter Mann war. Wir ließen alles stehen und liegen und klopften ihm den Schnee von Kopf und Schultern. Die Hunde kratzten unten herum, gaben es aber schneller auf als wir. Offenbar hatte der Mann keinerlei Geruch mehr an sich. Die Hände hatte er in den Taschen seiner Jacke. Seiner Haltung und seinem Aussehen nach hätte er ebensogut einer von uns sein können, was jedoch nichts besagt. Wer bis hierher kommen will, muß mit dem Klima rechnen. In hundert Jahren wird man sich auch nicht viel anders kleiden können wie dieser Mann oder wie wir.

Am meisten überraschte es uns, daß er stand. Keiner von uns hätte es je für möglich gehalten, daß man stehend erfrieren könne. Wir hatten ohne weiteres angenommen, man fiele vorher um oder man legte sich aus Müdigkeit hin. Besonders davor wurde ja gewarnt. Und nun, siehe da, dieser Mann stand aufrecht auf seinen Beinen, ohne sich auch nur an irgendwas anzulehnen. Denn woran hätte er sich auch anlehnen sollen? Wir wagten nicht einmal ihn umzulegen, aus Furcht, ihn dabei mitten durchzubrechen. Gewiß, die Möglichkeit, daß wir selber erfrieren würden, hatten wir in Rechnung gestellt, aber dies war denn doch ziemlich befremdend.

Ich gab mir Mühe, sein Gesicht von der Maske aus verharschtem Schnee zu befreien, die an seiner Mütze, seinen Augenbrauen und Bartstoppeln festgewachsen war, ähnlich wie das bei uns zuweilen vorkam. Die anderen sahen mir zu und warteten; die Arbeit konnte nur einer machen, und so überließen sie es mir. Ich mußte sehr vorsichtig sein, um nichts dabei zu verderben. Ich klopfte ihm ganz sanft das Gesicht mit meinem Handschuh ab. Seine Augen waren geschlossen und die Augäpfel so hart wie Marmeln. »Kein Wunder«, sagte ich; »er hatte keine Schneebrille, darum hat er die Augen zugekniffen.« Aber auch so ließ es sich schließlich nicht länger verheimlichen, daß der Mann lächelte. Nicht jetzt erst und über uns - welch ein Unsinn! -, sondern schon seit damals. Und auch nicht etwa, daß er die Zähne fletschte, wie es Tote zu tun pflegen. Das ist kein Lächeln. Dieser aber lächelte wirklich mit den Winkeln seiner Augen und den schmalen, farblosen Lippen. Kaum merklich; man glaubte zuerst, sich zu täuschen, doch wenn man wieder hinblickte, war es deutlich genug. Wie jemand, der einen schönen Gedanken hat, ganz für sich allein, und weiß es selber nicht, daß er dabei lächelt. Im Gegenteil, wenn jemand zusieht, lächelt man nicht so. Die Leute fragen dann, und es ist peinlich, weil man ihnen keine Antwort zu geben vermag. Aber dieser Mann war erfroren, und deshalb sahen wir es.

Ich weiß nicht, was die anderen dachten. Doch warum sollen sie etwas anderes gedacht haben als ich? Es ist wohl am besten damit ausgedrückt, wenn ich sage: Wir kamen uns plötzlich ein wenig sinnlos vor. Und das ist schlimm. Es ist sehr viel schlimmer, als nur einfach erschrocken zu sein. Wie auf Verabredung benahmen wir uns leiser als sonst. Zum Beispiel würde es doch eigentlich Patricks Art entsprochen haben, den Mann auf die Schulter zu hauen und laut zu begrüßen. »Hallo, alter Junge, da haben wir dich erwischt. Du hast gut lachen.« Oder so ähnlich. Doch nichts dergleichen geschah. Und zwar nicht aus Achtung vor dem Toten (oder vor dem Tode, wie sie das früher nannten). Wir haben genügend Tote in unserm Leben gesehen und sind es gewohnt. Meiner Meinung nach lag es einzig und allein an dem Lächeln. Es zwang uns, behutsam zu sein. Es darf auch nicht außer acht gelassen werden, daß wir überaus anstrengende Wochen hinter uns hatten und daß uns nicht zum Lächeln zumute war.

Obwohl natürlich häufig Witze gerissen wurden, wie es sich gehört.

An diesem Tage zogen wir nicht weiter. Es war erst gerade Mittag, und normalerweise hätten wir es uns noch nicht erlaubt, schon Rast zu machen. Doch es bedurfte gar keines Beschlusses, es ergab sich wie von selbst. Wir ließen den Mann stehen, so wie er war, und schlugen hundert Meter davon entfernt das Lager auf. Genauso wie immer. Jeder von uns hatte seine bestimmten Handgriffe, damit es schnell ginge und keine Zeit mit Nachdenken vergeudet wurde. Das Zelt wurde aufgerichtet und der Spirituskocher in Gang gebracht. Die Hunde bekamen ihren Trockenfisch, und nachdem jeder seinen Anteil unter Knurren verschlungen hatte, rollten sie sich im Schnee auf. Sie nutzen ja jede freie Minute, um zu schlafen, die Schnauze zwischen den Hinterbeinen. Inzwischen war es dann auch für uns so weit. Die Dosen mit Bohnen und Speck waren heiß geworden. Wie üblich kriegten wir unsre Lebertranpillen zugeteilt und hockten uns ins Zelt, um zu essen. Dabei nahmen wir uns immer viel Zeit; es ruht sich besser aus. Gesprochen wurde niemals viel dabei. Es war also nichts Ungewöhnliches. Erst als die Rumflasche umging, und jeder seinen Schluck nahm, zögerte einer, ich weiß nicht mehr wer, als ob er es für höflicher hielt, dem Mann da draußen zuzutrinken. »Es würde ihm auch ganz guttun«, sagte er. Es war uns unangenehm, daß er dort stand und lächelte, während wir im Zelt hockten und uns an Suppe und Rum gütlich taten. Doch niemand ging darauf ein. Was sollten wir auch dagegen machen? Schließlich war es nicht unsre Schuld. Er hätte ja zu Haus bleiben können.

Nach dem Essen, und nachdem wir Geschirr und Besteck im Schnee gesäubert und wieder zusammengepackt hatten, krochen die drei anderen in ihre Schlafsäcke, als wenn nichts wäre. Blaise nahm seine Instrumente, die er den ganzen Weg mitgeschleppt hatte, um jeden Tag die Temperatur und Luftfeuchtigkeit nachzumessen und den geographischen Ort auszurechnen. Und was weiß ich sonst noch alles. Ich verstand nicht viel davon, aber ich pflegte ihm dabei zu helfen, indem ich die Zahlen, die er mir aufgab, in ein Heft mit Rubriken eintrug. Und so war es auch heute.

Blaise nahm es mit diesen Zahlen sehr wichtig. Ich hatte ihn oft deswegen geneckt. Was geht uns der geographische Ort an, hatte ich gesagt. Im Grunde interessiert uns das doch gar nicht. Und selbst wenn wir annehmen, daß dies Heft einem zu Gesicht kommt, was doch keineswegs unsere Absicht ist – was passiert dann? Die Leute werden die Zahlen in ihr Lexikon eintragen und stolz sein, daß sie einen Schritt weitergekommen sind. Aber nur die Wissenschaft. Niemand sonst kommt mit diesen Zahlen auch nur einen halben Schritt weiter, denn im Ernstfall weiß keiner was damit anzufangen. Und so hatte ich mich auch über die Vitamintabletten lustig gemacht. Sie sterilisieren uns nur gegen die Wirklichkeit, hatte ich gesagt. Doch Blaise ließ sich nicht dadurch beirren. Er meinte, man habe sich jeder zeitgemäßen Erfindung zu bedienen, auch wenn man von ihrem nur relativen Nutzen überzeugt sei. Die, die wir Wilde nennen, argumentierte er, haben auch ihre Mittelchen, die es ihnen ermöglichen, unmenschliche Strapazen zu überstehen. Ich konnte mich jedoch nie ganz des Eindrucks erwehren, daß Blaise es nur darum so gewissenhaft mit seinen Zahlen nahm, weil ihm das einen Halt verschaffte. Während ich der Meinung war, daß wir rascher vorankommen würden, wenn wir gar nicht mehr nach rückwärts dächten. Blaise nannte das eine umgekehrte Romantik.

Das alles war jedoch oft genug gesagt worden – es gehörte schon beinahe zur Verdauung –, und diesmal sagte ich nichts. Ich bin überzeugt, daß ihm das auffiel, doch auch er sagte nichts. »Es klart immer mehr auf«, stellte er fest, als wir mit den Zahlen fertig waren. Und in der Tat, das konnte man auch ohne Instrumente sehen. Vor dem erfrorenen Mann nahmen wir keinerlei Notiz.

Wir schlenderten dann zu den Vorratssäcken zurück, die wir immer ums Zelt legten, um ihm mehr Festigkeit zu geben. Außerdem konnten wir es so rechtzeitig merken, wenn die Hunde darüber hergefallen wären. Man mußte immer damit rechnen, daß es sie überkam. Blaise stieß ein paarmal mit dem Fuß gegen die Säcke, und ich ahmte ihn nach. Alles ohne ein Wort. Dann krochen wir ins Zelt und rauchten eine Zigarette. Das war eine zusätzliche Zigarette; denn wir hatten nicht viel, zwei Stück pro Mann und Tag. Zu Anfang war ein wenig damit gewüstet worden. Wir glaubten, daß die anderen schliefen, aber das war nicht der Fall. Oder sie wachten vom Tabakgeruch auf. Denn plötzlich fragte einer aus seinem Schlafsack heraus: »Na, und was wollen wir nun mit dem Kerl anfangen?« Die Stimme klang zornig; der Mann räusperte sich wiederholt, als er das gesagt hatte. Und es war klar, daß auch die anderen zuhörten. Es ließ sich also doch nicht umgehen, darüber zu reden.

Blaise antwortete nicht gleich. Es war eine ganze Weile sehr still im Zelt. Niemand drängte ihn, es eilte ja auch nicht. »Wir werden ihn morgen fotografieren«, sagte er endlich.

»Und dann?« fragte es aus dem Schlafsack.

»Wir können ja versuchen, das Eis unter seinen Füßen loszuhacken, und ihn dann hinlegen. Für ihn bleibt es sich gleich, ob er steht oder liegt. Es wäre nur der Ordnung wegen. Machen wir uns nichts vor.« Und nach einer Pause fügte er hinzu: »Der Mann ist nicht so wichtig.«

»Was denn?« fragte die beharrliche Stimme.

»Und wenn wir ihn nicht getroffen hätten?« rief Blaise. Er verlor die Geduld, lenkte aber sofort ein. Es war auch eine dumme Antwort; denn wir hatten ihn ja getroffen. »Wichtig ist nur«, bemühte er sich so ruhig und sachlich wie sonst zu sprechen, »daß wir hier in unserm Zelt sitzen und mit unserm gesunden Menschenverstand überlegen, wie weit wir es gebracht haben.«

»Ein komischer Anlaß dazu, ein erfrorener Mann.« Diesmal war es Patrick, der sich äußerte. Es sollte höhnisch klingen.

»Gerade weil er erfroren ist und wir noch nicht. Ich mache ihm ja keinen Vorwurf daraus, es ist seine Sache. Immerhin, wir haben den Beweis erbracht, daß man bis zu diesem Punkt kommen kann, ohne zu erfrieren. Das ist nicht viel, aber wir haben ja auch nicht viel erwartet. Nach allem, was man uns beigebracht hat, müßten wir schon längst erfroren sein.«

»Aber wie kommt er hierher?« fragte einer.

»Und wie kommen wir hierher? Wenn man uns in zehn oder hundert Jahren hier findet, wird man genauso dumm fragen. Per Schlitten oder zu Fuß, ganz einfach. Wahrscheinlich zu Fuß. Der Mann ist kein Vorbild. Vielleicht bildete er sich das ein und da ihn niemand für voll nahm, lief er hierher. Eine billige Tour, aber uns kann er nicht täuschen. Auch seine Pose nicht. Das alles sind Sentimentalitäten. Wenn wir damit arbeiten wollen, hätten wir lieber zu Haus bleiben sollen. Dort gibt es genügend Abnehmer dafür.«

Wenn ich an dem Gespräch teilgenommen hätte, würde ich unbedingt das Lächeln erwähnt haben, denn es schien mir das Wichtigste zu sein. Aber da die anderen nicht darauf kamen, ließ auch ich es und hörte lieber zu.

»Könnte man ihn nicht auftauen?« fragte einer.

»Wir brauchen unser bißchen Hartspiritus für uns selbst.«

»Ich habe mal cinc Geschichte von einer Frau in Eis gelesen«, sagte Patrick. »In einem Eisblock aus der Eiszeit. Als man ihn auftaute, weil man die Frau haben wollte, zerfloß sie zu Schleim.«

»Doch möglicherweise hat er ein Papier mit Aufzeichnungen in der Tasche«, meinte der andere.

»Und was sollten wir damit anfangen?« fragte Blaise.

»Es könnte uns einige Aufklärung verschaffen.«

»Von dem armen Eiszapfen?«

»Oder sein Name und warum und wieso. Vielleicht steht er

noch gar nicht so lange da. Wir könnten dann über ihn Auskunft geben.«

»Wem bitte?« fragte Patrick.

»Irgendwelchen Angehörigen. Einer Braut oder so.«

»Die Schätzchen sind klüger als du«, höhnte Patrick. »Sie fakkeln nicht lange und suchen sich was anderes, wenn man nicht heimkommt. Und recht haben sie. Wohin kämen wir sonst.«

Alle lachten und sprachen von da an über die Weiber, wie es so geht. Blaise und ich krochen in unsre Schlafsäcke. Allmählich hörten die anderen auf, weil sie müde waren, und es wurde still im Zelt.

Auch draußen war es sehr still. Ich wartete wohl mehrere Stunden, bis ich dachte, daß es Nacht wäre. Dann schob ich die Kappe vom Ohr und horchte. Sie schienen alle zu schlafen. Auch in der Gegend, wo Blaise lag, regte sich nichts. Vorsichtig kroch ich aus dem Schlafsack, wozu ich viel Zeit brauchte, da wir wegen der Enge und auch wegen der Wärme fast aufeinander lagen. Doch es gelang mir, ohne daß einer aufwachte. Als ich die Zeltbahn, die den Eingang verschloß, aufhob, ließ ich sie erschrocken wieder fallen. So hell war es draußen vom Mondlicht. Das hatte ich nicht bedacht. Aber niemand schien es bemerkt zu haben, und so schlüpfte ich rasch hinaus. Zum Glück nahmen auch die Hunde keinen Anstoß daran. Ich stand mich gut mit ihnen.

Es war völlig windstill. Wir hatten sieben Wochen lang ununterbrochen gegen den Sturm ankämpfen müssen; bald war er stärker, bald schwächer, doch immer war Getöse und Brausen. Um so überraschender war diese Stille. Ganz unvorstellbar. Ich hätte beinahe das Gleichgewicht verloren, da ich mich gewohnheitsmäßig vornüber legte. Am Himmel stand ein Dreiviertelmond, ohne sich zu bewegen. Als ob er allen Wind und alle Wolken aufgeschlürft habe und verdaue nun.

Ich ging zu dem Mann hin und setzte mich ihm gegenüber in

den Schnee. Ich wollte mich ganz allein an seinem Lächeln erfreuen, das war die Absicht. Jetzt warf er einen deutlichen Schatten. Die Eiskristalle in seinem Bart glitzerten. Er lächelte immer noch, es war sogar besser zu erkennen als bei Tage. Sein Gesicht war wie eine Landschaft, die mir sehr bekannt vorkam. Busch und Tal und alles, wie es sein soll. Jeden Augenblick konnten die Nachtigallen darin singen oder ein Kauz wehklagen. Ich grübelte nach, wo es gewesen war. Denn dann hätte ich auch ohne ein Papier sagen können, woher der Mann stammte. Trotzdem hatte Blaise recht, das ist ganz unwichtig. Für unsereinen ist die Herkunft nicht wichtig. Sie hindert nur am Vorankommen. Dieser Mann blickte auch nicht nach rückwärts. Er lächelte nach dort, wohin wir weiterziehen wollten.

Vielleicht sieht er etwas, dachte ich, und stand auf. Zum Beispiel kann es ja möglich sein, daß irgendwo in der Ferne noch mehr solche wie er dastehen. In gewissen Abständen wie Telegraphenmasten; eine ganze Kette, nach der man sich richten kann. Doch ich sah nichts als die nackte, endlose Schneefläche.

Ich stellte mir vor, ich stände da hinten ein paar hundert Meilen weiter. Natürlich auch erfroren, doch immerhin. Und ich versuchte zu lächeln, doch es gelang mir nicht. Ich dachte und dachte, immer schneller ging es; denn das Denken wollte ich auf keinen Fall aufgeben, das war das letzte – und dabei wußte ich schon, daß gar nichts mehr da war, um es nachzudenken. Ich schwitzte sogar unter den Achseln, trotz der Kälte. Am liebsten hätte ich aufgeschrien, es wäre sicher eine große Erleichterung gewesen.

Als ich mich umdrehte, um dem Kerl das infame Lächeln zu zerschlagen – denn sonst war nichts zur Hand, um es zu zerschlagen –, hätte ich beinahe Blaise getroffen, der hinter mir stand. Der Schlag ging vorbei. Ich taumelte, und er fing mich auf.

»Laß mich los«, schrie ich wütend.

»Ich halte dich ja gar nicht. Wie käme ich dazu!« sagte er und gab mich frei. »Vielleicht würde ich mich sogar von dir schlagen lassen, ohne mich zu wehren. Um der tierischen Wärme willen, die dabei entsteht. Aber wie lange reicht das? Alle unsere Handlungen hier sind nichts als Flucht in eine Aktivität, deren Objekt wir erst produzieren müssen, ohne daran zu glauben. Das ist die Wirkung der auszehrenden Widerstandslosigkeit dieser Welt um uns. Wir haben eine Erfahrung über uns gemacht, und das war ja auch unsre Absicht.«

»Besser, du redest nicht so viel«, sagte ich.

»Natürlich wäre es besser, aber wofür hältst du mich. Ich bin doch nicht wie der da mit seinem Lächeln. Nein, zerschlag ihn nicht. Er kann auch nichts dafür. Außerdem würde es mir die Fotografie verderben, die ich von ihm machen will. Er scheint mir aus dem Material zu sein, aus dem von jeher Götter gemacht wurden. Und dafür ist immer Bedarf. Wir werden den Leuten das Bild zeigen und sagen: Wir haben einen erfrorenen Gott entdeckt. Er ist von euch gegangen, weil ihr nicht genug an ihn geglaubt habt. Doch er ist euch nicht böse; denn seht, er lächelt. Durch euern Unglauben habt ihr ihm die Gelegenheit geboten, ein Gott zu werden. - Nein, den letzten Satz wollen wir lieber fortlassen. Ein schöner Mythos, nicht wahr? Wahrhaftig, Grund genug, um zu lächeln. Nur nicht für uns, mein eisiger Liebling. Denn der Trost, mit dem ein Gott sich tröstet, reicht nicht für uns aus. Weil nämlich die Wollust, die dir das Gefühl, dich für andere geopfert zu haben, bereitet, nicht aufkommt gegen die Wollust, die uns hierhergeführt hat: endlich einmal versuchen, sich für sich selbst aufzuopfern - bis zum letzten Rest.«

»Sei doch still. Ich weiß alles vorher, was du sagen willst«, bat ich ihn, um ihn davon abzubringen.

»Um so besser. Das erspart uns Tiraden, die der da doch nicht versteht. Zur Sache! Wir haben noch für knapp zwei Wochen Proviant. Bis zum nächsten Depot zurück brauchen wir zwei

Wochen, wenn nichts schief geht. Doch voraussichtlich werden wir die Rationen kürzen müssen. Du bist gegen die Anlage des Depots gewesen, das ist wahr. Aber mitnehmen hätten wir das Zeug auch nicht können; wir wären dann nicht einmal bis hierher gelangt. Selbstverständlich können wir mit dem, was wir haben, auch noch zwei oder sogar drei Wochen weiterziehen. Glaubst du, daß es noch Sinn hat?«

»Es gibt keine Heimkehr«, sagte ich.

»Antworte nicht so rasch. Ich kann das, was ich sagen will, nicht zweimal sagen. Was wir gestern dachten, stimmt nicht mehr. Es ist weniger dieser Mann, der mich stutzig macht, als die absolute Stille, in die wir geraten sind. Eine ganz neue Situation. Es ist überhaupt kein Widerstand mehr da, das ist entsetzlich. Hörst du? Ich sage: entsetzlich. Die Nüchternheit gebietet mir, das zuzugeben. Es wird auch das gewesen sein, was den Burschen da zur Strecke gebracht hat. Allerdings wird er vorher die Nerven verloren haben. Nun, das kann jedem passieren. Er wird von seinen Leuten weggelaufen sein ... Warum bist du eigentlich nicht weggelaufen? Als du aus dem Zelt krochst, nahm ich bestimmt an, daß du es wolltest. Und ich habe dir doch Zeit genug gelassen dazu, du Idiot. Dann wäre alles einfacher gewesen. Schon gut. Vermutlich sind es die geschmähten Vitaminpillen gewesen, die dich daran gehindert haben. Die Chance ist sowieso verpaßt. Für uns beide. Wie dem auch sei, wir müssen eine Entscheidung treffen. Die anderen werden tun, was wir beschließen; sonst würden sie nicht schlafen. Sie werden nur zu gern umkehren. Sie reden schon viel von Frauen, das ist ein sicheres Zeichen. Doch ich halte sie für anständig genug, aus Kameradschaft auch mit uns weiterzuziehen, um gemeinsam mit uns zu erfrieren. Wir alle fünf. Lohnt sich das noch, nachdem uns dieser Bursche da zuvorgekommen ist? Das braucht man doch nicht zweimal zu machen. Zu fünfen wird auch nicht mehr daraus.«

»Das andere ist unmöglich«, sagte ich.

»Was? Heimkehr?«

»Ja.«

»Eine große Neuigkeit«, höhnte Blaise. »Als ob wir das nicht vorher gewußt hätten. Als ob wir nicht deshalb die Laichplätze der großen Gefühle verließen, von denen die Oberfläche so verschleimt war, daß man keine klare Sicht mehr hatte. Heimkehr, ein Aphrodisiakum. Zu den Altären zurückkriechen. Und zu den Mädchen ins Bett. Wer spricht denn von Heimkehr? Ich spreche von Scheitern. – Was meinst du, ob unser Schneemann wohl ein Papier in der Tasche hat? Ich traue ihm nicht recht. Er sieht ganz nach einem aus, der es sich nicht eingestehen will, daß er gescheitert ist. Und solche Leute pflegen die Welt mit ihrer kleinen Vergangenheit zu belasten. Stammt nicht alles, was geredet und geschrieben wird, von Gescheiterten? Ich brauche ja nur mich zu nehmen. Aber lassen wir ihn. Indem wir ihn zu erklären versuchen, erklären wir nur uns selbst. Auch seine aufrechte Pose ist nichts Neues. Als ob wir das nicht schon hundertmal geübt hätten, nachts in unserm Zimmer, wenn nichts mehr war, was uns ablenken konnte. Während sich ringsum die Nachbarn am Dunst ihres eigenen Leibes wärmten. Genug! Was bleibt uns denn anderes übrig? Die Nerven verlieren? Das mag zu seiner Zeit gut gewesen sein; man zog Erkenntnisse daraus, und wenn man Glück hatte, wurde man ein Heiliger. Doch es entspricht leider nicht mehr der Entwicklung unseres Gehirns. Es wäre Pfuscherei. Darum habe ich mich entschlossen zu scheitern. Alles andere ist so möglich, daß es mir verdächtig geworden ist, und so bleibt mir nur noch das Allerunmöglichste: zurückzugehen bis zu dem Punkt, wo ich das Leben eines Gescheiterten zu führen in der Lage bin, ohne andere darunter leiden zu lassen. Meinetwegen bis zu den Altären und Mädchen. Wenn sie mich nötig haben, um ihre Existenz zu bejahen, weshalb denn nicht? Sie wollen ja nur das von uns, was sie brauchen können, und das können wir leicht geben. Aber werde ich das können? Denn davon hängt es ab, ob wir eines Tages reif werden, diese schöne Stille zu genießen. Doch mir ist so erbärmlich kalt zumute, daß ich Angst habe, alles zu erfrieren, was ich künftig berühre.«

»Komm«, sagte ich und half ihm aus dem Schnee auf. Und dann sagte ich ihm noch, daß ich wohl seinetwegen vorhin nicht weggelaufen wäre. Doch ich glaube, er hat es nicht gehört, weil ich natürlich nur leise sprach.

»Weißt du«, fing er wieder an, »unser Freund lächelt vielleicht gar nicht. Es ist vielleicht nur ein Muskelreflex, und wir meinen es nur. Es kann aber auch sein, daß er sich irgendein Eiapopeia vorsingen wollte - Spieglein, Spieglein an der Wand! oder so etwas -, um sich selbst zu hören, und dabei kam ihm eine Schneeflocke auf die Zunge. Ach, wie gern hätte ich das Mal um ein paar Meter weiter hinausgerückt.« Der Mond stand jetzt hinter dem Erfrorenen und schien auf Blaises Gesicht.

»Was soll das«, rief ich, weil ich erschrak; denn ich sah, wie er alberne Grimassen schnitt.

»Ich versuchte, mir sein Lächeln abzugucken«, sagte er. »Beim Fotografieren kommt es vielleicht nicht deutlich heraus. Und möglicherweise kann man es mal brauchen, um irgendein armes Wesen damit glücklich zu machen.«

Ich hakte ihn unter. Wir waren so eingepackt in Wolle, Leder und Fell, daß wir wie zwei mit Lumpen vollgestopfte Puppen anzufühlen waren. Von einem warmen Leib, der darin steckte, merkte man nichts. Aber unsre Bewegungen waren die gleichen. So gingen wir zum Zelt zurück. Morgen werden wir den Wind im Rücken haben, dachte ich, und Blaise dachte sicher dasselbe. Wozu sollten wir noch sprechen?

Dies habe ich sehr viel später aufgeschrieben, so gut ich konnte.

HEIMITO VON DODERER

Unter schwarzen Sternen

DER OBERST, nachdem ich bei ihm mich gemeldet hatte, wies mir einen Sessel neben seinem Schreibtische, und bevor ich noch saß, war zwischen uns alles in Ordnung und eine jener Inseln gebildet, auf denen alter und üblicher Brauch zwischen Offizieren sich hielt, gegen einen anbrandenden hektischen Zustand, welcher den Herren späterhin, nach Juli 1944 nämlich, sogar den militärischen Gruß verbieten sollte, ihn durch eine phantastische Gebärde des rechten Armes ersetzend.

Das Institut, man nannte es »Dienststelle« (offenbar vom abscheulichen Zusammenstoß zweier gleicher Doppelkonsonanten wenig gestört), dem ich jetzt, nach einem Jahr an der russischen Front, als Prüfer und Gutachter angehören sollte, war eines von den allerüberflüssigsten der Luftwaffe, was allein daraus bereits hervorgeht, daß man 1943 schrieb und hier Anwärter für die Offizierslaufbahn examinierte, aktiv und Reserve. Die Sache erschien damals als ganz ebenso absurd schon wie heute. Doch sagte das niemand, begreiflicherweise.

Auch ich nicht. Freilich genoß ich bewußt die Vorteile meiner Lage, und ich suchte diese Lage zu befestigen, wie alle anderen auch: Ich examinierte die jungen Leute nach verschiedenen Richtungen, sei's Turnen, Redefähigkeit, Aufsatz und anderes noch, ich verfaßte sorgfältig, wenn auch schnell, die Gutachten über die Anwärter (zu welchem Zwecke man jeden zweiten oder dritten Tag ansonsten keinen Dienst hatte!), trieb dabei auch ein wenig Pseudopsychologie, und schrieb in die Rubrik »Geistig« hinter dieses Wort in Klammern das Sätzchen »soweit davon die Rede sein kann«, sozusagen um wenigstens das Decorum und einen Rest von Anstand zu wahren. Dann und wann einmal machte ich in der Offiziersbesprechung einen Vorschlag zur Verbesserung der Methodik, deren einen der Oberst aufgriff. Alles »ut aliquid fecisse videatur«. Ich wohnte zu Wien in meiner eigenen Wohnung und trug außerhalb des Dienstgebäudes nur Zivil. Pax in bello. Wer es versteht und den Weg weiß, der lebt auch in der Hölle behaglich, sagt ein tibetanisches Sprichwort. Die Offiziersmesse, und was man dort an Gesprächen hörte, war allerdings erschröcklich. Doch alles lernt sich. Auch gab es hier nicht nur Dummheit, sondern wirkliche und wirksame Meisterstücke der Heuchelei. Nur der Oberst V. war unvorsichtig. Ich bangte oft um ihn, er hatte hier nicht nur Freunde. Übrigens forderte er vier Wochen nach meiner Meldung, vorgreifend der erst nach acht Wochen üblichen Rückfrage des Luftfahrtministeriums, daß meine Kommandierung in eine definitive Versetzung verwandelt werde.

Data ohne Interesse, doch erforderlich, um zu verstehen, daß ich damals ein solches Leben führen konnte, wie ich tat, während die Front im Osten, von der ich kam, weiter bestand und dann zusammenbrach: und ich hier, pax in bello, in der Hölle behaglich! Aus den Fenstern meiner sehr hoch gelegenen Wohnung sah ich ins gleiche steinerne Panorama, wie vor alledem, bevor der ganze Schrecken nach Wien gekommen war und wir unser »Café Rathaus« in »Café Ratlos« umbenannten. Aber jetzt erst war der Ausblick ganz versteint. Ich stand frühzeitlich auf am Morgen und saß im Zivilanzug an meinem Arbeitstische. Gestern war »geprüft« worden. Heute: »Ausarbeitung der Gutachten«. Man brauchte da nicht vor zehn Uhr im Dienstgebäude zu sein. Tee oder Kaffee war noch gut, ich hatte seinerzeit größeren

Vorrat in Frankreich kaufen können, Zigaretten vorhanden. So saß ich denn an diesem Herbstmorgen am Tischlein und hielt aus allen Kräften fest und giltig, was ich noch heute fest und giltig halte. In dieser Hinsicht besteht zwischen den beiden Zeiten kein Unterschied.

Alles andere jedoch ist unbegreiflich geworden. Das »Prüfen«, die »Dienststelle« (wo ich übrigens ein schönes Arbeitszimmer für mich allein hatte, darin ich manches vorwärts bringen konnte), und daß wir dies Theater, welches uns alle durch Jahr und Tag rettete, überhaupt zu betreiben vermochten; am allerunbegreiflichsten aber die Zusammenkünfte bei dem Rechtsanwalte Doktor R.

·

Das Panorama war endgültig versteint, es gab kein Grün, ja, ein einzelner Baum tief unten in einem Hofe, den ich da immer gesehen hatte: er schien verschwunden. Vielleicht den Luftschutzarbeiten zum Opfer gefallen; überall grub man ja herum, baute auch monströse Flaktürme, verdarb dies und das – wie etwa das schöne Schlößchen Cobenzl, heute noch Ruine, ohne daß ein Geschoss es je getroffen hätte – und im Grunde alles. Wenn schon nicht anders, dann durch jene merkwürdige Versteinung, so daß alle Aura zwischen den Dingen wich, und selbst in den vertrautesten Vorstadtgassen in den Boden sank und verschwand. Auch die alten Häuslein in Heiligenstadt oder Sievering starrten einander quer über die Gassen leblos an, ja sie konterten sich gleichsam gegenseitig, und den, der durch die Gasse ging, noch dazu. Man ward sozusagen nirgends mehr an- und aufgenommen.

Der Rechtsanwalt Dr. R. war im Elternhaus als Student mein Erzieher gewesen, oder »Hofmeister«, wie man damals zu sagen pflegte. Ein schöner Mann von vielerlei Fähigkeiten, hochdekorierter, aber schwerinvalider Offizier des ersten Weltkrieges: So blieb ihm jetzt seine ausgebreitete Praxis erhalten. R. war ein hervorragender Jurist. Später bei seinem Begräbnisse habe ich über die ungeheure Zahl von Menschen gestaunt, welche den Toten geleiteten und solchem Staunen auch Worte verliehen, einem Bekannten gegenüber. Dieser, der nachmalige Präsident des Straflandesgerichtes I in Wien, Hofrat Dr. N., erwiderte trocken: »Was du hier siehst, sind mehrere hundert Jahre nicht abgesessener Freiheitsstrafen.«

So war es in der Tat. R. war im vollsten Sinne immer ein Freund der Bedrängten, mochten sie sein, wer sie wollten, Industrielle, Ministerialbeamte oder Fleischhauer, und mit ihren Angelegenheiten hatte er stets alle Hände voll zu tun. Auch damals, 1943, was einiges heißen will. Denn dieser Jurist kam ja aus einem Rechts-Staat. Und mit ihm hatte er wesentlich den Boden verloren.

Wie wir alle, übrigens, die bei ihm zusammenkamen. Aber er war ein Meister im Wassertreten (und, was mich betrifft, war ich zur Zeit auf dem besten Wege, ein Meister im behaglichen Höllenleben zu werden).

Wie man's denn damals überhaupt machte, daß man morgens noch aufstand, und wieder, und wieder? Emporgehoben und dahintreibend auf einer breiten Woge des Unsinns, obwohl wir es doch wußten und sahen, und um so schlimmer! Aber dieses Wissen allein war es zuletzt, was uns überleben ließ, wahrend viel Bessere als wir verschlungen wurden. Der Krieg, aus dem tiefen Unfrieden eines totalitären Staatsgebildes manifest geworden, mußte damit nicht nur jedem Einsichtigen von vornherein als verloren gelten, vielmehr war eben dies die Voraussetzung unserer Rückkehr aus einer blutigen Blutlosigkeit zur eigentlichen Existenz. Was geschah und ablief, trug daher für uns alle einen zwar alten, aber falsch gewordenen Namen, nämlich den des Krieges, wenngleich wir doch wußten, daß es nur der letzte Ab- und Auslauf eines zur Gigantomanie gelangten Un-Sinns war, im wörtlichsten Sinne. So im Nichts gefesselt, bei gehenden Tatsachen, die doch eigentlich keine solchen waren, die man hätte erleben können, da es nur abzuwarten und zu überleben galt, wurde jeder Tag zum schwindligen Raum ohne Halt und Handgriff. Als unausweichliche Folge kam es leicht zu einer Kette von Exzessen, deren Circulus vitiosus nicht abriß, und an welchen sich auch die Vernünftigsten und Mutigsten unter uns beteiligten. Denn auch sie bedurften der Betäubung.

Man »prüfte« damals bei der »Annahmestelle« noch in Kommission, wobei wir alle nebeneinander hinter Tischen saßen, der Kommandeur Oberst V., neben ihm noch ein Oberst, sodann zwei Oberstleutnants, ein Major, zwei Hauptleute. Ich, als der jüngste und geringste, links-außen. Die Prüflinge im Klassenzimmer uns gegenüber. Das Gebäude hatte einst den Schulbrüdern gehört – und gehört ihnen heute wieder –, einer Kongregation, die sich wesentlich dem Unterrichte widmet.

Die halbwüchsigen Burschen hatten ihren Kameraden über irgendein frei gewähltes Thema einen viertelstündigen Vortrag zu halten, und in dieser kurzen Zeit mußte die Sache in den Grundzügen bewältigt sein. An sich war die Methode nicht dumm, denn man konnte doch sehen, wie so ein Mensch stand und ging, redete, die Hände bewegte, sich überhaupt anließ, und schließlich auch, was er wußte (weniger wichtig). Wer freilich fähig und geneigt dazu war, vermochte wohl auch mehr zu erkennen.

Die alten Germanen wurden mit Vorzug behandelt, ob auch immer mit Vorliebe, ist nicht sicher. Einer, nachdem er die altgermanische Gemeinfreiheit geschildert hatte (vom perfekten Kommunismus der germanischen Dorf-Verfassung, wo die Höfe und Gewanne Jahr für Jahr reihum wechselten, sagte er nichts), kam bald auf Karl den Großen zu sprechen (dem's dabei nicht gut erging), und hier war nun auf einmal von Leibeigenen und Halbfreien die Rede.

Der Oberst, am rechten Flügel, der die Lücke wohl merkte, beugte sich ein wenig vor und blickte zu mir herüber.

»Du sagst«, bemerkte ich dem Prüfling, es war ein Junge aus Flensburg, von so weit her kam unsere Kundschaft, »die alten Deutschen seien alle freie Männer gewesen. Und nun sprichst du von Leibeigenen. Hier muß inzwischen einiges passiert sein. Kannst du mir sagen, was?« (Wir hatten die Anwärter mit »du« anzureden.)

»Jawohl, Herr Hauptmann«, rief er und nahm mit Klapp und Knall Haltung an. »Die Äbte hatte die Bauern geknechtet, indem sie ihnen mit der Hölle drohten.«

»Woher hast du den Unsinn?« fragte ich.

Was nun kam, erinnerte mich an eine Zeit, da ich eifrig dem Studium der Reptilienkunde obgelegen war. Der dürre blonde Junge mit den starr aufgerissenen blauen Augen versteifte sich und reckte sich mit dem Oberkörper auf wie gewisse Eidechsenarten, wenn sie erschreckt werden. Dann schrie er mich geradezu an, immer noch in strammer Haltung: »Von der H. J., Herr Hauptmann!« (und meinte damit die »Hitler-Jugend« genannte Organisation).

»Na servus«, sagte ich, aber mehr nicht.

Der Oberst, in diesem Augenblicke, begann laut zu lachen, über den Buben, über mich, oder über uns beide, ich weiß es nicht. Die anderen Herren lachten, wie üblich, mit, so wie eine Gymnasialklasse lacht, wenn es der Professor tut. Es ist ja das Militär gewissermaßen ein Kinderzimmer der Erwachsenen. Einer der Offiziere winkte dem nordischen Knaben mit dem flammenden Blicke, sich zu setzen. Noch während des Gelächters beugte sich mein Nachbar, der Luftwaffen-Hauptmann (ein ehemals österreichischer Offizier, daher duzte er mich) zu mir und sagte leise aber deutlich:

»Ich mache dich darauf aufmerksam, daß du hier dem Leichenbegängnisse einer Kultur assistierst.«

Das Lachen des Obersten war mir zu unverhohlen gewesen, er hatte herzlich gelacht, als spiele man eine Posse. Ein im Grunde argloser Mann. Für meine Gegenrede hätte ich wohl jeden sachlichen und fachlichen Beweis antreten können. In bezug auf sein Gelächter gab es derlei nicht. Es offenbarte seine Gesinnung weit mehr, als jener Einwand, den ich getan hatte, die meine.

Mir war nach diesem allen nicht wohl zumute. Ob der Vorfall den Anlaß bildete, daß der Oberst nun nicht mehr kommissionell prüfen ließ, sondern einzelweise, ist mir nicht bekannt geworden. Jedenfalls hatte jetzt jeder Offizier die ihm von der Kanzlei zugeteilten Anwärter in seinem Arbeitszimmer allein und gründlich zu examinieren. Daß dieser Umstand für mich noch würde bedeutend werden, konnte ich damals nicht wissen.

Was in der geräumigen Wohnung des Rechtsanwaltes Dr. R. sich zusammenfand, war nicht nur bunt und gemischt, sondern durcheinander gerüttelt, und so ein volles Maß der Zeit.

Man sah weit aus den Fenstern der mehreren Zimmer, die nebeneinander im dritten Stockwerk an der Front eines Hauses am Favoritenplatze lagen, an dessen geschlossener Schmalseite, mit dem Blicke hoch über einen kleinen Park hinweg auf Viadukt und Geleise der Südbahn: alles das am Abende im Finstern, bis auf die wenigen Lichter des Bahnkörpers. Im mittleren Zimmer stand ein großer Konzertflügel. Es gab unzählige Fauteuils und Diwans, und zwar in allen Räumen.

Wir kamen am späten Nachmittage zusammen. Es muß hier ergänzend bemerkt werden, daß Luftangriffe in Wien damals noch unbekannt waren, was die Wiener zu der kindischen Einbildung verführte, sie seien davon überhaupt ausgenommen und die Verdunkelung stelle nur eine Schikane vor.

Jedesmal, wenn ich in diesen Monaten an einem Fenster von R.'s Wohnung stand und zu der Südbahnstrecke hinübersah, die dort ja den Bahnhof eben erst verlassen hatte, traf mich fein, aber durchdringend der Hauch jener früheren Zeit, aus der wir gefallen waren, aus der es uns unversehens hinausgestoßen hatte als aus einer – wie es jetzt erschien – nie oder nur selten benützten Freiheit. Denn wie oft, fragte ich mich, war man denn schon auf den Semmering gefahren, oder weiter, an die Kärntner Seen und in den Süden? Nun war's erloschen. Man stand bis an die Knöchel wie in Stein. Dort oben am Himmel noch kein Stern sichtbar. Vielleicht waren sie ausgebrannt, starrten wie Kohle.

Die Tür ging hinter mir, Albrecht (so hieß der Dr. R.) kam wieder herein, mit Gästen.

Bevor man Licht machte, ward die Verdunkelung herabgerollt.

Es war eine außerordentlich schöne Frau, die jetzt eintrat, doch erschrak ich bei ihrem Anblick darüber, daß sie immer noch hier war; und jedermann in unserem Kreise empfand das wie selbstmörderischen Leichtsinn, um so mehr, als alle Bedingnisse für ihre Abreise geordnet vorlagen. Sie war die Tochter eines ehemaligen k. u. k. Generalstabsarztes. Eine alttestamentarische Schönheit. Mit ihr kam mein Freund, der Stabsarzt und spätere Professor Dr. E., damals ein noch junger Mann. Beide Eintretenden lachten.

Mit solchem Eintritte, mit meiner Anwesenheit bei Albrecht, ferner mit dem Erscheinen eines meiner liebsten Freunde, welcher der sogenannten SS angehörte, sodann eines anderen aus dem Kreise, der gleich sein »Unterseeboot« mitbrachte – eine ältere jüdische Dame, die in seiner Wohnung versteckt lebte und ihm das Leben schwer machte – endlich mit der Ankunft eines Opernsängers, der seine Papiere in Ordnung und sein Auslandsengagement in der Tasche hatte, alles auch reichlich verspätet, damit wäre die Spannweite des Kreises hier schon angedeutet. Es kam noch der Dr. med. B., der bei Dr. E. als »Unterseeboot« wohnte und durch den erwähnten SS-Mann über die Grenze gebracht ward; er hat später in Amerika reich geheiratet, aber sich um keinen von uns, auch um den Dr. E. nicht, jemals mehr gekümmert (was man am Ende auch verstehen kann). Es erschienen noch der eine oder der andere. Bemerkenswert ist, daß man damals bei Dr. R. auch zwei Leuten begegnen konnte, die später weltberühmt geworden sind. Man hat's ihnen nicht angesehen. Nichts Verhängtes wurde etwa schon manifest. Alles blieb in Suspenso: auch der Tod des alten weiblichen Unterseebootes bei einem Luftangriffe – sie konnte sich ja nicht in den Keller zu den anderen wagen! – und die Ermordung der schönen Tochter des Generalstabsarztes: Sie hatte zu lange gezögert und starb in Theresienstadt.

Man sieht's: Grenzen, die nach 1945 wieder sehr bedeutungsvoll werden sollten, waren gesprengt, echte Notgemeinschaften waren entstanden. Den nach Österreich einmarschierten Deutschen, nicht so sehr den Truppen, als den ihnen nachfolgenden Stellen, Ämtern und Behörden, war es ja gelungen, den Nazismus innerhalb weniger Wochen in allen einigermaßen intelligenten Bevölkerungskreisen radikal auszurotten. Bei uns waren längst alle Grenzen gesprengt. Dereinst sollten sie neu aufgerichtet werden, und mit oft nicht geringem Aufwand an Intelligenz geschieht es da und dort auch heute noch und immer wieder.

Die beiden später prominenten jungen Männer – jetzt trugen sie schäbige Uniformen – traten hinter das Klavier, wo ein schwarzer lackglänzender Cello-Kasten stämmig stand, und nahmen ihre Instrumente hervor. Notenpulte waren schon da. Doktor B. öffnete den Flügel. Kurz danach entfaltete sich, mit dem nachmals so berühmten Goldglanze der beiden Streicher, der erste Satz von Beethovens Klavier-Trio opus 70.

Ich erinnere mich, daß wir dies stehend anhörten. Warum, weiß ich nicht. Niemand nahm Platz; auch keine von den Damen (als dritte hatte einer der Musiker eine pompöse Frau mitgebracht, und kurz vor Beginn der Musik war Dr. R.'s sanfte Sekretärin hinzugekommen). Dieses jetzt sehr hell durch einen großen Lüster erleuchtete Zimmer, worinnen das Klavier stand, wirkte merkwürdig kahl, und ich kam, während sie noch spielten, dahinter, warum es so wirkte. Man hatte offenbar die Verdunklungseinrichtung erneuert, noch nicht aber die großen Vorhänge angebracht, welche sonst immer davor zusammengezogen gewesen waren; nun schlugen sich die zwei hoch hinauf reichenden kohlschwarzen Flächen zur Gänze in den Raum, wie ausgebrannte Fenster. Davor standen die Damen und Herren. Der Anfang von opus 70 - ein doch späteres Werk in jenem wilden Leben - ist von äußerster Schlichtheit und Sanftmut, im Duktus und in der Anlage des ganzen ersten Satzes. Mir schien die Zeit still zu stehen. Wir fielen aus ihr heraus, fielen von ihr ab wie dürre Blätter, hatten darin nichts mehr zu schaffen.

Nach Ende des ersten Satzes - mehr wollten sie zunächst nicht spielen - zerstreuten sich alle sofort durch die Zimmerflucht, merkwürdig geräuschlos, und ein ebenso geräuschloses Gelage begann - wobei man zum Teil wirklich auf den Diwans lag - da und dort hin zerstreut, in Gruppen. Mich hatte es neben die pompöse Dame und ins letzte Zimmer verschlagen. Es blieb in der Tat fast ganz still. »Ist es denen vielleicht gelungen, aus der Zeit zu steigen?« so dachte ich unter der ersten Einwirkung des Alkohols (dem Dr. R. schleppten seine Klienten daher, was er nur wünschte) und: »beneidenswert«. Bald gelang mir ähnliches auf dem angedeuteten Wege und durch die durchaus akzeptable Nachbarschaft der Pompösen.

Plötzlich aber sprangen alle auf und liefen im mittleren Zimmer zusammen. Es hatte geläutet. »Die Gringos, die Gringos!« rief man voll Freude.

Ein Paar trat ein, dahinter der Hausherr, welcher ihnen die Wohnungstüre geöffnet hatte. Gleich danach konnte ich von jenem Paare nichts mehr sehen. Sie waren umringt. Man schien sie sogar abzuküssen.

Als ich die Gringos wieder erblickte, mußte ich mich durch Albrecht mit ihnen bekannt machen lassen, denn ich war ihnen vordem nie begegnet. Der Eindruck war für mich geradezu überwältigend, und ich hätte bis dahin nicht geglaubt, daß es so etwas geben könnte. Ich zog mich sofort zurück, wie um Distanz von diesem Phänomen zu nehmen. Herr und Frau Gringo waren zwei überzeugend gute und liebe, völlig arglose wandelnde Ostereier, und sie sahen zudem einander so ähnlich - nun, wie eben ein Ei dem anderen.

Vier Offiziere traten zusammen, im Arbeitszimmer des Oberstleutnants F. Dieser, im ersten Weltkriege Reserve-Offizier, hatte im zweiten, durch Übertritt in den aktiven Stand, eine so hohe Charge bereits erreicht. Der Übertritt war eine kluge Handlung gewesen. Seine Stellung als Schuldirektor in der Fuldaer Gegend wäre bald unhaltbar gewesen. Es genügt hier zu sagen, daß sein Bischof ihm als Laien die Befugnis zum Religionsunterricht erteilt hatte. Solches geschieht nicht allzu häufig. Jetzt befand er sich im Schutze der Wehrmacht und also wie der Prophet Jonas im Bauche des Leviathan statt vor dessen Zähnen.

Es ging um den Obersten. Seine Unvorsichtigkeiten in der Offiziersmesse nahmen zu. Der Oberstleutnant P., ein schwarzschnauzbärtiger, verstockter und kluger Mann, schien ihnen aufmerksamer zu lauschen, als uns gefallen konnte.

Zu dem Oberstleutnant F. hatte ich uneingeschränktes Vertrauen, mit vielem Rechte, wie sich stets erwiesen hat. Ich hatte hier, bei der »Einweisung« in meine Dienstobliegenheiten, zunächst unter seiner Leitung gearbeitet und gewissermaßen als sein Assistent. Dann erst »prüfte« ich selbständig. F. besaß ein hohes Maß von Routine in allen Sachen des Dienstes, obendrein Schlauheit, und ein deutliches Wohlwollen für mich. Ich dankte ihm schon manchen wertvollen Wink. Die beiden anderen Herren waren jener Luftwaffenhauptmann, der mir die famose Bemerkung vom »Leichenbegängnisse einer Kultur« zugeflüstert hatte, und ein Major aus Wien, auch ein Aktivierter, wohl möglich kein eben angenehmer Charakter (ich habe ihn nie näher kennengelernt und besaß sicherlich nicht seine Sympathien), doch zweifellos ein Ehrenmann. Es gab übrigens noch einen zweiten Major hier bei uns, einen ehemaligen aktiven k. u. k. Offizier, ich glaube von der reitenden Artillerie kam er, also von einer ganz exzellenten Truppe, doch trat dieser als Prüfer nicht in Erscheinung. Er war Adjutant des Kommandeurs; er stammte nicht aus Wien, sondern aus Böhmen, und war der einzige von uns, der hier im Hause eine Dienstwohnung hatte. Ein kluger, liebenswürdiger Mann und opportunistischer Schlauberger.

Der Oberstleutnant F. war es, der unsere besorgte Unterredung zu einem konkreten Resultat brachte: »Es gilt, kurz und gut, von diesen verhängnisvollen »Lagebesprechungen« wegzukommen. Dabei regt sich der Oberst jedesmal auf. Am besten ist es, wir drängen das Gespräch vom Thema ab, wenn es so weit ist, und notfalls, meine Herren, muß jeder von uns es auf sich nehmen, dem Oberst dreinzureden und ins Wort zu fallen: Am besten sogar reden wir zu zweit und zu dritt dazwischen. Es gehört sich gewiß nicht. Aber die Sache könnte sonst noch brenzlig werden.«

In der Tat bewährte sich die Methode. Den zweiten Obersten, Stellvertreter des Kommandeurs und Prüfer, hatten wir nicht hinzugezogen. Er war ein österreichischer Aristokrat, einst Rittmeister bei den Wiener-Neustädter Dragonern, und stand im gegenwärtigen Betracht über jedem Zweifel. Der Kommandeur selbst verhielt sich unseren gelinden Ungezogenheiten gegenüber tolerant. Vielleicht merkte er, wozu sie dienen sollten. Vielleicht auch hat ihm der Oberstleutnant F. – er galt viel beim Obersten – ein Wort über unsere Absichten gesagt.

Die Zusammenkünfte bei dem Doktor R. fanden nicht regelmäßig statt und zudem in größeren Abständen. Da wir keinerlei

Lärm machten und nur am frühen Abende etwas Musik, so fielen wir nicht auf. Auch waren ja unser meist nur sechs oder acht.

Wir waren nicht banal, was ja von uns doch eigentlich wäre zu erwarten gewesen. Das ist merkwürdig. Wir waren es nicht in der Wahl unserer Wörter oder den Gegenständen und der Form unserer Gespräche. Als triebe uns der Druck der Dummheit von allen Seiten über uns selbst hinaus (denn gar so intelligente Leute waren wir ja keineswegs), als triebe uns das in eine Flucht nach oben, wie eine Sintflut, die alle Geschöpfe auf die höchstgelegenen Punkte jagt.

Ich sah Gringos wieder. Sie kamen jetzt jedesmal. Er hieß Manuel und wurde Mano gerufen. Ich sprach mit ihm (von beiden blieb ich vollständig fasziniert, auch jetzt). Er sagte beiläufig: »Man muß halt seine Pflicht tun und abwarten.« Die so fragwürdig gewordene Vokabel schien in seinem Munde einen anderen Sinn anzunehmen oder den früheren zu gewinnen, was fast auf ein gleiches hinauslief. Gringo war stets in einem Ministerium gesessen, ein Verwaltungsfachmann von hohen Graden. Er blieb auch jetzt unentbehrlich und wurde, wenngleich Reserve-Offizier, nie einberufen. Das Wort »Pflicht«, das er gebrauchte, erschloß mir den Mann, die Frau, also beide Ostereier. Ich bohrte nach. Er war nie irgendwelche politische Bindungen eingegangen, weder jetzt noch früher. »Wenn wir's überleben, werden wir schon noch den Sinn dieser Ereignisse und Geschehnisse erkennen.« Ich sah in seine etwas schräg gestellten mandelförmigen Augen. Seine Frau neben ihm hatte die gleichen. Ich wußte plötzlich, warum sich hier alles um Gringos drehte, warum man unaufhörlich sie hofierte und kajolierte, ihr Champagnerkelche füllte, Süßigkeiten herbeischleppte, mit ihnen in den Ecken flüsterte und beide bezärtelte und streichelte, die Frau, den Mann: Sie waren die einzigen von uns allen, die fähig waren - gänzlich in Unschuld, und ohne je für oder gegen eine Partei, eine Rasse oder Klasse gewesen zu sein -, das, was geschah, für bare Münze der Wirklichkeit zu nehmen, und nicht für einen schweren Unsinnstraum, wie wir es empfanden. Sie saßen wie in einer sicheren Kapsel, er tat seine Pflicht (!), während wir, ohne Ausnahme, für oder gegen irgendwas gewesen waren, von daher kommend oder dorthin abgesprungen, treibende Blätter in dämonischen Stürmen, in Spiralen um Gringos uns bewegend, um ihre ruhige Mitte; und langsam setzte sich das, wir sahen in ihre ruhige Mitte hinein und in den Gringoschen Frieden, wo man sich so verhielt, als sei die Welt eine wirkliche geblieben wie sie immer gewesen war: und dieses Als-Ob schien uns durch Augenblicke oft stärker als jene Welt, in der wir jetzt so schwer atmeten. Das war die Macht der unschuldigen und gutartigen Gringos; und sie allein war entscheidend; und nicht das intellektuelle Niveau dieser Leute (»soweit davon die Rede sein kann«).

Ich sah während des Gespräches von meinem Diwan in die Ecke des Zimmers, wo ein Kamin stand, welcher allerdings in seinem Innern einen Dauerbrandofen enthielt, der sanft durch die Glimmerscheiben rötete. Die breite dicke Platte des Kamins war leer; keine Vase, keine Schale, keine Statuette. Gemäß der sonstigen konventionellen Prächtigkeit hier hätte dergleichen dort stehen müssen. Ich wußte jetzt klar, daß die Gringos der Mittelpunkt dieses ganzen Kreises waren, und fast unser Lebensborn, um welchen wir uns drängten wie die Schatten aus der Unterwelt um die bluterfüllte Grube des Odysseus.

Egon von H. kam vorbei. Ich erhob mich, nahm ihn unterm Arm und ging mit ihm durch die Zimmer. Ich wollte nicht hier und jetzt, ich wollte ein andermal mit ihm über die Gringos reden. Er war ja einer von denen, die stabil in Wien blieben, wie die Gringos auch. Von den anderen – mit Ausnahme Albrechts – konnte man es nie sicher wissen. Auch in bezug auf unsere »Annahmestelle« nicht, oder nur vorläufig. Beim Militär wird man verschickt wie ein Postpaket, so will's der geistreiche Brauch. Der

Stabsarzt Dr. E. ist, von diesem Tage an gerechnet, sechs Wochen später schon an der Ostfront gewesen. Zum Glücke schwamm um diese Zeit sein Unterseeboot bereits auf der Oberfläche des Atlantik. Egon war Reserve-Offizier, Fähnrich zur See, vom ersten Kriege her. Aber er hatte eine jüdische Großmutter, sei's nur dokumentarisch produziert, sei's nach dahingehenden Bemühungen wirklich entdeckt. Reserve-Offiziere durften nicht unter ihrem Dienstgrade einrücken, er also gar nicht. Denn mit einer solchen Großmutter, so war die Meinung, konnte er als Offizier nichts taugen: blieb also in seiner Stellung als Bureauchef bei einem Walzwerk.

Wir sahen, daß die Zimmer leer geworden waren und daß sich schon wieder alle um die Gringos versammelt hatten; gewissermaßen um Blut zu lecken. Die Pompöse war auch dabei.

»Ein solcher Grad von Ahnungslosigkeit«, sagte Egon, und ich wußte sofort, von wem er redete, »ist sozusagen hochbrisant gefährlich. Es ist ein Lehrfall. Wenn der sich aber als nicht mehr möglich erweist, dann ist bald das Ende aller Zeiten nahe. Sie müßten überleben.«

»Warum sollen sie nicht überleben? Wer tut ihnen denn was?« So war meine dumme Antwort.

Am folgenden Abend hallten die breiten Gänge. Ein neuer Schub Anwärter war eingetroffen, auch ältere, große Burschen, die bald militärpflichtig sein würden. Im ganzen waren es gegen vierzig, so daß jeder der sechs Prüfer mindestens ein halbes Dutzend durchzuhecheln haben würde, im Unterrichtssaal (bei den schönsten Vorträgen über die alten Germanen und Verwandtes), im Turnsaale und im Arbeitszimmer, alle Gruppen mit ihrem Prüfer allein. Wenn solch ein Schwung Burschen einlangte (manche mußten freilich auch einzeln reisen, da man nicht immer alle sammeln konnte), ward unser im Hause wohnender Major in eine Art hausmeisterische Rolle gedrängt, dabei unterstützt von zwei jüngeren Oberfeldwebeln, die im Zivil Studienräte und sogar Doktoren waren, und einem Unteroffiziere. Jene beiden Herren hatten die schriftlichen Prüfungsarbeiten der Anwärter zu korrigieren und zu benoten. Des Majoren Stimme schallte freundlich auf den Gängen, er verstand es, mit den jungen Leuten umzugehen und den Krawall doch nicht zu gewaltig werden zu lassen, sei's im Schlafsaal oder beim Essen.

Des nächsten Morgens um acht Uhr war ich zur Stelle. Die Personalpapiere meiner Prüflinge lagen schon am Schreibtisch. Ich hatte mir übrigens längst abgewöhnt, bei jedem Eintritte eines Burschen was Besonderes und Hochindividuelles zu erwarten. Der weit überwiegende Teil war ja als werdende Person (»soweit davon die Rede sein kann«) noch unkenntlich und wies nur ein Gepräge, wie eine Münze.

Als Dritter trat ein sympathischer junger Mann bei mir ein, von welchem ich, sogleich als er unter der Türe erschien, schon wußte, daß er zu diesem, im ganzen doch durchaus preußisch ausgerichteten Kommiß etwa so passen mochte wie ein Kochlöffel zum Schießen.

Während er sich gegen meinen Schreibtisch zu bewegte und ich ihm einen Stuhl daneben wies, sprang in mir etwas vor, das ich als Rettungs-Instinkt bezeichnen muß. Ich war in dieser Hinsicht schon fest entschlossen, bevor er noch saß. Es war ein dicklicher, kaum mittelgroßer Bub (letzteres trotz seines beinahe erwachsenen Alters) mit einem gutartigen Gesicht, in welchem die mandelförmigen Augen etwas schräg standen. In Wien nennt man das ein »eierförmiges G'schau«.

»Du willst Reserve-Offizier werden?« frage ich, und er sagte einfach »ja«, nicht »jawoll, Herr Hauptmann!«, und sagte es auch, ohne im Sitzen sich aufzurichten und mit dem Oberkörper Haltung anzunehmen.

»Du kommst aus Prag?«

»Ja, ich komm' aus Prag«, antwortete er in gutem Österreichisch, welches dort einst daheim war.

»Du hast hier in Wien Verwandte?« fragte ich.

»Nein.«

»Bist zum ersten Mal in Wien?«

»Bin zum ersten Mal in Wien«, sagte er gemütlich und meine Frage gleichsam kopierend. Sein Benehmen war gänzlich zivilistisch, nicht von irgendeinem paramilitärischen Verband geprägt, wie das bei den meisten jungen Leuten damals der Fall war. Er hatte das Benehmen eines Buben aus gutem Hause.

Sein Vater war Kunsthistoriker, das wußte ich aus den Papieren, und als Custos in einem Prager Museum tätig. Eine zur Zeit etwas deplazierte Existenz, ganz wie der Sohn hier deplaziert war auf seinem Sessel neben meinem Schreibtische. Ich glaubte jenen Vater zu verstehen und zu erraten: warum nämlich er den Buben auf diesen Weg geschickt hatte. Früher oder später mußte der doch einrücken. Wurde er nun bei der hiesigen Dienststelle als Offiziers-Anwärter angenommen, so hatte das zur Folge, daß wir gewissermaßen die Hand auf ihn legten, so daß er als Rekrut gar nicht mehr einberufen werden konnte. (Jeder akzeptierte Anwärter ward durch uns beim Wehrbezirkskommando gesperrt: Nur wir konnten ihn einberufen lassen, zur Offiziersausbildung nämlich.) Das alles hatte lange und längere Wege, und auf die kam es dem Herrn Papa in Prag sehr begreiflicherweise an. Was er jedoch nicht wußte, war, daß es bei diesen Wegen zwischen den drei Waffengattungen der Luftwaffe - Fliegertruppe, Fliegerabwehr, Luftnachrichtentruppe - importante Unterschiede gab. Und offenbar hatte er die dritte dieser Waffengattungen für die harmloseste gehalten: Sie war es aber nicht in unserem Zusammenhange hier. Meine nächsten Fragen ergaben bereits, daß die Wahl der Luftnachrichtentruppe nicht von dem Sohne kam, sondern offenbar vom kunsthistorischen Vater stammen mußte. Sie war dem Buben wahrscheinlich eingeschärft worden.

»Hast dich schon einmal, vielleicht vor der Matura, mit elektrischen Experimenten befaßt, Schwachstromtechnik, Telegraphie, Radio?«

»Hab' solche Sachen nie gemacht.«

»Was denn hast gemacht?«

»Lesen«, sagte er und sah mich aus seinem »eierförmigen G'schau« ruhig an.

»Was hast gelesen?«

»Englisch«, antwortete er. »Den Defoe, den Stevenson, den Cooper, den Swift, den Dickens, den Hardy, den Meredith, den James, den Wilde, den Joseph Conrad.«

»Und warum willst zur Luftnachrichtentruppe?«

»Denk' mir, es ist interessanter.«

Es konnte mir nicht entgehen, daß unsere merkwürdige Konversation in einem bestimmten Rhythmus gefallen war, der jetzt uns beide umfaßte. Er redete so wie ich und ich wie er. Vielleicht hatte ich mich angepaßt. Vielleicht wollte ich auf diese Weise besser an ihn herankommen. Es erschien mir als möglich.

Zur Fliegertruppe wollte er nicht. Hier fehlten auch alle »Bindungen«, wie das hieramts technisch benannt wurde: Segelflugschule, Modellbau und dergleichen. Jedoch auch zum Nachrichtenwesen fehlten die »Bindungen« bei ihm. Ich konnte mit dieser Begründung ihn für die Fliegerabwehr, die »Flak« akzeptieren. Bei der Luftnachrichtentruppe wurde Frontbewährung verlangt, bevor einer den Offizierskurs beginnen konnte. Bei der »Flak« nicht. Warum, bleibt hier gleichgültig (es hatte wohl seine Gründe, die Front der Flak war zudem überall). Hier würde geraume Zeit vergehen bis zu seiner Einberufung, und dann begann die Schule!

Ich sagte ihm, daß er bei den Luftnachrichten zunächst in der Truppe würde ausgebildet werden. Dann Frontbewährung. Dann Offiziersschule.

Er begann endlich zu verstehen, das heißt die Direktiven seines Vaters zu verlassen. Ich hatte lange genug mit seinem verspielten Unverstande zu ringen. Aber ich mußte dabei unter allen Umständen obsiegen. Ich wußte es. Ich nahm ihn bedingungsweise für die Flak an. Die Prüfungsergebnisse des Tages waren dann bei ihm befriedigend.

Doch, wo immer etwas von einiger Bedeutung (sei's für wen immer) im Gange ist, dort erheben sich auch Hindernisse.

Die schriftlichen Arbeiten der Anwärter fand ich am nächsten Morgen korrigiert auf meinem Schreibtische vor; bei jenen des Kunsthistoriker-Sohnes aus Prag hatten die Herren Studienräte kaum rote Tinte verwenden müssen. Auch die übrigen Burschen hatten ihre Sache gut gemacht. Es war ein intelligenter Schub diesmal. Wir kannten auch dumme.

Die Prüfung hatte gestern nicht beendigt werden können. Keineswegs alle Gruppen waren durch alle Stationen gelangt. Bei mir fehlte der Turnsaal. Er war gestern durchwegs besetzt gewesen. Der Adjutant und Hausmajor gab durchs Telephon bekannt, daß wir den morgigen Tag würden zur Verfügung haben, um die Gutachten auszuarbeiten. Das hieß: ab zehn Uhr erst im Dienste. Mir sagte der Major außerdem, ich möge zum Obersten herunterkommen.

Dieser empfing mich mit gewohnter Freundlichkeit, setzte sich mit mir an den Rauchtisch und begann gleich von dem Prager Anwärter zu sprechen.

Der Oberstleutnant P., so meinte er, habe sich mit dem Burschen unterhalten und ihn ungewöhnlich intelligent gefunden. Es wäre vielleicht doch wünschenswert, Bewerber von dieser Art der etwas schwierigeren Luftnachrichten-Truppe zuzuführen. Doch sage der Junge, er sei von mir für die Flak angenommen worden.

Im Rahmen der Sache blieb mir nur der Hinweis auf das völlige Fehlen aller physikalisch-technischen »Bindungen« bei diesem Anwärter. »Ein a-technischer Typ«, fügte ich hinzu.

»Allerdings ein schwerwiegendes, ein fast entscheidendes Argument!« sagte der Oberst. »Es zeigt sich auch hier wieder, daß doch nur der betreffende Prüfer selbst einen Fall ganz überblickt. Nun, Herr von S., ich wollte nur anregen, daß Sie die Sache nochmals überprüfen und erwägen.«

Damit war ich entlassen und ging in den Turnsaal, wo vor den Leitern schon die Prüflinge in einer Reihe warteten, der Unteroffizier dabei.

Was an dieser Sache mich vor allem unangenehm berührte, war, daß ich (durch den Prager) sozusagen in das Blickfeld des schnauzbärtigen Oberstleutnant P. geraten war. Doch gedachte ich nicht zurückzuweichen. Nach der Turnprüfung – die bei allen gut ausfiel, auch bei dem »Eierförmigen« (was mich verwunderte) – kehrte ich in mein Arbeitszimmer zurück und wandte mich den Gutachten zu. Um so weniger würde ich morgen damit zu tun haben.

Der Tag war still. Die Burschen verließen in Begleitung des einen Studienrates das Haus, um zu den ärztlichen Untersuchungen zu gehen.

Das Zimmer war hell. Ich hatte die Empfindung, als müsse bald der erste Schnee kommen, ja, als sei er schon da. Das Zimmer war nicht kahl. Ich hatte ein paar Bilder da hängen, Graphiken, Arbeiten von Freunden.

Mit den Gutachten rasch voran. Bei dem Prager schrieb ich hinter »geistig« diesmal nicht mein gewöhnliches Sätzchen, sondern: überdurchschnittlich begabt.

Einmal schlief ich ein. Es war, als verlange eine kaum bemerkte tiefere Angestrengtheit ihr Recht. In der Offiziersmesse herrschte heute erholsame Zwanglosigkeit. Weder der Kommandeur noch der Oberstleutnant P. waren anwesend. Beim Kaffee (oder was man damals so nannte) viel Geschwätz, reichlich ungeniert. Wir blieben lange sitzen.

Gegen Abend hallten wieder die breiten Gänge. Unsere Anwärter kehrten von den ärztlichen Stationen zurück. Im Fenster stand jenes Stahlblau, das knapp vor der Dunkelheit kommt im beginnenden Winter und nicht lange währt. Es wurde draußen bald stiller. Auch die unerschöpflichen Kräfte der jungen Burschen kamen an den Rand. Man hatte sie genug herumgehetzt. Mancher mochte nach der Abendmahlzeit sich nur gleich aufs Ohr legen wollen. Ich schloß die Verdunkelung und schaltete das Licht ein. Auf dem Schreibtische lagen die fertigen Gutachten. Ich würde morgen daran nichts mehr zu tun haben.

Ich konnte gehen, jetzt. Die Dienststunden waren zu Ende. Setzt man den Soldaten an einen Schreibtisch, dann wird er zum Beamten, wobei herauskommt, daß er nie ein Soldat gewesen ist. Soldaten mit Aktentasche. Den Typ hatte es früher nicht gegeben; mir lag weder am einen noch am anderen was. Ich machte mich fertig und trat auf den breiten Gang. Er war leer und mäßig erleuchtet. In der letzten Fensternische vor der altertümlichen breiten Treppe stand jemand. Ich hörte halblaut sprechen. Es war der Oberstleutnant P. mit meinem Prager Anwärter, zu welchem er in wohlwollendem Tone sprach, den Arm um seine Schultern gelegt. Ich salutierte im Vorbeigehen, er dankte. Als ich die Treppe betrat, hörte ich seine Stimme hinter mir:

»Herr von S., gehen Sie schon?«

»Jawohl, Herr Oberstleutnant«, antwortete ich. Er kam nach, auch schon mit Mantel und Kappe. »Gehn wir zusammen«, sagte er. Wir stiegen die Treppe hinab. »Was Ihren Prüfling aus Prag betrifft, mit dem ich eben sprach«, äußerte er, als wir auf der finsteren Straße dahingingen, gegen die Haltestelle der Trambahn zu, »so habe ich mich nunmehr Ihrer Anschauungsweise angeschlossen, Herr von S. Der Bursche hat sicher nicht das Zeug zur Luftnachrichtentruppe. Steht dem Technischen ganz fremd gegenüber. Na ja, bei der Flak gibt's ja davon auch genug, das große Gerät, wenn Zieldarstellung geflogen wird, und dergleichen, vom Geschütz selbst zu schweigen. Aber das kann einer eher erlernen. Ich will's morgen dem Obersten sagen, daß ich Ihrer Beurteilung des Falles beitrete. Nichts für ungut, daß ich mich eingemengt habe.« »Ich war ein wenig irre geworden«, antwortete ich, »da mir ja ein solches Maß von Erfahrung nicht eignet, und habe deshalb den ganzen Fall nochmals vorgenommen.« »Und mit welchem Ergebnis?« fragte er. »Mit dem gleichen, Herr Oberstleutnant«, sagte ich. »Recht so!« rief er, »ich danke Ihnen, Herr von S.« Sein Straßenbahnzug kam; er mußte in die andere Richtung fahren. Ich salutierte, er schüttelte mir die Hand.

Am gleichen Abend bei Doktor R. Ich hatte daheim nur Zivil angezogen und irgend etwas gegessen, was eben von meinem Faktotum vorbereitet worden war. Dennoch kam ich weit später auf den Favoritenplatz als sonst und fand die Lage dementsprechend vorgeschritten. (Albrecht öffnete mir nur die Tür und lief gleich wieder in die Zimmer.) Man schien auch mehr getrunken zu haben, oder kam mir das nur so vor, weil ich selbst unter keiner alkoholischen Einwirkung stand? In jenem Zimmer, wo der Kamin war, hatte sich um die Gringos eine von Zärtlichkeit summende und brummende Traube gebildet. Man hörte auch Quieken und das Schmatzen von Küssen. Niemand beachtete mich, als ich eintrat. Ich blieb im Klavierzimmer stehen und blickte durch die offene Flügeltür. Die meisten kehrten mir den Rücken. Jetzt erst ging mir auf, womit man da beschäftigt war: nämlich das Ehepaar (vielleicht hatte man sie vorher volltrunken gemacht) gänzlich zu entkleiden, wobei mir vor allem die Damen eifrig tätig zu sein schienen, auch das Unterseeboot und die Pompöse. Jetzt hob man die rundlichen blanken Leiber hoch empor: und nun saßen die Gringos nebeneinander auf der warmen Platte des Kamins, während unten alle einander im Halbkreis die Hände reichten und sich mehrmals tief verbeugten. Alles in Stille. Alles schweigend. Dies erschien mir als am meisten kennzeichnend dabei: Niemand lachte im geringsten. Auch der Stabsarzt und Dr. B., sein Unterseeboot, ebenso Egon von H., sie alle waren völlig ernst. Die Gringos sahen eigentlich nicht aus wie ein Mann und ein Weib (hintennach und viel, viel später kamen wir dahinter, daß Herr und Frau Gringo auf gar niemanden von den damals Anwesenden - soweit sich diese noch äußern konnten - eine Wirkung solcher Art auch nur im geringsten gehabt hatten). Sie sahen eher aus wie Schweinchen, doch solche mit mandelförmigen, traurig blickenden Augen.

Ich wich. Wäre ich alkoholisiert gewesen, dann hätte ich mich der hier geübten, in irgendeiner Weise rituellen Verehrung dieses Paares vielleicht angeschlossen. So aber prellte ich gleichsam auf, ohne jede Dämpfung und Milderung. Die Türe vom Vorzimmer ins Klavierzimmer war von mir, wie ich jetzt sah, nicht ganz geschlossen worden. Ich glitt lautlos hinaus, nahm Hut und Mantel - erst draußen auf der Treppe schlüpfte ich hinein - und ging bald rasch auf der finsteren Straße dahin, völlig befangen in der Vorstellung, es sei zwei oder drei Uhr früh und ich hätte ein ausschweifendes Gelage hinter mir. Daß bei Dr. R. das Haustor noch unversperrt gewesen war, fiel mir gar nicht ein, oder erst, als ich das meine dann auch noch offen fand. Es war neun Uhr. Ich nahm eine Flasche Armagnac, die ich noch aus Frankreich hatte, und trank vor dem Tische stehend aus einem flachen Glase. Im Hause schien es absolut stille zu sein. Ich ging bald zu Bett und schlief wie ein Stein.

Am nächsten Morgen erwachte ich sehr zeitig, noch war es dunkel. Ans Fenster tretend sah ich die Dächer herauftauchen in den Tag. Alle weiß im Schnee, gegiebelt und flach, eine zusammengeduckte Gänseherde bis an den Horizont.

Ich mühte mich, so rasch wie möglich fertig zu werden und an mein Tischchen zu kommen, neben das ich auf ein Taburett den

Tee stellte. Jeder Handgriff schob etwas vor mir her, schob es hinaus. Im Grunde war ich froh, in Eile und beschäftigt zu sein.

Als ich endlich saß und meine Papiere auseinander breitete – etwa um sieben Uhr – gellte das Telephon.

Es war Egon. Ob ich gleich zu ihm kommen könne. Er werde mich am Haustor erwarten. Bei Gringos sei wahrscheinlich ein Unglück geschehen.

»Wo wohnen die Gringos?« fragte ich.

»Drei Häuser weit von mir«, sagte Egon.

Bis zu ihm hatte ich kaum zweihundert Schritte. Jetzt erst erfuhr ich's also, wie nahe diese Gringos mir wohnten.

»Die Hausmeisterin von ihrem Haus war bei mir, sie kennt mich, ist meine Bedienerin. Sie hat gestern für Frau Gringo beim Einkaufen ein paar Sachen besorgt, die wollte sie jetzt abgeben, weil die beiden schon sehr früh in ihre Büros gehen. Es hat ihr niemand geöffnet, und aufsperren hat sie nicht können, weil die Schlüssel innen stecken. Sie hat auch welche, sie bedient dort ebenfalls.«

»Ich komme«, sagte ich.

Schlüssel, die innen stecken, wenn niemand öffnet, sind ein böses Zeichen.

Ich zog meine Uniform an. Wußte ich denn, ob ich vor dem Dienst noch einmal würde nach Hause kommen? Auf der Straße hatte der so still gefallene Schnee einen ungeheuren Lärm erzeugt. Räumungsfahrzeuge fuhren scheppernd vorbei, und allenthalben kratzte man die Gehsteige frei. Da stand Egon. Wir gingen drei Haustore weiter. Als wir den Treppenabsatz vor der Wohnungstür betraten, war es der Hausmeisterin, einer jungen geschickten Person, mit irgendeinem herbeigeholten Instrument endlich gelungen, den innen steckenden Schlüssel aus dem Schlosse zu stoßen. Nun sperrte sie mit dem ihren auf.

Ich beachtete diese Zimmer nicht, aber ich hatte beim Hindurchgehen den Eindruck, nur in den Augenwinkeln, von außerordentlicher Nettigkeit und puppenhafter Zierlichkeit. Die Doppeltür zum letzten Raume, dem Schlafzimmer, war geschlossen. Die Hausmeisterin klopfte. Dann trat sie ein. Wir folgten.

Durch die Vorhänge fiel ein gedämpftes Licht. Auch hier herrschte größte Ordnung. Ebenso ordentlich lagen die Gringos in ihren Doppelbetten am Rücken. Beide waren schon völlig kalt. Es braucht hier nicht viel mehr gesagt zu werden. Die Zunge eines offen gelassenen Briefumschlages stach von dem einen Nachtkästchen in die Luft. Ich zog das Blatt heraus. Es enthielt zwei Adressen mit Telephon-Nummern, dabei die Notiz: nach unserem Ableben zu verständigen – alles weitere wird von dort geordnet! Sonst nichts. Das Pulver war natürlich da und ein großes Glas, in welchem sich noch Wasser befand. Wahrscheinlich Cyankalium, dachte ich – was halt ein Laie denkt in so einem Fall. Vielleicht hatten sie es schon lange. Sie lagen ordentlich in ihren Betten, bis zum Hals zugedeckt, die Arme ausgestreckt. Wir schwiegen. Dann sprach Egon ein kurzes Gebet in lateinischer Sprache. Die Hausmeisterin bekreuzigte sich. Mich hob mein eigenes Staunen aus den Angeln. Ich war hier einfach nicht mehr zu gebrauchen. Wie sie da lagen, erschienen sie mir wie die noch sichtbaren Spitzen eines ansonst untergegangenen Kontinents. Ein Doppel-Eiland. »Ich muß zum Dienst«, sagte ich. »Wirst du das Erforderliche veranlassen, Egon?« Er nickte. Ich gab ihm und der Hausmeisterin die Hand. Auf der Treppe dachte ich: »Den Buben hättest du getrost zu seiner Luftnachrichtentruppe rennen lassen können.«

Ich ging nach Hause. Es war acht Uhr. Ich machte starken Kaffee. Doch erweckte er mich nicht wirksam. Ich blieb in einem merkwürdigen Zustande von Somnolenz, von allem getrennt, auf mich selbst zurückgeworfen. Ich saß im Schneelicht, welches weiß das Zimmer weitete, und hielt eine Zigarette in der Hand, deren Asche immer länger wurde. Als ich die Hitze an den Fingern spürte, ließ ich die Zigarette in den Aschenbecher fallen, ohne mich sonst zu rühren.

Wie war es nur? Eine Stufe oder ein Buckel schienen überhoben, ein Höhepunkt überschritten.

Ich dachte nicht mehr an die Gringos.

Als ich zur Dienststelle kam, lag neben den erledigten Gutachten auf meinem Schreibtisch schon ein Stoß neuer Akten. Die Papiere des nächsten Schubes. Ich begann sie durchzusehen. Um elf Uhr klingelte das Telephon. Der Oberst. »Ich wollte Ihnen nur sagen, bezüglich des Prager Anwärters, Herr von S., daß Ihre erste Entscheidung sich offenbar doch als die richtige erweist. Herr Oberstleutnant P. war eben bei mir. Er hat sich Ihrer Meinung nunmehr angeschlossen. Sie haben den Fall wohl noch einmal vorgenommen?«

»Jawohl, Herr Oberst«, antwortete ich. »Mit dem gleichen Ergebnis.«

»Dann bleibt es also bei Flak«, sagte er. »Wir sperren jetzt die Angenommenen beim Wehrbezirkskommando.«

Ich legte auf, lehnte mich im Sessel zurück, dachte noch »also wenigstens dieser« und war auch schon eingeschlafen.

Und fernerhin schlief auch diese ganze Sache in mir und verblieb so. Ja, zuweilen schien sie mir wenig wirklich, wie alles aus jener Zeit. Ich dachte nicht mehr an die Gringos.

Das Resultat meiner Bemühungen sollte ich erst siebzehn Jahre später erfahren und zu sehen kriegen, unter gänzlich gewandelten Sternen.

Damals war mir der Name meines Prager Anwärters schon wieder begegnet. Jemand hatte ihn genannt, als Custos eines staatlichen oder städtischen Museums hier in Wien. Er war also in Studium und Beruf dem Vater nachgefolgt. Ich wüßte nicht, daß mir jene Erwähnung besonderen Eindruck gemacht hätte.

Einige Monate danach kam ich über den »Graben«, jene schöne Wiener Straße, in welche die Schaufenster der entzückendsten Geschäfte mit tausend hübschen Dingen hinausplaudern. Die Luft schien mir mild und schäumig, wie frische Seifenflocken, geradezu wohlriechend und jetzt, im Mai, große, geschlossene Blocks von Kühle noch enthaltend. Die mächtige blaue Fahne des Himmels schlug noch keinerlei Hitze herab auf den Asphalt, nur sanfte wehende Bänder von milder Wärme streiften hier Stirne, Wangen und Hände.

Ich sah ihn, etwa zwanzig Schritte entfernt, in der Gegenrichtung behaglich schlendernd einherkommen, ein dicklicher, noch immer jugendlicher Mann. Das Gesicht war etwas fülliger geworden und zeigte jene Aufweichung, die fast allen Kunst-, Literatur- und Musikgelehrten eignet, weil ihr geistiger Haushalt auf dem schon Geformten beruht und nicht das rohe Material des Lebens bewältigen muß. Unverändert blickten die etwas schräg gestellten, mandelförmigen Augen, das »eierförmige G'schau«. Er passierte knapp an mir vorbei, ohne mich zu erkennen. Warum auch hätte er mich erkennen sollen? Die Gringos hatten ihn ja in Sicherheit gebracht, soweit das damals möglich war, nicht ich. Nun ja. Es gibt Gedanken, die sich nur bei ganz stillem Wasser hervorwagen. Dann aber schwänzeln sie mit der größten Selbstverständlichkeit dahin wie die silbernen Fischlein. Und im stillsten Wasser ist die Wiederkehr.

SUSAN SONTAG

Das Double

NUN, DA MEINE SITUATION unerträglich geworden ist, habe ich beschlossen, Schritte zu ihrer Lösung zu unternehmen. Ich habe also aus japanischem Plastikmaterial der verschiedenen Firmen – es sieht wie Fleisch, Haare, Fingernägel und so weiter aus – ein Double konstruiert, wie ich leibe und lebe. Ein Elektronikingenieur aus meinem Bekanntenkreis hat, gegen angemessene Bezahlung, versteht sich, den inneren Mechanismus dieses Doubles ausgebaut: Es wird imstande sein zu sprechen, zu essen, zu arbeiten, zu gehen und zu kopulieren. Zur Ausarbeitung der Gesichtszüge ließ ich mir einen bedeutenden Künstler der alten realistischen Schule kommen. Er benötigte zwölf Sitzungen, um ein Gesicht zu schaffen, das dem meinen vollkommen gleicht. Meine breite Nase ist da, mein braunes Haar, die Falten um beide Mundwinkel. Selbst ich könnte das Double und mich nicht auseinanderhalten, wäre es durch meine bevorzugte Ausgangslage nicht eindeutig, daß es es ist und ich ich bin.

Was zu tun bleibt, ist, das Double im Zentrum meines Lebens anzusiedeln. Es wird an meiner Stelle arbeiten gehen und von meinem Chef Anerkennung und Tadel in Empfang nehmen. Es wird sich verbeugen und Kratzfüße machen. Das einzige, was ich von ihm verlange, ist, daß es jeden zweiten Mittwoch den Gehaltsscheck nach Hause bringt; Fahrgeld und das Geld fürs Mittagessen bekommt es von mir, nicht mehr. Die Schecks für Miete und für die nötigen Haushaltsutensilien werde ich selbst ausstellen, das übrige geht in meine Tasche. Zudem wird es dem Double zufallen, mit meiner Frau verheiratet zu sein. Es wird mit ihr Dienstag und Samstag nacht schlafen, jeden Abend mit ihr fernsehen, ihre bekömmlichen Abendessen zu sich nehmen und sich mit ihr wegen der Erziehung der Kinder streiten. (Meine Frau, die auch arbeitet, zahlt die Lebensmittelrechnungen von ihrem Gehalt.) Desgleichen werde ich das Double anhalten, Montag abend mit der Mannschaft vom Büro zum Bowling zu gehen; Freitag abend Besuch bei meiner Mutter zu machen, jeden Morgen Zeitung zu lesen sowie eventuell meine Kleidung zu besorgen (zwei Garnituren, eine für ihn und eine für mich). Weitere Verpflichtungen werde ich angeben, sobald sie auftauchen, und sobald ich den Wunsch verspüre, mich ihnen zu entziehen. Für mich selbst will ich nur das reservieren, was mir Spaß macht.

Ein ehrgeiziges Unterfangen, was? Aber warum nicht? Die Probleme dieser Welt lassen sich schlechterdings nur auf zwei Arten lösen: durch Vernichtung oder Verdoppelung. In früheren Zeiten hatte man keine Wahl. Nur sehe ich nicht ein, warum man die Errungenschaften der modernen Technik nicht zu seiner persönlichen Befreiung nutzen sollte. Ich habe die Wahl. Und da ich nicht der Typ des Selbstmörders bin, habe ich beschlossen, mich zu verdoppeln.

Eines schönen Montagmorgens ziehe ich das Double auf und lasse es laufen, nicht ohne nachgeprüft zu haben, ob es weiß, was zu tun ist – das heißt, daß es weiß, wie ich mich in jedweder bekannten Situation verhalte. Der Wecker schrillt. Es wälzt sich zur Seite und gibt meiner Frau einen Knuff, worauf sie sich mißmutig aus dem Doppelbett erhebt und den Wecker abstellt. Sie schlüpft in Pantoffeln und Morgenrock und humpelt mit steifen Fußknöcheln ins Bad. Wenn sie herauskommt und in die Küche hastet, übernimmt es ihren Platz im Bad. Es pinkelt, gurgelt, rasiert sich, geht zurück ins Schlafzimmer und nimmt seine Anziehsachen aus Kommode und Schrank, geht wieder ins Bad zurück, zieht sich an und begibt sich zu meiner Frau in die Küche. Meine Kinder sitzen schon am Tisch. Die jüngere Tochter hat gestern abend ihre Hausaufgaben nicht fertig gemacht, und meine Frau schreibt dem Lehrer eine Entschuldigung. Die ältere Tochter sitzt da und mampft gelangweilt am kalten Toast. »Morgen, Papa«, sagen sie zum Double. Das Double erwidert den Gruß mit einem Wangenkuß. Das Frühstück verläuft, wie ich erleichtert beobachte, ohne Zwischenfälle. Die Kinder gehen aus dem Haus. Nicht ein Fünkchen haben sie gemerkt. Allmählich fühle ich mich sicher, mein Vorhaben könnte gelingen, und bemerke an meiner Aufgeregtheit, wie groß meine Angst gewesen sein muß, es könnte nicht gelingen, es würde irgendeine technische Panne passieren, das Double würde sein Stichwort verpassen. Aber nein, alles klappt, es faltet sogar die *New York Times* korrekt; haargenau reproduziert es den Zeitabschnitt, den ich immer über dem Auslandsteil saß, und für die Sportseite braucht es genauso lange wie ich.

Das Double küßt meine Frau, es verläßt die Wohnung, es betritt den Lift. (Ob Maschinen einander erkennen, frage ich mich.) In die Halle, durch die Haustür, hinaus auf die Straße bewegt es sich gemessenen Schritts – das Double ist rechtzeitig losgegangen und muß keine Sorge haben – hinein in die Subway. Ausgeglichen, ruhig, sauber (ich habe es Samstag abend eigenhändig gesäubert), unbekümmert macht es sich an die aufgetragenen Pflichten. Solange ich mit ihm zufrieden bin, wird es glücklich sein. Und auch ich werde es sein, was immer es macht, solange die andern mit ihm zufrieden sind.

Auch im Büro merkt keiner einen Unterschied. Die Sekretärin sagt guten Morgen, es lächelt zurück, genau wie ich; dann geht es zu meinem Kabuff, hängt seinen Mantel auf und nimmt an meinem Schreibtisch Platz. Die Sekretärin bringt ihm meine Post. Nachdem es sie gelesen hat, bittet es zum Diktat. Daraufhin ist noch ein Stoß Unerledigtes vom vergangenen Freitag zu bearbeiten. Telephongespräche werden geführt, und mit einem auswärtigen Kunden wird ein Mittagessen verabredet. Was mir auffällt, ist eine einzige Abweichung: Das Double raucht am Vormittag sieben Zigaretten; ich rauche normalerweise zwischen zehn und fünfzehn. Aber ich schreibe das dem Umstand zu, daß es neu auf seinem Posten ist und noch nicht die Zeit hatte, all die Spannungen aufzustauen, die sich bei mir nach sechs Jahren in diesem Büro bemerkbar machen. Ich könnte mir denken, daß es, während des Essens, vermutlich nicht zwei Martinis trinken wird wie ich, sondern nur einen, und ich habe recht. Aber das sind eigentlich Lappalien, und die sprechen für es, sollten sie irgend jemandem überhaupt auffallen, was ich bezweifle. Die Art, wie es sich gegenüber dem auswärtigen Kunden verhält, ist tadellos, vielleicht eine Spur zu ehrerbietig, aber auch das schreibe ich seiner Unerfahrenheit zu. Gott sei Dank werfen es Kleinigkeiten nicht um. Seine Tischmanieren sind comme il faut. Es stochert nicht im Essen herum, sondern ißt mit Appetit. Und es weiß, daß es die Rechnung signieren und nicht mit einer Kreditkarte zahlen soll; die Firma hat ein Konto in diesem Restaurant.

Am Nachmittag ist eine Verkaufskonferenz. Der Vizepräsident erklärt die neue Werbekampagne für den Mittleren Westen. Das Double gibt Anregungen. Der Chef nickt. Das Double trommelt mit dem Bleistift auf den langen Mahagonitisch und blickt nachdenklich drein. Ich sehe, daß es ketten-raucht. Sollte es den Streß so früh spüren? Was für ein anstrengendes Leben ich doch hatte! Schon nach weniger als einem Tag davon ist sogar ein Double einigermaßen mitgenommen. Der Rest des Nachmittags verläuft ohne Zwischenfall. Das Double macht sich auf den Heimweg zu meiner Frau und meinen Kindern, verzehrt mein Abendessen mit Genuß, spielt mit den Kindern eine Stunde Monopoly, sieht mit meiner Frau einen Western im Fernsehen, badet, macht sich ein Schinkenbrot und begibt sich darauf zur Ruhe. Ich weiß nicht, was es für Träume hat, aber ich hoffe, sie sind erholsam und angenehm. Sollte meine Wertschätzung ihm zu ungestörtem Schlaf verhelfen, es hat sie. Ich bin vollauf zufrieden mit meiner Schöpfung.

Das Double arbeitet nun schon mehrere Monate. Wovon soll ich berichten? Von noch größerer Tüchtigkeit? Aber das ist geradezu unmöglich. Es war ja gut am ersten Tag. Es konnte nicht noch mehr wie ich werden als es schon ganz zu Anfang war. Es braucht sich in seiner Arbeit nicht zu steigern, nur am Ball bleiben, zufrieden, unaufsässig, ohne technisches Versagen. Meine Frau ist glücklich mit ihm – jedenfalls nicht unglücklicher als sie mit mir war. Meine Kinder sagen »Papa« zu ihm und fragen nach dem Taschengeld. Meine Mitarbeiter und mein Chef betrauen es weiterhin mit meiner Arbeit.

Kürzlich allerdings – genau gesagt in der vergangenen Woche, stimmt – ist mir etwas aufgefallen, was mich beunruhigt. Und zwar meine ich die Aufmerksamkeit, die das Double der neuen Sekretärin, Miß Love, schenkt. (Ich hoffe, es liegt nicht an ihrem Namen, der es irgendwo in den Abgründen seiner komplexen Maschinerie erregt; ich könnte mir denken, daß Maschinen etwas Wortklauberisches haben.) Dieses kaum merkliche Zögern an ihrem Schreibtisch, wenn es morgens hereinkommt, die Pause von einer Sekunde, nicht mehr, wenn sie guten Morgen sagt; wogegen ich – und es bis vor kurzem – am Schreibtisch vorbeiging, ohne den Schritt zu wechseln. Außerdem scheint es mehr Briefe zu diktieren. Könnte das mit seinem zunehmenden Einsatz fürs Geschäft zusammenhängen? Ich erinnere mich, wie es, es war sein allererster Tag, in der Verkaufskonferenz das Wort ergriff. Oder verspürt es das Bedürfnis, Miß Love aufzuhalten? Sind diese Briefe nötig? Ich möchte schwören, es meint ja. Aber dann weiß man wieder nicht, was hinter diesem unerschütterbaren Puppengesicht vorgeht. Ich habe Angst, es zu fragen. Fürchte ich bereits das Schlimmste? Oder habe ich Angst, es könnte wegen

Verletzung seiner Privatsphäre wütend werden? Auf jeden Fall, ich habe beschlossen zu warten, bis es mir etwas erzählt.

Und dann eines Tages haben wir sie, die Bescherung, die ich befürchtet habe. Um acht Uhr früh fängt das Double mich in der Dusche ab, wo ich ihm gerade beim Rasieren nachspionierte, voll Bewunderung, wie gut es sich gemerkt hat, sich hier und da zu schneiden, ganz wie ich. Es schüttet sich aus. Ich bin erstaunt, wie heftig bewegt es ist - erstaunt und ein wenig neidisch. Ich hätte mir nicht träumen lassen, daß Puppen so tiefer Empfindungen fähig sind, daß ich ein Double weinen sehen sollte. Ich rufe es zur Ordnung, danach tadle ich es. Es nützt nichts. Sein Weinen wird zum Schluchzen. Es, oder besser seine Leidenschaft, deren Mechanismus mir unergründlich ist, fängt langsam an, mich zu empören. Zudem schreckt mich der Gedanke, meine Frau und die Kinder könnten es hören, ins Badezimmer stürzen und da diese außer sich geratene Kreatur vorfinden, die keiner normalen Antwort fähig ist. (Und erst wenn sie uns beide hier im Bad antreffen? Auch das ist möglich.) Ich drehe die Dusche auf, lasse beide Waschbeckenhähne laufen, ziehe die Spülung, um die schmerzerfüllten Laute, die es von sich gibt, zu übertönen. Alles aus Liebe! Alles aus lauter Liebe zu Miß Love! Es hat kaum mit ihr gesprochen, außer geschäftlich. Bestimmt hat es nicht mit ihr geschlafen, da bin ich sicher. Und trotzdem ist es wahnsinnig, bis zur Verzweiflung verliebt. Es will meine Frau verlassen. Ich erkläre ihm, daß das unmöglich ist. Zunächst einmal hat es Pflichten, trägt Verantwortung. Es ist der Ehemann meiner Frau und der Vater meiner Kinder. Sie sind von ihm abhängig. Ihr Leben wäre durch sein egoistisches Verhalten völlig zunichte. Und dann, was weiß es denn von Miß Love? Sie ist mindestens zehn Jahre jünger als es und hat bisher nicht zu erkennen gegeben, daß sie ihn überhaupt wahrgenommen hat, und vermutlich hat sie einen netten Freund in ihrem Alter, den sie zu heiraten vorhat.

Das Double weigert sich zuzuhören. Es ist untröstlich. Es will

Miß Love haben, oder – und dabei macht es eine drohende Gebärde – es wird sich selbst zerstören. Es wird seinen Kopf gegen die Wand schlagen oder aus dem Fenster springen und somit seine fragile Maschinerie unwiderruflich zertrümmern. Ich bin tatsächlich alarmiert. Ich sehe meine wunderbare Unternehmung, die mir während der letzten Monate so phantastisch Muße und Frieden gewährt hat, vernichtet. Ich sehe mich wieder an meinem Arbeitsplatz, sehe mich wieder mit meiner Frau schlafen, während der Stoßzeit um einen Platz in der Subway kämpfen, ich sehe mich vor dem Fernseher und die Kinder verhauen. Wenn mein Leben vorher unerträglich für mich war, so stellen Sie sich vor, wie unausdenkbar es nun geworden ist. Wenn Sie nur wüßten, wie ich die letzen paar Monate, als das Double mein Leben verwaltet hat, zugebracht habe. Ich hab' mich den Teufel geschert um die Welt, abgesehen von gelegentlicher Neugier, die sich auf das Schicksal meines Doubles richtete. Ich bin auf den Grund der Welt geschlittert. Ich schlafe jetzt überall: in Absteigen, in der Subway (die ich erst spät in der Nacht besteige), in Unterführungen und Hauseingängen. Ich krümme keinen Finger, um von dem Double den Gehaltsscheck einzutreiben, es gibt nichts, was ich kaufen möchte. Selten rasier' ich mich. Meine Kleidung ist zerrissen und übersät mit Flecken.

Tönt das in Ihren Ohren sehr triste? Ist es nicht, ist es ganz und gar nicht. Selbstverständlich hatte ich zu Anfang, als das Double mir mein eigenes Leben abnahm, die grandiosesten Vorstellungen, wie ich nun das Leben anderer Leute leben würde. Ich wollte Polarforscher sein, Konzertpianist, eine berühmte Kurtisane, ein Staatsmann von Weltrang. Ich versuchte, Alexander der Große zu sein, dann Mozart, dann Bismarck, dann Greta Garbo, dann Elvis Presley – in meiner Phantasie, klar. Ich stellte mir vor, wenn ich nicht lange einer von denen sein müßte, dann hätte ich nur ihre Lust und nichts von ihrer Pein. Denn ich könnte dann entwischen, mich verwandeln, wann ich wollte. Aber das

Experiment scheiterte, aus Mangel an Interesse, aus Erschöpfung, wie immer man es nennen mag. Ich fand heraus, daß ich es satt hatte, eine Person zu sein. Ich hatte nicht nur die Person satt, die ich war, sondern grundsätzlich jede Person. Leute zu beobachten, gefällt mir, aber mit ihnen zu reden, mit ihnen umzugehen, sie zu erfreuen oder zu beleidigen, mißfällt mir zutiefst. Es gefällt mir nicht einmal, mit dem Double zu sprechen. Ich hab' es satt. Ich möchte ein Berg sein, ein Baum, ein Stein. Sollte ich als Person weitermachen, so wäre das Leben eines vereinsamt Verkommenen das einzig erträgliche. Ich denke, Sie werden verstehen, daß ich dem Double auf gar keinen Fall erlaube, sich zu zerstören, damit ich dann für es einspringen kann und mein altes Leben wiederaufnehmen muß.

Ich lasse nicht ab von meinen Überredungsversuchen. Ich möchte es dazu bringen, daß es sich die Tränen abwischt, wobei ich ihm verspreche, daß wir unsere Unterredung im Büro fortsetzen werden, sobald es mit Miß Love den Stoß Morgenkorrespondenz erledigt hat. Es ist bereit, es zu versuchen, und erscheint rotäugig, leicht verspätet, am Frühstückstisch. »Erkältet, Schatz?« sagt meine Frau. Das Double errötet und murmelt etwas vor sich hin. Ich bete zu Gott, daß es bloß schnell macht. Ich fürchte den nächsten Zusammenbruch. Erschreckt sehe ich, daß es kaum essen kann und zwei Drittel seines Kaffees stehen läßt.

Betrübt verläßt das Double die Wohnung, meine Frau bleibt bestürzt und in Sorge zurück. Ich sehe, wie es ein Taxi heranwinkt, statt zur Subway zu rennen. Im Büro belausche ich es beim Diktat, es seufzt nach jedem Satz. Auch Miß Love entgeht das nicht. »Na, was ist denn?« fragt sie munter. Lange Pause. Ich linse aus dem Schrank, was seh' ich! Das Double und Miß Love in heißer Umschlingung. Es streichelt ihre Brüste, ihre Augen sind geschlossen, ihre Münder wollen sich verletzen. Das Double ertappt mich, es sieht mich aus der Schranktür starren. Ich gebe wilde Zeichen, will ihm zu verstehen geben, daß wir miteinander reden müssen, daß ich auf seiner Seite bin, daß ich ihm helfen will. »Heute abend?« wispert das Double und entläßt die entrückte Miß Love behutsam aus seinen Armen. »Ich liebe dich«, wispert sie. »Ich liebe dich«, sagt das Double mit einem hingehauchten Wispern, »und ich muß dich sehen.« »Heute abend«, wispert sie zurück. »Bei mir. Hier ist meine Adresse.«

Ein letzter Kuß und Miß Love geht hinaus. Ich krieche aus dem Schrank hervor und versperre die Tür des kleinen Büros.

»Also«, sagt das Double, »es geht um Liebe oder Tod.« »Na gut«, sage ich, »ich will auch gar nicht mehr versuchen, dir das auszureden. Scheint ein nettes Mädchen zu sein. Und ziemlich attraktiv. Wer weiß, wenn sie hier gearbeitet hätte, als ich hier ...« Ich sehe des Doubles Zornesfalten und beende den Satz nicht. »Aber gib mir etwas Zeit«, sage ich. »Was willst du machen? Soweit ich sehe, ist da nichts zu machen«, sagt das Double. »Wenn du denkst, ich gehe jemals wieder nach Hause zu deiner Frau und deinen Kindern, nachdem ich Love gefunden habe ...« Flehentlich bitte ich um etwas Zeit.

Was denk' ich mir dabei? Ganz einfach folgendes: Das Double befindet sich jetzt genau in meiner Ausgangslage. Seine gegenwärtigen Lebensumstände sind für es unerträglich. Aber da es mehr auf ein wirkliches, individuelles Leben erpicht ist als ich in meinem ganzen Leben, will es nicht vom Erdboden verschwinden. Es möchte bloß meine zugegebenermaßen abgegriffene Frau und zwei lärmige Töchter mit der reizenden kinderlosen Miß Love vertauschen. Na schön, warum sollte meine Lösung – Verdoppelung – für ihn nicht ebenso gültig sein wie für mich? Jede Lösung ist besser als Selbstmord. Die Zeit, die ich brauche, ist die Zeit, um eine weitere Puppe anzufertigen, eine, die bei meiner Frau und den Kindern bleibt und für mich zur Arbeit geht, während das Double (das echte Double, wie ich es jetzt nennen muß) mit Miß Love durchbrennt.

Später, im Verlauf des Vormittags, leihe ich mir etwas Geld

von ihm, um mich im türkischen Bad gründlich aufmöbeln zu lassen, dann zum Friseur zu gehen, zum Haareschneiden und Rasieren, und um mir die gleiche Kleidung zu besorgen wie es. Auf seinen Vorschlag hin treffen wir uns zum Mittagessen in einem kleinen Restaurant in Greenwich Village, wo es ausgeschlossen ist, daß es jemanden trifft, der es erkennt. Mir ist nicht klar, wovor es Angst hat. Allein zu essen und beobachtet zu werden, wie es mit sich selbst spricht? Mit mir gesehen zu werden? Aber ich bin jetzt absolut präsentabel. Und sollten wir zu zweit gesehen werden, gibt es etwas Normaleres, als wenn ein Paar eineiige erwachsene Zwillinge männlichen Geschlechts und gleich angezogen miteinander zu Mittag essen und in ein ernsthaftes Gespräch vertieft sind? Wir bestellen beide Spaghetti *al burro* und gratinierte Muscheln. Nach drei Drinks kommt es auf meine Bitte zu sprechen. Mit Rücksicht auf die Gefühle meiner Frau, sagt es – nicht auf meine, es beteuert das mehrmals in ziemlich schroffem Ton –, ist es gewillt zu warten. Aber nur ein paar Monate, nicht länger. Ich mache ausdrücklich klar, daß ich in dieser Übergangsphase nicht von ihm verlange, daß es nicht mit Miß Love schläft, bitte es aber, bei seinem Ehebruch Diskretion zu wahren.

Bei der Herstellung des zweiten Doubles tauchen weit mehr Schwierigkeiten auf als beim ersten. Meine sämtlichen Ersparnisse sind aufgebraucht. Die Preise für Humanoidplastik und das restliche Material sowie das Honorar für den Ingenieur und den Maler sind innerhalb eines Jahres gestiegen. Des Doubles Gehalt, wenn ich das anfügen darf, ist keineswegs gestiegen, obgleich sein Chef in zunehmendem Maße seine Bedeutung für die Firma zu schätzen weiß. Das Double ist verärgert, weil ich darauf bestehe, daß besser es dem Künstler sitzt als ich, wenn es darum geht, die Gesichtszüge zu modellieren und zu malen. Doch ich mache es darauf aufmerksam, daß die Gefahr, eine entstellte oder verschwommene Kopie zu bekommen, nicht auszuschließen ist, würde das neue Double wieder nach mir modelliert. Gewisse

Ungleichheiten haben sich zwischen dem Äußeren des ersten Doubles und mir zweifellos entwickelt, auch wenn ich sie nicht zu erkennen vermag. Ich will, daß das neue Double wie das erste ist, wo immer es die leisesten Unterschiede zwischen ihm und mir geben mag. Ich werde damit rechnen müssen, daß sich in dem neuen Double auch jene unvorhergesehene menschliche Leidenschaft fortpflanzt, die das erste für mich wertlos macht.

Endlich ist das neue Double fertig. Das alte übernimmt auf mein Drängen hin (und zögernd, weil es seine Freizeit mit Miß Love verbringen will) Training und Ausbildung, was mehrere Wochen dauert. Und dann kommt der große Tag. Mitten im Samstagnachmittags-Baseballspiel, gerade in der siebten spannungsvollen Runde, steigt das zweite Double in das Leben des ersten ein. Die Sache wird so organisiert, daß das erste ausgehen muß, um für meine Frau und die Kinder Würstchen und Coca zu holen. Das erste geht weg, und das zweite kommt zurück, beladen mit den eingekauften Eß- und Trinksachen. Das erste springt in ein Taxi – und auf und davon in die geöffneten Arme von Miß Love.

Neun Jahre ist das her. Das zweite Double lebt mit meiner Frau in einem weder rauschhafteren noch bedrückenderen Stil als dem, der bei uns üblich war. Die älteste Tochter geht ins College, die zweite in die High School, und dann haben sie noch ein Kind, einen Jungen, der jetzt sechs ist. Sie sind nach Forest Hills in eine Wohnkooperative gezogen; meine Frau hat ihren Beruf aufgegeben, und das zweite Double ist zweiter Vizepräsident der Firma. Das erste hat das Abendstudium wieder aufgenommen und tagsüber als Kellner gearbeitet. Auch Miß Love ist wieder ins College gegangen und hat das Lehrerexamen gemacht. Es ist Architekt mit zunehmender praktischer Erfahrung, sie unterrichtet an der Julia Richman High School. Sie haben zwei Kinder, einen Jungen und ein Mädchen, und sind bemerkenswert glücklich. Ab und an besuche ich beide, meine Doubles, Sie verstehen, niemals ohne mich vorher in Schale geworfen zu haben. Ich betrachte mich als ihr Verwandter und als Pate, manchmal als Onkel all ihrer Kinder. Sie sind nicht begeistert von meinem Besuch, aber sie haben nicht den Mut, mich rauszuschmeißen. Ich bleibe nie lange, aber ich wünsche ihnen das Beste und beglückwünsche mich, die Probleme dieses armseligen kurzen Lebens, das mir beschieden ist, auf so verantwortungsvolle Weise recht und billig gelöst zu haben.

KITTY SCHWARZ

Der Traum

ALLES RAUSCHTE AN IHR VORBEI, wenn sie hinaussah. Außer ihr blickte fast niemand aus dem Fenster, mit Ausnahme der alten Dame ihr gegenüber. Deren Augen bewegten sich ruckartig hin und her. Meine jetzt auch, dachte Franziska, als sie wieder einen Blick aus dem Fenster warf. Sie sah fast gar nichts, das hartnäckige Eis war abgekratzt, die Scheibe aber beschlagen. Die Kälte draußen konnte man nicht spüren, denn im Abteil herrschte dieselbe lastende Wärme, die Reisende im Sommer zur Weißglut bringt.

Sie sah wieder hinaus. Hier in dieser Gegend hätte man sich alles andere wünschen müssen als Schnee. Auf den Feldern türmte er sich in Massen und war mehrere Meter hoch. Seine Schichten schienen undurchdringlich, und die Bäume neigten sich unter der Last des Schnees. Der Schnee, eine Last? Ihr fielen plötzlich die Bäume von früher ein, die um ihr Haus gestanden hatten, mit denen sie aufgewachsen war.

Grüne Kleidung, bunte Kleidung, welke Kleidung, entblößt, kahl, dann weiß. Das war das Jahr eines Baumes. Im Winter hatte er die schöne Kleidung abgelegt und mußte lange auf die neue, prächtige Kleidung warten. Er zeigte sein volles Geäst, und nichts war Franziska verborgen geblieben, sie hatte nun genau sehen können, welcher von den großen Ästen die meisten kleinen zu tragen hatte, und daß sich die Äste an der Spitze des Baumes wie bei einem Geweih nach oben hin verzweigten, wie der eine Zweig aus dem anderen herauswuchs. Sie hatte immer davon geträumt, dort oben zu sitzen. Es hatte ihr leid getan, daß der arme Baum frieren mußte. Sie glaubte, daß immer zuerst der Stamm eines Baumes wuchs und daß er die Äste nachträglich hervorbrachte. Sie bewunderte diese schöne Einheit von Stamm und Geäst, wobei ihr Lieblingsbaum die Gestalt eines wohlwollenden Riesenbären annahm. Jeden Morgen schaute sie ungeduldig nach, ob die Bäume immer noch nackt dastehen mußten. Aber bald hatten sie dann ein weißes, schützendes Gewand. Sie hatte damals gedacht, daß Bäume sich umzögen, und nicht, daß sie erblühten oder Blätter verlören. Schnee war nichts anderes als eine seltene und begehrenswerte Ersatzkleidung. Jetzt lachte sie nicht ohne Zufriedenheit darüber. Wäre sie in einer so kalten Gegend aufgewachsen wie dieser hier, auf was für Gedanken wäre sie dann wohl gekommen?

Im Abteil wurde es immer stickiger, die Hustenanfälle des Mannes neben ihr immer häufiger. Aber sie hätte es nicht gewagt, das Fenster zu öffnen, allein der Anblick der Kälte draußen war abschreckend, und auch sonst machte niemand Anstalten aufzustehen. Die Hustenanfälle waren fast unheimlich; sie hatte immer das Gefühl, als huste er zum letzten Mal, denn der Husten war von einem gräßlichen Röcheln begleitet, und sein Kopf lief bald rot, bald violett an. Die anderen Reisenden starrten auf ihn, und sie selbst hatte sich auch dabei ertappt.

Schon beim Betreten des Abteils hatte er alle erstaunt. Er war so beleibt, daß es ihm nicht ganz leicht fiel, sich durch die enge Tür zu zwängen, die sich ohnehin nicht ganz zurückschieben ließ. Er hatte einen Fluch ausgestoßen, den Leuten sein Hinterteil zugekehrt und einen riesigen Reisekoffer in das Abteil zu schleifen versucht, der aber nirgendwo Platz hatte und den schließlich der Schaffner in Verwahrung nahm. Aber das Erstaunliche war weder der gewaltige Körper des Mannes noch sein alter, abgewetzter Anzug, die rosafarbenen Hosenträger und das Hemd in schrecklich grellem Rot, sondern ein Wust von Haaren, der ihm über dem Rücken hing und mit einem bunten Tuch durchflochten war. Vorne war der Kopf kahl, aber hinten wuchs ihm dieses verfilzte Haar, das wie mißlungenes Makramee aussah. Er setzte sich mit einem Schnaufen, und nachdem er einen guten Tag gewünscht hatte, holte er seinen Zopf hervor, legte ihn sich wie ein Halstuch um und begann daran herumzuzupfen.

Anton, der ihm gegenübersaß, hatte ihn mit großen Augen angesehen und seine Mutter leise, aber doch hörbar gefragt: »Mami, sind das richtige Haare?« Die noch junge Mutter hatte nur den Zeigefinger an die Lippen gelegt und ihn dann zum Schlafen auf ihre Knie und seinen Sitz gebettet. Obwohl er immer wieder jammerte, daß er gar nicht schlafen wolle, hatte die Mutter ihn endlich durch zugeflüsterte Versprechungen dazu gebracht, die Augen zu schließen. Nun begann sie ein leeres Blatt mit allerlei Noten zu bedecken, die sie entweder gleich wieder durchstrich oder wohlwollend ansah, als wären sie schon die ausführenden Musiker. Der junge Mann, der der Frau gegenübersaß, musterte sie ab und zu durchdringend; ihm schien daran gelegen, ein Gespräch mit ihr zu beginnen. Im Gang hatte sie sich auch schon unzählige seiner Ansichten anhören müssen, die mit dem kindischen Satz »Ich bin nämlich Wissenschaftler« schlossen. »Schön, das freut mich für sie«, war das einzige, was ihr dazu eingefallen war.

Daraufhin war er peinlich berührt und etwas verschüchtert ins Abteil zurückgegangen, um sich über ein Schriftstück zu beugen, dem er weltbewegende Wichtigkeit zuschrieb, aber worin diese bestand, wußte sie ein paar Augenblicke nach dem Gespräch schon nicht mehr.

Die Dame ihr gegenüber war die einzige, die an allem, was im Abteil vorging, keinen Anteil zu nehmen schien, wohl aufgrund ihrer ausgesprochen vornehmen und höflichen Art. Sie hätte gut aus einer jener alten Familien stammen können, deren Angehörige auch lange nach Verarmung und Entmachtung noch ihre Würde behalten. Zumindest trug sie einen schönen Siegelring und auch einige Schmuckstücke, die den Glanz von früher noch erahnen ließen. Franziska blickte wieder aus dem Fenster, und immer bot sich ihr noch das gleiche Bild: nie endende Baumreihen und die mit Schnee bedeckten Felder. Wie froh war man dann doch, in diesem stickigen Abteil zu sitzen und sich nicht Eis und Schnee ausgeliefert zu sehen. Ihr Buch lag auf den Knien, ohne daß sie Lust gehabt hätte, es zu lesen; sie schämte sich ein wenig, daß sie ständig die Leute um sie herum beobachtete, vor allem nachdem sie bemerkt hatte, daß die alte Dame ihr gegenüber Verbände um die Beine trug. Ein Anblick des Unbehagens, ohne daß sie genau wußte, warum. Vielleicht weil sie unter diesen Verbänden schreckliche Geschwulste oder Wunden wähnte. Sie verbot sich solche Gedanken.

Die monotone Landschaft und die Unlust weiterzulesen ließen sie immer müder werden, ab und zu döste sie kurz ein, aber ihre Neugier hinderte sie daran, endgültig einzuschlafen. Inzwischen aber war ein Schneesturm aufgekommen, der den Reisenden jede Möglichkeit nahm, die vorbeiziehende Landschaft zu sehen. Die Flocken wirbelten so dicht umher, daß sie eine undurchdringliche Mauer bildeten. So konnte sie sich ruhig zurücklehnen und die Augen schließen, ohne Angst zu haben, irgendein Schloß oder vorbeiziehende Dörfer zu verpassen.

Plötzlich ein gräßlicher, schriller, quietschender nicht mehr enden wollender Ton, erst nur ein Rütteln, dann ein Stoß, ein gewaltiger Ruck, Poltern, Krachen und Klirren, begleitet von einer Flut von Kreischen, Schreien, Schreckensrufen, besonders lautes Jammern von Kindern, verzweifelte, unverständliche Rufe, die sich alle gegenseitig übertönten.

In Abständen heulte irgendeine Sirene auf, ohne jedoch den übrigen Lärm zu verdecken, und so erschien der Krach wie ein aus den Fugen geratenes höllisches Orchester. Das Kreischen –

schrill tönende Geigen, nicht mehr die Stimmen der Kinder. Knarren, Schnarren und ein unaufhörliches Surren – der Basso continuo. Dann war da noch dieser dumpfe Schlag. Immer wieder war er zu hören, und jedesmal wurde er lauter und gewaltiger. Ein Scheppern des riesigen Beckens, das in diesem Teufelsorchester eine Rolle spielte, die ihm gar nicht gebührte. Jetzt drangen noch weitere Schreie und Klagen von draußen herein.

Im Abteil war alles durcheinandergeraten, Taschen, Bücher, Kleidungsstücke. Aber das Kind schlief weiter, während alle anderen verschreckt durch das Fenster sahen. Sie waren wie gelähmt und verstanden nicht so recht, was um sie herum geschah. Niemand sprach, selbst der Wissenschaftler war verstummt, als er plötzlich verzweifelt nach seinen Notizen suchte, mitten in dem Durcheinander von allerlei Gegenständen. Er stöberte nach seinen Blättern. Er wirbelte die Kleider hoch und schob rücksichtslos die Beine der alten Dame und der anderen Reisenden beiseite. Diese saßen erstarrt auf ihren Sitzen, ohne sich zu regen. Sie schienen sich zu wundern, daß sie überhaupt noch lebten, und begriffen nicht, wie ihnen geschah. Der Wissenschaftler unterbrach ab und zu die Suche nach seinen Notizen und versuchte mit der Hand, das Abteilfenster sauber zu wischen, obwohl er doch wissen mußte, das es ihm nicht gelingen konnte, eine von außen beschlagene Scheibe ganz frei zu machen. Das war vielleicht kein Nachteil, denn der Lärm um sie herum bereitete ihnen schon genug Schrecken. Die alte Dame hielt sich entsetzt die Ohren zu, und ihre Gesichtszüge machten deutlich, wie sehr sie sich beherrschen mußte, um ruhig zu bleiben. Es schien, als seien die Reisenden in ihrem Schicksal völlig allein gelassen, offenbar erinnerte sich niemand von draußen mehr an sie. »Jetzt muß ich hier heraus«, rief der Wissenschaftler plötzlich, »sonst wird es unerträglich. Ich fühle mich nicht wohl, Sie müssen verstehen, meine Herkunft, ich meine in meiner Eigenschaft als … Sie werden nicht wissen, was Sie wissen sollten. Wo sind meine Aufzeichnungen? Wieso regen Sie sich nicht, verlassen nicht Ihre Plätze, hier wird sich nichts mehr bewegen, alles steht still, jedenfalls das, was noch steht, begreifen Sie doch, wir sind das Ende des Zuges!«

Er rüttelte an der Tür, wieder und wieder, doch sie ließ sich nicht öffnen. Er probierte allerlei Handgriffe, aber es half nichts, sie klemmte vollständig. »Ist Ihnen klar, daß wir jetzt hier eingesperrt sind, wir alle zusammen auf kleinstem Raum, ohne die geringste … Ich öffne das Fenster.«

»Nein«, alle wie aus einem Mund.

»Wollen Sie hier alle ersticken und ich mit Ihnen?«

»Sie wecken meinen Jungen, wenn Sie so schreien, geben Sie Ruhe!«

Die gräßlichen Geräusche von draußen waren schon zu unerträglich, als daß irgendwer noch das Fenster hätte öffnen wollen. Die Luft war stickig, es schien eher noch heißer zu sein als vorher. Anton war inzwischen aufgewacht, und seine Mutter, die ab und zu aufstand, verzweifelt hin und her blickte, sich dann aber wieder setzte, wußte nicht genau, was sie ihrem verstört und ängstlich dreinblickenden Sohn sagen sollte, außer: »Schlaf weiter, ja?«

»Die Heizung ist kalt, aber hier ist es so warm«, das war das erste, was der Mann mit dem Makrameezopf bemerkte. Auf seiner Stirn hatten sich dicke Schweißperlen gebildet, er saß jedoch beinahe gelassen an seinem Platz, ohne sich zu bewegen, auch hustete er nicht. Er sprach wie ein unbeteiligter Zuschauer bei einem zwar furchtbaren, aber sensationellen Ereignis, das ihn nur am Rande berührte, wie ein Abwesender, der über ein Unglück anderer Leute urteilt, das ihm zu Ohren gekommen ist. Der Wissenschaftler kroch erneut auf dem Boden herum. Wieder stieß er gegen die Beine der Leute. Besonders schmerzhaft mußte das für die alte Dame sein, deren Beine durch die Verbände auf einmal wirkten wie riesige Rutschbahnen in Säulenform. Warum rutschte der kleine Junge nicht daran herunter, wie andere Kinder es getan hätten? Nun hörte man von draußen wieder Kinder kreischen und jammern. Anton allerdings hatte seiner Mutter gehorcht und war wieder eingeschlafen, während um ihn herum allerlei Noten tanzten, die nicht mehr stillhielten. Waren sie die Anleitung für das Orchester? Brachte seine Mutter diese höllischen Geräusche mit ihrer Feder hervor? Wer sollte so etwas denn sonst zustande bringen, der alte Mann mit seinem Husten? Diese Vorstellung war doch lachhaft. Gerade jetzt, da er ständig die Nase rümpfte und mit einem riesigen Stofftuch immer wieder den hervortriefenden Schweiß abzuwischen suchte. Aber er tat es nie schnell genug, kaum hatte er das Tuch unter Ächzen in die Hosentasche gestopft, mußte er es wieder herausziehen; fast schon ein unnützes Ritual, das er ständig wiederholte.

»In der Hölle könnte es nicht schlimmer sein,« murmelte er, jetzt nicht mehr in der Rolle des Außenstehenden. Der Wissenschaftler hatte das Herumkriechen aufgegeben und stand jetzt mitten im Abteil.

»Vielleicht ist es hier irgendwo, heben Sie doch Ihre verfluchten Beine hoch, zum Teufel! Ihr kleiner Anton liegt wahrscheinlich darauf. Wecken Sie ihn, und setzen Sie ihn auf, sonst werde ich es tun.«

Und tatsächlich zerrte er Anton vom Sitz. Das, wonach er suchte, war nicht zu sehen.

»Sie müssen jetzt alle aufstehen, sonst …«

Plötzlich war am Fenster ein Klopfen zu hören. Es schien, als habe jemand mit einem riesigen Hammer gegen die Scheibe geschlagen, diese aber zersprang nicht. Franziska wollte unbedingt wissen, wie man sie zerbrechen könnte, um endlich der unerträglichen Hitze im Abteil zu entkommen. Schemenhaft konnte man draußen jemand in Uniform erkennen, der ihnen etwas zurief. Allerdings drang nichts durch die Scheibe, sie verschlang alles, was er sagte. Immerhin schien man sie nicht ganz vergessen zu haben, aber was nützte das, wenn man ihnen nur so zögernd half.

Wieder regte sich der Wissenschaftler: »Er will, daß wir öffnen, wir müssen öffnen, öffnen Sie ihm doch endlich! Wieso öffnen Sie nicht?« brüllte er von seinem Platz an der Abteiltür aus. Der kleine Anton hatte sich eng an seine Mutter geschmiegt, die dennoch bei ihren Noten blieb und erst, als er zu weinen anfing, seufzend die Arbeit beiseite legte.

»Jetzt plärrt der Junge, das finde ich schlimmer als Hundekläffen …«

»Was Sie tun, ist ja noch schlimmer als das, was hier passiert ist. Sie sind doch, wie Sie sagen, ein Entdecker und können sich nicht einmal beherrschen, wenn …«

Ein erneuter Hustenanfall des Alten schnitt ihr das Wort ab. Der Mann lief rot an wie noch keinmal zuvor und schien immer dicker zu werden, wie ein Luftballon, der sich ausdehnt.

»Gleich platzt er, schlimmer als ein Truthahn sieht er aus«, höhnte der Wissenschaftler. »Es wäre wohl besser gewesen, wenn Ihre Platzkarte eine andere Sitznummer gehabt hätte, selbst wenn ich mir die Ohren zuhalte, kann ich Ihre häßlichen und unnötigen Bemerkungen hören«, sagte die alte Dame, ohne ihn auch nur einmal anzusehen.

»Sie scheinen hier ja die zickigste von allen zu sein und nicht ich.«

»Peinlich«, das war alles, was sie ihm erwiderte. Diese Sticheleien erschienen wie ein verzweifelter Versuch, vom eigentlich grauenhaften Geschehen abzulenken, aber als der Alte laut aufschrie, weil er durch das Fenster Verletzte gesehen zu haben glaubte, war es im Abteil ganz ruhig geworden. Besorgtheit war allen Gesichtern anzusehen, Hilfe schien nicht mehr in Aussicht. Was war bloß geschehen? Warum nur all die Verletzten?

Franziska war, als würde es im Abteil immer heißer; ein eigenartiger Geruch stieg ihr in die Nase. Sie mußte endlich etwas tun, wozu immer auf die Hilfe anderer warten? Furchtbare Angst ergriff sie, bei lebendigem Leibe zu verbrennen, und sie fragte sich, wieso sie das Feuer, das doch so selbstverständlich zu einer Hölle gehörte, nicht früher bemerkt hatte und ihr keine Idee zur Rettung kam. Doch da fiel ihr ein, daß sie doch nur einen Stein bräuchten.

Plötzlich ein schallendes Lachen neben ihr. Sie schreckte hoch, setzte sich aufrecht hin, faßte sich an den vom Anlehnen schmerzenden Hals und sah sich um. Der Zug ratterte durch die Landschaft. Die Dame ihr gegenüber blickte sie wohlwollend an. Das Lachen war das des dicken Mannes, der seinen Kopf hinter einem großen Cartoonalbum versteckthielt. Sie selbst war ganz erstaunt und erleichtert, daß ihre Umgebung so friedlich war wie vorher und es jetzt draußen nur dunkel war. Die vorbeiziehenden Bäume waren zu riesenhaften Schatten geworden. Ihre Angst vor Zugfahrten war ihr nie so bewußt geworden wie durch diesen Traum. Oder waren nur die Mitreisenden so unerträglich? Eigentlich ganz und gar nicht; wenn sie sich umblickte, war es ihr eher angenehm, sie um sich zu haben. Alleinsein war ihr schon immer unbehaglich gewesen, und sie hatte sogar gern jemanden bei sich, wenn sie las. Oft war ihr vorgehalten worden, daß sie unfähig sei, allein zu sein, aber das hatte sie weder bekümmert noch beeinträchtigt. Wo andere leere Abteile suchten, war es ihr lieber, in ein belebtes zu gehen, trotz der Unannehmlichkeiten, die das bereiten konnte. Außerdem hatte sie immer schon den Drang verspürt, anderen Leuten zu helfen. Nun versuchte sie, sich an ihren Alptraum und ihre Rolle darin zu erinnern; was war geschehen? Hatte auch sie einfach so dagesessen wie alle die übrigen, ohne Tatkraft?

Der Zug fuhr immer schneller, und um sie herum wurde der Wald so dicht, daß die Äste an der Scheibe kratzten und ein quietschendes Geräusch verursachten, das in den Zähnen schmerzte. Es war ihr etwas unheimlich, wie der Zug durch diese

Wildnis raste. Die Bäume erschienen ihr jetzt als Hindernisse, die sich ihnen jederzeit in den Weg legen konnten, und der Zug schaukelte in den Kurven immer stärker. Das Licht an der Decke flimmerte und erlosch oft vollständig, wie ein ärmliches Feuer, in dem ab und zu größere Flammen auflodern, die aber schnell jede Hoffnung enttäuschen, sich endlich zu einem größeren Feuer auszubreiten. Die kleinen Lichter über den Sitzen konnte man nicht anknipsen, so mußten die eifrige Komponistin und der junge Wissenschaftler, wenn auch widerwillig, von ihrer Arbeit ablassen. Es war jetzt völlig dunkel. Sie mußten sich schon dem Gebirge nähern, denn ab und zu traten aus dem Dickicht der Bäume große Felsvorsprünge hervor. Immer öfter fuhren sie jetzt durch lange Tunnel, die kein Ende zu nehmen schienen, aber sie wußte, daß der Zug bald am Ziel sein würde.

Kein lautes Kreischen oder Bremsen, es war ganz einfach ein dumpfer Aufprall, wie wenn ein riesiger Stößel in einen leeren Mörser stößt. Dennoch wurden zahlreiche Gepäckstücke durcheinandergewirbelt, die Reisenden zum Teil von ihren Plätzen gerissen; Franziska fand sich auf den Knien der alten Dame wieder, und der beleibte Alte erdrückte beinahe den kleinen Anton, der vor Angst laut zu schreien begann. Der Tunnel hüllte sie in völlige Dunkelheit. Der alte Mann stöhnte, und von draußen her ertönten alle möglichen Geräusche, die sich im Tunnel zu einem unheimlichen Singsang vermischten.

»Ich kann mich nicht mehr bewegen«, sagte ächzend der Alte und wurde wieder und wieder von furchtbaren Hustenanfällen geschüttelt. »Um Gottes willen, ich finde hier gar nichts mehr, und meine Papiere sind so außerordentlich …«

»Fangen Sie nicht schon wieder an«, entfuhr es Franziska.

»Wieso wieder?« fragte er sie erstaunt, wenn nicht gar entsetzt. Sie antwortete ihm nicht, obwohl ihr Versehen ihr jetzt klar wurde. Der Traum! Plötzlich war ein Surren aus dem Lautsprecher des Abteils zu hören. Eine blechern klingende, öfter unterbrochene Stimme war zu hören.

»... Lawine ... einige Schwierigkeiten ... auf keinen Fall das Abteil verlassen ... strengstens verboten ... öffnen sie auch das Fenster nicht ...«

Kurz darauf wurde die Ansage durch einen Knall unterbrochen, der auch ihr Abteil erzittern ließ.

»Jetzt auch das noch«, seufzte der Wissenschaftler, aber niemand beachtete ihn. Der kleine Anton fing an zu weinen, aber seine Mutter beruhigte ihn. Der Alte hatte diesmal einen so starken Anfall, daß er sich krümmte und wie ein Igel zu Boden rollte. Der Wissenschaftler sprang auf, um ihm zur Hilfe zu eilen. Franziska kümmerte sich nicht um das Verbot und öffnete das Fenster, aber statt der ersehnten frischeren Luft kam ihr ein rußiger Wind entgegen; das war kein Wind, es war Rauch. Sie traute ihren Augen nicht, sollte es ...? Sie wagte nicht, diesen Gedanken zu Ende zu denken, trotzdem sah sie schon lodernde Flammen vor sich, die sich durch den Zug fraßen, von der Kälte unbeeindruckt. Sofort schloß sie das Fenster und wandte sich um. Alle hatten ihr Tun mit Entsetzen beobachtet.

»Ich weiß nicht, wie ich es Ihnen sagen soll, aber wenn wir nicht bald einen Fluchtweg finden, werden wir alle verbrennen, der Zug steht in Flammen!«

»Wie kommen Sie denn darauf? Bei dieser Kälte? Wir sollen uns nicht bewegen, und das tun wir auch nicht. Mein kleiner Junge ist schon verschreckt genug und ...«

»Aber verstehen Sie denn nicht, daß er stirbt, wenn wir hier nicht schnellstens herauskommen?«

»Aber wie wollen Sie das machen, die Türen des Zuges sind verschlossen. Das obere Fenster ist so klein, daß niemand hindurch paßt, Sie haben es doch selbst gerade auch nicht ganz herunterschieben können. Es gibt keine Möglichkeit zu entkommen«, mischte sich jetzt der Wissenschaftler ein, der immer noch versuchte, dem keuchenden Alten zu helfen.

»Doch, es gibt eine Möglichkeit, die allerdings Ihrer Zustimmung bedürfte!« Sie wandte sich an die Mutter des Kleinen. »Oder hat vielleicht jemand von Ihnen einen harten Gegenstand?« Da niemand antwortete, kniete sie sich vor der Mutter hin und begann, auf sie einzureden.

Die alte Dame hielt die Augen geschlossen, während der Wissenschaftler immer erregter aufschrie, weil der alte Mann nicht mehr atmete. Er ließ sich erschöpft auf seinen Sitz sinken, deutete auf ihn und sagte: »Das steht auch uns bevor!« Aber niemand wollte seinen oder den eigenen Tod wahrhaben. Es kostete viel Mühe und Zeit, die Mutter des Kleinen zu überzeugen, daß ihr Junge die letzte Rettung für alle war. Doch schließlich willigte sie ein und erklärte dem Jungen, was er zu tun hätte. Er ging gleich darauf ein, denn wie oft hatte er schon auf eine Gelegenheit gewartet zu beweisen, daß er genausoviel wagte wie die Helden aus seinen Bilderbüchern.

Wieder schob sie das Fenster herunter. Sie hatte sich nicht getäuscht. Sie konnte jetzt schon hohe Flammen erkennen, die gierig das vordere Zugende verschlangen und bedrohlich näher rückten. Der Kleine kletterte scheinbar ohne Furcht aus dem Fenster hinaus und kehrte kurz darauf mit einem langen, spitzen Stein zurück. Er streckte den Arm aus, als wolle er ihn ins Abteil hineinreichen. Franziska rief ihm zu, daß er ihn einfach hochwerfen solle, weil aber die Öffnung so eng war, prallte der Stein ab und fiel einige Male wieder zu Boden. Erst nach einigen Versuchen gelang es dem Jungen, den Stein durch den Spalt des Fensters zu werfen. Er landete auf dem Bauch des Toten. Franziska zögerte nicht lange und zertrümmerte die untere Scheibe mit dem Stein, aus der nun alle ihren Weg hinaus finden konnten. Der Wissenschaftler sprang als erster aus dem Fenster, hievte die alte Dame heraus und nahm sie auf den Rücken. Franziska und die Mutter ließen den Toten im Abteil zurück. Die Flammen hatten den Waggon neben ihnen schon erreicht. Sie bemerkten gar nicht mehr, was um sie herum geschah, und begannen den Wettlauf gegen das sich ausbreitende Feuer. Der Tunnel schien ihr wie eine riesige Schlange, die ihre Beute nie mehr freigibt. Das Feuer hingegen war das Gift im Innern der Schlange, das sie jederzeit ausspeien konnte.

Schließlich erreichten sie keuchend das Ende des Tunnels. Ohne nach links oder rechts zu sehen, stapften sie durch tiefe Schneemassen bis hinauf zu einer felsigen Anhöhe. Von unten hörten sie einen ohrenbetäubenden Knall. Sie hatten sich retten können, aber was wäre gewesen, wenn sie nicht geträumt hätte?

Noch viele Jahre später schauderte ihr, wenn sie daran dachte.

JOHN UPDIKE

Schnee in Greenwich Village

Die maples waren erst tags zuvor ans westliche Ende der Dreizehnten Straße gezogen, und heute abend hatten sie Rebecca Cune eingeladen, weil sie ja jetzt so nah beieinander wohnten. Rebecca war ein hochgewachsenes Mädchen, das immer ein wenig lächelte und nie ganz bei der Sache war. Sie ließ sich von Richard Maple Mantel und Schal abnehmen und wandte sich zur gleichen Zeit in sanfter Begrüßung Joan zu. Richard, der sich mit besonderer Exaktheit und Würde bewegte, vor lauter Stolz, daß ihm das Mantelabnehmen so elegant von der Hand gegangen war – er und Joan waren zwar schon fast zwei Jahre miteinander verheiratet, aber er sah noch so jung aus, daß ihrer beider Gäste ihm instinktiv keine Gastgeberpflichten zumuteten, und diese Rücksicht bewirkte, daß er sich seinerseits in einer unsicheren Reserve hielt und das Ausschenken der Getränke zum Beispiel meist seiner Frau überließ, indes er sich wie ein besonders begünstigter, besonders reizender Gast auf dem Sofa räkelte –, Richard nun ging ins dunkle Schlafzimmer, vertraute Rebeccas Garderobe dem Bett an und kehrte ins Wohnzimmer zurück. Ihr Mantel hatte überhaupt kein Gewicht gehabt.

Rebecca saß unter der Lampe auf dem Boden, ein Bein unter sich gezogen, einen Arm auf das Wandklappbett gestützt, das die vorigen Mieter noch nicht herausgenommen hatten, und sagte gerade: »Ich kannte sie erst diesen einen Tag, an dem sie mir meine Arbeit erklärte, aber ich sagte ja. Bis dahin hatte ich in einem schauerlichen Appartementhaus gewohnt, einem sogenannten Wohnheim für Damen. In den Korridoren standen Schreibmaschinen, in die man fünfundzwanzig Cents stecken mußte.«

Joan saß mit kerzengeradem Rücken auf einem Hitchcock-Stuhl, der noch aus ihrem Elternhaus in Vermont stammte, zerknüllte ein feuchtes Taschentuch und erläuterte, zu Richard gewandt: »Bevor Becky ihre Wohnung kriegte, hat sie mit diesem Mädchen und dessen Freund zusammengewohnt.«

»Ja, Jacques hieß er«, sagte Rebecca.

»Du hast mit ihnen *zusammen*gewohnt?« fragte Richard; sein neckend gelassener Tonfall war ein Überbleibsel der Stimmung, in die das so glücklich verlaufene Manöver mit dem Mantel seines Gastes ihn versetzt hatte (im dämmerigen Schlafzimmer hatte es ihm einen richtigen Stich gegeben – es war, als entledigte er sich mit großem Takt einer enttäuschenden Nachricht).

»Ja, und er bestand darauf, daß sein Name auf den Postkasten käme. Er hatte schreckliche Angst, daß ein Brief ihn mal nicht erreichen könnte. Als mein Bruder bei der Marine war und mich besuchte und auf dem Briefkasten die Namen sah« – mit drei Parallelbewegungen ihres Fingers setzte sie die Namen untereinander – »Georgene Clyde,
Rebecca Cune,
Jacques Zimmermann,
sagte er, ich sei doch immer so ein anständiges Mädchen gewesen. Und Jacques wollte nicht mal ausziehen, um meinem Bruder Platz zum Schlafen zu machen. Mein Bruder mußte auf dem Fußboden schlafen.« Sie senkte die Lider und suchte in ihrer Handtasche nach einer Zigarette.

»Ist das nicht wundervoll?« sagte Joan, und ihr Lächeln zog sich hilflos in die Breite, als ihr aufging, was für dummes Zeug sie da geredet hatte. Richard machte sich Sorgen wegen ihrer Erkältung. Sieben Tage ging es nun schon so und wurde nicht besser. Ihr Gesicht war blaß und mit rosa und gelben Flecken gesprenkelt, und das unterstrich den modiglianiesken Zug noch, der in ihrem langen Hals und den ovalen blauen Augen lag und in ihrer Gewohnheit, hochaufgerichtet auf dem Stuhl zu sitzen, den Kopf dabei spöttisch zur Seite geneigt, und die Hände mit den Flächen nach unten im Schoß zu halten.

Auch Rebecca war blaß, aber ihre Blässe hatte die konsistentere Schattierung einer – ja, die schweren Lider und eine gewisse Virtuosität um die Lippen legten diesen Vergleich nahe – einer Zeichnung von da Vinci. »Möchte jemand einen Sherry?« fragte Richard mit tiefer Stimme zu ihr hinunter.

»Wir haben auch ein paar harte Sachen da, wenn du die lieber magst«, sagte Joan, zu Rebecca gewandt. Und von Richards Standpunkt aus enthielt dieser Satz – wie manche Reklamesprüche, die, von verschiedenen Blickrichtungen aus gelesen, Verschiedenes bedeuten – die nicht mißzuverstehende Aufforderung, daß diesmal er die Old Fashioneds würde mixen müssen.

»Sherry, das ist ein guter Gedanke«, meinte Rebecca. Sie hatte eine klare Aussprache, aber ihre Stimme war so verhaucht und zart, daß alles, was sie sagte, ohne Wirkung blieb.

»Ich finde auch«, sagte Joan.

»Gut.« Richard nahm die Achtdollarflasche Tio Pepe vom Kaminsims, und damit alle das Schauspiel genießen könnten, entkorkte er sie an Ort und Stelle im Wohnzimmer. In dekorativer Haltung schenkte er drei Gläser halbvoll, reichte sie herum, lehnte sich gegen den Kamin (die Maples hatten bislang noch nie einen Kamin gehabt), schwenkte das Glas in der Hand, wie der Fachmann in der Weinhandlung ihm geraten hatte, um die Ester und Äther freizumachen, bis seine Frau sagte, was sie immer in solchen Fällen sagte – es war der Standardtoast in ihrem Elternhaus gewesen –: »Prösterchen, ihr Lieben!«

Rebecca setzte die Geschichte ihrer ersten Wohnung fort. Jacques hatte nie gearbeitet. Georgene hielt es nie länger als drei Wochen in einer Stellung aus. Alle drei zahlten in eine gemeinsame Kasse ein, die allen dreien auch gleichermaßen zugänglich war. Rebecca hatte ein separates Schlafzimmer. Jacques und Georgene dachten sich zuweilen Fernsehsendungen aus; sie schütteten den Sack ihrer Hoffnungen in eine Sendereihe, die den Titel *Das IBI* – »I« für Intergalaktisch oder Interplanetarisch oder so etwas ähnliches – *in Raum und Zeit* trug. Ein junger Kommunist zählte zu ihren Freunden, der sich nie wusch und immer Geld hatte, da seinem Vater die halbe West Side gehörte. Tagsüber, wenn die beiden Mädchen fort waren zur Arbeit, flirtete Jacques mit einer jungen Schwedin, die über ihnen wohnte und nicht davon abließ, ihren Mop auf den winzigen Balkon vor dem Fenster der drei auszuschütteln. »Eine wahre Bombe«, sagte Rebecca. Als sie dann ein eigenes kleines Appartement bezog und sich endlich zu Hause und zufrieden fühlte, machten Georgene und Jacques den Vorschlag, eine Matratze zu besorgen und bei ihr auf dem Fußboden zu nächtigen. Da hatte Rebecca das Gefühl, daß jetzt der Zeitpunkt gekommen sei, energisch zu werden. Sie sagte nein. Später heiratete Jacques dann, aber ein anderes Mädchen, nicht Georgene.

»Möchte jemand Cashews?« fragte Richard. Er hatte im Delikatessengeschäft an der Ecke eine Büchse voll gekauft, speziell für diesen Besuch, aber auch wenn Rebecca nicht hätte kommen können, würde er etwas in dem Geschäft gekauft haben, irgendwas anderes, unter irgendeinem Vorwand, einfach aus Vergnügen daran, den ersten Einkauf in diesem Laden zu tun, in dem er all die kommenden Jahre so viel kaufen und in dem er so gut bekannt werden würde.

»Nein, danke dir«, sagte Rebecca. Aber Richard, dem nichts ferner lag, als einen Korb hinzunehmen, hielt ihr in seinem Überschwang die Nüsse hin und drängte: »Da, bitte! Die sind so gut für dich!« Sie nahm zwei und biß eine in der Mitte durch.

Er hielt die Schale – ein Ding aus Silber, das die Maples zur Hochzeit geschenkt bekommen und aus Platzmangel bisher nicht ausgepackt hatten - seiner Frau hin, die sich eine gefräßige Handvoll herausfischte und so blaß aussah, daß er fragte: »Wie fühlst du dich?« Nicht etwa, daß er die Anwesenheit ihres Gastes vergessen hätte; vielmehr führte er ihm seine Besorgnis vor, die aber trotz allem ganz echt war. »Gut«, sagte Joan kratzbürstig, und vielleicht stimmte das ja.

Obgleich die Maples Anekdötchen erzählten - etwa, wie sie die ersten drei Monate ihres Ehelebens in einer Blockhütte in einem Camp des Christlichen Vereins Junger Männer zugebracht hatten, oder wie Bitsy Flaner, eine gemeinsame Freundin, als einziges Mädchen in die Bentham-Theologie-Schule aufgenommen wurde, oder wie die Arbeit im Annoncenbüro Richard mit Yogi Berra in Kontakt brachte - hielten sie sich nicht (das heißt: hielten sie einander nicht) für Raconteurs, und Rebeccas schmächtige Stimme herrschte in der Unterhaltung vor. Sie hatte die Gabe, Kurioses zu erleben.

Ihr reicher Onkel lebte in einem Haus aus Metall, das vollgestopft war mit Refektoriumsstühlen. Er hatte eine schreckliche Angst vor Feuer. Unmittelbar vor der Depression hatte er ein ungeheures Boot gebaut, das ihn und ein paar Freunde nach Polynesien tragen sollte. Alle seine Freunde verloren ihr Geld bei dem Börsenkrach damals, nur er nicht. Er machte weiter Geld. Er machte Geld aus allem und jedem. Aber er konnte die Reise schließlich nicht allein antreten, und so wartete das Boot immer noch in der Oyster Bay - ein gewaltiges Ding, neun Meter ragte es aus dem Wasser. Der Onkel war Vegetarier. Rebecca hatte bis zu ihrem dreizehnten Lebensjahr keinen Truthahn am Thanksgiving-Tag gegessen, weil es eine Familiengepflogenheit war, dies Fest im Hause des Onkels zu begehen. Im Krieg gab man diese Gepflogenheit dann auf: Die Kunststoff-Absätze der Kinder hinterließen allenthalben schwarze Spuren auf seinen Asbestfußböden. Seither hatte Rebeccas Familie nicht mehr mit ihm gesprochen. »Ja, und was ich nie hab' fassen können«, sagte Rebecca, »jede neue Gemüsewelle rollte an, als ob es sich um einen völlig andersartigen Gang handelte.«

Richard schenkte wieder eine Runde Sherry ein, und da er auf diese Weise ohnehin im Mittelpunkt der Aufmerksamkeit stand, sagte er: »Lassen sich manche Vegetarier für den Thanksgiving-Tag nicht Truthähne aus gemahlenen Nüssen modellieren?«

Nach einer lang hingedehnten Pause sagte Joan: »Ich weiß nicht.« Und ihre Stimme, nicht in Gebrauch seit zehn Minuten, brach auf der letzten Silbe. Sie räusperte sich, und Richards Herz verschrammte ganz dabei. »Womit füllen sie die denn?« fragte Rebecca und stäubte Asche in die Untertasse neben sich.

Draußen vorm Fenster tönte plötzlich Hufgeklapper. Joan war als erste am Fenster, Richard als nächster, und dann kam Rebecca; sie erhob sich auf die Fußspitzen und reckte ihren Hals. Sechs berittene Polizisten galoppierten, aufgerichtet in den Steigbügeln, zu Paaren gruppiert, die Dreizehnte Straße hinab. Als das helle Staunen der Maples sich gelegt hatte, bemerkte Rebecca: »Das machen sie jeden Abend um diese Zeit. Ich finde, für Polizisten sehen sie wahnsinnig chic aus.«

»Oh, und es schneit!« rief Joan. Ihr wurde immer ganz sentimental ums Herz, wenn sie Schnee sah, sie liebte ihn so, und in den letzten Jahren hatte es ihn so selten gegeben. »An unserem ersten Abend hier! An unserem ersten *richtigen* Abend!« Sie vergaß alles um sich her und schlang die Arme um Richard, und Rebecca, im Gegensatz zu jedem andern Gast, der sich abgewendet oder allzu breit, allzu ermunternd gelächelt hatte, veränderte ihren süßen geistesabwesenden Blick nicht, durchdrang mit ihm die Umarmung des Paars und ließ ihn auf dem Bild draußen weilen. Der Schnee hielt sich nicht auf der nassen Straße, nur über die Motorhauben und die Dächer der geparkten Autos zog sich eine dünne Decke.

»Ich glaube, ich gehe jetzt«, sagte sie.

»Oh, bitte nicht!« rief Joan, und ein Drängen lag in ihrer Stimme, das Richard erstaunte: Sie war sichtlich sehr müde. Aber die neue Wohnung, der Wetterumschwung, der gute Sherry, die zärtlichen Strömungen zwischen ihr und ihrem Mann, die neu ausgelöst worden waren, als sie ihm so jäh um den Hals fiel, Rebeccas Anwesenheit – all das hatte sich wahrscheinlich in ihrem Gemüt unentwirrbar verflochten zu diesem einen verzauberten Augenblick.

»Doch, ich glaube, es ist besser, weil du so verschnupft und angegriffen aussiehst.«

»Kannst du nicht wenigstens noch auf eine Zigarettenlänge bleiben? Dick, gieß uns noch einen Sherry ein.«

»Ein winziges bißchen nur«, sagte Rebecca und hielt ihr Glas hin. »Vermutlich habe ich dir schon von dem Jungen erzählt, Joan, mit dem ich mal ausgegangen bin und der so getan hat, als sei er Oberkellner.«

Joan kicherte erwartungsvoll. »Nein, wirklich nicht, noch nie.« Sie schlang den Arm um die Rückenlehne ihres Stuhls und flocht die Finger durch die Stäbe, wie ein Kind, das sich vom Aufschub seiner Zubettgehpflicht überzeugt hat. »Was hat er denn getan? Hat er Oberkellner nachgemacht?»

»Ja, und überhaupt: zum Beispiel, als wir aus dem Taxi kletterten, war da gerade ein Kanalisationsdeckel, aus dem Dampf aufstieg, und er bückte sich« – Rebecca beugte den Kopf und hob die Arme – »und tat, als ob er der Teufel wär'.«

Die Maples lachten – weniger über die Schilderung als solche, als über die Art, wie Rebecca ihnen die Situation vor Augen gerufen hatte mit ihrer nur angedeuteten nachahmenden Geste, in der sich beides ausdrückte: das Gehabe ihres Begleiters und ihre eigene, so wenig von sich hermachende Natur. Sie sahen Rebecca vor dem Taxischlag stehen und ausdrucklosen Blicks verfolgen, wie ihr Begleiter sich tiefer und tiefer kauerte, ganz aufging in seinem Scherz und dämonisch die Finger krümmte, während er deutlich zu spüren vorgab, wie ihm Hörner durch die Schädeldecke sprossen, Flammen an seinen Beinen emporzüngelten und die Füße ihm zu Hufen schrumpften. Rebeccas Talent, erkannte Richard jetzt, lag nicht darin, daß ihr sonderbare Dinge *zustießen*, sondern darin, daß sie alles so *darstellte* – noch dazu mit dieser kontrastierenden trockenen Sachlichkeit – als berühre es sie sonderbar. Auch dieser Abend mochte sich später in ihrer Wiedergabe grotesk ausnehmen. »Sechs berittene Polizisten galoppierten vorbei, und sie rief: ›Es schneit!‹ und fiel ihm um den Hals. Und er hörte nicht auf, ihr vorzuhalten, wie krank sie sei, und ließ uns mit Sherry vollaufen.«

»Und was hat er noch gemacht?« fragte Joan.

»Wo wir zuerst hingingen – ein großer Nachtclub war das, irgendwo auf dem Dach –, da setzte er sich ans Klavier und spielte, bis eine Frau mit Harfe sagte, er solle aufhören.« Richard fragte: »Hat die Frau auf der Harfe *gespielt*?«

»Ja, sie zupfte dran herum.« Rebecca machte kreisförmige Bewegungen mit ihren Händen.

»Ja, hat er denn dieselbe Melodie gespielt, die *sie* spielte? Hat er sie *begleitet*?« Verdrießlichkeit, merkte Richard, und wußte nicht, weshalb, hatte sich in seinen Ton geschlichen.

»Nein, er setzte sich einfach hin und spielte irgendwas anderes. Ich weiß nicht, was es war.«

»Ist das *wirklich* wahr?« fragte Joan anspornend.

»Und im nächsten Lokal, in das wir dann gegangen sind, mußten wir an der Bar warten, bis ein Tisch frei wurde; ich schaute mich ein bißchen um, und er ging von Tisch zu Tisch und fragte die Leute, ob alles zu ihrer Zufriedenheit sei.«

»War das nicht *peinlich*?« fragte Joan.

»Doch. Später hat er dann da auch Klavier gespielt. Wir waren so etwas wie die Hauptattraktion dort. Gegen Mitternacht schlug er vor, wir sollten jetzt nach Brooklyn fahren, zu seiner Schwester. Ich war total erschöpft. Wir sind zwei Stationen zu früh aus der Subway gestiegen, unter der Manhattan-Brücke. Es war ganz leer dort, nichts kam vorbei, nur schwarze Limousinen. Meilenweit über unserem Kopf« – sie starrte nach oben, als sähe sie eine Wolke oder die Sonne – »dröhnte die Manhattan-Brücke, und er behauptete standhaft, das sei die Hochbahn. Schließlich fanden wir eine Treppe und zwei Polizisten, die uns zurückschickten zur Subway.«

»Womit verdient dieser erstaunliche Mann seinen Unterhalt?« fragte Richard.

»Er ist Lehrer. Er ist ganz intelligent.« Sie erhob sich und reckte einen langen, silberweißen Arm. Richard holte ihren Mantel und sagte, er werde sie nach Haus begleiten.

»Ich habe aber doch nur ein ganz kurzes Stück«, protestierte Rebecca, und ihre Stimme entbehrte jeden Nachdrucks.

»Du mußt sie nach Hause begleiten, Dick«, sagte Joan. »Bring eine Schachtel Zigaretten mit.« Die Vorstellung, wie er da im Schnee gehen würde, schien ihr Spaß zu machen; es war, als sähe sie ihn schon heimkommen, mit Schnee auf den Schultern und Kälte im Gesicht: all dem, was dieser Weg einbringen würde und für das sie nicht gesund genug war.

»Du solltest ein paar Tage mit dem Rauchen aufhören«, riet er. Sie winkte ihm zum Abschied vom obersten Treppenabsatz nach.

Die Flocken fielen kaum sichtbar, außer im Schein der Straßenlaternen, und hängten sich mit wehender, romantischer Schwere um ihrer beider Gesichter. »Ziemlich viel, was da runterkommt«, sagte Richard.

»Ja.«

An der Ecke, wo der Schnee dem grünen Ampellicht wäßrige Bläue gab, folgte sie ihm nur zögernd über die Straße, und er fragte: »Du wohnst doch auf dieser Seite, nicht?«

»Ja.«

»Ich wußte doch, ich hatte es noch in Erinnerung von damals her, als wir dich von Boston nach Haus fuhren.« Die Maples hatten damals in den westlichen Achtzigern gewohnt. »Ich erinnere mich noch, daß da irgendwelche großen Gebäude gewesen sind.«

»Die Kirche und die Schlachterschule«, sagte Rebecca. »Jeden Tag um zehn, wenn ich zur Arbeit gehe, haben die Jungen, die Schlachter werden wollen, Pause und kommen raus, ganz blutig, und sie lachen.« Rebecca sah an der Kirche hinauf; der Turm zeichnete sich skelettiert gegen die vereinzelt erhellten Fenster eines hohen Gebäudes in der Seventh Avenue ab. »Arme Kirche«, sagte Richard, »ein Turm hat es schwer in dieser Stadt, das Höchste zu sein.«

Rebecca sagte nichts, nicht einmal ihr gewohnheitsmäßiges Ja. Als tadele sie seine Redseligkeit, so empfand er es. In seiner Verwirrung lenkte er ihre Aufmerksamkeit auf das Nächstbeste, das er sah: ein dürftig beschriftetes Schild über einer hohen Tür. »Berufsschule für Lebensmittelhändler«, las er laut. »Die Leute über uns haben uns erzählt, daß der Mann, der vor unserem Vorgänger in unserer Wohnung gewohnt hat, Fleischwarengroßhändler war und sich *Lieferant für exquisite Delikatessen* nannte. Er hielt sich eine Freundin in der Wohnung.«

»Die großen Fenster da oben«, sagte Rebecca und zeigte zum dritten Stock eines braunen Ziegelhauses hinauf, »liegen genau gegenüber von meinem. Ich kann hineinsehen und habe dann das Gefühl, daß wir Nachbarn sind. Immer ist jemand da. Ich habe keine Ahnung, womit die ihr Geld verdienen.« Sie gingen noch ein paar Schritte und blieben dann stehen, und Rebecca sagte – mit einer Stimme, die Richard eine Nuance lauter vorkam als sonst: »Magst du mit raufkommen und dir ansehen, wie ich wohne?«

»Natürlich.« Es gab gar keinen Grund, nein zu sagen.

Sie stiegen vier Zementstufen empor, öffneten eine unansehnliche orangefarbene Tür, traten in einen überheizten, im Hochparterre gelegenen Vorplatz und machten sich dann an die Besteigung von vier Holztreppen. Die Ahnung, die Richard auf der Straße beschlichen hatte, daß er im öffentlichen Garten reiner Höflichkeit von den Wegen abgeirrt war, verdichtete sich zu schuldhafter Gewißheit. Wenig Dinge, denen so sehr der Geruch des Verbotenen anhaftet, wie hinter einer Frau die Treppe hinaufzusteigen. Joan hatte vor drei Jahren in Cambridge eine kleine, im vierten Stock gelegene Wohnung gehabt. Er hatte sie damals nie nach Haus bringen können – auch dann nicht, als bei ihnen alles, bis zur letzten Intimität, unter Dach und Fach war –, ohne die Angst zu hegen, daß der Hauswirt, zu Recht ergrimmt, hinter seiner Tür hervorspringen und ihn verschlingen würde, sowie sie beide vorbeikämen.

Rebecca öffnete ihre Tür und sagte: »Es ist ja höllisch heiß hier«, und das war der erste Fluch, den er aus ihrem Munde hörte. Sie knipste ein trübes Licht an. Das Zimmer war klein; schräge Sparren – unmittelbar darüber war das Dach – verliefen an Decke und Wänden und schnitten große, prismatische Teile aus dem Raum. Als Richard weiter ins Zimmer hineinging, auf Rebecca zu, die noch immer im Mantel stand, entdeckte er zur Rechten einen merkwürdigen Winkel, der dadurch entstand, daß das steil abfallende Dach hier unmittelbar bis zum Fußboden reichte. Ein Doppelbett stand dort. Es war fest eingezwängt auf drei Seiten, und man hatte daher nicht so sehr den Eindruck eines Möbels als eines permanent dort installierten, weißbezogenen Podiums. Er wandte schnell die Augen ab und, unfähig, jetzt, sofort danach, Rebecca anzusehen, starrte zwei Küchenstühle an, eine Bridgelampe aus Metall, auf deren Schirmrand plumpe Fische und Steuerräder einander abwechselten, und ein Büchergestell mit vier Brettern: alles Dinge, die sich schmalbrüstig der schrägen Wand anpaßten und von verschreckter Vertikalität waren.

»Ja, und dies hier ist der Herd auf dem Kühlschrank, von dem ich euch erzählt habe«, sagte Rebecca. »Oder hab ich's nicht erzählt?« Der obere Apparat ragte auf allen Seiten um etliche Zoll über den unteren hinaus. Richard fuhr mit dem Finger über die weiße Vorderseite des Herds. »Hübsch hier bei dir«, sagte er.

»Und hier mein Ausblick«, fuhr sie fort. Er trat neben sie ans Fenster, schob den Vorhang beiseite und sah durch die winzigen, fleckigen Scheiben zur Wohnung auf der anderen Seite der Straße hinüber.

»Der Bursche da drüben hat wirklich ein riesiges Fenster«, sagte er. Rebecca stimmte ihm zu mit einem kurzen »Mhm«. Alle Lampen brannten in der Wohnung drüben, aber sie war leer. »Sieht wie ein Möbellager aus«, sagte Richard. Rebecca stand immer noch im Mantel.

»Es hört nicht auf zu schneien.«

»Nein.«

»Also dann« – das kam zu laut; und zu leise führte er seinen Satz zu Ende – »danke, daß du mir dein Zimmer gezeigt hast. Ich – hast du das schon gelesen?« Er hatte eine Ausgabe von *Auntie Mame* erspäht, sie lag auf einem Fußschemel.

»Ich habe noch nicht die Zeit gehabt«, sagte sie.

»Ich hab's auch noch nicht gelesen. Nur Rezensionen darüber. Zu mehr komme ich nie.«

Damit war er bis an die Tür gelangt. Albernerweise drehte er sich dort um. Nur an der Tür, entschied er, als er später alles noch einmal bedachte, war ihr Benehmen unverantwortlich gewesen: nicht genug damit, daß sie unnötig nahestand, verlagerte sie auch noch das Gewicht ihres Körpers auf ein Bein, neigte den Kopf zur Seite und machte sich damit um etliche Zoll kleiner, erreichte es, daß er sie überragte, und das paßte zu den tiefen, demütigen Schatten, die – sie mußte es gewußt haben – auf ihrem Gesicht lagen.

»Ja, dann –«, sagte er.

»Ja, dann.« Ihr Echo erfolgte unverzüglich und bedeutete sicher nichts.

»Paß auf, daß die Sch-Schlachter dich nicht erwischen.« Das Stottern verdarb den Scherz natürlich, und das Lachen, das sie angestimmt hatte, sobald sie von seinem Gesicht ablas, daß er sich an etwas Spaßigem versuchen wollte, war verstummt, bevor er es noch ausgesprochen hatte.

Als er die Treppe hinunterging, stützte sie sich mit beiden Händen aufs Geländer und sah ihm nach. »Gute Nacht«, sagte sie.

»Nacht.« Er sah hinauf; sie war ins Zimmer gegangen. Oh, aber sie waren einander nahe.

ELSE HUECK-DEHIO

Taft zum Kragen

DAS KLEINE EREIGNIS, von dem ich heute berichten möchte, hat, als es geschah, die Welt in keiner Weise bewegt. Aber es hat ein paar Menschenherzen verwandelt. Es hat ihnen gezeigt, daß die Bewegtheit der Herzen, ja, sogar deren unbedeutendste Fehlleistungen manchmal dazu dienen können, denen, die Gott lieben, zu dem Ihren zu verhelfen.

Dieses kleine Ereignis geschah in Livland in jener fast schon sagenhaft gewordenen Zeit, als die Damen noch lange Röcke und hohe Stiefelchen trugen, als die Männer noch vom »schwachen Geschlecht« sprachen, als die estnischen Dienstboten der Herrschaft noch den Ärmel küßten, und als es noch geschehen konnte, daß ein Kutscher für treue Dienste zur Hochzeit ein ganzes Gesinde* geschenkt bekam.

Es geschah außerdem in der Weihnachtszeit, und draußen fiel der Schnee. Die junge Frau Pastorin, die im schwarzen Samtmäntelchen und mit rundem Muff über den großen Markt trippelte, hörte die Fuhrmannsschlitten mit vielstimmigem Schellengeklimper vorübergleiten; sie sah die Fußgänger ihr Kinn, und wenn es anging, auch die Nase, in ihren hohen Pelzkragen verstecken. Die Kinder, die ihre Kelken** hinter sich herzogen, hatten knallrote Backen und sicherlich eisige Zehenspitzen. Die Stu-

* Gesinde – Bauernhof, Landstelle
** Kelk – estnisches Wort für Rodelschlitten

denten, die ihr entgegenkamen, rieben sich die Ohren unter den bunten Mützen. Es war kalt.

Die junge Frau Pastorin blieb einen Augenblick nachdenklich vor der Stoffhandlung von Herrn Popow stehen. Die Flocken tanzten vor den Fensterauslagen, aber sie ging nicht hinein. Sie wollte doch lieber bei Ploetz nachschauen. (Die »Ploetz'sche Bude« nannte man das in Dorpat.) Zwar hatte Popow eine größere Auswahl – aber sie mußte leider immer daran denken, daß im vergangenen Frühling nach einem Mollatz-Kommers, die Kuronen das »w« vom Namensschild des Herrn Popow weggeschlagen hatten – – – und sie fühlte selber, daß dieser Gedanke sich für eine junge Pastorin nicht schickte!

Sie ging also die wenigen Schritte bis zur Ploetz'schen Bude weiter, trat sich den Schnee von den Überschuhen, raffte den langen schwarzen Rock, in dessen Bürstenband der lockere Schnee ebenfalls hing, ein wenig auf und öffnete die Glastüre. Die Schelle über der Tür klingelte. Herr Ploetz tauchte eilig und diensteifrig aus den Hintergründen seiner Bude auf, nahm den vorschriftsmäßigen Platz hinter der Theke ein (»Lette« sagte man damals) und verneigte sich mehrmals mit seinem altbekannten, schmantigen Lächeln.

»Kuten Morjen, knädijes Frau Pastorinchen«, sagte er dabei, »kalt heute, und wiehl Schnee ...«

»Ja, guten Morgen, Herr Ploetz«, antwortete die junge Frau und schlug den Schleier, der schmal um die Fellkappe gebunden war, von ihrem Gesicht zurück.

»... Oj, oj«, dachte Herr Ploetz, »so ein scheenes rosa Jesichtchen, und dabei so jung ... Womit terf ich tienen?« fragte er laut.

Die junge Frau Pastorin zögerte einen Augenblick und ließ ihre Augen über die Regale wandern, in denen, wohlsortiert, die Stoffballen ruhten: dicke Wollen, dunkel und solide für Mäntel, dünnere, und schon in freundlicheren Farbschattierungen, für Kleider; dann die zarten Gespinste für Blusen – ach – und schließlich die Seiden! Da lagen sie alle, Crêpe de Chine und Charmeuse, Chiffon und Popeline, Atlas und Taft. Ja, der Taft war es, auf den sie es diesmal abgesehen hatte. Der Taft für den Kragen des längst ersehnten und endlich ersparten Weihnachtskleides. Und so sagte sie es auch: »Ich brauche etwas Taft, dunkelblauen Taft zum Kragen.«

Herrn Ploetzens runde, abwartende Leiblichkeit geriet in eilfertige Bewegung.

»Haber natierlich, scheenen plauen Taft, kann ich tienen, kann ich tienen, Frau Pastorinchen ...«

Er zog flink und schwungvoll die säuberlich auf ein Brettchen gewickelten Seiden aus dem Regal hervor und ließ sie, eine nach der andern, knisternd und glänzend über seine Hand entrollen.

»Scheene, schwere Seide«, murmelte er mit gespitzten Lippen, »kanz plank, pricht nicht, schleißt nicht, macht nur so wornehm schurr-schurr ...« Er ließ die Seide rascheln und schaute seiner Kundin ins Auge, den Kopf auf die Schulter geneigt.

Aber die junge Frau Pastorin sah Herrn Ploetz überhaupt nicht an. Sie sah nur die Seiden. Sie holte eine kleine, neugierige Mädchenhand aus ihrem Muff hervor und strich damit über den Stoff. Wie kühl er sich anfühlte! Wirklich vornehm! Und dabei wärmte er doch, das wußte man, Seide wärmt immer. Aber sie sticht nicht am Halse wie diese dumme Wolle. Nun erschien auch ein dunkelblaues Wollpröbchen aus den Tiefen des Muffs und wurde auf die Seide gelegt. Ja, diese! Wie schön würde ein breiter Kragen auf der ernsten Wolle aussehen!

Eine Pastorin durfte natürlich keine auffallenden Kleider mehr tragen, das wußte die junge Frau. Weder grün noch rot, noch gelb. Zwischen braun, blau und schwarz lag jetzt ihre Farbenskala, und höchstens noch weiße Blusen mit hohen englischen Stehkragen auf Fischbein ... (etwas Unsympathischeres konnte die junge Frau sich kaum vorstellen – weder singen noch schlucken konnte man mit diesen Dingern!) Aber hier – ein weicher Kragen, der bis auf die Schultern fiel und glänzte und knisterte … Man würde sich darin fast so fühlen wie früher als junges Mädchen, als man den Studenten noch gefallen wollte. Jetzt wollte man ihnen natürlich nicht mehr gefallen. Jetzt war es nur noch einer, dem man zu gefallen hatte, der Ernste, Große, Dunkle und furchtbar Schöne, der unentwegt auf dem steinigen Pfad zum Reiche Gottes voranging und der sich entschlossen hatte, so ein kleines und eitles Wesen, wie man selber eines war, auf diesem steinigen Wege hilfreich mitzunehmen.

Ja, diesem wollte man gefallen und sonst keinem. Aber diesem *durfte* und *sollte* man auch gefallen, das war geradezu eheliche Pflicht! Nur hatte er leider schon manchmal gesagt, wenn man sich Mamas Armband mit dem blauen Stein umgelegt oder die Stirnlöckchen mit der Brennschere besonders schön gekräuselt hatte: »Aber Kind, wozu das? Auf solche Dinge sehe ich doch überhaupt nicht! Es kommt mir nur auf dein Gesicht an. Meinetwegen könntest Du in Sack und Asche gehen – – – oder überhaupt nichts anhaben – –« Aber das hatte er bestimmt nicht so gemeint!

Also um dieses Mannes willen mußte man den schönen Taftkragen am langweiligen, wollenen Weihnachtskleid haben – – – und außerdem, weil er so kühl und vornehm war und am Halse nicht stach.

Die junge Pastorin legte ihre Hand auf die blaue Seide, die am besten zu ihrer Wollprobe paßte.

»Wieviel würde das denn kosten?« fragte sie.

Herr Ploetz wurde sogleich traurig und seine Stimme ganz leise.

»Zwei Rubelchens die Elle«, antwortete er und hob die Schultern, um anzudeuten, daß er an diesem hohen Preise unschuldig sei.

Zwei Rubel! Die junge Pastorin mußte tief einatmen, um dabei zu verbergen, wie heftig ihr dieser Preis in die Glieder fuhr.

Anderthalb Ellen würde sie bestimmt zu ihrem Kragen brauchen. Das waren drei Rubel – die gleiche Summe, die sie jeden Monat von ihrem Haushaltungsgeld für die Zukunft zurücklegen wollte.

»Wir müssen für die Zukunft sparen«, hatte ihr Mann gesagt, als er ihr vor einem halben Jahr das erste gemeinsame Haushaltungsgeld aushändigte. Sie wußte nicht genau, was für eine Zukunft er meinte: die Kinder? oder gar schon Krankheit und Alter? Von allen dreien war fürs erste noch nichts zu merken. Man war gesund und jung, und nicht ein einziges Kind schien die Absicht zu haben, sich in die Arme der jungen Pastorin zu begeben, um von ihr gewiegt, geküßt, geliebt – und nur unzureichend erzogen zu werden, wie ihr Mann schon jetzt befürchtete.

Nun ja. Jedenfalls hatte sie bisher jeden Monat pünktlich drei Rubel für die »Zukunft« zurückgelegt – – und nun sollte sie für einen dummen Taftkragen ebensoviel ausgeben? Vielleicht blieb für »die Zukunft« dann nichts mehr übrig, und das ausgerechnet im Dezember, im Weihnachtsmonat? Im Monat der Liebe und der Kinder?

»Herr Ploetz«, sagte die junge Pastorin und hob ihre Augen, die gar – gar niemandem mehr gefallen sollten, in einem plötzlichen Entschluß zu dessen mondgleichem Angesicht. (»... Oj, oj«, dachte Herr Ploetz zum zweitenmal an diesem Vormittag, »soo scheene Augens – wie bei Kalbchen!«)

»Herr Ploetz«, sagte sie also: »Dies ist ja doch eigentlich nur sehr wenig Taft ... eigentlich nur noch ein Rest ... können Sie ihn mir nicht etwas billiger abgeben?«

In Herrn Ploetzens Seele begann es zu arbeiten, man sah es deutlich am Zucken seiner Wangen, und nun mußte die junge Pastorin doch aus irgendwelchen unerfindlichen Zusammenhängen an den unseligen Herrn Popow denken – – –

Das gerührte Wohlgefallen an dem anmutigen Geschöpf vor ihm kämpfte mit der oft erprobten und stets vorteilhaft bewährten kaufmännischen Anlage des Ploetz'schen Wesen, und nach einigen Augenblicken hatte die kaufmännische Anlage gesiegt.

»Knädijes Frau Pastorinchen«, flüsterte er mit niedergeschlagenen Augenlidern, »altes Ploetz ist ein armes Mann – altes Ploetz ist pillich – pillicher als pillich kann altes Ploetz nicht sein.«

Eine schnelle Blutwelle stieg in das schöne rosa Gesichtchen unter der Fellkappe. Herr Ploetz sah es wohl, trotz niedergeschlagenen Augen.

»Natürlich, ich hätte Sie nicht fragen sollen …«, flüsterte die junge Frau nun ihrerseits: »Ich muß es mir noch überlegen. Auf Wiedersehen, Herr Ploetz …«

Während sie noch einen letzten, kurzen Blick auf die blaue Seide warf, die im Schneelicht des Tages und der früh angesteckten Gasbeleuchtung des Herrn Ploetz zwiespältig glänzte, füllten sich ihre Augen mit Tränen. Auch dieses sah Herr Ploetz, obgleich der Schleier über dem erglühten Gesicht schnell herabgezogen wurde.

»Knädijes Frau Pastorinchen türfen nicht zu lange ieberlejen, Stoffchen ist nur wenig!« rief er hinter ihr her. Darauf fiel die Glastür mit bellender Schelle ins Schloß.

Solches geschah am Sonnabend vormittag vor dem zweiten Advent.

Während des Mittagessens im Pastorat war die junge Pastorin so schweigsam, daß es sogar ihrem Mann auffiel, obgleich er mit seinen Gedanken schon bei seiner Predigt war, für die er sich stets den Sonnabendnachmittag vorbehielt. –

Es war nämlich ein herrlicher Text, dieser Zweite-Adventssonntags-Text!

Ein Text so recht nach seinem Herzen, bei dem man der im Kirchenschiff schweigenden Gemeinde einmal tüchtig die Wahrheit sagen konnte, Wahrheit mit Horn und Schwanz!

Wie hieß es da? Zuerst: »Tut Buße!« Und dann hatte Johannes

in der Wüste ein Kleid von Kamelhaaren an und einen ledernen Gürtel und nichts von all dem Firlefanz, der heute zur Mode gehörte: Schleppen und hohe Absätze und Spitzenrüschchen und Siegelringe und seidene Krägelchen … Außerdem ist die Axt den Bäumen schon an die Wurzel gelegt, und Einer hat die Worfschaufel schon in der Hand und wird seine Tenne fegen …

Ja, es war ein herrlicher Text! Das Grauen konnte einem über den Rücken laufen, und trotz der winterlichen Kälte hörte man die Flammen der Hölle unter der Oberfläche brausen.

Mit einem Lächeln, in dem sich schon die schöpferische Stunde ankündigte, blickte der Pastor auf. Und da sah er seine kleine Frau sich gegenübersitzen, ganz jung, ganz rosig, mit gesenktem Blick und dem unschuldigen Rund ihrer Wangen. Sie stocherte im Suppenfleisch, das mit Meerrettichsauce und Kartoffeln, wie jeden Sonnabend, ihren Teller füllte. (Immerhin waren es keine Heuschrecken mit Honig wie im herrlichen Text, und – Hand aufs Herz – darüber war der junge Pastor eigentlich ganz froh.)

Er sah dieses junge Kind an, das er auf seinen steilen und kompromißlosen Schicksalsweg einfach mitgerissen hatte, weil er – ja, man muß ehrlich sein – weil er es nicht zurücklassen, weil er es einfach keinem anderen überlassen konnte. Also, er sah dieses junge Kind an, und wie immer, wenn er sie ansah, füllte sich sein Herz mit einer ganz unvorschriftsmäßigen Wärme. So war es schon gewesen, wenn er sie in ihrem Elternhaus gesehen hatte, wo sie am Flügel stand und die »Rosenlieder« sang. So war es auf der Schlittschuhbahn gewesen, ja, horribile dictu, sogar in der Kirche, wenn ihr Rosenhut auf der Empore erschienen war und er darunter ihr andächtig erschlossenes Gesichtchen ahnte.

Jedenfalls, jetzt war es geschehen. Jetzt saß dieses Kind seit einem halben Jahr an seinem Mittagstisch und war seine Frau.

»Du bist so still, Elsbeth, fehlt dir etwas?«

Die junge Frau fuhr ganz leicht zusammen, so, als ob sie auf fremden Gedankenwegen ertappt worden wäre. Sie blickte kurz auf, lächelte ein wenig und schüttelte den Kopf.

»Nein, mir fehlt nichts.«

»Dann schmeckt dir wohl das Suppenfleisch wieder einmal nicht?« bemerkte der Pfarrer. »Dabei aß Johannes in der Wüste immer Heuschrecken mit Honig.«

»Die müssen ganz komisch zwischen den Zähnen geknirscht haben«, flüsterte seine kleine Frau. Aber das hörte er schon nicht mehr. Seine Gedanken nahmen bereits wieder Besitz von den Dingen seines herrlichen Textes.

»Ich bin die Stimme eines Predigers in der Wüste ...«, dachte er. Und: »Ihr Otterngezücht, wer hat denn euch gewiesen, daß ihr dem künftigen Zorn entrinnen werdet? ...«

Die junge Pastorin schwieg wieder. Sie merkte, daß es ihrem Mann jetzt nicht mehr auffiel. Sie konnte ruhig über den blauen Taft, die drei Rubel und die »Zukunft« nachdenken. Er war bei seiner Predigt. Er war groß und fern. Das Feuer des Geistes nahm von ihm Besitz. Sein schön geschwungener Mund lächelte, aber er lächelte nicht für sie. Sie kannte das. Es hatte keinen Zweck, ihn an diesem Nachmittag mit ihren kleinen, dummen Sorgen zu belästigen.

Aber am Sonntag morgen vor dem Gottesdienst beim gemütlichen Kaffeestündchen, da hatte es bestimmt mehr Zweck, dachte die junge Pastorin. Am Sonntag morgen nahm sich der Pastor immer Zeit, er schlürfte seinen Kaffee und rauchte seine Cigarre – und da in Dorpat alle Gottesdienste erst um 11 Uhr begannen (ob um der Studenten, ob um der Professoren oder um des akademischen Viertels willen, war nicht zu ermitteln. Im übrigen wurde in baltischen Landen allenthalben gut gegessen und gern geschlafen ...), also, da in Dorpat alle Gottesdienste erst um 11 Uhr begannen, so konnte er sich auch Zeit nehmen. Die Predigt, wohlbedacht und reich formuliert, ruhte in seinem Inneren und brauchte nur hervorgeholt zu werden. Der Küster war unterrichtet. Der Organist spielte die gewünschten Choralsätze schnell noch einmal durch. Alles war, wie es sein sollte. Warum sich also des stillen, seltenen Morgenstündchens nicht von Herzen freuen?

Die junge Pastorin rechnete auch damit, daß er in dieser Stunde besonders aufgeschlossen und besonders sanftmütig sein würde. Denn wenn man binnen kurzem den Segen erteilen und anderen Menschen die Sünden vergeben will – muß man dann nicht so etwas Ähnliches wie Gottes Nachsicht und Barmherzigkeit in seinem Herzen tragen?

Also nur Mut!

Sie hob den Kopf von ihrem Eierbecher, in welchem sie die Kuppe des Eies nachdenklich zerschlagen hatte, und begann: »Du sagtest mir einmal, wir sollen für die Zukunft sparen.«

Der Pastor horchte auf: »Ja, wieso?« fragte er, während in seinem Kopfe holde Bilder heraufdämmerten. Ob das der Anfang eines zarten Geständnisses werden sollte?

Die junge Frau fuhr fort: »Ich habe das auch immer heimlich getan. Jeden Monat habe ich drei Rubel vom Monatsgeld zurückgelegt. Das sind jetzt schon achtzehn Rubel.«

»So hatte ich das freilich nicht gemeint, aber es war schön von dir!« lobte der Pastor: »Und?«

»Nun weiß ich nicht, ob mir das jetzt im Dezember auch auskommen wird. Ich möchte mir für mein blaues Weihnachtskleid einen seidenen Kragen kaufen, und der wird genau drei Rubel kosten. Die drei Rubel, die ich sonst zurückgelegt hätte. Was meinst du dazu? Es ist ein Kragen von Taft …«

Der Pastor schwieg einen Augenblick, während seine hohe Stirn sich umdüsterte. Also *das* war es! Modischer Firlefanz, und nichts von zarten Geständnissen!

Er fragte: »Hältst du so einen Taftkragen denn wirklich für unbedingt notwendig?«

»Notwendig nicht, aber schön ...«, zwitscherte die junge Frau.

Der Pastor räusperte sich und schüttelte den Kopf.

»Überleg mal, Elsbeth«, mahnte er, »was wollen wir denn lieber sein, gut oder schön?«

»Ich möchte beides sein.«

»Aber Elsbeth, kein Mensch kann zween Herren dienen! Wir müssen wählen, ob wir Gott gefallen wollen oder den Menschen.«

»Ich möchte beiden gefallen.«

»Und dafür brauchst du ein Stück Seide für drei ganze Rubel ... für drei Rubel Taft zum Kragen ... drei Rubel, die wir sonst für die Zukunft zurücklegen könnten!«

»Ich habe doch schon achtzehn Rubel, ganz freiwillig ...«, erinnerte die junge Frau schüchtern.

»Ja, aber immerhin – – sollen wir uns in Seide kleiden, während ich in meiner Predigt heute ausgerechnet davon sprechen will, daß Johannes in der Wüste ein härenes Gewand trug und daß dieses in krassem Widerspruch dazu steht, wenn unsere Damen jetzt schon anfangen, sich Seiden und Spitzen und Flitterzeug für die Landtagsbälle in Riga zu kaufen. Ich will den Menschen einen Spiegel über die Nichtigkeit dieser Dinge vorhalten – und du willst Taft zum Kragen!«

Der Pastor stand auf. Irgendwie verging ihm die Gemütlichkeit über diesem Gespräch. Er begann zwischen Tisch und Ofen hin und her zu wandern, und da seine Frau nicht antwortete, sondern ohne zu essen in ihren Schoß blickte, sprach er weiter:

»Meinst du nicht, daß du Gott ohne taftenen Kragen besser gefällst?«

Der braune Kopf mit dem unschuldigen Wangenrund schnellte empor.

»Ich glaube, Gott ist nicht so kleinlich ...«, kam es aus einem weichen Munde.

Des Pastors Rücken straffte sich. Der ganze Mann erhob sich zu seiner stattlichen Länge, und aus dem breiten Brustkorb strömte die Stimme nun lauter und tiefer, einer heiligen Empörung deutlich Ausdruck verleihend:

»Aber erlaube mal, Elsbeth – so kleinlich wie wer? Und überhaupt, was für Worte sprichst du da eigentlich in Verbindung mit Gott? Wie kannst du seinen Namen überhaupt in Verbindung mit deinen lächerlichen Angelegenheiten nennen? Kleinlich sagst du? Kleinlich? Ja, wahrhaftig, kleinlich ist er nicht, der die Gestirne schuf und über die Ewigkeiten herrscht ... Der da die Menschen lässet sterben und spricht: Kommet wieder, Menschenkinder! Vor dem tausend Jahre sind wie ein Tag und eine Nachtwache ... Was weißt du von ihm, für den du ein Staubkorn bist, ein Hauch! Du, deren Verstand nicht ausreicht, auch nur den Saum seines Gewandes zu erkennen ...«

Während dieses gewaltigen Wortregens wurde die junge Frau auf ihrem Stuhl ganz klein. Erst als ihr Mann Atem schöpfte, wagte sie zu flüstern:

»Ja, natürlich, du hast recht, ich weiß nichts von Gott und seiner Majestät, außer dem einen: daß Er mich liebhat!«

»Liebhat? Dich? Das Staubkorn?« rief der Pastor und schaute vernichtend in ein Paar aufgerissene Augen, aus denen ratlose Verwirrung geradezu schrie. Diese Verwirrung ernüchterte ihn sogleich, und leiser fuhr er fort:

»Ach, natürlich liebt er dich auch, wie er jeden Menschen liebt, sogar den Verbrecher. Aber ich wollte nur sagen, daß Schönheit oder Klugheit oder Jugend oder eine gute Familie noch lange kein Grund sind, sich gleich zu den Auserwählten zu zählen ...«

»Das habe ich auch gar nicht gesagt!« unterbrach ihn seine Frau, nun wieder aus den Fluten ihrer Demut und Verwirrung auftauchend. Ja, ihre Stimme klang sogar fest und abwehrbereit.

»Ich habe nur gesagt, daß Gott mich liebt, und ich liebe ihn auch.«

Der Pastor, der nun wieder seinerseits Boden unter den Füßen hatte, fügte bedächtig hinzu:

»Ja, aber die *rechte Liebe* muß es sein, *Furcht* und Liebe. Man darf Gott nicht verniedlichen, weil man selber niedlich ist. Ihn und ein Stückchen Taft zum Kragen sollte man nicht in einem Atemzug nennen. Man sollte ihm zuliebe wortlos darauf verzichten.«

Die junge Frau besann sich einen Augenblick, dann rief sie hell:

»Aber ich tue ihm mit meinem Taft doch gar keinen Abbruch! Er hat doch auch die Seiden geschaffen, damit man sich an ihnen erfreut. Die Lilien auf dem Felde hat Er sogar noch viel schöner angezogen! Und darum liebe ich ihn und bin ihm dankbar, und du kannst sagen, was du willst – – ich würde nicht einmal Angst haben, heute in der Kirche wegen dem dummen Taft zu ihm zu beten.«

»So würdest du also ruhig, sozusagen, mit dem Lieben Gott gemeinsame Sache gegen mich machen?« fragte der Pastor dagegen schneidend vor Zorn und Verachtung.

»Eberhard! ...«

Er sah sich um, das dunkle Prophetenhaupt tief umwölkt – und zum zweitenmal an diesem Morgen sah er in die gleichen verwirrten, fast muß man schon sagen: entgötterten Augen. (»Oj, oj ...«, hätte Herr Ploetz warnend zu sich gesprochen!) Aber auch der Pastor spürte etwas wie eine Warnung, und sich zurücknehmend fuhr er fort:

»Natürlich nehme ich das nicht wörtlich, ich meine nur, daß ein solches Gebet mir wie eine Blasphemie erscheinen würde. Gott – und Taft zum Kragen! Diese irdischen Dinge sind da, oder sie sind nicht da – man betet nicht um sie! Steht denn im Vaterunser irgendeine ähnliche Bitte? Es geht um der Seelen Seligkeit und nicht um Taft. Auch unsere Gebete können uns den Weg in den Himmel versperren, hast du darüber noch niemals nachgedacht? Gott ist kein Magier, der uns unsere Wünsche erfüllen hilft ...«

»Nein, aber er ist unser Vater, das habt ihr mich immer gelehrt! Alle habt ihr mir das gesagt, alle!«

Sie schrie es mehr, als sie es sagte: »Und zu einem Vater soll man doch Vertrauen haben, so wie ich zu meinem wirklichen Vater auch Vertrauen habe. Mit jeder Kleinigkeit bin ich zu ihm gelaufen, und er hat mich immer angehört, immer. Ob er dann meine Bitte auch erfüllte oder nicht, das war seine Sache. Ich habe es ihm nie übelgenommen, wenn er mal nein sagte.

Und jetzt - Gott - der *Liebe* Gott, der allmächtige Vater - - und ich soll nun nicht mehr zu ihm gehen dürfen und ihm alles sagen, ihn um alles bitten ...«

Nach diesem Ausbruch war es längere Zeit still im Speisezimmer des Pastorats. Nur das Holz im Ofen knackte, die Kaffeemaschine summte, und die alte Wanduhr tickte. Draußen, hinter den Tüllgardinen, fiel der Schnee.

Schließlich blieb der Pastor vor dem Ofen stehen und schaute in die Glut der Birkenscheite. Er sagte langsam:

»Ja, das alles hat nun nichts mehr mit meiner Auffassung von Gott oder mit irgendeiner Theologie zu tun - aber für schwache und törichte Seelen mag auch diese Art von Gebet ihren Trost in sich tragen.«

Danach sah er nicht mehr zum drittenmal an diesem Morgen in die Augen seiner Frau, sondern zog seine goldgekettete Uhr, an der ein Band in den Farben der Livonia hing, aus der Tasche und blickte darauf.

»Du liebe Zeit«, rief er erschreckt, »jetzt vergessen wir über diesem verd ... na also, über diesem Taft zum Kragen noch um ein Haar die Kirche! Mach dich schnell fertig! Und wisch dir etwas übers Gesicht, es braucht nicht gleich die ganze Gemeinde zu sehen, daß du am heiligen Sonntagmorgen geweint hast.«

Die junge Pastorin hätte sich während des ganzen Weges zur

Kirche mit einem feuchten Schwamm übers Gesicht wischen müssen, und auch das hätte kaum etwas geholfen. Auch der eng anliegende Schleier half nichts. Die Tränen quollen unaufhaltsam aus den Augen, sie konnte nichts daran ändern.

»Hör doch auf, die Sache ist das doch gar nicht wert!« flüsterte ihr Mann, als ihnen auf dem Domberg der Professor der Chirurgie mit seinen sechs vorlauten Töchtern entgegenkam.

Ja, daß der Taft diese Tränenströme und diese Erschütterung nicht wert war, wußte die junge Frau auch, und sie hatte bereits auf ihn verzichtet. Irgend etwas völlig anderes preßte die Tränen aus ihrem Herzen. Nur langsam dämmerte es in ihr auf, was das war. Ein Götterbild war in ihr zusammengestürzt. Nicht das Bild Gottes! Das stand unantastbar in ihrer Seele, über jeden Zweifel und über jede Frage des dummen Verstandes erhaben, wie immer in den Seelen der von Natur aus Gläubigen.

Daneben hatte sie sich aber ein zweites Götterbild aufgerichtet, und das rächte sich nun. Der schöne, dunkle Gott war an diesem Vormittag plötzlich in Scherben zerfallen. Es hatte sich gezeigt, daß er doch schließlich nichts anderes war als ein Mensch wie alle anderen. Ja, ein sehr von sich überzeugter - fast muß man schon sagen: ein eitler Mensch, durch dessen Schale von Liebe und Christlichkeit plötzlich geschliffene Härte und Eigenliebe durchblitzten.

So sah das Götterbild aus, dem man sich mit Haut und Haar anvertraut hatte - - und man durfte trotzdem nicht ablassen, es unvermindert weiterzulieben ...

Auch dem jungen Pastor war nicht ganz wohl auf diesem Wege zur Kirche. Er hatte das undeutliche Gefühl, als sei ihm heute morgen etwas danebengegangen, und er wußte bloß noch nicht, was. Jedenfalls hatte er, bei ruhiger Überlegung, seine Frau nicht näher zum großen Gott herangeführt, wie es sich geschickt hätte, sondern ... (Was nun eingestanden werden mußte, trat so schwer über die Schwelle des Bewußtseins, daß es bis zum Eintritt in die Sakristei noch nicht in präzise Gedanken gefaßt werden konnte. Hier aber galt es, die Dinge des Amtes zu versehen, und alle profanen Ablenkungen hatten zu schweigen.)

Unterdessen versammelte die Gemeinde sich unten in der Kirche. Die junge Pastorin saß auf ihrem Stammplatz hinter dem Professorengestühl mit dem Profil zum Kirchenschiff, allen Blikken preisgegeben. Und natürlich sahen es auch alle. Eine von den guten, alten Kanzelschwalben, die jeden Sonntag mit verklärtem Gesicht den Worten ihres Mannes lauschten, neigte sich sogleich zu ihr und flüsterte: »Sie sehen schlecht aus, Kindchen, fehlt Ihnen etwas?«

Und eine der vorlauten Professorentöchter flüsterte ihrer Freundin ins Ohr: »Natürlich Ehekrach, was denn sonst?«

In den Bänken des Kirchenschiffs, schon mehr unter dem anonymen Kirchenvolk, saß auch Herr Ploetz. »Oj, oj«, dachte er, als er die junge Frau Pastorin sah, und irgendwoher erschien das dunkelblaue Stück Taft vor seinem geistigen Auge, das er gestern sorgsam beiseite gelegt hatte, falls die junge Frau Pastorin es sich doch noch »ieberlejen« sollte.

Und so begann denn der Gottesdienst. Er verlief wie immer zu aller Zufriedenheit, bis – doch zunächst sind wir erst bei der Predigt. Auch sie verlief zur Zufriedenheit. Das Grauen, das der Pfarrer zu Hause beim Mittagstisch vorgefühlt hatte, lief seinen Hörern tatsächlich über den Rücken, und sie hörten die Flammen der Hölle unter der Oberfläche brausen. Die Landrätinnen überlegten sogar, ob sie nicht an der Seide für die Ballkleider ihrer Töchter einige Ellen einsparen könnten.

Nur der Pfarrer selber fühlte nicht das Glück einer wohlgelungenen Schöpfung. Wenn er mit seiner klingenden Stimme rief: »Tut Buße!« – dann fühlte er sich in einer gespenstigen Weise selber angerufen. Und wie war es mit der Stimme eines Predigers in der Wüste? Was ging ihn denn die Wüstenei dort unten im Kirchenschiff eigentlich an, solange sein eigenes Herz, das an den

Ereignissen des Morgens noch herumknackte, selber einer Wüste so verdammt ähnlich sah?

Ja, ihr Otterngezücht, wer hat denn euch gewiesen, daß ihr dem künftigen Zorn entrinnen werdet? … Hatte Johannes dieses Wort nicht direkt auf ihn gemünzt, der er seiner eigenen Frau das Himmelreich mit seinen weisen Worten vielleicht eher versperrt als aufgeriegelt hatte? Sie hatte seine Worte ja gar nicht nötig, sie war ja reinen Herzens, sie schaute Gott ohnehin!

Auch die Axt an der Wurzel der Bäume, und die Worfschaufel, die die Tenne reinfegte, bekam plötzlich ihren echten, tief beängstigenden Sinn.

Und schließlich war es der Pfarrer selber, der vielleicht als einziger die Feuer der Tiefe wirklich brausen hörte.

Als er aus dieser sonderbaren Predigt auftauchte, blickte er, wie immer, nach dem Gesicht seiner Frau unter der Kanzel, um aus ihren Zügen Zustimmung oder Ablehnung herauszulesen. Aber er sah ihr Gesicht nicht, sondern nur ihre Fellkappe und die Zipfel eines winzigen, spitzenumrandeten Taschentuches.

Dem jungen Pastor wären nun fast selber die Tränen gekommen, wenn er nicht eine zornmütige Natur gewesen wäre. So aber knirschte er, trotz des geheiligten Platzes, auf dem er stand, in sich hinein: »Oh, dieser verdammte Taft zum Kragen!«

Dann begann er, wie sich das gehört, die Sterbefälle vorzulesen.

Aber auf der Kanzel soll man nicht fluchen. Der Taft stand nun nicht nur vor Herrn Ploetzens, sondern auch vor des Pastors innerem Gesicht, und als die Worte der Fürbitte durch die stille Kirche schwangen, sprach er es laut und deutlich aus: »Herr, gib uns Taft zum Kragen« – – – Stille – – – »Ja, Kraft zum Tragen gib uns, Herr …«

Wie der junge Pastor nach diesem Gebet die Stufen zur Sakristei hinuntergekommen war, und wie er nachher das Vaterunser und den Segen gesprochen hatte, das wußte er später nicht. Er wußte nur, daß seine Ohren brausten und sein Kopf glühte. Er, der seiner Frau die unschuldige Kinderbitte um den Taft untersagt hatte, er, der mit großen Worten um sich geworfen und sie zu den Schwachen und Törichten gezählt – er hatte selber öffentlich und vor der ganzen Gemeinde um Taft zum Kragen gebetet …

»So etwas kann jedem passieren! Es war ein lapsus linguae, lieber Bruder«, sagte der alte Propst in der Sakristei und klopfte ihm tröstend auf die Schulter. Aber der junge Pastor bemerkte deutlich das belustigte Zwinkern in seinen Augen. Dieses Zwinkern würde heute nun an allen sonntäglichen Mittagstischen zu finden sein, in den Konventsquartieren der Studenten, in der Ressource und Bürgermuße, im Getuschel der vorlauten Backfische und in den Kaffeekränzchen der guten Kanzelschwalben. Er kannte doch seine Landsleute! Wie sollte er überhaupt je wieder diese Kanzel besteigen?

Seine Frau saß unterdessen völlig erstarrt auf ihrem wachstuchbezogenen Kirchenstuhl. Selbst ihre Tränen waren ihr erfroren, und das Spitzentüchlein war kraftlos in ihren Schoß geflattert. Ihr kleines, rosiges Gesichtchen war gar nicht mehr rosig, sondern völlig blaß. Sie spürte die unruhige, das Schmunzeln verdeckende Bewegung, die vom ersten bis zum letzten Platz durch die Kirchenbänke lief, und plötzlich schlug eine Welle rotesten Blutes in ihre Stirn hinauf.

»Wie furchtbar«, stammelte ihr Herz, »Eberhard … wie wird sein Selbstbewußtsein das ertragen? Daß Gott jetzt über ihn lächelt, wird ihm ja nicht so schlimm sein – aber die Menschen …«

Es gab noch einen in der Kirche, der auch nicht lächelte. Und das war Herr Ploetz. Als die Worte des seltsamen Gebetes in seine runden Ohren fielen, stöhnte er diesmal ganz laut: »Oj, oj, oj …« und blickte zwischen seinen Knien hindurch tief auf den Fußboden der Kirche. Die Zusammenhänge waren ihm gänzlich klar. Und er selbst spielte in dieser kleinen Tragödie keine unbedingt vorteilhafte Rolle. Wie war es zum Beispiel mit dem »pillicher ablassen«? Vielleicht hätte das junge Frau Pastorinchen dann heute nicht mit so verheulten Kalbchenaugen vor allen den vielen Menschen dazusitzen gebraucht, und der Herr Pastor hätte nicht beim Lieben Gottchen um Taft zum Kragen gebetet. Und das Otterngezücht … und das höllische Feuer, das tichtig prennen würde … Herr Ploetz schaute auf, ganz kurz schaute er auf und sah das erstarrte rosa Gesichtchen, das nicht mehr rosa war. Danach schaute er nicht mehr auf.

Der Heimweg durch das adventliche Schneegestöber verlief ziemlich schweigsam. Nur einmal fragte der junge Pastor: »… haben es wohl alle ganz deutlich gehört?« Und seine Frau nickte mit dem Kopf und flüsterte: »Ja, alle …«

Der Sonntagsbraten mit der Schmantsauce schmeckte auch nicht, und die Köchin trug ihn verstört wieder in die Küche zurück. Nicht ein einziges Wörtchen fiel unterdessen im Speisezimmer.

Dann klingelte es ganz leise an der Haustür.

Die junge Pastorin, froh, dem kummervollen Schweigen ein wenig zu entwischen, ging selber öffnen. Vor der Tür stand niemand, nur frische, winterliche Luft. Aber auf der Fußmatte lag etwas. Es war kein Findelkind, dazu war es zu klein. Aber es fühlte sich weich und angenehm an, und auf dem soliden Papier stand in schnörkeliger Schrift: »Für Frau Pastorinchen!«

»Ach …«, hauchte die junge Frau und schlich sich leise ins schweigsame Speisezimmer zurück. Vor seinem Teller mit »rosa Manna« saß ihr Mann und hatte die Stirn in beide Hände gestützt.

»Sieh«, sagte sie und entwickelte dem soliden Packpapier, säuberlich auf sein Brettchen gewickelt, den kühlen, knisternden Taft zum Kragen.

»Sieh, nun hat der Liebe Gott dein Gebet doch erfüllt …«

Der junge Pastor hob den Kopf. Er sagte nicht, wie er es am

Morgen dieses Tages wahrscheinlich noch getan hätte: »Bring das sofort zurück, ich will es nicht sehen!« Nein, er stand auf, nahm seine Frau in die Arme, preßte sie fest an seine breite Brust, durch die der Atem hörbar strömte, und murmelte: »Verzeih mir, Elsbeth!«

Womit wir zum Anfang zurückkehren, wo die Behauptung steht, daß Gott selbst unbedeutende Fehlleistungen der Seele gebrauchen kann, um seinen Kindern aus seinem Überfluß zu schenken – nicht nur das Gute, sondern auch das Schöne.

TRUMAN CAPOTE

Die Musen sprechen

AM SAMSTAG, dem 17. Dezember 1955, einem nebelfeuchten Tag, hatte man in West-Berlin das amerikanische *Porgy-and-Bess*-Ensemble und einige ihm angeschlossene Personen – insgesamt vierundneunzig Menschen – gebeten, sich im Probensaal der Truppe einzufinden, zwecks »Instruktion« durch Walter N. Walmsley jr. und Roye L. Lowry, Botschaftsrat und zweiter Sekretär der Moskauer Amerikanischen Botschaft. Walmsley und Lowry waren eigens aus Moskau gekommen, um Rat und Antwort auf alle Fragen zu geben, die Mitglieder der Truppe im Zusammenhang mit ihrem bevorstehenden Auftreten in Leningrad und Moskau haben könnten.

Die Reise nach Rußland, die erste, die je von einer amerikanischen Theatertruppe dorthin unternommen wurde, sollte die Krönung einer vierjährigen Welt-Tournee von *Porgy and Bess* sein. Sie war nach vielen Monaten komplizierter, in mancher Hinsicht noch ungeklärter Verhandlungen zwischen der Sowjetunion und den Produzenten der Gershwin-Oper, Robert Breen und Blevins Davis, zustande gekommen, die unter dem Namen Everyman Opera firmieren.

Obgleich die Russen bis dahin die Visa noch gar nicht erteilt hatten, war die riesige, aus achtundfünfzig Darstellern, sieben Mann Bühnenpersonal, zwei Dirigenten, diversen Bürokräften und Ehefrauen, sechs Kindern mit ihrem Lehrer, drei Journalisten, zwei Hunden und einem Psychotherapeuten bestehende

Gesellschaft samt und sonders bereit, innerhalb der nächsten achtundvierzig Stunden aufzubrechen, um per Bahn von Ost-Berlin über Warschau und Moskau nach Leningrad zu fahren, eine Entfernung von rund achtzehnhundert Kilometern, wozu man allem Anschein nach aber drei Tage und Nächte benötigte.

Auf dem Wege zur diplomatischen Instruktionsstunde teilte ich das Taxi mit Mrs. Ira Gershwin und einem vierschrötigen, muskulösen Manne namens Jerry Laws, früherem Boxer, der jetzt Sänger ist. Mrs. Gershwin ist natürlich die Frau des Texters, der nicht nur Mitverfasser von *Porgy and Bess*, sondern überdies auch der Bruder des Komponisten ist. Immer wieder hat sie in den verflossenen vier Jahren ihren Mann allein in Beverly Hills daheim gelassen, um die Oper auf ihrer Wanderung um die Welt zu begleiten: »Ira ist solch ein pomadiger Kerl. Er mag nicht mal von einem Zimmer ins andere gehen. Aber ich bin eine Zigeunerin, Schätzchen. Ich liebe Räder.« Von ihren Freunden Lee genannt, als Abkürzung von Leonore, ist sie eine kleine zierliche Frau mit einer Vorliebe für Brillanten, die sie und nicht gerade wenig davon – zum Frühstück ebenso wie zum Abendessen trägt. Sie hat sonnenstreifiges Haar und ein herzförmiges Gesicht. Die leicht hingeworfenen Bruchstücke ihrer Konversation, die sie mit jungmädchenhafter Stimme in keineswegs geheimnisvoll flüsterndem Geplätscher von sich gibt, werden durch zärtliche Anreden aneinandergepappt.

»O Liebling«, sagte sie, als wir durch den trüben Nieselregen den Kurfürstendamm entlangfuhren, »haben Sie das gehört von dem Weihnachtsbaum? Die Russen werden uns einen Weihnachtsbaum besorgen. In Leningrad. Ich finde das süß von ihnen. Weil sie doch nicht an Weihnachten *glauben*. Tun sie ja nicht – nicht wahr, Herzchen? Jedenfalls kommt ihr Weihnachten doch viel später. Weil sie einen anderen Kalender haben. Herzchen, glauben Sie, daß das wahr ist?«

»Von wegen ob sie an Weihnachten glauben?« fragte Jerry Laws.

»*Nein*, Liebling«, sagte Mrs. Gershwin ungeduldig, »das mit den Mikrofonen und dem Fotografieren.«

Seit Tagen waren bei der Truppe Spekulationen im Gange über die Privatsphäre eines jeden von uns in Rußland. Sie gründeten sich auf Gerüchte, daß unsere Briefe zensiert würden, die Hotelzimmer mit Abhörleitungen versehen und deren Wände mit versteckten Kameras bepflastert sein sollten.

Nach kurzer Überlegung sagte Laws: »Ich glaub's.«

»Aber nein, Herzchen!« protestierte Mrs. Gershwin. »Das *kann* doch nicht wahr sein! Wo sollen wir denn schließlich miteinander klatschen? Wenn wir uns nicht einfach ins Badezimmer stellen und unentwegt die Wasserspülung ziehen, und wegen der Kameras –«

»Das glaube ich auch«, sagte Laws.

Mrs. Gershwin verfiel in ein nachdenkliches Schweigen, bis wir die Straße erreicht hatten, in der sich der Probensaal befand. Dann sagte sie ganz versonnen: »Das mit dem Weihnachtsbaum finde ich aber immer noch nett.«

Wir kamen fünf Minuten zu spät und fanden nur mit Mühe Platz auf den Klappstühlen, die man an einer Seite des spiegelumgebenen Probensaals aufgestellt hatte. Es war gedrängt voll und der Raum gut geheizt; dennoch saßen viele der Anwesenden – als ob sie bereits den kalten Steppenwind verspürten – dick eingepackt in ihre Ausrüstung, Schals und Wollmäntel, die sie sich eigens für ihre Rußlandreise angeschafft hatten. Man hatte sich beim Kauf dieser Ausstaffierung gegenseitig zu überbieten versucht, so daß einige fast wie die Eskimos aussahen.

Die Versammlung wurde durch Robert Breen um Ruhe gebeten. Dieser ist nicht nur Co-Produzent, sondern auch der Regisseur von *Porgy and Bess*. Nachdem er die Herren der Moskauer Botschaft, Walmsley und Lowry, vorgestellt hatte, die, uns zugekehrt, an einem Tisch saßen, nahm zuerst Walmsley das Wort, ein untersetzter Herr mittleren Alters mit einem Haarschnitt à la Mencken und einer trockenen, schleppenden Redeweise. Er sprach von der »einzigartigen Gelegenheit« der uns gebotenen Tournee und gratulierte der Truppe im voraus zu dem »großen Erfolg«, der ihr hinter dem Eisernen Vorhang sicher sei.

»Da in der Sowjetunion nichts geschieht, was nicht vorhergeplant ist, und da es geplant wurde, daß Sie erfolgreich sein sollen, fühle ich mich vollauf berechtigt, Ihnen schon jetzt zu gratulieren.«

Als spüre er etwas Verkehrtes in diesem vorausgenommenen Kompliment seines Kollegen, unterbrach ihn Lowry, ein jüngerer Mann mit dem zugeknöpften Äußeren eines Schulmeisters, um darauf hinzuweisen, daß wohl das von Mr. Walmsley Gesagte völlig richtig, es andererseits doch auch Tatsache sei, daß »man in Rußland mit ehrlicher Aufregung Ihrem Kommen entgegensieht. Man kennt dort Gershwins Musik. Ja, einer meiner russischen Bekannten hat mir sogar berichtet, daß er kürzlich bei einer Gesellschaft gewesen sei, auf der drei seiner Freunde ›Bess You Is My Woman Now‹ von Anfang bis zum Ende hätten singen können.«

Die Truppe lächelte beifällig, und Mr. Walmsley ergriff wieder das Wort. »Ja, es gibt schon einige nette Russen. Sehr nette Leute. Aber sie haben eine schlechte Regierung«, erklärte er langsam, wie buchstabierend. »Sie müssen sich immer vor Augen halten, daß ihr Regierungssystem dem unseren von Grund auf feindlich gegenübersteht. Es ist ein System voller Vorschriften und Verordnungen, wie Sie Ähnliches noch nie erlebt haben. Nach meiner Erfahrung jedenfalls, die wohl ausgedehnt genug ist, bin ich niemals annähernd etwas Derartigem begegnet.«

Ein Mitglied des Ensembles, John McCurry, hob die Hand, um eine Frage zu stellen. McCurry spielt die Rolle des Schurken Crown und wirkt als äußere Erscheinung groß und schwer und ein wenig abstoßend, wie dies zur Rolle paßt. Er wollte wissen: »Angenommen, einige dieser Leute laden uns zu sich nach Hause ein. Wohin wir auch kommen, tun das die Leute nämlich meist. Also: Ist das dann richtig, wenn wir hingehen?«

Die beiden Diplomaten wechselten einen amüsierten Blick. »Sie dürfen mir durchaus glauben«, sagte Mr. Walmsley, »daß wir von der Botschaft uns diesem Problem noch nie gegenübergesehen haben. Wir werden *nirgend*wohin eingeladen. Außer bei offiziellen Anlässen. Deswegen kann ich nun zwar nicht sagen, daß auch *Sie* nicht eingeladen werden. Wenn aber, dann nehmen Sie die Gelegenheit unter allen Umständen wahr. Soviel ich weiß«, fuhr er fort, »haben Ihre Gastgeber ein umfassendes Programm für Sie vorbereitet. Jede Minute besetzt. Kaum Zeit zum Atemholen.«

Von den Jüngeren schnalzten einige genießerisch mit der Zunge ob dieser Aussichten, doch einer meinte klagend: »Ich rühr doch keinen Tropfen Alkohol an. Wenn sie nun aber all diese Trinksprüche ausbringen, von denen immer erzählt wird, wie kann ich mich da mit Anstand aus der Affäre ziehen?«

Mr. Walmsley zuckte die Achseln. »Sie müssen nicht mittrinken, wenn Sie nicht wollen.«

»Klar, Mensch«, wurde dem Ängstlichen von einem Freund geraten, »keiner muß trinken, was er nicht will. Und was du nicht willst, das gibst du eben mir.«

Jetzt kamen die Fragen in rascher Folge. So sorgten sich zum Beispiel die Eltern um ihre Kinder. Ob es pasteurisierte Milch gebe? Ja, doch hielt es Mr. Lowry für ratsam, sich Starlac im Vorrat mitzunehmen, was er selbst für seine beiden Kinder regelmäßig brauche. Und das Wasser, sei das trinkbar? Völlig gefahrlos. Mr. Walmsley trank es oft aus der Leitung. Wie müsse man einen Sowjetbürger anreden? »Nun«, sagte Mr. Walmsley, »ich würde *nicht* Genosse sagen. Mr. und Mrs. tut es auch.« Und das Einkaufen, sei das teuer? »Schandbar«, aber das mache kaum etwas, denn es gebe ohnehin nichts Besonderes zu kaufen. Wie kalt würde es? Oh, es konnte gelegentlich bis 35 minus sinken. In diesem Fall: Würde ihr Hotelzimmer warm sein? Aber ja. Sogar überheizt.

Nachdem diese grundlegenden Dinge durchgenommen worden waren, erhob sich im Saale hinten eine Stimme, die erklärte: »Es geht hier so viel Gerede um. Wir haben da etwas gehört, daß wir ständig überwacht würden.«

»Überwacht?« Mr. Walmsley lächelte. »Vielleicht. Aber nicht etwa so, wie Sie sich das vorstellen. Wenn jemand beauftragt werden sollte, Ihnen zu folgen, dann nur zu Ihrem Schutz. Sie müssen nämlich darauf gefaßt sein, erhebliches Aufsehen zu erregen und Menschenmassen anzuziehen, wo immer Sie sich bewegen. Es ist nicht so, wie wenn Sie hier in Berlin auf der Straße herumspazieren. Es mag Ihnen also sehr wohl ständig jemand folgen, durchaus.«

»Schließlich«, meinte Mr. Lowry, »hat sich das Kulturministerium so um Ihr Kommen bemüht, daß man Sie wahrscheinlich sehr großzügig behandeln wird, ohne all die kleinen Schikanen, die ein durchreisender Fremder gemeinhin zu erwarten hat.«

Die Stimme aus dem Hintergrund beharrte in leicht enttäuschtem Tonfall: »Man hat uns gesagt, daß wir überwacht werden. Und unsere Briefe geöffnet.«

»Oh«, sagte Mr. Walmsley, »das freilich ist etwas anderes. Das nimmt man als selbstverständlich hin. Ich rechne stets damit, daß meine Briefe geöffnet wurden.«

Seine Zuhörer rückten unbehaglich auf ihren Stühlen, und aus den Blicken, die sie tauschten, sprach deutlich ein »Haben wir's nicht gesagt?«. Robert Breens Sekretärin, Nancy Ryan, stand auf. Miss Ryan war seit drei Monaten bei der Truppe und hatte diese Stellung nach ihrem Universitätsstudium aus Liebe zum Theater angenommen. Sie ist eine blonde, sehr blauäugige New Yorkerin, groß, nahezu einsachtzig genaugenommen, und sieht ihrer

Mutter, Mrs. Rhinelander Stewart, einer vielfotografierten berühmten Schönheit, erheblich ähnlich. Sie wollte einen Vorschlag machen. »Mr. Walmsley, wenn es stimmt, daß unsere Briefe zensiert werden, dann wäre es doch vielleicht besser, unsere gesamte Korrespondenz auf Postkarten zu führen? Ich meine: Solange sie nicht extra etwas aufmachen müssen, würde das nicht weniger aufhalten bei unserer ausgehenden Post?«

Mr. Walmsley hielt offensichtlich nicht viel von Miss Ryans Vorschlag, der weder Zeit noch Unannehmlichkeiten sparen würde. Unterdessen hatte Mrs. Gershwin Jerry Laws angestachelt: »Los, Darling, frag ihn wegen der Mikrofone.«

Laws machte sich bemerkbar und erklärte: »Viele von uns machen sich Sorgen, daß möglicherweise Abhörleitungen in unsern Zimmern sein könnten.«

Mr. Walmsley nickte. »Ich möchte sagen, daß dies mehr als möglich ist. Das ist wieder eine solche Sache, mit der Sie rechnen müssen. Bestimmtes darüber weiß natürlich niemand.«

In dem folgenden Schweigen schien Mrs. Gershwin, an ihrer Brillantbrosche herumfingernd, darauf zu warten, daß Jerry Laws nun die Sache mit den verborgenen Kameras vorbringen würde, doch blieb ihm dazu keine Möglichkeit, weil nun McCurry wieder eingriff.

McCurry beugte seine massigen Schultern vor und sagte, er fände es an der Zeit, mit diesem Drumrumgerede aufzuhören und sich dem Hauptproblem zuzuwenden. »Das Hauptproblem ist doch, was wir sagen sollen, wenn sie uns politische Fragen stellen. Ich meine damit die Negerfrage.«

McCurrys tiefe Stimme schlug wie eine Welle durch den Raum und sammelte dabei die ungeteilte Aufmerksamkeit der Anwesenden auf sich. Mr. Walmsley zögerte, als wisse er nicht recht, ob er sich von ihr tragen lassen oder unter ihr hindurchschwimmen sollte; jedenfalls schien er nicht gewillt, sich kopfüber hineinzustürzen.

»Sie brauchen politische Fragen nicht zu beantworten, ebensowenig wie man Ihnen Fragen dieser Art beantworten würde, wenn Sie sie stellen.« Walmsley räusperte sich und setzte hinzu: »Das alles ist ein gefährliches Gebiet. Ein Eiertanz.«

Gemurmel unter den Zuhörern ließ erkennen, daß man den Rat des Diplomaten als unzureichend empfand. Lowry flüsterte Walmsley etwas zu, und McCurry beriet sich mit seiner Frau, einem melancholischen Wesen, das neben ihm saß, ihre dreijährige Tochter auf dem Schoß. Dann beharrte McCurry: »Aber sie werden uns bestimmt über die Situation der Neger ausfragen. Das tun sie immer. Voriges Jahr waren wir in Jugoslawien, und die ganze Zeit über –«

»Jawohl, ich weiß das«, sagte Walmsley sehr entschieden. »Darum dreht sich ja auch diese ganze Geschichte. Das ist doch der Sinn, nicht wahr?«

Walmsleys Feststellung oder vielleicht auch eher die Art, in der sie vorgebracht wurde, schien mehr als einem wider den Strich zu gehen, und Jerry Laws, der für sein aufbrausendes Temperament bei der Truppe schon bekannt war, sprang vom Stuhl auf, jeden Muskel seines Körpers gespannt. »Also wie sollen wir das anpacken? Antworten, wie es ist? Die Wahrheit sagen? Oder wünscht man, daß wir alles vertuschen?«

Walmsleys Lider zuckten. Er nahm seine Hornbrille ab und putzte die Gläser mit einem Taschentuch. »Die Wahrheit sagen natürlich«, sagte er. »Glauben Sie mir, die Russen wissen ebensoviel über die Situation der Neger wie Sie selbst. Und an sich ist sie ihnen so oder so gänzlich gleichgültig. Abgesehen von der Berichterstattung und Propaganda, wo es sich nur irgend in ihrem Interesse ausschlachten läßt. Ich meine, Sie sollten sich vor Augen halten, daß jedes Interview, das Sie geben, von der amerikanischen Presse aufgegriffen und in den Zeitungen Ihrer Heimatstadt nachgedruckt werden wird.«

Eine Frau, die vorher schon einmal gesprochen hatte, erhob

sich von ihrem Platz in der vordersten Reihe. »Wir alle wissen, daß es Diskriminierungen gibt bei uns daheim«, sagte sie mit einer schüchternen Stimme, der jedermann respektvoll zuhörte. »In den letzten acht Jahren jedoch haben die Neger große Fortschritte erzielt. Wir sind ein gutes Stück vorangekommen, und das ist die Wahrheit. Wir können voll Stolz auf unsere Wissenschaftler und Künstler hinweisen. Wenn wir das tun würden, in Rußland meine ich, könnte das viel Gutes stiften.«

Andere stimmten bei und wandten sich in gleichem Sinne an ihre Kollegen. Willem van Loon, russischsprechender Sohn des verstorbenen Historikers und einer von denen, die für die Publicity bei der Everyman Opera zu sorgen hatten, verkündete allen, er sei »sehr, sehr erfreut, wie eingehend man sich mit dieser Angelegenheit befaßt. Neulich hatte ich die Bandaufnahme eines Interviews mit einigen von der Truppe für die amerikanischen Soldatensender hier in Deutschland, und was diesen Punkt betraf, diese Rassenfrage, war ich mir genau bewußt, wie außerordentlich vorsichtig wir sein mußten, weil wir so nahe an Ost-Berlin waren und die Möglichkeit bestand, daß wir überwacht würden –«

»Natürlich«, unterbrach ihn Walmsley mit aller Ruhe. »Ich vermute, Sie haben sich klargemacht, daß wir auch jetzt im Augenblick überwacht werden.«

Offensichtlich hatte das weder Van Loon noch irgend jemand der anderen getan, wie man aus der allgemeinen Bestürzung und dem Herumschweifen der Blicke sehen konnte, die Ausschau hielten, wer wohl die Ursache von Walmsleys Bemerkung sein könnte. Doch ein sichtbarer Beweis, jedenfalls in Gestalt irgendeines geheimnisvollen Fremden, war nicht vorhanden. Immerhin sprach Van Loon nicht mehr aus, was er hatte sagen wollen. Seine Stimme versickerte genauso schleppend wie diese Versammlung, die gleich darauf ein etwas gewundenes Ende fand. Beide

Diplomaten erröteten, als die Theaterleute ihnen mit Applaus dankten.

»Wir danken Ihnen«, sagte Walmsley. »Es war uns eine große Freude, zu Ihnen sprechen zu dürfen. Mr. Lowry und ich haben selten Gelegenheit zu Kontakten mit dieser Atmosphäre von Bühne und Schminke.«

Der Regisseur Robert Breen rief nun sein Ensemble zur Probe auf, doch ehe diese begann, gab es noch allerhand Herumgequirle und Hinundhergerede über die »Instruktion«. Jerry Laws beschränkte sich auf ein einziges Wort: »Nichtssagend.« Mrs. Gershwin schien sie, im Gegenteil, mehr als aufschlußreich gefunden zu haben. »Ich bin erschlagen, Darling. Man stelle sich vor: so leben zu müssen! Immer auf alles gefaßt zu sein. Nie etwas genau zu wissen! Ernsthaft, Darling, wo sollen wir denn bloß klatschen?«

Unten auf der Straße wurde mir dann für die Rückfahrt ins Hotel von Warner Watson ein Platz im Taxi angeboten, dem Produktionsassistenten von Breen. Er machte mich mit Dr. Fabian Schupper bekannt, der außerdem das Taxi mit uns teilte. Dr. Schupper ist Amerikaner und arbeitet am Deutschen Psychoanalytischen Institut. Ich erfuhr, daß er zur Teilnahme an der Rußland-Tournee aufgefordert worden war, um jeglichen seelischen Störungen entgegenarbeiten zu können, denen Mitglieder der Truppe dabei unterliegen könnten. Im letzten Moment fuhr Dr. Schupper zu seiner großen Enttäuschung dann doch nicht mit, weil die Leitung entschieden hatte, daß ein Psychiater letzten Endes vielleicht nicht notwendig sei; wenngleich die Tatsache, daß die Psychoanalyse und ihre sie ausübenden Jünger in der Sowjetunion nicht sehr willkommen sind, sehr wohl einer der Hintergründe gewesen sein mag. In diesem Augenblick indessen, in unserem Taxi, gab er Warner Watson den fachmännischen Rat, sich »zu entspannen«.

Watson, der sich mit merklich zitternden Händen eine Zigarette anzündete, meinte: »Entspannte Leute kriegen es nicht hin, daß so eine Produktion im Lande des Samowars dann auch wirklich spielt.«

Watson ist Ende Dreißig. Er hat angegrautes Bürstenhaar und schüchterne, resignierte Braunaugen. In seinem Gesicht wie in seinem ganzen Auftreten liegt etwas verschwommen Sanftmütiges, über seine Jahre hinaus Müdes. Ehemals Schauspieler, ist er der Everyman Opera seit deren Anbeginn im Jahre 1952 verbunden. In seiner Stellung kümmert er sich hauptsächlich darum, die Dinge, wie er es nannte, »hinzukriegen«. In den letzten vierzehn Tagen in Berlin hatte er sich in der Sowjetbotschaft nahezu eingemietet, in dem Bemühen, einige Dinge hinzukriegen. Ungeachtet dieser Anstrengungen war eine Vielzahl von Dingen verblieben, die einfach nicht zu packen gewesen waren. Hierzu gehörte die Angelegenheit mit den Pässen der Truppe, die zu diesem späten Termin noch immer unauffindbar in den Händen der Russen darauf warteten, mit dem Visum versehen zu werden. Weiterhin sah sich Watson allerlei Schwierigkeiten wegen des Zuges gegenüber, in dem die Truppe nach Leningrad reisen sollte. Die Leitung hatte vier Schlafwagen angefordert. Die Russen hatten ziemlich kategorisch erklärt, daß sie nur drei Zweiterklasse-Wagen mit »Liegebetten«-Einrichtung zur Verfügung stellen könnten. Zusammen mit einem Wagen für das Gepäck und einem für die szenische Ausstattung würden diese dem Blauen Expreß angehängt, einem fahrplanmäßig zwischen Ost-Berlin und Moskau verkehrenden russischen Zug. Die Schwierigkeit für Watson bestand darin, daß er von den Russen keinen Plan der Liegewagen erhalten konnte und daher nicht in der Lage war, Arrangements für die Verteilung der Schlafplätze auszuarbeiten. Also stellte er sich im Zug eine groteske Walpurgisnacht vor: »Mehr Leiber als Betten.« Auch war ihm noch nicht möglich gewesen zu erfahren, in welchen Hotels die Truppe jeweils in Leningrad oder Moskau untergebracht würde, neben anderen Details dieser Art. »Niemals sagen sie einem irgend etwas ganz. Nie alles auf einmal. Falls sie über A Bescheid sagen, tun sie es möglicherweise auch über B, aber zwischen beidem liegt eine ewig lange Warterei.«

Anscheinend jedoch übten die Russen selbst sich nicht in der gleichen Geduld, die sie von anderen verlangten. Vor wenigen Stunden war ein Telegramm aus Moskau gekommen, das Watson mit unter die Gründe für sein Händezittern rechnete. BIS HEUTE ABEND ORCHESTERSTIMMEN BOTSCHAFT BERLIN ABGEBEN SONST PREMIERE LENINGRAD VERSCHOBEN UND HONORARABZUG. Die Sowjets hatten seit Wochen die Orchesterstimmen verlangt, weil ihre Musiker schon vor Eintreffen der Truppe proben sollten. Breen aber hatte sich aus Angst, die Orchesterstimmen – sein einziges Exemplar – könnten unterwegs verlorengehen, bisher geweigert, dem nachzukommen. Dieses telegrafische Ultimatum mit seinem schrecklichen letzten Wort schien ihn jedoch umgestimmt zu haben, und so war Watson jetzt unterwegs, um die Orchesterstimmen bei der Sowjetbotschaft abzuliefern.

»Keine Aufregung«, sagte Watson und wischte sich die Schweißtropfen von der Oberlippe. »*Ich* rege mich ja auch gar nicht auf. Wir werden das alles schon hinkriegen.«

»Entspannen«, mahnte Dr. Schupper.

Wieder in meinem Hotel, dem Kempinski, angelangt, wo ein großer Teil des Ensembles untergebracht war, ging ich bei Breens Appartement vorbei, um seine Frau Wilva zu besuchen. Sie war eben nach eintägiger Abwesenheit mit dem Flugzeug aus Brüssel zurückgekommen, wo sie einen Arzt hatte konsultieren müssen. Seit einiger Zeit unter Schmerzen am Blinddarm leidend, war sie tags zuvor in dem Bewußtsein nach Brüssel geflogen, daß sie möglicherweise sofort operiert werden müßte, wodurch ihre Teilnahme an der Rußlandreise hinfällig geworden wäre. Dabei war sie im vorigen Oktober zehn Tage in Moskau gewesen, um die Abmachungen über die Tournee mit dem Kulturminister durchzusprechen, und dies ›faszinierende‹ Erlebnis hatte sie begierig auf eine Wiederkehr in diese Stadt gemacht.

»Alles in Ordnung. Der Doktor sagt, ich kann fahren. Wieviel mir daran lag, wußte ich erst, als ich glaubte, es würde nichts werden«, sagte sie und lächelte ihr Lächeln, das weniger Stimmungsausdruck als einfach Begleiterscheinung ihrer eifrig bemühten, es gern allen rechtmachen wollenden Persönlichkeit ist. Mrs. Breen hat Grübchen und große braune Augen. Ihr ahornbraunes Haar trägt sie hochgenommen und mit riesigen Nadeln festgesteckt, die als Waffe dienen könnten. Im Augenblick trug sie ein violettes Wollkleid, die vorherrschende Farbe in ihrer Garderobe: »Robert ist ganz vernarrt in Violett.« Sie waren sich an der Universität von Minnesota begegnet, wo Breen und sie Theaterkunde als Hauptfach belegt hatten. Sie sind seit achtzehn Jahren verheiratet. Obgleich Mrs. Breen als Schauspielerin öffentlich aufgetreten ist – einmal als Shakespeares Julia –, gilt ihre volle Hingabe, nach den Worten einer ihrer Kolleginnen, eigentlich »Robert und Roberts Karriere. Wenn sie genug Papier finden könnte, würde sie die ganze Welt einpacken und ihm zu Füßen legen.«

Oberflächlich betrachtet, dürfte ein Mangel an Papier wohl kaum zu Mrs. Breens Problemen gehören, denn sie reist mit einem Gebirge aus Briefen, Zeitungsausschnitten und Akten. Die internationale Korrespondenz der Everyman Opera gehört zu ihren verantwortlichen Hauptaufgaben; dies und die Sorge dafür, daß die Theatergruppe bei »guter Laune« gehalten wird. In dieser zweiten Eigenschaft hatte sie aus Brüssel einen Packen Spielsachen mitgebracht, die zu Weihnachten in Leningrad an die Kinder des Ensembles verteilt werden sollten. »Falls ich sie Robert lange genug wegnehmen kann, um sie wieder zusammenpacken zu können«, sagte sie, auf das Badezimmer zeigend, wo seine Armada aufziehbarer Schiffchen in der gefüllten Wanne herumschwamm. »Robert ist verrückt nach Spielzeug. Im Grunde«, seufzte sie, »ist der Gedanke entsetzlich, wie ich das alles in Koffer hineinkriegen soll.« Einige der sichtbaren Gegenstände im Schlafzimmer und im Wohnraum, der gleichzeitig Büro war, boten offensichtliche Verpackungsschwierigkeiten dar, insbesondere ein an eine Wippe erinnernder großer Apparat, der als »Entspannungsbrett« bekannt ist. »Ich weiß nicht, warum ich das alles mit nach Rußland nehmen soll. Ich habe es überallhin mitgenommen. Es tut mir unbeschreiblich gut.«

Mrs. Breen erkundigte sich, ob ich mich auf die Fahrt mit dem Blauen Expreß freue, und war über alle Maßen glücklich zu hören, daß ich dies tue. »Oh, Robert und ich möchten um alles in der Welt diese Fahrt im Zug nicht missen! Jeder einzelne vom Ensemble ist derart reizend! Ich weiß, daß es so viel Spaß geben wird, von dem man später nie genug wird erzählen können. Aber«, sagte sie mit plötzlichem Kummer in der Stimme, der nicht ganz aufrichtig klang, »Robert und ich haben beschlossen zu fliegen. Selbstverständlich werden wir euch hier auf dem Bahnhof verabschieden – und dort pünktlich auf dem Perron stehen, wenn ihr in Leningrad einrollt. Jedenfalls *hoffe* ich das. Nur kann ich es noch nicht glauben, daß das wirklich passieren soll«. Sie stockte; einen winzigen Augenblick lang zerstörte ein Stirnrunzeln die Makellosigkeit ihrer Begeisterung. »Eines Tages werde ich Ihnen erzählen, was tatsächlich hinter allem steckt. Von den Leuten, die nicht wollten, daß es realisiert wurde! Oh, was haben wir für Schläge hinnehmen müssen.« Sie schlug sich gegen die Brust. »Richtige schwere Nackenschläge. Und doch immer geht es damit weiter. Bis zur allerletzten Minute«, sagte sie und blickte zu dem Bündel Telegramme auf dem Schreibtisch.

Von dem Breenschen Kummer war einiges allerdings bereits bekannt. So schien es zwar beispielshalber – den Gerüchten und der Reklame um dies sowjetische Abenteuer nach – eine allenthalben feststehende Tatsache, daß die Russen aus eigener Initiative und inspiriert durch den Geist von Genf, *Porgy and Bess* zur

Tournee in ihr Land eingeladen hätten. Nur hatte die Everyman Opera sich in Wahrheit selber eingeladen. Breen, der sich schon seit langem eine Reise nach Rußland als die logische Ausweitung für die »Tournee des guten Willens« seiner Theatergesellschaft vorgenommen hatte, setzte sich hin und schrieb einen Brief an den sowjetischen Ministerpräsidenten Marschall Bulganin, der alles in allem besagte, daß *Porgy and Bess* sich freuen würden, die Reise zu unternehmen, falls die UdSSR sie haben wolle. Diese Anfrage muß auf Bulganin einen günstigen Eindruck gemacht haben, denn er gab den Brief an das Kulturministerium weiter, jenes Regierungsmonopol, das unter der Leitung von Nikolai Michailow jeden Aspekt künstlerischen Lebens innerhalb der Sowjetunion kontrolliert. Theater, Musik, Film, Verlagswesen, Malerei, jede Betätigung dieser Art untersteht der eingehenden, nicht immer milden Überwachung durch das Kulturministerium, dessen Hauptsitz sich in Moskau befindet. Daher begann das Ministerium, anscheinend mit Bulganins Segen, Verhandlungen mit der Everyman Opera, wenngleich dies keine lässig getroffene Entscheidung gewesen sein dürfte. Lässig, meine ich, wie dies die Entscheidungen etwa im Falle der Comédie Française – deren Truppe ein Jahr zuvor in Moskau aufgetreten war – oder bei einem britischen Gastspiel mit *Hamlet* gewesen sein mögen, dem im August 1955 eine Moskauer Premiere zugestanden wurde. Jede dieser beiden Truppen hatte sich eines rückhaltlosen Erfolges erfreuen dürfen. Doch vom Standpunkt der anreisenden Künstler ebenso wie von dem der Gastgeber aus betrachtet, war das Risiko hierbei nur ein ästhetisches. Molière und Shakespeare geben nichts her für die heutigen Belange politischer Propaganda.

Das gleiche läßt sich von *Porgy and Bess* nicht sagen. Hier gab es allerhand auf beiden Seiten des Vorhangs, der amerikanischen wie der sowjetischen, was Sorgen machen konnte, denn, unter ein dialektisches Mikroskop geschoben, erweist sich die Gershwin-Oper als ein Reagenzglas, das von jener Sorte Bakterien überquillt, denen gegenüber das derzeitige russische Regierungssystem höchst allergisch ist. Sie ist hochgradig erotisch, ernstlicher Grund zur Bestürzung bei einer Nation, deren Gesetze so zimperlich sind, daß Menschen verhaftet werden können, weil sie sich in der Öffentlichkeit küßten. Sie ist gottesfürchtig; wieder und immer wieder betont sie die Notwendigkeit des Glaubens mehr an eine Welt über den Sternen als an jene unter ihnen; bekundet anschaulich in Lied und Dialog die Tröstungen, die aus dem religiösen Glauben erwachsen (»dem Opium fürs Volk«). Weiterhin verbreitet sie sich auf unkritische Weise über das Thema des Aberglaubens, nämlich im »Buzzard Song«. Als wären dies nicht fluchwürdige Themen genug, singt man auch noch laut heraus, daß die Menschen glücklich sein können mit »plenty of nothin'«, wahrhaftig: eine unwillkommene Botschaft.

Sicherlich wird das Kulturministerium diese Übelstände in Rechnung gezogen und dann überlegt haben, daß zwar eine bittere Pille wohl vorhanden, diese aber wenigstens verzuckert ist. Schließlich könnte, trotz aller Betonung vergnüglichen Volkslebens, die Situation der amerikanischen Neger, wie sie in *Porgy and Bess* dargestellt ist: als ausgebeutete Rasse auf Gnade und Ungnade den grausamen Weißen der Südstaaten preisgegeben, in drückender Not und abgesondert im Getto der Catfish Row lebend, nicht passender erdacht sein, wenn das Kulturministerium einen seiner eigenen Autoren mit der Aufgabe betraut hätte. Und so informierte denn das Ministerium Mitte des Sommers 1955 die Everyman Opera, daß man bereit sei, die roten Empfangsteppiche zu entrollen.

Derart gesichert, in Rußland willkommen zu sein, sah sich Breen nunmehr dem Problem gegenüber, wie er dorthinkommen würde, denn dazu brauchte man Geld, schätzungsweise hundertfünfzigtausend Dollar. Die ersten Zeitungsankündigungen über die an *Porgy and Bess* ergangene russische »Einladung«

ließ mehr oder weniger durchblicken, daß das State Department nicht allein die Seele dieses »noch nie dagewesenen Projekts« – wie Breen es bei Gelegenheit nannte –, sondern auch sein finanzielles Rückgrat sein würde. Breen glaubte dies, und zwar mit gutem Grund. Während der letzten paar Jahre hatte das State Department allgemein hohes Lob eingesteckt für seine moralische und finanzielle Unterstützung von *Porgy and Bess*, das unter anderem auch in der *New York Times* häufig kurz zusammenfassend als der »beste Gesandte« bezeichnet wurde, den das State Department je hinausgeschickt habe. Allein nach einer Reihe von Bettelreisen nach Washington entdeckte Breen sehr bald, daß er sich nicht länger auf die Protektion seiner Freunde am Potomac verlassen konnte. Offensichtlich fanden sie sein Projekt etwas allzu »nie dagewesen« oder, nach ihrer eigenen Formulierung, »politisch verfrüht«. Mit anderen Worten: nicht einen Cent.

In New Yorker Theaterkreisen ging die Theorie um, das State Department habe seine Unterstützung zurückgezogen, weil man befürchtete, die Oper biete zu viele Angriffsflächen für die Zwecke der Sowjetpropaganda. Diejenigen, die sich für diese Unternehmung einsetzten, sahen diese Haltung als unsinnig an. Ihrer Meinung nach stand eben die Tatsache, daß derlei sozialkritische Aspekte, wie sie die Oper enthielt, frei und offen auf der amerikanischen Bühne dargestellt werden konnten, den Möglichkeiten einer wirksamen Propaganda in dieser Richtung durchaus entgegen. Weiterhin argumentierte man, daß allein schon die Anwesenheit des Negerensembles in Rußland, ihr wohlhabendes Auftreten, ihre so offensichtlich nicht unter Druck gesetzte Offenheit, ihr gebildetes, ja weltläufiges Benehmen (»Nun ja«, sagte Mrs. Breen, »einige aus dem Ensemble sprechen drei oder vier Sprachen. Perfekt.«) dem russischen Volk ein anderes Bild vom amerikanischen Neger vor Augen führen könne als das Klischee, das noch immer Harriet Beecher Stowe bei den Sowjets zu einer Bestseller-Autorin macht.

Die offizielle Theaterzeitschrift *Variety* verbreitete als Gerücht eine andere, sehr offene Erklärung für den Umfall des State Departments. Ihm zufolge sollte sich das Internationale Austauschprogramm, Unterabteilung des American National Theatre and Academy (kurz ANTA genannt, dessen Ratschlägen in Theaterdingen man in Washington viel Gewicht beilegt), ablehnend geäußert haben mit der Begründung, daß das State Department bereits genug Gelder für *Porgy and Bess* ausgegeben habe und der ihm zur Verfügung stehende Fonds gleichmäßiger verteilt werden solle, um damit einen größeren Auswahlkatalog kultureller Austauschprogramme zu ermöglichen.

Dessenungeachtet wünschten ANTA und State Department der Everyman Opera viel Glück. Sie rückten ja nicht ab von ihr, sondern enterbten sie nur. Doch Glückwünsche erhöhten kaum Breens Bankguthaben, und während er noch die Möglichkeit erwog, den notwendigen Betrag durch private Subskriptionen aufzubringen, kam es zu einer unerwarteten Entwicklung. Die Russen traten vor und erboten sich, die ganze Rechnung zu bezahlen. Obgleich auch der schwächste Linguist noch die Bedeutung dieser Geste unschwer zu übersetzen vermochte, als genau dazu bestimmt, das State Department in Verlegenheit zu setzen, begrüßten die amerikanischen Anhänger des Breenschen Abenteuers sie eben um dieses Grundes willen, den sie damit bot. Sie hatten das Gefühl, diese Beschämung würde Washington eine weniger knauserige Haltung einnehmen lassen. Sie waren im Irrtum.

Da die Zeit drängte, blieb Breen daher nur die Wahl, entweder seinen Plan ganz aufzugeben oder eben die Sowjets Kapital daraus schlagen zu lassen. Ein Vertrag unterm Datum des 3. Dezember 1955 wurde in Moskau aufgesetzt zwischen dem Kulturministerium der UdSSR (»nachstehend als ›Ministerium‹ bezeichnet«) und der Everyman Opera, Inc. (»nachstehend als ›Gesellschaft‹ bezeichnet«). Der Vertrag besteht aus dreieinhalb engzeilig getippten Seiten und enthält einige seltsame Einzelheiten – so erklärt sich das Ministerium bereit, ein russisches Ensemblemitglied zu stellen, nämlich »eine zahme Hausziege«. Am schwersten jedoch wiegt der Artikel 5. Wenn man die gewundenen Formulierungen dieser langatmigen Klausel entwirrt, geht daraus hervor, daß die Theatergesellschaft für die Dauer ihres Aufenthaltes in der Sowjetunion wöchentliche Zahlungen von sechzehntausend Dollar erhalten soll, eine Summe, die erheblich unter ihren üblichen Gagen liegt, insbesondere da die Auszahlung »zur Hälfte in US-Dollar per Bankscheck auf New York, der Rest bar in Rubeln zum offiziellen Kurs« zu erfolgen habe. (Wie jedermann weiß, ist der offizielle Kurs willkürlich auf vier Rubel per Dollar festgesetzt. Die Meinungen darüber, was ein fairer Kurs sein würde, schwanken, doch ist es auf dem Moskauer schwarzen Markt möglich, zehn für eins zu bekommen, und wenn jemand bereit wäre, das Risiko der Mitnahme von Bargeld ins Ausland auf sich zu nehmen – wofür ihm ein Zwangsaufenthalt in Sibirien droht –, würde er in der Schweiz nur einen Dollar für ganze fünfzehn Rubel erhalten können.) Zusätzlich zu diesen geldlichen Abmachungen versprach der Artikel 5 noch, das Ministerium werde die Gesellschaft versorgen mit freier Unterkunft und Verpflegung in erstklassigen Hotels oder, auf der Fahrt, mit Schlafgelegenheiten und Verpflegung in einem Speisewagen. Fernerhin wird festgelegt und zugestanden, daß das Ministerium sämtliche Reisekosten für alle Mitglieder der Gesellschaft und den Transport der Bühnenausstattung auf dem Wege in und durch die Sowjetunion sowie zurück bis an eine europäische Grenze der Sowjetunion trägt.

Alles in allem investierten die Russen ungefähr einhundertfünfzigtausend Dollar. Dies sollte jedoch nicht als kulturelle Philanthropie gedeutet werden. Tatsächlich war es für sie ein gesundes Geschäft. Wenn jede Vorstellung ausverkauft war, was nahezu als sicher angenommen werden durfte, würde das Ministerium seine Investition verdoppeln, nämlich eine totale Gesamteinnahme im Gegenwert von dreihunderttausend Dollar haben. Wohingegen es sich auf der Basis des »Ministerium-Gesellschaft«-Vertrages und bei ordnungsgemäßer Gegenüberstellung von Einkommen und Betriebskosten errechnen ließ, daß die Everyman Opera rund viertausend Dollar pro Woche zusetzen würde. Wahrscheinlich hatte Breen ein Rezept ausgeknobelt, um einen solchen Verlust tragen zu können. »Aber was das ist, müssen Sie *mich* nicht fragen, Darling«, sagte Mrs. Gershwin. »Das ist ein völliges Mysterium.«

Während Mrs. Breen noch immer bei dem Thema »Nackenschläge« war, kam ihr Mann aus dem Studio zurück, wo er nach der diplomatischen Instruktionsstunde noch mit dem Ensemble geprobt hatte. Sie erkundigte sich, ob er einen Drink haben wolle. Er sagte ja, dringend. Kognak pur, bitte.

Breen ist um die Fünfundvierzig, mittelgroß und hat eine blendende Figur, die einem durch den Sitz seiner Garderobe ständig vor Augen gehalten wird, da er eine besondere Vorliebe für diese adretten Eisenhower-Jacketts und knappsitzende, sehr enggeschnittene, uniformähnliche Hosen hat. Er trägt eigens für ihn angefertigte Hemden, am liebsten in den Farben schwarz oder violett. Er hat schütteres blondes Haar und ist, drinnen wie draußen, selten ohne eine schwarze Baskenmütze zu sehen. Sein Gesicht – blaß und von glatter Magerkeit der Struktur – läßt je nach dem Ausdruck, ob ernst oder lächelnd, auf zwei völlig entgegengesetzte Persönlichkeiten schließen. In seinen ernsten Momenten, die Stunden dauern können, trägt er eine Maske reservierten Grübelns zur Schau, als posiere er vor einem Fotografen, der ihn ermahnte, nicht einen Muskel zu bewegen. Unweigerlich wird man erinnert, daß Breen, genau wie seine Frau, Shakespeare gespielt hat – und zwar die Rolle des Hamlet, in einer Theatergruppe, die kurz nach dem Kriege auf Europatournee ging – und sogar in Helsingör damit auftrat. Wenn aber Breen sich entspannt oder irgend etwas sein Interesse zu fesseln vermag, ist da ein geradezu physischer Wechsel zu außergewöhnlicher Lebendigkeit hin und einer jungenhaft grinsenden Nettigkeit. Schüchternheit, ein dünnhäutiges Ausgeliefertsein tritt anstelle der geistesabwesenden scheinbaren Selbstsicherheit. Dieses Dualistische an Breens Erscheinung mag erklären, wieso sich Angestellte der Everyman Opera in einem Atem beschweren konnten: »Man weiß nie, wie man mit Mr. Breen dran ist« und gleich darauf: »Den kann jeder ausnutzen. Er ist eben viel zu gutmütig.«

Breen trank einen Schluck Kognak und winkte mich dann ins Badezimmer, wo er mir zeigen wollte, wie eines der Spielzeugschiffchen funktionierte. Es war ein Blechkanu mit einem aufziehbaren Indianer, der paddelte. »Ist das nicht wunderbar?« sagte er, als der Indianer in der Wanne vor- und rückwärts paddelte. »Haben Sie so was schon mal gesehen?« Er hat die geschulte Stimme des Schauspielers, die in einem derart tiefen Register »sitzt«, daß sie ungewollt bombastisch klingt, und beim Sprechen bewegen sich seine manikürten Hände zu den einzelnen Worten, nicht aufgeregt nach Art der lateinischen Rasse, sondern in anmutig langsamer, feierlicher Weise, fast als zelebriere er eine Messe. Tatsächlich *hatte* Breen zuallererst kirchliche Ambitionen. Ehe sein Interesse sich der Bühne zuwandte, ging er ein Jahr lang auf die Priesterschule.

Ich fragte ihn, wie die Probe gegangen sei. »Nun ja, es ist ein gutes Ensemble«, sagte er. »Aber sie sind ein bißchen verwöhnt, sie nehmen es als zu selbstverständlich hin. Die Hervorrufe und Ovationen. Hingerissene Kritiken. Ich predige ihnen ständig, sie sollten begreifen, daß diese Rußlandfahrt nicht einfach irgendein Engagement ist. Wir müssen besser sein, als wir je zuvor gewesen sind.«

Wenn Breen erwartete, daß sich der in diesem letzten Satz enthaltene Wunsch bewahrheiten sollte, dann hatte er, nach Schätzung so mancher Beobachter, ein gut Stück Arbeit vor sich. Als

Breen und Coproduzent Blevin Davis 1952 die Gershwin-Oper zu neuem Leben erweckten, die bei ihrer Uraufführung durch die Theatre Guild 1935 geldlich und auch eigentlich den Kritiken nach ein Mißerfolg gewesen war, hatten sie auf ihrer Besetzungsliste William Warfield als Porgy, Leontyne Price als Bess und Cab Calloway als Sportin' Life. Seit damals waren nun die Stars ersetzt worden und selbst dieser Ersatz ersetzt, nicht immer durch Künstler von annähernd gleicher Qualität. Einen hohen Aufführungsstandard beizubehalten ist das, was dem Leiter eines jeden Serienerfolges am meisten Kopfschmerzen verursacht; und dies noch einmal so stark, wenn das Stück auf Tournee geht, wo die Anstrengung der nächtlichen Weiterreisen, das traumartige Vorübergleiten der Hotelzimmer und Restaurants, das elektrisch geladene Gefühlsklima um solche Gruppen, die ständig miteinander leben und arbeiten, alles zusammengenommen Faktoren sind, die eine zusätzliche Ermüdung schaffen, was sich häufig genug in der Aufführung widerspiegelt. Horst Koegler, ein Berliner Theaterkritiker, der, als er drei Jahre zuvor *Porgy and Bess* besprochen hatte – das damals im Rahmen der Berliner Festspiele in Deutschland erschien –, derart hingerissen gewesen war, daß er fünfmal hineinging, hatte jetzt, als er es wieder sah, das Gefühl, es sei »noch immer voll lebendiger Kraft und Charme, wenngleich die Aufführung wesentlich schlechter geworden ist«. In der vergangenen Woche hatte Breen seine Leute proben lassen bis zur Grenze dessen, was die Schauspielergewerkschaft noch gestattet; aber mochte es nun möglich sein, die Show zu einer erstklassigen Darbietung hochzupeitschen oder nicht, in bezug auf deren Aufnahme bei der Leningrader Premiere war Breen bar jeglichen Zweifels. Es würde einschlagen »wie eine Bombe«! Die Russen würden »wie vor den Kopf geschlagen« sein! Und – eine unwiderlegbare Voraussage: »Sie werden noch nie etwas Ähnliches gesehen haben!«

Als Breen eben seinen Kognak austrank, rief seine Frau aus

dem Nebenzimmer: »Du wirst dich fertigmachen müssen, Robert. Um sechs wollen sie dasein. Ich habe ein privates Eßzimmer reservieren lassen.«

»Vier Russen von der Botschaft«, erklärte Breen, während er mich zur Tür begleitete. »Wir haben sie zum Abendessen eingeladen. Bißchen Freundschaft schließen, nicht? Auf die kommt's an, auf die Freundschaft.«

Als ich wieder mein eigenes Zimmer im Kempinski betrat, fand ich auf meinem Bett ein dickes Paket, in einfaches braunes Packpapier gehüllt. Mein Name stand darauf, der Name des Hotels und die Zimmernummer, doch nichts sonst, was den Absender erkennen ließ. Es enthielt ein halbes Dutzend dicke antikommunistische Broschüren und eine handgeschriebene Karte ohne Unterschrift, auf der stand: »Sehr geehrter Herr, davor können Sie bewahrt bleiben.« Bewahrt, wie man annehmen mußte, vor den Schicksalen, die in der beigelegten Literatur beschrieben waren, wobei zumeist versichert wurde, es handle sich um echte Fälle, bei denen Menschen – in der Hauptsache Deutsche – hinter den Eisernen Vorhang gegangen waren, sei es freiwillig oder nach Gewaltanwendung – und man hatte nie wieder etwas von ihnen gehört. Es war alles so fesselnd, wie nur die Darstellung echter Fälle sein kann, und ich würde das Ganze hintereinanderweg verschlungen haben, hätte nicht das Telefon geklingelt.

Der Anrufer war Breens Sekretärin, Nancy Ryan. »Hören Sie zu«, sagte sie, »wie fänden Sie das, wenn wir miteinander schlafen würden? Im Zug, meine ich. Wie sich jetzt herausstellt, sind wohl jedesmal vier in einem Abteil, so daß wir es machen müssen wie die Russen, fürchte ich. Die legen immer Männlein und Weiblein zusammen. Wie dem auch sei, ich helfe bei der Bettenverteilung, und bei all den Freundschaften und Reibereien und denen, die zusammen fahren wollen, und denen, die ganz entschieden *nicht* mit jemandem wollen – also wirklich, es ist gräßlikh! Nun würde es die Situation etwas vereinfachen, wenn Sie und ich unser Abteil mit den Turteltauben teilen!«

Die sogenannten »Turteltauben« waren Earl Bruce Jackson, einer der drei alternierenden Darsteller des Sportin' Life, und Helen Thigpen, eine Sopranistin, die die Rolle der Serena spielt. Jackson und Miss Thigpen waren schon seit Monaten verlobt. Laut ausgegebenen Pressemeldungen der Everyman Opera planten sie, in Moskau zu heiraten.

Ich sagte Miss Ryan, dies Arrangement klänge ganz zufriedenstellend. »Das ist großartig«, sagte sie. »Schön, sehen wir uns also auf der Fahrt. Wenn unsere Visa überhaupt noch mal kommen sollten ...«

Am Montag, dem 19. Dezember, waren Pässe und Visa uns noch immer nicht zugestellt. Dessen ungeachtet begann an jenem Nachmittag gegen drei Uhr ein Trio gemieteter Busse in Berlin herumzufahren, um aus den Hotels und Pensionen, wo sie untergebracht gewesen waren, die Mitglieder der Everyman Opera einzusammeln und zu jenem Bahnhof in Ost-Berlin zu bringen, wo der Sowjetzug Blauer Expreß fahrplanmäßig um vier oder sechs Uhr oder Mitternacht abgehen sollte. Niemand schien Genaueres zu wissen.

Eine kleinere Gruppe, von der Warner Watson als von »unseren distinguierten Gästen« sprach, wartete gemeinsam in der Halle des Hotels Kempinski. Die distinguierten Gäste waren Persönlichkeiten, die eigentlich nichts mit *Porgy and Bess* zu tun hatten, aber dennoch von der Leitung eingeladen worden waren, die Truppe nach Rußland zu begleiten. Zu ihnen zählten: Herman Sartorius, ein New Yorker Bankier und guter Freund der Breens; ein Star-Kolumnist, Leonard Lyons, der den Sowjets im offiziellen Aktenstück über die Everyman Opera als deren »Historiograph« bezeichnet worden war, wobei man nur zu erwähnen vergaß, daß er seine Histörchen an die *New York Post* schikken würde; sowie ein weiterer Journalist, der Pulitzerpreisträger Ira Wolfert, in Begleitung seiner Frau Helen. Wolfert gehört zum Redaktionsstab von *Reader's Digest*, und die Breens, die umfangreiche Einklebebücher führen, hofften, daß er für diese Zeitschrift einen Artikel über ihr russisches Abenteuer schreiben würde. Mrs. Wolfert ist ebenfalls Schriftstellerin, Lyrikerin. »Eine *moderne* Lyrikerin«, betonte sie.

Lyons durchmaß die Halle mit ungeduldigen Schritten, auf den Bus wartend. »Ich bin so aufgeregt. Ich kann gar nicht schlafen. Kurz bevor ich aus New York fortfuhr, rief mich Abe Burrows an. Wir wohnen im gleichen Haus. Er sagte: Weißt du, wie kalt es in Moskau ist? Er hatte im Radio gehört, es sei vierzig Grad unter Null. Das war vorgestern. Haben Sie Ihre langen Unterhosen an?« Er lüpfte sein Hosenbein, um einen Streifen roter Wolle aufblitzen zu lassen. Für gewöhnlich ein adrett gekleideter Mann mit durchschnittlicher Figur, hatte Lyons sich derart gut auf die Kälte vorbereitet, daß er im Schmucke einer Pelzkappe und des pelzgefütterten Mantels mit ebensolchen Handschuhen und Schuhen aufgebauscht schien wie ein Ladendieb. »Meine Frau, Sylvia, hat mir drei Paar davon gekauft. Von Saks. Sie kratzen nicht.«

Herman Sartorius, der Bankier, mit Tagesanzug und konservativem Überzieher angetan, als sei er im Begriff, sich in die Wallstreet zu begeben, sagte darauf nein, er habe keine langen Unterhosen angezogen. »Ich hatte keine Zeit, irgend etwas einzukaufen. Außer einer Landkarte. Haben Sie je versucht, eine Karte von Rußland zu kaufen? Na, das ist wohl eine verflucht schwere Angelegenheit. Ich habe in New York das Unterste zuoberst kehren müssen, bis ich eine gefunden habe. Wird uns auf der Fahrt nützlich sein. Um zu wissen, wo wir sind.«

Lyons stimmte zu. »Aber», sagte er mit gedämpfter Stimme und ließ seine flinken schwarzen Augen rasch nach allen Seiten schießen, »lassen Sie sie lieber nicht sehen. Die werden das vielleicht nicht mögen. Eine Karte.«

»Hmm«, machte Sartorius gedehnt, als vermöge er den Gedankengängen von Lyons nicht ganz zu folgen. »Na schön, ich werde dran denken.« Sartorius hat graues Haar, die Größe, das Gewicht und die vornehme Reserviertheit, um jene Art von Vertrauen einzuflößen, die für einen Bankier so erwünscht ist.

»Ich habe einen Brief von einem Freund erhalten«, fuhr Lyons fort. »Präsident Truman. Er schreibt, daß ich mich in Rußland lieber vorsehen solle, da er nicht länger in der Lage sei, mich aus dem Gefängnis herauszuholen. Rußland! Das ist wie eine Datumsgrenze!« sagte er und blickte sich um, als suche er nach einer Bestätigung, daß seine gehobene Stimmung von anderen geteilt würde.

Mrs. Wolfert sagte: »Ich habe Hunger.«

Ihr Mann klopfte ihr beruhigend auf die Schulter. Die Wolferts, Eltern erwachsener Kinder, ähneln einander mit ihren gleichen rosigen Wangen und dem silbrigen Haar, ihrer langverheirateten, zur Ruhe gekommenen Gelassenheit. »Schon gut, Helen«, sagte er und zog dabei an seiner Pfeife. »Sobald wir im Zug sind, gehen wir gleich in den Speisewagen.»

»Klar«, sagte Lyons. »Kaviar und Wodka.«

Nancy Ryan kam durch die Halle gerannt, mit fliegendem Blondhaar und flatterndem Mantel. »Haltet mich nicht auf! Es ist was passiert!« Natürlich blieb sie von selber stehen und genoß es anscheinend, die schlimme Nachricht weitergeben zu können: »*Jetzt* sagen sie uns das erst! Zehn Minuten vor der Abfahrt! Daß es keinen Speisewagen im Zug gibt. Und es wird keiner angehängt, ehe wir nicht an der russischen Grenze sind. Dreißig Stunden!«

»Ich habe Hunger«, versetzte Mrs. Wolfert klagend.

Miss Ryan eilte weiter. »Wir tun, was wir können.« Womit sie meinte, daß die Leitung der Everyman Opera unterwegs sei, die Delikatessenläden Berlins zu plündern.

Es fing an zu dunkeln. Regenschleier sickerten durch die Straßen, als der Bus eintraf und mit einer vergnügt durcheinanderschreienden vollen Ladung Passagiere davonratterte, durch West-Berlin auf das Brandenburger Tor zu, wo die kommunistische Welt beginnt.

Im Bus saß ich hinter einem Paar, sie ein junges hübsches Mitglied des Ensembles und er ein ausgemergelter Jüngling, der angeblich ein West-Berliner Journalist war. Sie waren einander in einem Berliner Jazzkeller begegnet, vermutlich hatte er sich verliebt, jedenfalls begleitete er sie jetzt zum Abschiednehmen, unter Flüstern, Tränen und unterdrücktem Gelächter. Als wir uns dem Brandenburger Tor näherten, beteuerte er, daß er aussteigen müsse. »Es wäre gefährlich für mich, Ost-Berlin zu betreten.« Was, in der Rückschau, eine recht interessante Bemerkung war. Denn sollte da nicht einige Wochen später in Rußland ausgerechnet dieser gleiche junge Mann auftauchen, grinsend und schwänzelnd und ohne irgendeine stichhaltige Erklärung dafür, wie ihm das gelungen sei, noch immer mit der Behauptung, er sei Westdeutscher, Journalist und verliebt!

Jenseits des Brandenburger Tores fuhren wir vierzig Minuten lang durch die düsteren Bezirke des ausgebombten Ost-Berlin. Die beiden anderen Busse mit dem Rest der Truppe waren schon vor uns am Bahnhof eingetroffen. Wir gesellten uns zu den andern auf dem Bahnsteig, wo der Blaue Expreß wartend stand. Mrs. Gershwin war da und überwachte das Einladen ihres Gepäcks in den Zug. Sie trug einen Nutriamantel und über dem Arm einen Nerzmantel in Plastikhülle mit Reißverschluß. »Oh, der Nerz ist für Rußland, Darling. Darling«, sagte sie, »warum nennen sie ihn den Blauen Expreß? Wenn er doch überhaupt nicht blau ist?«

Er war grün, eine glänzende Ansammlung dunkelgrüner Wagen, die an eine Diesellokomotive angehängt waren. Die Buchstaben CCCP waren in Gelb auf die Seite eines jeden Wagens gepinselt und darunter in mehreren Sprachen die Bestimmungsorte des Zuges: Berlin - Warschau - Moskau. Sowjetische Zugbeamte, elegant ausstaffiert mit schwarzen Persianerkappen und Mänteln in glockiger Prinzeßform, waren am Eingang eines jeden Wagens postiert. Schlafwagenschaffner, schlichter gekleidet, standen neben ihnen. Beamte wie Schaffner rauchten Zigaretten aus langen Zigarettenspitzen à la Vamp. Während sie die Konfusion um sich herum betrachteten, das aufgeregte Durcheinanderwirbeln der Truppe, brachten sie es fertig, steinerne Uninteressiertheit zu wahren, ungeachtet der auffälligen Wißbegier jener Amerikaner, die sich ihnen näherten und sie anstarrten, als seien sie erstaunt - und sozusagen gekränkt - bei der Entdeckung, daß Russen zwei Augen am normalen Fleck haben.

Ein Schauspieler ging auf einen der Beamten zu. »Sagen Sie mal, mein Junge«, sagte er und deutete auf die Buchstaben an der Seite des Zuges, »was bedeutet denn das, CCCP?«

Der Russe zeigte mit der Zigarettenspitze auf den Mann. Stirnrunzelnd fragte er: »Sie sind deutsch?«

Der Schauspieler lachte. »Komisch würde ich aussehen als Deutscher. Scheint mir jedenfalls so.«

Ein zweiter Russe, ein Schaffner, sagte nun: »Sind Sie nicht deutsch?«

»Mann«, sagte der Schauspieler, »wollen den Quatsch mal klären.« Er sah sich auf dem Bahnsteig um und winkte Robin Joachim, einem jungen russischsprechenden New Yorker, den Everyman Opera engagiert hatte, als Dolmetscher diese Reise mitzumachen.

Die beiden Russen strahlten vor Vergnügen, als Joachim mit ihnen in ihrer eigenen Sprache zu reden begann; das Vergnügen machte Erstaunen Platz, da er ihnen erklärte, die Passagiere, die ihren Zug bestiegen, seien keine Deutschen, sondern »Amerikanski« auf dem Weg nach Leningrad und Moskau zwecks Aufführung einer Oper.

»Ist das nicht eigenartig?« wandte sich Joachim an eine Gruppe Zuhörer, zu denen auch Leonard Lyons gehörte. »Niemand hat ihnen auch nur ein Wort davon gesagt, daß wir im Zug sein würden. Sie haben noch nie etwas von *Porgy and Bess* gehört.«

Lyons, der erste Amerikaner, der sich vom Schock dieser Nachricht erholte, zerrte geschwind Notizbuch und Bleistift heraus. »Schön, was meinen sie dazu? Wie reagieren sie darauf?«

»Oh, die könnten gar nicht glücklicher sein«, sagte Joachim. »Sie sind außer sich vor Freude.«

Tatsächlich nickten und lachten die Russen. Der Beamte gab dem Schaffner einen herzhaften Klaps auf den Rücken und schrie einen Befehl.

»Was hat er gesagt?« erkundigte sich Lyons mit gezücktem Bleistift.

Joachim sagte: »Er hat ihm befohlen, Tee in den Samowar zu tun.«

Eine Bahnhofsuhr wies auf fünf nach sechs. Es kam zu Anzeichen der Abfahrt, Gepfeife, zuschlagenden Türen. In den Zugkorridoren begann ein Radio martialische Musik erdröhnen zu lassen, und die Truppe, nun alle eingestiegen, hing aus den Fenstern, um niedergeschlagenen deutschen Gepäckträgern zuzuwinken, von denen keiner die »kapitalistische Beleidigung« – als was die Volksdemokratie es bezeichne, wie man uns vorher warnend einschärfte – eines Trinkgeldes erhalten hatte. Plötzlich ertönte an jedem Fenster ein Hurraschrei. Das galt den Breens, Robert und Wilva, die auf dem Bahnsteig dahergestürzt kamen, gefolgt von einer Wagenladung Lebensmittel: Pappkartons voll Bier und Wein, Würstchen, Semmeln und Kuchenbrötchen, kaltem Aufschnitt, Äpfeln und Orangen. Es war eben nur noch Zeit, die Kartons in den Zug zu schieben, als die militärischen Fanfaren im Radio auch schon ihr Crescendo erreichten und die Breens mit tapferem Elternlächeln zusahen, wie ihr »noch nie dagewesenes Projekt« von ihnen fort in die Nacht hinausglitt.

Der Raum, den ich zugewiesen erhielt, war in Wagen 2, Abteil 6. Es schien mir größer als ein gewöhnliches Schlafwagenabteil und hatte etwas Anheimelndes an sich, trotz dem leider vorhandenen Radiolautsprecher, der nicht gänzlich abgestellt, und einer blauen Notlichtbirne, die in einer blauen Decke brannte und niemals ausgemacht werden konnte. Die Wände waren blau, die Fenster von blauen Plüschvorhängen umrahmt, zu denen die Polsterung der Sitze paßte. Es gab ein kleines Tischchen zwischen den Sitzen und darauf eine Lampe mit rosaseidenem Schirm.

Miss Ryan machte mich mit unseren Gefährten im Abteil 6 bekannt, Earl Bruce Jackson und seiner Braut Helen Thigpen, denen ich vorher noch nicht begegnet war.

Jackson ist groß und mager, energiegeladen, mit schrägstehenden Augen und einem melancholischen Gesicht. Er prangt in einem Spitzbärtchen, und seine Hände blitzen von Ringen mit Brillanten, Saphiren und Rubinen. Wir gaben uns die Hand. »Frieden, Bruder, Frieden. Das ist die Losung«, sagte er und fuhr mit dem Schälen seiner Apfelsine fort, wobei er die Schale auf den Fußboden fallen ließ.

»Nein, Earl«, erklärte Miss Ryan, »das ist *nicht* die Losung. Losung ist: Ordnung halten. Tun Sie Ihre Apfelsinenschalen in den Aschenbecher. Schließlich«, meinte sie mit einem Blick aus dem Fenster, wo die einsamen letzten Lichter von Ost-Berlin verglommen, »wird dies hier unser Zuhause sein für eine verteufelt lange Zeit.«

»Stimmt, Earl. Unser Zuhause«, sagte Miss Thigpen.

»Frieden, Bruder, Frieden. Das ist die Losung. Muß man den Jungen daheim in New York erzählen«, sagte Jackson und spuckte ein paar Kerne aus.

Miss Ryan begann einen Teil des von den Breens in letzter Minute angebrachten Mundvorrats zu verteilen. Seufzend wies Miss Thigpen eine Flasche Bier und ein Salami-Sandwich zurück. »Ich weiß nicht, was ich essen soll. Nichts davon paßt in meine Diät. Seit ich Earl kenne, habe ich mit Diät begonnen und einundfünfzig Pfund abgenommen. Fünf Eßlöffel Kaviar sind zusammen hundert Kalorien.«

»Lieber Gott noch mal, das hier ist doch kein Kaviar«, sagte Miss Ryan, mit vollem Mund an ihrem Salamibrot kauend.

»Ich denke eben an die Zukunft«, sagte Miss Thigpen düster. Sie gähnte. »Jemand was dagegen, wenn ich meinen Morgenrock anziehe? Wir können's uns ebensogut gemütlich machen.«

Miss Thigpen, Konzertsängerin, bis sie sich vor vier Jahren dem *Porgy and Bess*-Ensemble anschloß, ist eine kleine rundliche Person, verschwenderisch gepudert. Sie trägt die höchsten Hakken, die riesigsten Hüte und ist freigebig besprüht mit Joy (»Der Welt kostbarstes Parfum«).

»He du, Hübsche«, sagte Jackson, indem er die Anstrengungen seiner Braut, es sich gemütlich zu machen, bewunderte. »Da muß man ›sieben, sieben, drei‹ ausspielen, und Frieden ist die Lösung. Olala!«

Miss Thigpen ignorierte seine Komplimente. »Earl«, sagte sie, »es war doch São Paulo, Süßer?«

»War was?«

»War wo wir uns verlobt haben.«

»Ja. São Paulo, Brasilien.«

Miss Thigpen schien erleichtert. »Das habe ich auch Mr. Lyons erzählt. Er wollte es nämlich wissen. Das ist der, der für die Zeitung schreibt. Kennst du ihn schon?«

»Ja«, sagte Jackson. »Hab' diesem Kerl eben mal die Pfote gegeben.«

»Vielleicht haben Sie's schon gehört?« sagte Miss Thigpen und schaute mich an. »Daß wir in Moskau heiraten werden. Earls

Idee. Ich habe nicht mal gewußt, daß wir verlobt sein sollten. Ich habe einundfünfzig Pfund abgenommen, aber wußte nicht, daß wir verlobt waren, bis Earl diese Idee hatte, wir sollten in Moskau heiraten.«

»Muß ja 'ne Sensation sein«, sagte Jackson, und obgleich er mit seinen ringglitzernden Fingern schnippte, war sein Ton doch ernst, sprach er langsam, als stelle er dazu ausgedehnte Betrachtungen an. »Das erste amerikanische Neger-Brautpaar, das in Moskau heiratet. Das gibt Titelseiten. Das gibt Fernsehen.« Er wandte sich an Miss Thigpen. »Und ich möchte nicht, daß du noch weiter diesem Kerl, dem Lyons, was darüber erzählst. Erst wenn wir wissen, daß da die Wellenlänge stimmt. Bei so einer Riesensache muß man erst genau spüren, ob die Wellenlänge stimmt.«

Miss Thigpen sagte: »Sie müßten Earls Hochzeitsanzug sehen. Den hat er sich in München machen lassen.«

»Doll, Mann, ganz doll«, sagte Jackson. »Brauner Frack mit champagnerfarbenem Seidenrevers. Dazu passende Schuhe, buh. Und über dem Ganzen habe ich einen brandneuen Überzieher mit einem – wie heißt das Zeug – Persianerkragen. Aber Mann, da kriegt niemand auch nur was von fern zu sehen, nicht vor dem großen Tag.«

Ich erkundigte mich, wann das sein würde, und Jackson gab zu, daß noch kein genaues Datum bestimmt sei. »Mr. Breen wird die ganze Sache arrangieren. Er redet mit den Russen darüber. Wird für die ja auch 'ne große Sache sein.«

»Sicher«, sagte Miss Ryan, Apfelsinenschalen vom Boden aufsammelnd. »Macht Rußland zum Weltgespräch.«

Miss Thigpen legte sich lang in ihrem Morgenrock und machte sich daran, eine Partitur zu studieren, schien jedoch beunruhigt, unfähig, sich zu konzentrieren. »Mich quält daran nur, daß es nicht legal ist. Bei uns daheim wird das in einigen Staaten nicht für gültig angesehen, wenn jemand in Rußland geheiratet hat.«

»*Welchen* Staaten?« fragte Jackson in einem Ton, als nehme er nur erneut ein lästiges Streitgespräch mit ihr auf.

Miss Thigpen überlegte. »Verschiedenen«, sagte sie schließlich.

»In Washington, D. C., ist es gültig«, erklärte er ihr. »Und das ist deine Heimatstadt. Wenn's also in deiner Heimatstadt gültig ist, was mußt du dich aufregen?«

»Earl«, sagte Miss Thigpen müde, »warum siehst du nicht nach, wo deine Freunde sind, und spielst mit ihnen Tonk?«

Tonk, bei gewissen Elementen des Ensembles sehr beliebt, ist eine mit fünf Blatt gespielte Abart des gewöhnlichen Rummy. Jackson klagte, daß es sinnlos sei, wenn er ein Spiel zustande zu bringen suchte. »Wir können nirgends spielen. Die Hasardeure sind alle mit lauter Spießbürgern zusammen ins Abteil gestopft worden.«

Unsere Abteiltür stand offen, und draußen kam Ducky James vorbei, ein knabenhafter blonder Engländer, der Requisiteur der Tournee war und in seinem Cockneyakzent ausrief: »Wenn einer was zu trinken will, wir haben bei uns 'ne Bar eingerichtet. Martinis … Manhattans … Whisky …«

»Dieser Ducky!« meinte Miss Thigpen. »Wenn das kein Glückspilz ist! Wundert mich nicht, daß er ausschenkt. Wissen Sie, was dem passiert ist? Gerade als wir in den Zug gestiegen sind, kriegt er doch kurz vorher noch dieses Telegramm. Seine Tante ist gestorben. Hat ihm neunzigtausend Pfund hinterlassen.«

Jackson stieß einen Pfiff aus. »Wieviel ist das in richtigem Geld?«

»Zweihundertsiebzigtausend Dollar ungefähr«, sagte Miss Thigpen. Dann, als ihr zukünftiger Gatte aufstand, um das Abteil zu verlassen: »Wohin gehst du, Earl?«

»Mir ist nur eingefallen, ich wollte mal sehen, ob Ducky Tonk spielt.«

Gleich drauf hatten wir Besuch von Twerp, einem reinweißen Boxerbaby, das in unser Abteil getrottet kam und sich prompt als nicht stubenrein erwies. Die kleine Dame gehörte der Garderobiere unserer Gesellschaft, einer jungen Frau aus Brooklyn namens Marilyn Putnam. Miss Putnam erschien denn auch rufend: »Twerp! Twerp! Ach, da bist du, du kleines Mistvieh. Ist sie nicht ein kleines Mistvieh?«

»Ja«, sagte Miss Ryan, auf allen vieren am Boden, den Teppich mit zerknülltem Zeitungspapier abreibend. »Wir müssen hier drin nämlich leben, Himmel noch mal.«

»Den Russen macht das nichts«, verteidigte sich Miss Putnam, schaufelte ihr kleines Hundevieh hoch und gab ihm einen Kuß auf die Stirn. »Twerp hat sich den ganzen Korridor rauf und runter schlecht benommen – was, Engelchen? Die Russen lächeln bloß. *Die* verstehen, daß sie eben ein Baby ist.« Sie wandte sich ab, um hinauszugehen, und stieß in der Tür fast mit einem Mädchen zusammen, das da heulend stand. »Mein je, Delirious«, sagte sie zu dem Mädchen, »Schätzchen, was ist denn los – bist du krank?«

Das Mädchen schüttelte den Kopf. Ihr Unterkiefer bebte, in ihren großen Augen zitterten erneut die Tränen.

»Delirious, Liebchen, gräm dich nicht so«, sagte Miss Thigpen. »Setz dich hin. Erzähl, was los ist.«

Das Mädchen setzte sich. Sie hieß eigentlich Dolores Swann, hatte aber, wie viele vom Ensemble, einen Spitznamen bekommen, der im Fall dieses kleinen Wirrkopfes recht bezeichnend war: Delirious. Sie singt im Chor und hat rotes Pudelschnitt-Haar. Ihr blaßgoldenes Gesicht ist so rund wie ihre Augen und hat den gleichen naiven Revuegirl-Ausdruck. Sie schluckte heftig und jammerte: »Ich habe meine beiden Mäntel verloren. Alle beide. Meinen Pelz und den blauen dazu. Ich habe sie auf dem Bahnhof gelassen. Und ohne Versicherung oder irgendwas.«

Miss Thigpen kluckte besorgt mit der Zunge. »So was kann auch nur dir passieren, Delirious.«

»Aber ich kann nichts dafür«, sagte Miss Swann. »Ich hatte doch solche Angst. Ich war nämlich nicht mitgenommen worden. Ich hatte den Bus verfehlt. Und es war entsetzlich, rumrennen zu müssen auf der Suche nach einem Taxi, das mich zum Bahnhof bringen würde. Weil keiner von denen nach Ost-Berlin fahren wollte. Na, und dieser Mensch sprach dann schließlich Englisch, und ich tat ihm leid, und er sagte, er würd's tun. Na, war das gräßlich! Weil uns immerzu die Polizei anhielt und Fragen stellte und Ausweise sehen wollte und – ach, ich war überzeugt, daß ich da in Nacht und Dunkelheit steckenbleiben würde mit lauter Polizei und Kommunisten und sonstwas. Ich war überzeugt, daß ich keinen von euch je wiedersehen würde.«

Das Nacherleben dieser bittern Prüfung brachte neue Tränen zum Vorschein. Miss Ryan schenkte ihr einen Kognak ein, und Miss Thigpen nahm beruhigend ihre Hand: »Ist ja alles gut, Liebchen.«

»Aber ihr könnt euch vorstellen, wie mir zumute war, wie erleichtert ich war, als ich auf den Bahnhof kam – und da wart ihr alle. Ihr wart nicht ohne mich fortgefahren. Ich wollte am liebsten jeden einzelnen umarmen. Ich hab dann Ducky umarmt und dabei ganz meine Mäntel vergessen. Bis vor einer Sekunde.«

»Du mußt es so ansehen, Delirious«, sagte Miss Thigpen und mühte sich um einen Satz, der trösten konnte, »denk immer dran, daß du der einzige Mensch bist, der jemals nach Rußland ohne Mantel gereist ist.«

»Ich weiß etwas noch viel Einzigartigeres, auf das *wir* alle Anspruch erheben können«, sagte Miss Ryan. »Nicht nur einzigartig, sondern glatt verrückt. Ich meine, da sind wir nun allesamt und rattern los nach Rußland: ohne Paß. Keinen Paß, kein Visum, gar nichts.«

Eine halbe Stunde drauf stimmte dieser von Miss Ryan erhobene Anspruch nicht mehr so ganz, denn als der Zug in Frankfurt an der Oder hielt, Kennzeichen der deutsch-polnischen Grenze, bestieg eine Gruppe Beamter den Zug und kippte – im wahrsten Sinne des Wortes – die langvermißten Pässe der Truppe in Warner Watsons Schoß.

»Ich versteh' das nicht«, sagte Watson, als er durch den Zug wanderte, um die Pässe ihren Eigentümern auszuhändigen. »Noch heute morgen hat mir die Russische Botschaft mitgeteilt, die Pässe seien nach Moskau gegangen. Jetzt tauchen sie plötzlich an der polnischen Grenze auf.»

Miss Ryan durchblätterte rasch den ihren und fand eine große Leere auf den Seiten, wo die Russen das Visum eingestempelt haben sollten. »Um Gottes willen, Warner, da ist doch gar nichts.«

»Sie haben ein Sammelvisum erteilt. Sie haben schon oder sie werden erst – fragen Sie mich nicht, was«, sagte Watson, wobei seine schüchterne, müde Stimme zu einem heiseren Flüstern abrutschte. Er war grau im Gesicht, und die violetten Schatten der Erschöpfung unter seinen Augen waren wie aufgesetzte Farbkleckse.

»Aber Warner …«

Watson winkte protestierend ab. »Ich bin kein Mensch mehr«, sagte er. »Ich muß mich hinlegen. Ich werde mich hinlegen und liegenbleiben, bis wir nach Leningrad kommen.«

»Na ja, schade«, sagte Miss Ryan, während Watson floh, »es ist wirklich ein Jammer, daß wir keinen Stempel in unsere Pässe kriegen. Ich mag solche Souvenirs.«

Dem Fahrplan nach sollte der Zug an der Grenze vierzig Minuten Aufenthalt haben. Ich beschloß auszusteigen und mich umzusehen. Am Ende des Wagens fand ich die Zugtür offen und begab mich die schmalen Eisenstufen hinunter, die zu den Geleisen führten. Weit voraus konnte ich die Lichter eines Bahnhofs erblicken und eine dunstige rote Laterne, die vor- und rückwärts schwankte. Aber es war dunkel, wo ich war, bis auf die gelben Lichtquadrate, die die Zugfenster warfen. Ich wanderte an den Geleisen entlang, genoß das erfrischende Gefühl der Kälte und überlegte vor mich hin, ob ich wohl in Deutschland oder Polen sei. Plötzlich bemerkte ich auf mich zurennende Gestalten, eine Reihe Schatten, die sich beim Näherkommen als drei Soldaten erwiesen, blasse plattgesichtige Menschen mit unbequemen knöchellangen Mänteln und Bajonetten an den um die Schulter geschnallten Gewehren. Schweigend starrten sie mich an. Dann zeigte einer von ihnen auf den Zug; er knurrte etwas und bedeutete mir, daß ich dorthin zurück müßte. Wir marschierten zusammen los, wir vier, und ich sagte auf Englisch, es tue mir leid, ich habe nicht gewußt, daß Passagieren das Aussteigen nicht erlaubt sei. Es kam keine Antwort, nur erneutes Knurren und Antreiben. Ich kletterte die Stufen hinauf und wandte mich zurück, um ihnen zu winken. Sie winkten nicht wieder.

»Schätzchen, Sie sind doch nicht etwa draußen gewesen?« sagte Mrs. Gershwin, an deren Abteil ich auf dem Rückweg vorüberkam. »Also, das sollten Sie lieber nicht tun. Das ist gefährlich.« Mrs. Gershwin war die eine der beiden Personen, die ein Abteil für sich hatten. (Das andere hatte Leonard Lyons, der diese Abgeschiedenheit dadurch erreichte, daß er auszusteigen drohte, falls seine vorgesehenen Abteilgenossen, Herman Sartorius und Warner Watson, nicht ausquartiert würden. »Das hat gar keine persönlichen Gründe«, sagte er, »aber ich bin ein arbeitender Mensch. Ich muß tausend Worte pro Tag produzieren. Ich kann nicht schreiben, wenn da lauter Wesen um mich rumsitzen.« Sartorius und Watson waren also gezwungen gewesen, sich mit den

Wolferts zusammenzutun. Mrs. Gershwin hingegen war zu ihrer Solo-Situation einfach gekommen, weil sie – nach Ansicht der Tournee-Leitung – »es eben verdient. Sie ist doch eine Gershwin.« Ohne ihre Brillanten abzulegen, hatte sich Mrs. Gershwin unterdes Hosen und Pullover angezogen, sich ein Band ins Haar geflochten und die Füße in etwas Federleichtes, Winziges gesteckt. »Es muß doch eisig draußen sein. Ich sehe Schnee auf dem Boden. Sie sollten heißen Tee trinken. Mmmmm, der ist köstlich«, sagte sie und schlürfte den dunklen, fast schwarzen Tee aus einem hohen Glas in silbernem Halter mit silbernem Griff. »Dieser reizende kleine Mensch da draußen braut ihn auf seinem Samowar.«

Ich ging auf Suche nach dem Teekoch, der Schaffner in Wagen 2 war; doch als ich ihn, am Ende des Korridors, fand, schlug er sich mit mehr als nur dem brodelnden Samowar herum. Twerp, der kleine Boxer, kläffte zwischen seinen Füßen und schnappte nach seinen Hosenbeinen. Außerdem mußte er noch einem eingehenden Interview standhalten, bei dem ihm Lyons die Fragen stellte und Robert Joachim als Dolmetscher fungierte. Der kleine, hagere Russe hatte ein eingedrücktes Pekinesengesicht, von Falten durchzogen, die eher auf schlechte Ernährung als Alter hinzudeuten schienen. Sein Mund war voller Stahlplomben, und die Augenlider sackten ihm herunter, als sei er im Begriffe einzuschlafen. Zwischen dem Teeausschenken und Abwehren von Twerp beantwortete er das Maschinengewehrfeuer von Lyons' Fragen wie eine verblühte Hausfrau dem Sittenrichter. Er sagte, er sei aus Smolensk. Er sagte, seine Füße täten ihm weh, sein Rücken tue ihm weh, und er habe ständig Kopfschmerzen vor Überarbeitung. Er sagte, er verdiene nur zweihundert Rubel im Monat und fände, er sei unterbezahlt. Er sagte ja, er würde sehr gern ein Trinkgeld nehmen.

Lyons hielt in seinen Notizen inne und meinte: »Ich wußte nicht, daß sie sich überhaupt beklagen dürfen. Nach allem, was er da sagt, habe ich den Eindruck, daß dieser Bursche unzufrieden ist.«

Der Schaffner gab mir einen Tee und bot mir gleichzeitig aus einem zerknüllten Päckchen eine seiner Zigaretten an. Sie bestand zu zwei Dritteln aus Filter und einem Drittel aus Tabak, genug für sieben bis acht mühsame Züge, wenngleich ich nicht einmal in den Genuß von so vielen kam, denn als ich mich eben wieder meinem Abteil zuwenden wollte, zog der Zug mit einem so unvermittelten Ruck an, daß mir Tee wie Zigarette entflogen.

Marilyn Putnam steckte den Kopf auf den Gang hinaus. »Heiliger Himmel«, sagte sie mit einem Blick auf das angerichtete Unheil, »hat das Twerp gemacht?«

In Abteil 6 waren die Betten für die Nacht hergerichtet – genauer gesagt, für die ganze Reise, denn sie wurden nie wieder angerührt. Ein sauberes grobes Laken, ein knisterndes Kopfkissen, das nach Heu roch, eine einzige dünne Decke. Miss Ryan und Miss Thigpen hatten sich schon zum Lesen ins Bett gelegt, nachdem sie das Radio so leise gestellt hatten, wie es nur ging, und das Fenster einen Fingerbreit geöffnet.

Miss Thigpen gähnte und fragte mich: »Haben Sie Earl gesehen, Herzchen?«

»Allerdings«, versicherte ich. »Er bringt Ducky Tonk bei.«

»Oh«, gickerte Miss Thigpen verschlafen, »dann wird Earl nicht vor Morgengrauen eintrudeln.«

Ich streifte meine Schuhe ab und legte mich auf mein Lager, mit dem Vorsatz, daß ich mich in Kürze vollständig ausziehen wollte. Von oben her, aus dem Bett über dem meinen, hörte ich ein Gemurmel von Miss Ryan, als lese sie halblaut vor sich hin. Es stellte sich heraus, daß sie Russisch lernte und zu diesem Zwecke einen alten englisch-russischen Sprachführer benutzte, der von der amerikanischen Armee seinerzeit im Kriege für ihre

Soldaten herausgegeben worden war, falls sie in Kontakt mit den Russen kommen würden.

»Nancy«, sagte Miss Thigpen wie ein Kind, das um eine Gutenachtgeschichte bettelt, »Nancy, sagen Sie uns was auf russisch.«

»Das einzige, was ich bisher kann, ist *War-ga-ny ranen* ...« Miss Ryan stockte und holte tief Luft. »... *W-pa-la-vyje*. Puh! Ich wollte ja auch nur das Alphabet lernen. Damit ich die Straßenschilder lesen kann.«

»Aber das klang hübsch, Nancy. Was heißt es denn?«

»Das heißt, ›ich bin am Geschlechtsteil verwundet‹.«

»Also hören Sie, Nancy«, sagte Miss Thigpen verwirrt, »wozu um Himmels willen machen Sie sich die Mühe, so was auswendig zu lernen?«

»Schlafen wir«, sagte Miss Ryan und machte ihr Leselämpchen aus.

Miss Thigpen gähnte wiederum und zog sich die Decke bis ans Kinn. »Ich bin schon ziemlich im Begriff.«

Als ich so dalag, spürte ich bald die Stille greifbar durch den Zug wandern, in die Abteile sickernd wie das frostige Licht der blauen Notbeleuchtung. An den Fensterwinkeln bildete sich Reif; es war wie ein umgekehrtes Netzeweben. Aus dem abgedämpften Radio kam die zitterige Musik eines Balalaika-Orchesters; wie ein seltsamer, verlorener Kontrapunkt dazu spielte irgendwo in der Nähe irgend jemand Akkordeon.

»Hört ihr?« machte uns Miss Thigpen flüsternd auf die Akkordeonklänge aufmerksam. »Das ist Junior«, erklärte sie und meinte damit Junior Mignatt, ein blutjunges Ensemble-Mitglied, noch keine zwanzig. »Könnt ihr verstehen, daß der Junge Heimweh hat? Der ist aus Panama. Er hat noch niemals Schnee gesehen.«

»Schlafen wir«, sagte Miss Ryan. Das Fauchen des Nordwinds vom Fenster schien ein Echo ihres Befehls. Kreischend fuhr der Zug in einen Tunnel. Für mich, der ich völlig angezogen in Schlaf gesunken war, währte der Tunnel die ganze Nacht.

Kälte weckte mich. Schnee wehte durch den winzigen offenen Fensterspalt. Am Fußende meines Lagers hatte sich genug gesammelt, daß ich einen Schneeball zusammenscharren konnte. Ich stand auf, froh, mit den Kleidern ins Bett gegangen zu sein, und schloß das Fenster. Es war gänzlich vereist. Ich putzte eine Stelle frei, bis ich hinausschauen konnte. Am Rande des Himmels deutete sich der Sonnenaufgang an, doch es war noch immer dunkel und die Spuren morgendlichen Lichtes wie Goldfische, die in Tinte schwammen. Wir befanden uns in den Außenbezirken einer Stadt. Ländliche lampenbeleuchtete Häuser machten Betonklötzen mit elenden, gleichaussehenden Etagenhäusern Platz. Der Zug rumpelte über eine Brücke, die eine Straße überspannte; unten kielholte eine gebrechliche Straßenbahn, gepackt voll Menschen auf dem Wege zur Arbeit, wie ein wackliger Rennschlitten um eine Kurve. Sekunden später fuhren wir in einen Bahnhof ein, der, wie mir jetzt klar wurde, Warschau sein mußte. Auf einem düsteren, tiefverschneiten Bahnsteig standen dicht zusammengedrängt Menschenhorden, mit den Füßen stampfend und die Hände gegen die Ohren schlagend. Ich sah, wie unser Schaffner, der Teekoch, sich zu einer dieser Gruppen gesellte. Er wies gestikulierend auf den Zug und sagte etwas, das sie lachen machte. Eine Explosion von Atemrauch erfüllte die Luft. Noch immer lachend, näherten sich einige Männer dem Zuge. Ich schlüpfte ins Bett, weil sie offensichtlich durch die Fenster hereinspähen wollten. Ein verzerrtes Gesicht nach dem anderen preßte sich gegen das Glas. Gleich darauf hörte ich einen kurzen Aufschrei. Er kam von einem weiter vorn liegenden Abteil und klang wie Dolores Swann. Ihr Schreien war begreiflich, wenn sie aufgewacht war, um eine dieser vereisten Masken sich undeutlich am Fenster abzeichnen zu sehen. Wenngleich keiner meiner eigenen Gefährten davon aufgestört wurde, horchte ich doch in Erwartung einer Aufregung irgendwo im Wagen, aber wieder kehrte nur Stille ein, bis auf Twerp, der in so regelmäßigen Abständen zu bellen anfing, daß ich davon neuerlich in Schlaf versank.

Als ich um zehn die Augen aufmachte, waren wir in einer kristallenen Einöde aus gefrorenen Flüssen und Feldern von Schnee. Hier und da, wie Druckerschwärze auf Papier, unterbrach Nadelgehölz streckenweise die weiße Fläche. Krähenflüge schienen über einem Himmel Schlittschuh zu laufen, der hart und glänzend war wie Eis.

»Mann«, sagte Earl Bruce Jackson, der eben erwacht war und sich verschlafen kratzte, während er zum Fenster hinausstarrte, »ich kann da nur sagen: Bei denen hier wachsen keine Orangen.«

Der Waschraum in Wagen 2 war ein ungeheiztes und unfreundliches Gemach. Es gab ein rostiges Waschbecken mit den üblichen zwei Hähnen, heiß und kalt. Unglücklicherweise tröpfelte aus beiden nur ein kaltes Rinnsal. An jenem ersten Morgen wartete eine lange Schlange Männer an der Waschraumtür, in einer Hand die Zahnbürste, in der anderen Rasierzeug. Ducky James hatte die Idee, den Schaffner, der geschäftig in seinem kleinen Kohlenfeuer unter dem Samowar herumstocherte, zu bitten, sich von einem Teil seines Teewassers zu trennen und »uns armen Kerlen 'ne Chance für eine anständige Rasur zu geben«. Jedermann hielt das für einen glänzenden Gedanken bis auf den Russen, der, als man ihm dies Verlangen übersetzt hatte, seinen Samowar ansah, als blubberten in ihm zerschmolzene Diamanten. Dann tat er etwas Merkwürdiges. Er trat auf jeden einzelnen zu und fuhr ihm mit den Fingerspitzen über die Wangen, um die Bartstoppeln zu prüfen. Es lag eine Zärtlichkeit in dieser Bewegung, die sie denkwürdig machte. »Junge«, sagte Ducky James, »der ist aber rührend.«

Aber der Schaffner schloß seine Nachforschungen mit einem Kopfschütteln ab. Ganz entschieden nein, *njet*, er würde es nicht weggeben, sein heißes Wasser. Der Zustand der Bärte der Herren rechtfertige ein solches Opfer nicht, und überdies sollte ein »realistischer« Mann auf Reisen erwarten, unrasiert bleiben zu müssen. »Mein Wasser ist für Tee«, sagte er. »Heiß und süß und den Geist belebend.«

Ein dampfendes Glas davon ging mit mir in den Waschraum. Ich benutzte den Tee zum Zähneputzen und verwandelte ihn, mit Seife kombiniert, zu Rasiercreme. Ziemlich klebrig, aber keineswegs schlecht.

Im Vollgefühl meiner Sauberkeit begann ich daraufhin eine Besuchsrunde. Der Insasse von Abteil 1, Leonard Lyons, hatte ein berufliches Tête-à-tête mit Earl Bruce Jackson. Klar, daß Jackson seine Furcht überwunden hatte, Lyons könne nicht die richtige »Wellenlänge« besitzen, denn er war dabei, ihm die Einzelheiten seiner bevorstehenden Moskauer Hochzeit zu schildern.

»Großartig, Jackson«, sagte Lyons und kritzelte eifrig. »Brauner Frack. Champagnerfarbene Seidenrevers. So – wer wird Ihr Brautführer sein?«

Jackson berichtete, daß er Warner Watson aufgefordert habe, ihm diesen Dienst zu erweisen. Lyons schien nur widerstrebend diese Wahl gutzuheißen. »Hören Sie«, sagte er und tippte Jackson gegen das Knie, »haben Sie noch nie daran gedacht, eine – nun ja, bedeutende Persönlichkeit zu bitten?«

»Wie Sie, meinen Sie?«

»Wie Chruschtschow«, sagte Lyons. »Wie Bulganin.«

Jackson kniff die Augen zusammen, als müsse er erst einmal nachdenken, ob Lyons' Vorschlag ernst gemeint war oder er ihn auf den Arm nehmen wollte. »Aber ich habe ja Warner schon gebeten. Doch es könnte sein, unter diesen Umständen ...«

»Klar«, sagte Lyons. »Warner würde Verständnis haben.« Trotzdem verblieb Jackson noch die Spur eines letzten Zweifels. »Sie meinen, Breen kann das arrangieren, mir einen von diesen Burschen zu beschaffen?«

»Er könnte es versuchen«, sagte Lyons. »Und das bloße Versuchen allein könnte Sie auf die Titelseite bringen, nicht?«

»C'est olala«, sagte Jackson und blickte Lyons mit restloser Bewunderung an. »Einfach toll, Mann. Ganz große Masche.«

Weiter unten im Gang besuchte ich die Wolferts, die ihr Abteil mit Herman Sartorius und Warner Watson teilten, dem Paar, das Lyons vertrieben hatte, letzteren sogar in mehr als einem Falle. Indes schlief Watson noch, nichts ahnend von seiner bevorstehenden Absetzung als Jacksons Brautführer. Sartorius und Ira Wolfert saßen nebeneinander, eine riesige Landkarte über beider Schoß hinweg ausgebreitet, und Mrs. Wolfert hockte, dick eingemummelt in einen Pelzmantel, über einem Manuskript. Ich erkundigte mich, ob sie ein Tagebuch führe.

»Allerdings. Nur ist dies hier ein Gedicht. Ich arbeite daran seit Januar. Ich habe gedacht, ich könnte es vielleicht auf der Fahrt fertig machen. Aber so, wie ich mich fühle …«, sagte sie unglücklich. »In der Nacht habe ich kein Auge zugetan. Meine Hände sind eiskalt. Ich weiß kaum mehr, wo ich bin.«

Sartorius ließ seinen sorgfältig wählenden Finger auf einem Punkt der Karte ruhen. »Ich werde Ihnen sagen, wo wir sind. Wir haben Siedlce hinter uns. Jetzt haben wir noch etwa fünf Stunden weiter in Polen bis Brest Litowsk.«

Brest Litowsk sollte die erste Station in Rußland sein. Dort waren allerlei Ereignisse vorgesehen. Das Räderwerk des Zuges würde ausgewechselt werden, um der größeren Spurbreite der Geleise in Rußland zu entsprechen; ein Speisewagen würde angehängt, und – als Wichtigstes – Vertreter des Kulturministeriums sollten dort der Truppe entgegenkommen und sie auf der Fahrt nach Leningrad begleiten.

»Wißt ihr, woran mich das erinnert?« sagte Ira Wolfert und deutete mit der Pfeife auf die strenge Landschaft draußen. »Gegenden in Amerika. Westen.«

Sartorius nickte. »Wyoming im Winter.«

Wieder im Gang draußen, begegnete ich Miss Ryan, noch immer in ihrem Nachtkostüm, einem roten Flanellnachthemd. Sie hopste auf einem Fuß, da der andere mit einem Musterbeispiel von Twerps unschicklichem Betragen in Berührung gekommen war.

Ich sagte: »Guten Morgen.«

Sie sagte: »Reden Sie mich nicht an!« und hopste weiter zum Waschraum.

Als nächstes besuchte ich Wagen 3, wo die Familien, die Kinder mit ihren Eltern, installiert waren. Eben war die Schule zu Ende; das heißt, daß die Kinder ihre morgendlichen Unterrichtsstunden hinter sich hatten und daher zu allerhand Späßen aufgelegt waren. Gekniffte Papierflugzeuge segelten durch die Luft. Männchen wurden mit den Fingern an die vereisten Fenster gemalt. Der russische Schaffner, der noch kummervoller und geplagter als sein Kollege aus Wagen 2 aussah, war so sehr ständig auf dem Sprunge, sowjetisches Staatseigentum zu retten, daß er nicht gemerkt hatte, was mit seinem Samowar passierte. Zwei kleine Jungen hatten sich seiner bemächtigt und brieten sich Würstchen darauf. Der eine von ihnen, Davy Bey, ließ mich einen Probebiß tun. »Gut, was?« Ich versicherte, ich fände sie großartig. Na, sagte er, wenn sie mir derart gut schmecke, könne ich den Rest haben, er habe bereits fünfzehn gegessen.

»Haste die Wölfe gesehn?« fragte er.

Eine etwas ältere Freundin von ihm, Gail Barnes, wies ihn zurecht: »Erzähl doch keine Geschichten, Davy. Das waren keine Wölfe. Das waren ganz gewöhnliche Hunde.«

»Doch Wölfe«, erklärte Davy, der mit seiner Stupsnase und den etwas schrägstehenden Augen ziemlich frech aussieht. »Haben ja alle gesehen. Aus'm Fenster. Die sahen bloß ähnlich aus wie Hunde. Wie Polizeihunde, bloß'n bißchen kleiner. Aber wie die's getrieben haben: immer so im Kreis rum sich gejagt, im Schnee. Als ob's ihnen richtig Spaß machte. Ich hätte glatt einen abknallen können. Wööööfe«, heulte er und knuffte mir mit seinem Cowboyrevolver gegen den Magen.

Gail sagte, ich verstünde das hoffentlich. »Davy ist ja noch ein Kind.« Gail, deren Vater, Irving Barnes, in der Rolle des Porgy alterniert, ist mit ihren elf Jahren das älteste unter den sechs Kindern der Truppe, von denen die meisten in kleineren Rollen mitspielen. Ihres Alters wegen hat sie den anderen Kindern gegenüber so etwas wie das Verantwortungsgefühl der großen Schwester entwickelt und behandelt sie mit so überlegener Gutmütigkeit und fester Freundlichkeit, daß sich jede Gouvernante daran ein Beispiel nehmen könnte. »Verzeihen Sie«, sagte sie mit einem Blick den Gang hinunter, wo einige der ihr Anvertrauten, die es fertiggebracht hatten, ein Fenster zu öffnen, einen Schwall arktischer Luft hereinließen. »Dem werde ich leider ein Ende setzen müssen.«

Aber noch ehe sie ihre Aufgabe erfüllen konnte, wurde Gail selber wieder fortgerissen von ihrem eigenen Kindsein. »O schaut doch«, rief sie und hing zu eben dem Fenster hinaus, das sie hatte schließen wollen, »schaut, Kinder ... Menschen!«

Die »Menschen« waren zwei kleine Kinder, die am Rande eines weißverschneiten Waldes auf dem langen Band eines Teiches Schlittschuh liefen. Sie liefen so schnell sie konnten bei dem Versuch, mit dem Zug auf gleicher Höhe zu bleiben, und als er ihnen enteilte, streckten sie die Arme aus, als suchten sie die grüßenden Zurufe, die Kußhände von Gail und ihren Freunden zu erhaschen.

Unterdessen hatte der russische Schaffner Rauchschwaden an seinem Samowar entdeckt. Er raffte verkohlte Würstchen vom Feuer und warf sie auf den Boden. Und während er seine verbrannten Finger in den Mund steckte und einen Wortschatz benutzte, der, seinem Ton nach zu schließen, nicht weniger hitzig war, stürzte er herzu, um die Kinder vom Fenster wegzudrängen, das er mit einem Knall schloß.

»Och, sei doch kein Spielverderber«, sagte Davy zu ihm. »Wir haben doch bloß unsern Spaß.«

Überbleibsel von Käse und Obst, unserem Mittagsimbiß, waren auf dem Tisch und Teppich von Abteil 6 verstreut. Die Strahlen der ersten Nachmittagssonne erglänzten in dem Glas Chiantiwein, das Miss Ryan zwischen ihren Fingern drehte. »Ich liebe Wein«, versicherte sie voller Feuer. »Mit zwölf habe ich den zu trinken angefangen. Und heftig. Ein Wunder, daß ich kein Säufer geworden bin.« Sie nahm einen Schluck und stieß einen Seufzer der Zufriedenheit aus, der die allgemeine Stimmung widerspiegelte. Miss Thigpen und ihr Verlobter, die ihren Anteil Chianti bereits in sich hatten, kuschelten sich eng beieinander in eine Ecke ihres Sitzes, wobei ihr Kopf an seiner Schulter ruhte. Die schläfrige, verträumte Stimmung wurde durch ein Klopfen an der Tür unterbrochen, und jemand sagte: »Da hätten wir's also: Rußland.«

»Auf die Plätze, bitte«, sagte Miss Ryan. »Der Vorhang geht auf.«

Die ersten Anzeigen einer nahenden Grenze kamen ins Blickfeld: starke hölzerne Wachtürme, nicht unähnlich jenen, die wir rings um die Zuchthauslager in den Südstaaten haben. In weiten Zwischenräumen aufgestellt, marschierten sie über die Einöde wie riesige Telefonmasten. In dem am nächsten gelegenen konnten wir einen Mann den Zug durchs Fernglas beobachten sehen. Bei einer Kurve verlangsamte der Zug seine Fahrt, bremste dann und hielt. Wir waren in einem Rangierbahnhof, umgeben von einem Gewirr von Geleisen und abgestellten Güterwagen. Es war die russische Grenze, vierzig Minuten vor Brest Litowsk.

Längs der Geleise war eine Schar Frauen mit dick eingemummten Köpfen, wie eine wollene Abart des Purdah, damit beschäftigt, Hacken zu schwingen und Schnee zu schaufeln, einzig gelegentlich pausierend, um sich in die bloßen, rotgefrorenen Hände zu schneuzen. Die wenigen, die wirklich zum Blauen Expreß nur hinschauten, riskierten scharfe Blicke von den zahlreichen Milizsoldaten, die mit den Händen in den Manteltaschen herumlungerten.

»Ist das nicht ein Skandal?« sagte Miss Thigpen. »Die Frauen tun die ganze Arbeit, während die Männer dabei nur herumstehen. Wie schändlich!«

»So ist das eben hier, Schätzchen«, sagte Jackson, einen seiner Rubinringe anhauchend, um ihn dann am Revers blankzureiben. »Jeder Mann ein Sportin' Life.«

»Ich möchte den sehen, der auch nur versuchen würde, *mich* so zu behandeln«, erwiderte Miss Thigpen warnend.

»Aber ich muß sagen«, erklärte Miss Ryan, »die Männer sind schon eigentlich himmlisch.« Ihr Interesse galt zwei Offizieren, die unterm Fenster vorüberschritten, so der Typ: groß-stark-schweigend, mit schmalen Lippen und scharfgeschnittenen, wettergebräunten Gesichtern. Einer von ihnen schaute auf, und als er Miss Ryans blaue Augen und lange goldene Locken erblickte, kam er aus dem Gleichschritt. Miss Ryan wimmerte: »Oh, wär' das nicht schrecklich!«

»Was schrecklich, Liebchen?« fragte Miss Thigpen.

»Wenn ich mich in einen Russen verliebte«, sagte Miss Ryan. »Wäre das nicht absolut *la fin de tout*? Tatsächlich hat meine Mutter Angst, es könnte passieren. Sie hat gesagt, wenn ich mich in irgendwelche Russen verliebte, brauchte ich gar nicht erst wieder nach Hause zu kommen. Aber«, setzte sie hinzu, und ihr Blick schweifte wieder zu dem Offizier, »wenn sie alle *so* sind ...«

Urplötzlich hatte Miss Ryans Bewunderer keine Zeit mehr zum Flirten. Er wurde Teil einer kleinen russischen Armee, die auf dem Platz draußen Robin Joachim herumjagte. Joachim, ein übereifriger Fotograf, hatte gegen die Vorschriften verstoßen, indem er ausgestiegen war und dann, als zusätzliches Vergehen, zu fotografieren versucht hatte. Jetzt rannte er im Zickzack über die Geleise, entkam mit knapper Not dem zornigen Schwung der

Schaufel einer Arbeiterin, entwischte nur eben dem Griff einer der Wachen.

»Ich hoffe, sie kriegen ihn,« sagte Miss Ryan unfreundlich. »Ihn und seine verdammte Kamera. Ich wußte doch, daß er uns Schwierigkeiten machen würde.«

Joachim erwies sich indessen als ein junger Mann, der sich zu helfen wußte. Seinen Verfolgern entschlüpfend, warf er sich in den Zug, stürzte in ein Abteil, schmiß Mantel, Kamera und Kappe unter einen Sitz und riß, um sein Aussehen noch weiter zu verändern, seine dicke Hornbrille herunter. Sekunden später, als die aufgebrachten Sowjets in den Zug kamen, übernahm er in aller Ruhe seine Rolle als Dolmetscher der Truppe und half ihnen bei der Jagd nach dem Schuldigen, eine Suche, in die jedes Abteil einbezogen wurde. Warner Watson, aus seinem Schlummer gestört, war derjenige, den die Situation am wenigsten amüsierte. Er versprach, Joachim ordentlich die Leviten lesen zu wollen. »Dies ist nicht die richtige Art und Weise«, klagte er, »um einen Kulturaustausch zu beginnen.«

Der Zwischenfall verzögerte die Weiterfahrt um volle fünfundvierzig Minuten und hatte noch weitere Rückwirkungen, deren eine Twerp mit einbezog, denn die Russen waren, im Verlauf ihrer Suche, von gewissen Zuständen im Wagen 2 schockiert gewesen, die man dem kleinen Hund zuschreiben mußte. Twerps Besitzerin, Marilyn Putnam, erzählte später: »Ich habe es ihnen aber gegeben. Ich habe gesagt, wenn wir nie die Erlaubnis hätten auszusteigen, was sie dann zum Teufel wohl anderes erwarten könnten? Das stopfte ihnen den Mund.«

Wir erreichten Brest Litowsk in einem milchigweißen Zwielicht. Schon seit anderthalb Kilometern hatten uns längs der Geleises Standbilder politischer Heroen begrüßt, talmisilbern angepinselt wie die Souvenir-Figuren, die man bei Woolworth kaufen kann. Der Bahnhof lag leicht erhöht, so daß man einen Teil der Stadt überblicken konnte, die, verschwommen und blau, ganz in der Ferne von einer orthodoxen Kathedrale beherrscht wurde, deren Zwiebelkuppeln und Mosaiktürme uns auch noch im schwindenden Licht ihre orientalische Buntheit entgegenstrahlten.

In der Truppe war das Gerücht umgegangen, daß wir hier den Zug verlassen dürften und vielleicht die Erlaubnis zu einem Gang durch die Stadt erhalten würden, während man die Räder auswechselte und einen Speisewagen anhängte. Leonard Lyons lag ungemein viel daran. »Ich kann doch nicht täglich tausend Worte kabeln, wenn ich immer nur im Zug sitze. Ich brauche Aktion.« Er war sogar so weit gegangen, mit dem Ensemble die Art der Aktion durchzusprechen, die er sich wünschte. Er wollte, daß sie durch Brest Litowsk spazieren und Spirituals singen sollten. »Das gibt eine gute Story und ist gute Reklame. Mich wundert, daß Breen nicht daran gedacht hat.« Als der Zug hielt, gingen denn auch richtig die Türen auf, wurden aber gleich darauf wieder geschlossen, nachdem sie einer fünfköpfigen Delegation des Moskauer Kulturministeriums Einlaß gewährt hatten.

Unter diesen Abgesandten befand sich eine Frau mittleren Alters mit strähnig verwaschenem Haar und einem anscheinend freundlichen, mütterlichen Gesicht, bis auf ihre Augen. Diese Augen, von stumpfem Grau und milchigweiß gefleckt, hatten einen mumienhaft verglasten Blick, der zu den munteren Linien ihrer Miene nicht recht passen wollte. Sie trug einen schwarzen Tuchmantel und ein bräunlich abgetragenes schwarzes Kleid, das vorn heruntersackte vom Gewicht einer elfenbeinernen Rosenbrosche. Als sie sich und ihre Kollegen vorstellte, plapperte sie die Namen so hastig und in einem einzigen Atemzug herunter, daß es wie der rasch gesprochene eingeschobene Zwischentext in einem Lied klang. »Darf ich bekannt machen: Sascha Menascha Tjomkin Kerinski Iwanowitsch Nikolai Sawtschenko Plesitskaja Grutschenko Ricki Somanenko ...«

Zu gegebener Zeit sollten sich die Amerikaner diese Namen

auseinanderklauben und vereinfachen, bis ihre Träger allgemein als Miss Lydia, Henry, Sascha und Igor bekannt wurden; die letzten drei junge Angestellte des Ministeriums, die, genau wie Miss Lydia, der Theatertruppe als Dolmetscher zugewiesen worden waren. Doch das fünfte Mitglied dieses Quintetts, Nikolai Sawtschenko, war nicht der Mensch, den man einfach Nick nannte. Als höherem Beamten des Ministeriums unterstand Sawtschenko die gesamte *Porgy and Bess*-Tournee.

Unter einem fliehenden Kinn, leicht vorquellenden Augen und einer Neigung zu Fettansatz leidend, war er dennoch eine eindrucksvolle Erscheinung - gut über einsachtzig groß, mit einer strengen, respektgebietenden Haltung und einem Händedruck wie ein Nußknacker. Neben ihm wirkten seine jungen Assistenten wie kränkliche Kinder, obgleich zwei von ihnen, Sascha und Igor, stämmige Burschen mit Schultern waren, die zu breit für ihre pelzbesetzten Mäntel schienen; und Henry, ein spinnendürres Kerlchen mit fast schon purpurroten Schlappohren, machte durch Lebhaftigkeit wett, was ihm an Wuchs abging.

Es schien nur natürlich, daß Miss Lydia und die jungen Männer auf diese, ihre erste Begegnung mit Menschen aus dem Westen unbeholfen reagierten; verständlich, daß sie nur zögernd ihr Englisch ausprobierten, das sie so mühselig am Moskauer Fremdspracheninstitut erlernt, doch nie zuvor wirklichen Ausländern gegenüber angewendet hatten; verzeihlich also, daß sie statt dessen uns Amerikaner anstarrten, als seien wir Bauern in einer Schachaufgabe. Aber auch Sawtschenko machte den Eindruck, als fühle er sich nicht sonderlich wohl, als zöge er wahrhaftig eine Zeit der Haft in der Lubjanka seiner gegenwärtigen Aufgabe vor. Nun, auch das war entschuldbar, wenngleich ein wenig seltsam angesichts der Tatsache, daß er während des Krieges zwei Jahre als Botschaftsrat an der Sowjetbotschaft in Washington verbracht hatte. Ungeachtet dessen schien er uns Amerikaner als ein derart zungenlähmendes Novum zu empfinden, daß er im ersten Moment vorgab, kein Englisch zu sprechen. Er gab eine kurze Willkommensrede in barschem Russisch von sich, die er dann von Miss Lydia übersetzen ließ. »Wir hoffen, daß Sie allesamt eine gute Reise hatten. Bedauerlich, daß Sie uns im Winter besuchen. Es ist keine gute Jahreszeit. Aber wir haben ein Sprichwort: ›Besser heute als nie‹. Ihr Besuch ist ein Schritt voran auf dem Weg zum Frieden. Wenn die Kanonen sprechen, schweigen die Musen; wenn die Kanonen schweigen, sprechen die Musen.«

Die Musen-Kanonen-Metapher, die sich als Sawtschenkos Lieblingsspruch und krönender Schlußsatz aller späteren Reden erweisen sollte, kam bei seinen Hörern sofort ausgezeichnet an (»Schön gesagt.« »Einfach großartig, Mr. Sawtschenko.« »Das haut aber genau hin, Mann.«), und erwärmt durch seinen Erfolg, begann Sawtschenko, sich zu entspannen, und entschied, daß vielleicht doch kein Grund bestehe, die Truppe im Zug eingesperrt zu lassen. Ob wir nicht auf den Bahnsteig hinausgehen und beim Radwechsel zusehen wollten?

Draußen warb Lyons bei der Truppe darum, ein Gesangsfest zu versuchen. Allein die Temperatur, dreiundzwanzig unter Null, verführte nicht zu musikalischen Ausbrüchen. Überdies war ein erheblicher Prozentsatz all derer, die so dankbar für das Entkommen aus dem Blauen Expreß gewesen waren, bereits nach dem kürzesten Luftschnappen dabei, sich gegenseitig wieder hineinzudrängen. Die Ausdauernden, die draußen blieben, sahen bei sinkender Dunkelheit zu, wie Bahnarbeiter beiderlei Geschlechts die Wagen auseinanderkuppelten und jeweils mit Winden auf Mannshöhe hochwuchteten. Dann wurden die alten Radgestelle, funkensprühend, unter dem Zug fortgerollt, während von der entgegengesetzten Richtung die neuen Räder mit der größeren Spurbreite an ihre Stelle glitten. Ira Wolfert bezeichnete dieses Verfahren als »eine tüchtige Leistung«; Herman Sartorius fand es

»höchst eindrucksvoll«; aber Miss Ryan meinte, es sei »eine verdammt langweilige Geschichte«, und setzte hinzu, daß sie mir einen Wodka spendieren würde, wenn ich sie zum Bahnhofsgebäude begleitete.

Niemand hielt uns an. Wir überquerten an die hundert Meter Geleise, gingen die dreckige Durchfahrtgasse zwischen Speicherhäusern entlang und kamen auf einem Mittelding zwischen Parkplatz und Markt heraus. Hellerleuchtete Buden umkränzten ihn wie brennende Kerzen eine Geburtstagstorte. Verwirrend wirkte die Entdeckung, daß jede der Buden die gleiche Ware verkaufte: Dosen mit Lachs »Roter Stern«, Sardinen »Roter Stern«, verstaubte Flaschen mit »Kreml«-Parfum, verstaubte Schachteln mit »Kreml«-Konfekt, sauer eingelegte Tomaten, ungeräucherte Speckscheiben mit Borsten zwischen dicken Schnitten von schwärzlichgrauem Brot, seltsam aussehende Liköre, Karfreitagssemmeln ohne das eingekerbte Kreuz, die den Eindruck machten, als seien sie schon vor Monaten gebacken. Und obgleich an den Buden lebhaft gekauft wurde, gab es die am meisten begehrte Ware doch in keiner von ihnen. Die befand sich allein in den Händen eines fliegenden Händlers, eines ältlichen Chinesen, der ein Brett mit Äpfeln vor sich hertrug. Die Äpfel waren ebenso zusammengeschrumpelt und winzig wie er selbst, aber die Schlange der wartenden Kunden schien untröstlich, als der letzte von ihnen dahingeschwunden war. Am äußersten Ende des Platzes führte eine Freitreppe zum Haupteingang des Bahnhofs, und der Chinese wanderte, seinen leeren Bauchladen zusammenklappend, darauf zu, um sich neben einen Freund zu setzen. Dieser Freund war ein Bettler, in einen alten Soldatenmantel gehüllt, der ein Paar Krücken zu beiden Seiten von sich streckte wie die Flügel eines verwundeten Vogels. Jeder dritte oder vierte, der vorüberkam, ließ eine Münze in seine Hand fallen. Auch der Chinese gab ihm etwas. Einen Apfel. Er hatte einen für den Bettler aufgehoben und einen für sich selbst. Die beiden

Freunde kauten an ihren Äpfeln und saßen eng aneinandergelehnt in der schneidenden Kälte.

Das fortwährende langgezogene Pfeifen des Zuges schien die Apfelesser und die Buden und das fledermausartige Vorüberhuschen pelzverschatteter Gesichter zu einem verräucherten Abbild seines jammervollen Klanges zusammenzuschweißen. »Ich habe noch nie Heimweh gehabt. Nie in meinem Leben«, informierte mich Miss Ryan. »Aber manchmal«, sagte sie, während sie die Stufen hinauflief und die Tür zum Bahnhof aufstieß, »fühlt man sich so weit weg von zu Hause.«

Da Brest Litowsk einer der wichtigsten Eisenbahn-Knotenpunkte Rußlands ist, besitzt es einen der größten Bahnhöfe des Landes. Auf der Suche nach einem Ort, wo wir etwas zu trinken kaufen könnten, durchstreiften wir hohe Korridore und eine Reihe von Wartesälen, von denen der Hauptraum mit hübschen Eichenbänken ausgestattet war, besetzt von vielen Passagieren mit sehr wenig Koffern. Sie hatten Kinder und papierumhüllte Pakken auf dem Schoß. Der steinerne Fußboden, naß von schwärzlichgeschmolzenem Schnee, machte das Gehen rutschig, und in der Luft hing ein Geruch, der sie so schwer durchtränkte, daß man ihn fast als einen Druck empfand. Venedigreisenden fallen oft als besonders bemerkenswert die ausgeprägten Gerüche dieser Stadt auf. In den öffentlichen Gebäuden Rußlands, in Bahnhöfen und Warenhäusern, Restaurants und Theatern ist auch ein solcher Geruch, den man sofort wiedererkennt. Und als Miss Ryan ihn zum erstenmal in die Nase kriegte, sagte sie: »Junge, Junge, von dem Parfum keine Flasche voll für mich. Alte Socken und millionenmal Gähnen.«

Auf der Suche nach einem Ausschank begannen wir aufs Geratewohl Türen zu öffnen. Miss Ryan segelte durch eine hinein und gleich wieder heraus. Es war eine Herrentoilette. Dann entdeckte sie ein paar Stockbetrunkene, die aus einer kleinen roten

Tür hervortorkelten, und entschied: »Das ist der Ort, nach dem wir suchen.« Die rote Tür führte in ein ungewöhnliches Restaurant. Groß wie ein Turnsaal, wirkte es, als sei es von einem ausschmückenden Komitee mit viktorianischem Geschmack für ein Schulfest hergerichtet worden. Rote Plüschdraperien waren an den Wänden gerafft. Lüster aus dem vorigen Jahrhundert verströmten tropisch grelles Licht, das auf einen Dschungel aus borschtschbefleckten Tischtüchern und verdorrten Gummibäumen niederstach. Der Oberkellner schien dieser Atmosphäre schäbiger Eleganz angemessen. Er war mindestens achtzig Jahre alt, ein weißbärtiger Patriarch mit grimmigem Blick, der uns durch einen seemannskneipendicken Zigarettenqualm beäugte, als stelle er unsere Berechtigung zur Anwesenheit in Zweifel.

Miss Ryan lächelte ihn an und sagte: »Wodka, *pojalista.*« Der alte Mann starrte sie eher noch feindseliger als verstehend an. Sie versuchte es mit verschiedener Aussprache: »Wedka ... Wadka ... Wudka ...« und spielte sogar pantomimisch das Gläserkippen vor. »Der arme Kerl ist taub«, sagte sie und schrie: »Wodka, zum Donnerwetter.«

Obgleich sein Gesichtsausdruck nach wie vor keine Erleuchtung zeigte, winkte uns der Alte und folgte der russischen Sitte, Fremde zusammenzusetzen, indem er uns an einen Tisch zu zwei Männern brachte. Beide tranken Bier, und der Alte zeigte wie fragend darauf, ob es dies sei, was wir haben wollten? Resignierend nickte Miss Ryan.

Unsere Tischgenossen waren zwei sehr verschiedene Menschentypen. Der eine, ein fleischiger Bursche mit kahlgeschorenem Kopf, der irgendeine verschossene Soldatenuniform trug, war auf dem besten Wege zu völliger Trunkenheit – ein Zustand, den er mit einer erstaunlichen Menge der zumeist männlichen Gäste des Restaurants teilte, von denen viele entweder unmäßig lärmten oder sich, vor sich hinmurmelnd, über ihren Tisch gelümmelt hatten. Der zweite Mann war uns ein Rätsel. Der äußeren Erscheinung nach hätte er ein Wallstreet-Partner unseres Herman Sartorius sein können, ein Mensch, den man sich eher beim Dinner im »Pavillon« als biertrinkend hier in Brest Litowsk vorstellen konnte. Sein Anzug war gebügelt, und man sah wohl, daß er nicht selbergeschneidert war. Er hatte goldene Manschettenknöpfe in seinem Hemd und war der einzige Mann im ganzen Raum, der eine Krawatte trug.

Nach einer Weile sprach der kahlgeschorene Soldat Miss Ryan an. »Ich spreche leider nicht russisch«, erklärte sie ihm. »Wir sind Amerikaner. *Amerikanski.*« Ihre Erklärung hatte eine ziemlich ernüchternde Wirkung. Seine geröteten Augen erfaßten langsam wenigstens halbwegs wieder seine Umgebung. Er wandte sich an den gutgekleideten Mann und hielt ihm eine lange Rede, nach der ihm der Mann mit einigen scharfen, unfreundlich klingenden Sätzen antwortete. Es kam darauf zwischen ihnen zu einem heftigen Wortwechsel, dann ergriff der Soldat sein Bier und stolzierte an einen anderen Tisch, von wo er uns böse Blicke zuwarf. »Na ja«, meinte Miss Ryan, die bösen Blicke erwidernd, »nicht *alle* Männer hier sind attraktiv, das ist nun mal sicher.« Jedoch musterte sie kurz unseren offensichtlichen Ritter, den gutgekleideten Mann: »*Sehr* attraktiv. Sieht aus wie Otto Krüger. Komisch, daß ich immer schon für ältere Männer was übrig hatte. Lassen Sie das Anstarren. Der merkt sonst, daß wir von ihm reden. Sagen Sie mal«, fragte sie, nachdem sie mich auf sein Oberhemd, die Manschettenknöpfe und seine sauberen Fingernägel aufmerksam gemacht hatte, »glauben Sie, daß es so was gibt wie einen russischen Millionär?«

Das Bier kam. Eine Viertelflasche und zwei Gläser. Der Ober schenkte einen Zentimeter hoch Bier in mein Glas und wartete dann gespannt. Miss Ryan begriff eher als ich. »Er will, daß Sie kosten, wie beim Wein.« Indem ich das Glas hob, überlegte ich, ob das Bier-Kosten eine sowjetische Sitte sei oder ob es eine Zeremonie von einst war, irgendeine verworrene Champagner-Erinnerung aus der Zarenpracht, die der alte Mann wiederaufleben ließ, um auf uns Eindruck zu machen. Ich nippte, nickte, und stolz füllte der Alte unsere Gläser mit einem warmen und schaumlosen Gebräu. Aber plötzlich sagte Miss Ryan: »Nicht anrühren! Das ist ja scheußlich!« Ich erklärte, daß ich es *so* schlecht gar nicht finden könne. »Ich meinte, wir sind in einer scheußlichen Lage«, sagte sie. »Lieber Gott, ich meine: Wir können das gar nicht bezahlen. Ich habe ja vollständig vergessen: Wir haben doch keinen einzigen Rubel!«

»Darf ich Sie bitten, meine Gäste zu sein?« fragte eine halblaute Stimme in ausgezeichnetem Englisch. Es war der gutgekleidete Mann, der gesprochen hatte, und obgleich sein Gesicht unbeweglich blieb, bildeten sich um seine lichtblauen Nordlandaugen kleine amüsante Fältchen, mit denen er unser Unbehagen deutlich quittierte. »Ich bin kein russischer Millionär. Die existieren zwar wirklich – ich kenne immerhin einige –, doch es wird mir ein Vergnügen sein, Ihr Bier zu bezahlen. Aber ich bitte sie, Sie brauchen sich wirklich nicht zu entschuldigen«, wehrte er Miss Ryans gestotterte Bemühungen ab und lächelte nun geradeheraus, »es hat mir ungeheuren Spaß gemacht. Höchst ungewöhnlich. Höchst ungewöhnlich, in diesem Teil der Welt auf Amerikaner zu treffen. Sind Sie Kommunisten?«

Nachdem Miss Ryan ihm diese irrige Vorstellung ausgetrieben hatte, erzählte sie, wohin wir wollten und zu welchem Zweck. »Sie haben Glück, daß Sie zuerst nach Leningrad gehen. Eine wunderschöne Stadt«, sagte er, »so ruhig, richtig europäisch, der einzige Ort in Rußland, wo ich leben könnte; nicht daß ich es etwa tue, aber immerhin ... Jaja, ich liebe Leningrad. Es ist so gar nicht wie Moskau. Ich bin auf dem Weg nach Warschau, aber ich habe zwei Wochen Moskau hinter mir. Das ist so viel wie zwei Monate irgendwoanders.» Er erzählte uns, daß er Norweger sei und aus Geschäftsgründen – er handle mit Holz – sich einige Wochen jeden Jahres in der Sowjetunion aufhalten müsse, und dies, bis auf eine Unterbrechung während des Krieges, bereits seit 1931. »Ich spreche ziemlich gut Russisch und habe nichts dagegen, daß ich in meinem Bekanntenkreis als Rußlandkenner gelte. Ehrlich gestanden aber kann ich nicht vor mir sagen, heute mehr von diesem Land zu verstehen als 1931. Immer wenn ich Ihre Heimat besuche – ach, ich bin dort wohl etwa ein halbes dutzendmal gewesen –, dann fällt mir doch jedesmal auf, daß die Amerikaner die einzigen Menschen sind, die mich an die Russen erinnern. Es macht Ihnen hoffentlich nichts aus, wenn ich das sage? Amerikaner sind so weitherzig. Tatkräftig. Und unter all diesem Kraftprotzentum steckt bei ihnen der Wunsch, geliebt zu werden; sie wollen gehätschelt werden wie Hunde und Kinder, und man soll ihnen sagen, daß sie genauso gut, wenn nicht besser sind als wir andern alle. Nun neigen die Europäer durchaus dazu, ihnen darin recht zu geben, aber sie wollen das einfach nicht glauben. Das geht bei ihnen immer so weiter mit dem Gefühl der Inferiorität und des Isoliertseins. Verlassen und allein. Wie die Russen. Genauso.«

Miss Ryan wollte von ihm den Inhalt seines Gesprächs mit dem Soldaten wissen, der vom Tisch aufgestanden war. »Ach, dummes Zeug«, sagte er. »Betrunkene Prahlerei. Aus irgendeinem verrückten Grunde glaubt er, Sie hätten ihn beleidigt. Ich habe ihm gesagt, er sei *nje kulturnyj*. Merken Sie sich das. *Nje kulturnyj*. Es wird sich als äußerst nützlich erweisen, denn wenn solche Burschen unverschämt werden und Sie das Gefühl haben, ihnen eins aufs Dach geben zu müssen, macht es denen nicht das geringste, Bastard oder Hundesohn genannt zu werden, aber wenn man einem sagt, er sei *unkultiviert*, das trifft ihn tief.«

Miss Ryan wurde unruhig wegen der Zeit. Wir bedankten uns, Abschied nehmend, mit einem Händedruck für das Bier. »Sie sind sehr *kulturnyj* gewesen«, sagte sie. »Nebenbei gesagt finde ich auch, daß Sie *noch* attraktiver sind als Otto Krüger.«

»Das werde ich bestimmt meiner Frau erzählen«, grinste er. »*Doswidanja*. Und viel Glück!«

Eine Stunde hinter Brest Litowsk erfolgte der erste Aufruf zum Speisewagen. Es war dies ein Ereignis, dem die Truppe mit einigem Appetit entgegengesehen hatte, aufgeputscht von echtem Hunger wie von der Überzeugung, daß die sowjetischen Gastgeber unbedingt aus diesem ersten russischen Mahl der Truppe einen »richtiggehenden Schmaus« machen würden oder, wie ein anderer aus dem Ensemble es drastischer ausdrückte, eine »Völlerei«.

Miss Thigpens Wünsche waren bescheidener. »Fünf Löffel Kaviar und ein Stück trockener Toast. Das sind hundertdreißig Kalorien.« Kalorien waren das letzte, worum sich Mrs. Gershwin Sorgen machte. »Denken Sie nur nicht, daß ich nicht reinhauen werde in den Kaviar, Liebchen. Der kostet in Beverly Hills fünfunddreißig Dollar das Pfund.« Leonard Lyons' Wunschträume konzentrierten sich auf heißen Borschtsch mit saurem Rahm. Earl Bruce Jackson hatte sich vorgenommen, sich mit Wodka »aufzupumpen« und mit Schaschlik »vollzuschlagen«. Marilyn Putnam hoffte, daß jeder einen kleinen Leckerbissen für Twerp übrig haben würde.

Der erste Mittagstisch, fünfzig an der Zahl, marschierte in den Speisewagen und nahm an den leinengedeckten Tischen Platz, die, jeweils für vier Personen, zu beiden Seiten längs des Mittelganges plaziert waren. Das Gedeck bestand aus weißem Steingutgeschirr und abgegriffenem Tafelsilber. Der Speisewagen selber schien ebenso alt wie das Silber, und der Essensgeruch von einem halben Jahrhundert hing als sozusagen sichtbarer Dunst in der Luft. Sawtschenko fehlte, aber Miss Lydia und die drei jungen Leute vom Ministerium spielten Gastgeber an verschiedenen Tischen. Die jungen Männer sahen sich ständig nacheinander um, als sendeten sie stumme Hilferufe aus von ihren abgetrennten Inseln der Verbannung und Not.

Miss Lydia saß mit Lyons, Miss Ryan und mir an einem Tisch. Man spürte, wie für diese ältliche Frau, die gesagt hatte, daß sie im gewöhnlichen Leben Artikel übersetze und in Moskau in einem Zimmer lebe, dies einzigartige Erlebnis, das Röte auf ihre Wangen zauberte, nicht so sehr das war, daß sie mit Ausländern sprach, sondern daß sie im Speisewagen in einem fahrenden Zug saß. Es war sichtlich etwas an diesem Silber und dem sauberen Tischtuch und einem Körbchen mit verschrumpelten Äpfeln gleich jenen, die der Chinese verkauft hatte, das sie an ihrer Elfenbeinrose herumfingern und die losen Strähnen ihres Haares glattstreichen ließ. »Ah, wir essen!« sagte sie, ihre Blicke einem Quartett stämmiger Serviererinnen zuwendend, die mit Tablettladungen des ersten Ganges den Mittelgang heruntergewatschelt kamen.

Jene, deren Gaumen sich bereits auf geeisten Kaviar und gekühlte Wodkakaraffen eingestellt hatten, waren leicht bekümmert, als sie sahen, wie man Joghurt vor sie hinsetzte, zusammen mit Flaschen voll Himbeerbrause. Miss Thigpen, die hinter mir saß, war die einzige, die Enthusiasmus laut werden ließ: »Ich könnte sie abküssen! Mehr Proteine als ein Steak und nur halb soviel Kalorien.« Auf der anderen Seite des Ganges aber warnte Mrs. Gershwin Miss Putnam davor, sich damit nicht den Appetit zu verderben. »Essen Sie das nicht, Herzchen, ich bin sicher, daß der Kaviar als nächstes kommt.« Der nächste Gang bestand indessen aus steifen Nudeln, die wie versunkene Baumstrünke in einer wässerigen Brühe lagen. Das folgende Zwischengericht stellten panierte Kalbskoteletts mit gekochten Kartoffeln dar und grüne Erbsen, die wie Schrot auf dem Teller klapperten; um dies hinunterzuspülen, gab es eine weitere Zuteilung von Himbeerbrause. Miss Putnam sagte zu Mrs. Gershwin: »Es ist ja nicht *mein* Magen, um den ich mir Sorgen mache. Sondern der von

Twerp«, und Mrs. Gershwin, an einem Kotelett herumsäbelnd, meinte: »Halten Sie es für möglich, daß sie den Kaviar zum Nachtisch aufsparen? Mit so kleinen Eierkuchen, wissen Sie?«

Miss Lydias Backen blähten sich, ihre Augen traten vor, ihre Kiefer arbeiteten wie Kolben auf und nieder, Schweißtröpfchen rannen ihr den Hals herunter. »Essen Sie, essen Sie«, drängte sie, »es ist gut, nicht?« Miss Ryan erklärte ihr, es sei wunderbar, und Miss Lydia, die ihren Teller mit einem Viertellaib dunklen Brotes sauberwischte, nickte heftig: »Sie werden nicht einmal in Moskau etwas Besseres bekommen.«

Während der Pause zwischen diesem Gericht und dem Nachtisch betätigte sie sich weiter an dem Korb mit Äpfeln; während die Kerngehäuse sich häuften, hielt sie gelegentlich inne, um Fragen zu beantworten. Lyons wollte unbedingt wissen, in welchem Hotel die Truppe in Leningrad untergebracht sein würde. Miss Lydia war erstaunt, daß er dies nicht wußte. »Im Astoria. Seit Wochen sind die Zimmer reserviert«, sagte sie und fuhr fort mit der Beschreibung des Astoria als »sehr altmodisch, aber ausgezeichnet«. »Schön«, sagte Lyons, »wie steht's mit dem Nachtleben in Leningrad, ist da was los?« Miss Lydia beantwortete dies, indem sie sagte, ihr Englisch sei wohl doch nicht ganz auf der Höhe, und fuhr dann fort, von ihrem moskowitischen Standpunkt aus über Leningrad zu reden wie ein New Yorker etwa über Philadelphia; es war »altmodisch«, es war »provinziell«, es war »nicht so wie Moskau«. Am Schluß dieser langen Aufzählung meinte Lyons säuerlich: »Klingt mir mehr nach Kurzgastspiel.« Miss Ryan kam der Gedanke zu fragen, wann Miss Lydia zum letztenmal in Leningrad gewesen sei? Miss Lydia zuckte die Lider. »Zum letztenmal? Niemals. Ich bin niemals dort gewesen. Es wird interessant sein, es kennenzulernen, nicht?«

Gleich darauf hatte sie selbst eine Frage. »Ich würde Wert darauf legen, wenn sie mir etwas erklären könnten. Warum gehört

Paul Robeson nicht zu dem Ensemble? *Er* ist doch ein Farbiger, nicht wahr?«

»Ja«, sagte Miss Ryan, und ebenso, fügte sie hinzu, sechzehn Millionen weiterer Amerikaner. Miss Lydia könne doch sicherlich nicht erwarten, daß *Porgy and Bess* die alle beschäftige?

Miss Lydia lehnte sich in ihrem Stuhl mit einem schlauen Ich-lass-mich-nicht-für-dumm-verkaufen-Ausdruck zurück. »Das kommt nur daher, weil *Sie*«, sagte sie, Miss Ryan anlächelnd, »*Sie* ihm den Paß verweigern.«

Der Nachtisch erschien. Es war Vanille-Eis und ganz ausgezeichnet. Hinter mir sagte Miss Thigpen zu ihrem Verlobten: »Earl, Süßer, rühr das nicht an. Vielleicht ist es nicht pasteurisiert.« Jenseits des Ganges bemerkte Mrs. Gershwin zu Miss Putnam: Meiner Theorie nach schicken sie alles nach Kalifornien. Fünfunddreißig Dollar kostet er in Beverly Hills.«

Kaffee folgte und mit ihm ein Wortwechsel. Jackson und seine Freunde hatten sich eines Tisches bemächtigt und gaben Karten zu einem Spiel Tonk aus. Die beiden am kräftigsten gebauten jungen Männer vom Ministerium, Sascha und Igor, liefen auf die Kartenspieler zu und teilten ihnen mit, heftig um einen festen Ton in der Stimme bemüht, daß »Spielen« in der Sowjetunion verboten sei. »Mann«, sagte einer der Spieler, »hier spielt doch keiner. Wir müssen uns doch irgendwie *beschäftigen*. Wir machen gar kein freundschaftliches Spielchen, wir ärgern uns nur gegenseitig.« Sascha blieb fest. »Es ist verboten. Nicht erlaubt.« Die Männer warfen die Karten hin, und Jackson murrte, während er sie wieder ins Etui steckte: »Spießbürgernest! Können sich nur tote Katzen wohlfühlen. Null ist Trumpf hier. Werd' ich den Burschen zu Hause in New York erzählen.«

»Sie sind unglücklich. Wir bedauern es wirklich«, sagte Miss Lydia. »Aber wir müssen an unsere Restaurantswerktätigen denken.« Ihre kurzfingrige dicke Hand deutete mit eleganter Geste auf die Serviererinnen, deren einfältig derbe Gesichter von

Schweiß glänzten, während sie sich mühselig den Gang hinunterbewegten, beladen mit an die hundert Pfund schmutzigem Geschirr. »Sie begreifen. Es wäre nicht gut für sie, mit ansehen zu müssen, wie gegen das Gesetz verstoßen wird.«

Sie raffte die wenigen letzten Äpfel zusammen und stopfte sie in ihre Stoffhandtasche. »So«, sagte sie munter, »jetzt gehen wir träumen. Trennen wir die Maschen unserer Kümmernisse auf.«

Am Morgen des 21. Dezember befand sich der Blaue Expreß vierundzwanzig Stunden vor Leningrad, einen Tag und eine Nacht noch, obgleich der Unterschied zwischen beidem, je tiefer nach Rußland hinein der Zug dahinkroch, geringfügig genug schien, so wenig tat die Sonne dazu - die sich geisterhaft grau gegen zehn erhob und um drei wieder in ihr Grab sank -, sie voneinander zu scheiden. Diese jämmerliche Spanne Tageslicht enthüllte obendrein einen Winter in seiner unerbittlichsten Härte; Birken, deren Zweige unter der Last des Schnees gebrochen waren; ein Blockhüttendorf, keine Seele zu erblicken und die Dächer mit Eiszapfen behangen, schwer wie Elefantenstoßzähne. Einmal ein Dorffriedhof, armselige Holzkreuze, windschief und fast versunken. Doch hie und da bewiesen Heustadel, die auf verlassenen Feldern standen, daß selbst dieser harte Boden im fernen Frühjahr wieder würde grünen können.

Unter den Passagieren im Zuge war das Pendel der Gefühle auf jenem Nullpunkt zwischen den Aufregungen der Abfahrt und der Hochspannung einer Ankunft angelangt. Ein zeitloses Nirgendwo verharrte, das man hinnahm, als könne es ewig dauern, wie der Wind, der ein Kesseltreiben weißsprühenden Schnees gegen den Zug veranstaltete. Endlich entspannte sich sogar Warner Watson. »Tja«, meinte er, als er mit kaum zitternden Händen eine Zigarette entzündete, »mir scheint, ich habe wohl meine Nerven soweit hingekriegt.« Twerp hielt ein Schläfchen auf dem Gang, den rosigen Bauch nach oben und die Pfötchen von sich gestreckt. In Abteil 6 – unterdes ein heilloses Durcheinander von ungemachten Betten, Apfelsinenschalen, verschüttetem Puder und Zigarettenstummeln, die in kaltem Tee herumschwammen – übte sich Jackson im Kartenmischen, während seine Braut sich die Nägel polierte und Miss Ryan im weiteren Verfolg ihrer russischen Sprachstudien einen neuen Satz aus dem alten Soldatenleitfaden auswendig lernte: »*Slu-schai-sja i-li bu-du stra-ljatj*! Stehenbleiben oder ich schieße!« Lyons allein blieb den Forderungen eines Arbeitsalltags treu. »Vom Gegendbesehen allein rutscht man nicht in meine Einkommenssteuerklasse«, sagte er, mit ernster Miene die Überschrift für einen neuen Artikel tippend: »Theaterzug nach Leningrad.«

Um sieben Uhr abends, als die anderen zur dritten Tagesrunde mit Joghurt und Himbeerbrause aufgebrochen waren, blieb ich im Abteil und dinierte mit einem Schokoladenriegel. Ich war der Meinung, daß Twerp und ich den Wagen für uns allein hätten, bis ich merkte, wie einer der ministeriellen Dolmetscher, Henry, der kindliche Jüngling mit den großen Ohren, an meiner Tür vorbeiging, dann wieder vorüberkam, wobei er mir jedesmal einen Blick zuwarf, in dem die Neugier zitterte. Es war, als wolle er mich ansprechen, doch Vorsicht und Schüchternheit hielten ihn davon ab. Als er schließlich nach einem erneuten Erkundungsgang zu mir ins Abteil kam, war die Art der Annäherung, für die er sich entschlossen hatte, amtlich.

»Geben Sie mir Ihren Paß«, sagte er mit jener Schroffheit, die schüchterne Menschen leicht annehmen.

Er setzte sich auf Miss Thigpens Lagerstatt und studierte den Paß durch die Brille, die ihm ständig auf die Nasenspitze rutschte; wie alles andere, was er trug, vom glänzenden schwarzen Anzug mit den weiten Hosenbeinen bis zu den braunen abgetragenen Schuhen war auch sie viel zu groß für ihn. Ich sagte, wenn er mir erklären wollte, was er suche, könnte ich ihm eventuell behilflich sein. »Es ist notwendig«, murmelte er, und seine roten Ohren brannten wie Kohlenglut. Der Zug muß einige Kilometer zurückgelegt haben, während er den Paß durchblätterte wie ein Junge, der sich in ein Briefmarkenalbum vertieft; und wenngleich er die Andenken, die auf seinen Seiten von Einwanderungsbehörden hinterlassen wurden, sorgfältig studierte, verweilte er doch am aufmerksamsten bei den Angaben, die den Beruf konstatierten, Größe und Haarfarbe, Geburtsdatum.

»Hier dies korrekt?« sagte er, auf mein Geburtsdatum weisend. Ich bestätigte dies. »Wir sind drei Jahre auseinander«, sagte er. »Ich bin jüngster – *jünger*? – ich bin jünger, danke. Aber Sie haben viel gesehen. Nun, ich habe Moskau gesehen.« Ich fragte ihn, ob er gern reisen würde. Seine Antwort begann als Gebärdenspiel, als eine seltsame Folge von Achselzucken und Herumgeflattere, einem Zusammenschrumpfen in seinem Fettkloß-Anzug, das »ja« und »nein« zu bedeuten schien oder »vielleicht«. Er schob seine Brille hoch und sagte: »Ich habe nicht die Zeit. Ich bin ein Werktätiger wie der und jener. Drei Jahre, es könnte sein, mein Paß auch viele Stempel haben könnte. Aber ich bin zufrieden mit Szene – nein, Szenerie – Szenerie von Seele. Die Welt ist die gleiche, aber hier«, er tippte sich gegen die Stirn, nein, er schlug förmlich dagegen, »*hier*«, er legte die Hand auf sein Herz, »sind veränderlich. Was ist richtig: Veränderung oder veränderlich?« Ich sagte eines wie das andere; je nach Anwendung ergebe beides einen Sinn.

Die Anstrengung, diese Sätze zu formen, sowie das Übermaß des Gefühls, das hinter ihnen stand, hatten ihm den Atem benommen. Er stützte sich auf den Ellbogen und verschnaufte ein Weilchen, ehe er unvermittelt bemerkte: »Sie ähneln Schostakowitsch. Ist das so richtig?« Ich erklärte ihm, daß ich das nicht gedacht hätte, nicht nach den Fotografien, die ich von Schostakowitsch gesehen hätte. »Wir haben es diskutiert. Mr. Sawtschenko hat auch diese Meinung«, sagte er, als sei dies endgültig, denn wer waren wir schon, ein jeder von uns, um gegen Sawtschenko aufzustehen? Schostakowitschs Name führte zur Erwähnung von David Oistrach, dem großen sowjetischen Geiger, der kürzlich in New York und Philadelphia in Konzerten gespielt hatte. Er lauschte meinem Bericht von Oistrachs amerikanischen Triumphen, als preise ich ihn selbst damit, Henry; seine zusammengesunkenen Schultern strafften sich, er schien mit einemmal seinen schlotternden Anzug zu füllen, und die Hacken seiner Schuhe, die an der Seite des Bettes herunterbaumelten, schwangen gegeneinander und klickten, klickten und schwangen wie bei einem munteren Volkstanz. Ich fragte ihn, ob er glaube, daß *Porgy and Bess* in Rußland einen Erfolg haben würde, der sich mit Oistrachs Aufnahme in Amerika könne vergleichen lassen. »Es ist nicht meine Fähigkeit, dies zu sagen. Aber wir vom Ministerium hoffen mehr, als Sie hoffen. Kein Kinderspiel für uns, dies *Porgy-Bess*.« Er berichtete, daß es das erste Mal sei, obgleich er beim Ministerium seit fünf Jahren arbeite, daß ihn sein Dienst aus Moskau geführt habe. Gewöhnlich, sagte er, verbringe er sechs Tage in der Woche am Schreibtisch im Ministerium (»Ich habe dort mein eigenes Telefon«), und an den Sonntagen bleibe er lesend daheim. (»Unter Ihren Schriftstellern der gewaltige ist A. J. Cronin. Aber Scholochow ist gewaltiger, nicht?«) Sein Heim war eine Etagenwohnung am Stadtrand von Moskau, wo er bei seiner Familie wohnte und, da er unverheiratet war (»Mein Gehalt entspricht noch nicht den Aspirationen«), ein Schlafzimmer mit seinem Bruder teilte.

Die Unterhaltung floß mit zunehmender Leichtigkeit dahin; er aß ein Stück Schokolade, er lachte, seine Hacken klickten; und dann bot ich ihm ein paar Bücher an. Sie lagen gestapelt auf dem Tisch, und seine Blicke wanderten ständig zu ihnen, einer kunterbunten Sammlung von Fünfundzwanzig-Cent-Krimis gemischt mit Edmund Wilsons *To the Finland Station*, einer Geschichte vom Aufstieg des Sozialismus, und Nancy Mitfords Biographie der Pompadour. Ich erklärte, er könne sie haben, wenn er wolle.

Zuerst war er erfreut. Dann, als er nach den Büchern griff, zögerten seine Hände unversehens, zogen sich zurück, und sein eigentümlicher Tick setzte wieder ein; erneutes Schulterzucken, ein In-sich-Zusammenziehen, bis er wiederum von der Weite seiner Sachen verschluckt war. »Ich habe nicht die Zeit«, sagte er bedauernd. Danach blieb anscheinend nichts mehr zu sagen übrig. Er teilte mir mit, daß mein Paß in Ordnung sei, und ging.

Zwischen Mitternacht und zwei Uhr morgens stand der Blaue Expreß auf einem Seitengleis unweit Moskaus. Die Kälte von draußen hatte sich in die Wagen hereingeschlichen und bildete bereifte Gucklöcher an der Innenseite der Fensterrahmen; schaute man hinaus, sah man nichts als diffuses Licht, als sei das Sehvermögen von grauem Star getrübt. Sobald der Zug Moskau verlassen hatte, ging eine Welle der Unruhe durch die Abteile; jene, die geschlafen hatten, erwachten und begannen herumzuflattern wie Hühner, die von einer vorgespielten Dämmerung betrogen wurden. Die Aufgebliebenen gossen sich noch einmal ein und hatten wieder neuen Wind in den Segeln. Schon schlug das Pendel nach der Hochspannung der Ankunft aus.

Miss Thigpen erwachte mit dem Ruf »Earl! Earl!«, als habe sie einen bösen Traum gehabt.

»Weg«, sagte Miss Ryan, die in ihrem Bett zusammengekringelt lag, an einem Brandy suckelte und Mickey Spillane las. »Er ist dabei, dem Gesetz Trotz zu bieten. Irgend jemand hat im nächsten Wagen ein Schmuggler-Tonk aufgezogen.«

»So was sollte man nicht tun. Earl müßte seine Ruhe haben«, sagte Miss Thigpen mißgestimmt.

»Stauchen Sie ihn doch zusammen«, riet Miss Ryan; »er *muß* Sie ja nun heiraten.«

»Nancy, *quelle heure est-il?*«

»Zwanzig vor vier.« Um vier erkundigte sich Miss Thigpen erneut nach der Zeit, und dann wieder zehn Minuten später. »Himmeldonnerwetter, Helen, entweder besorgen Sie sich eine Uhr, oder nehmen 'ne Schlafpille.«

Miss Thigpen schlug ihre Decken beiseite. »Es hat keinen Zweck. Besser, wenn ich mich anziehe.« Sie brauchte eine Stunde und fünfundzwanzig Minuten dazu, ihre Garderobe zu wählen und die richtige Dosierung von Kosmetika und Parfum anzuwenden. Fünf Minuten nach halb sechs krönte sie ihr Haupt mit einem Federhut und Schleier und setzte sich auf ihr Bett, vollständig angezogen bis auf Schuhe und Strümpfe. »Ich bin halbtot vor Sorge, was ich an den Beinen anziehen soll. Ich will mich doch nicht vergiften«, sagte sie. Ihre Ängste gründeten sich auf ein Merkblatt, das die Russen den Damen des Ensembles mit Bezug auf Nylon-Wäsche ausgegeben hatten. Unter dem Einfluß strenger Kälte, verkündeten sie, habe Nylon die Neigung, sich zu zersetzen, was eine Nylonvergiftung hervorrufen könne. Miss Thigpen rubbelte sich die nackten Beine und stöhnte. »Was *ist* das bloß für eine Gegend, wohin wir kommen? Wo einer Dame die Strümpfe auf der Straße in Stücke zerfallen und sie möglicherweise umbringen?«

»Vergessen Sie den Quatsch«, sagte Miss Ryan.

»Aber die Russen ...«

»Woher zum Teufel sollen die das wissen? Die haben doch gar keine Nylons. *Darum* erzählen sie uns das.«

Es war acht Uhr morgens, als Jackson von seinem Tonk-Spiel zurückkehrte. »Earl«, sagte Miss Thigpen, »soll das so weitergehen, wenn wir verheiratet sind?«

»Liebchen«, sagte er, müde ins Bett steigend, »der Löwe hat ausgebrüllt. Er ist Nullkommanull. Hat sich ausgeolalat.«

Miss Thigpen war bar des Mitgefühls. »Earl, wage es ja nicht, jetzt schlafen zu gehen. Wir sind gleich da. Wenn du dich für die kurze Zeit noch hinlegst, wirst du in einem scheußlichen Zustand aufwachen.«

Jackson murmelte etwas und zog sich die Decke über den Kopf.

»Earl«, sagte Miss Ryan mit sanfter Stimme, »ich glaube, Sie wissen, daß sie Wochenschauaufnahmen auf dem Bahnhof machen wollen, nicht?«

Sehr kurze Zeit darauf war Jackson rasiert, hatte das Hemd gewechselt und hüllte sich in einen karamelfarbenen Pelzmantel. Er besaß einen Hut aus dem gleichen Fell, den er sich in der Form eines weichen Filzhutes hatte anfertigen lassen. Während er seine Hände in ein Paar Handschuhe mühte, die Löcher an den Fingern hatten, um seine Ringe sehen zu lassen, gab er seiner Braut Instruktionen, wie man mit den zu erwartenden Fotoapparaten zurechtkäme: »Paß auf, Süße, wir wollen uns nicht aufhalten lassen von einem Haufen einfacher Standfotografen. Das ist Zeitverschwendung, wenn die doch groß rauskommen mit der Flimmerkiste.« Er kratzte mit seiner juwelenverzierten Faust am Fenster und spähte hinaus; es war fünf nach neun und noch stockdunkel, nicht gerade die ideale Beleuchtung zum Fotografieren. Doch eine halbe Stunde später war die Dunkelheit einem stahlgrauen Dunst gewichen, und man konnte die Bläue eines leichten Schneetreibens erkennen.

Einer der Ministerialbeamten, Sascha, wanderte durch den Wagen, an die Abteiltüren klopfend. »Meine Damen und Herren, in zwanzig Minuten wir kommen an Leningrad.«

Ich zog mich fertig an und quetschte mich durch den bevölkerten Gang, wo die Erregung von Minute zu Minute heftiger angetrieben wurde, genau wie die Räder des Zuges. Selbst Twerp war, schalumhüllt und von Miss Putnams Armen umhegt, zum Aussteigen bereit. Noch bereiter als Twerp war Mrs. Gershwin. Sie starrte vor Nerz, glitzerte von Brillanten, und ihre Locken lugten reizvoll unter einem üppigen weichen Zobelhut hervor.

»Der Hut, Herzchen? Den habe ich in Kalifornien gekauft. Ich habe ihn mir als Überraschung aufgehoben. Wirklich, Schatz? Wie goldig von Ihnen, Darling. *Darling* …«, sagte sie, und eine unversehene Stille gab ihrer Stimme Lautstärke, »wir sind *da*!«

Eine Sekunde überwältigter Ungläubigkeit, dann ein kollektiver Vorstoß gegen den Vorraum. Der bekümmert blickende Schaffner, der sich dort zur Trinkgeldentgegennahme aufgebaut hatte, sah sich nicht allein ignoriert, sondern auch gegen die Wand gequetscht. Wachsam-behende wie Pferde am Starttor, suchten sich Jackson und John McCurry am Ausgang die beste Position zu sichern. McCurry ist der stämmigere von beiden, und als die Tür aufging, war er der erste draußen.

Er trat mitten unter eine graue Menge und das Aufzucken eines Blitzlichtes. »Dank euch«, sagte McCurry, als Frauen wetteiferten, ihm Blumensträuße in die Hand zu drücken. »Gottes Segen über eure kleinen Spitzköpfe.«

»Als wir ankamen, flogen dort viele Vögel umher – schwarze und weiße«, schrieb Warner Watson, als er die Szene später in seinem Tagebuch aufzeichnete. »Die weißen waren *sakaros*. Ich schreibe dies nieder für meine vögelbeobachtenden Freunde. Wir wurden von vielen freundlichen Russen begrüßt. Den weiblichen und männlichen Mitgliedern (der Truppe) wurden Blumensträuße überreicht. Ich frage mich, wo sie die in dieser Jahreszeit herhatten. Rührende Sträußchen, wie Kinder sie machen.«

Miss Ryan, die ebenfalls ein Tagebuch führte, schrieb: »Offizieller Empfang durch eine Schar von Riesenmännern und schäbig aussehenden Frauen, die eher so angezogen waren, als gingen sie zu einer Beerdigung statt zu einer Theatergruppe (schwarze Sachen, graue Gesichter), aber vielleicht *taten* sie das auch. Meine sinnlosen Plastiküberschuhe verlor ich ständig, weshalb es mir nicht möglich war, mich ordentlich durchzuboxen durch das Gedränge der Mikrofone, Fotoapparate und derer, die zu ihnen gelangen wollten. Die Breens waren zur Stelle, Robert noch halb verschlafen, aber Wilva ein einziges Lächeln. Am Kopf des Bahnsteigs buchstabierte ich aus glanzlosen Blechbuchstaben *Leningrad* zusammen – und wußte nun erst, daß es tatsächlich stimmte.«

Die Lyrikerin Helen Wolfert verfaßte für ihr Tagebuch eine langatmige Darstellung. Hier ein Auszug: »Als wir den Bahnsteig entlang dem Ausgang zustrebten, standen zu beiden Seiten Reihen beifallklatschender Menschen. Beim Erreichen der Straße umschloß uns die Menge der Schaulustigen. Polizisten drängten sie zurück, um uns durchzulassen, aber die Menschen drängten mit gleicher Heftigkeit wieder dagegen. Die Schauspieler reagierten auf die Herzlichkeit, das Getöse, die Bewillkommnung mit Dankbarkeit, Liebenswürdigkeit, Überschwang und Temperament. Wenn die Russen sie dafür ins Herz schlossen, so waren sie nicht die einzigen. Ich selber schloß sie in mein Herz.«

Vielleicht sollten diesen Eintragungen einige Fußnoten beigegeben werden. Die Personen, die Miss Ryan mit »Riesenmännern und schäbig aussehenden Frauen« meint, waren hundert und mehr der führenden Leningrader Bühnenkünstler, die man aufgeboten hatte, bei der Einfahrt des Zuges zugegen zu sein. Merkwürdigerweise hatte keiner von ihnen vorher gewußt, daß *Porgy and Bess* nur Negerrollen hat, und ehe die Abordnung ihre verblüfften Gesichter in den Ausdruck von Willkommensfreude ummodeln konnte, war die Truppe schon halbwegs aus dem Bahnhof. Das »Gedränge der Schaulustigen«, von Mrs. Wolfert notiert, bestand aus gewöhnlichen Bürgern der Stadt, deren Vorhandensein das Resultat einer Notiz im Lokalteil der *Iswestija* vom Vortag war. »Eine amerikanische Operngastspielgruppe wird morgen früh mit dem Zug in Leningrad eintreffen. Es steht zu erwarten, daß sie hier auftreten werden.« Diese zwei Zeilen waren übrigens die erste öffentliche Erwähnung in der Sowjetpresse, die man Breens abenteuerlicher Unternehmung gewährte; doch ungeachtet dieser mageren Details hatte die Veröffentlichung sich als intrigierend genug erwiesen, um die mindestens tausend Leningrader herbeizulocken, die den Bahnhof säumten und sich als Wasserfall über die Treppe hinweg bis weit auf die Straße ergossen. Weniger bemerkte ich allerdings von »Herzlichkeit und Getöse«, wovon Mrs. Wolfert beeindruckt war. Abgesehen von einem tröpfelnden Applaus erschien es mir, als betrachte sich die Menge das herausströmende Ensemble mit unendlicher Schweigsamkeit, geradezu einer seelischen Erstarrung, die wenig Anhaltspunkte dafür gab, was sie über den Vorbeizug der Amerikaner dachte: Mrs. Gershwin, beladen mit mehr Blumensträußen als eine Braut; der kleine Davy Bey, der einen improvisierten Negertanz aufführte; Jackson, der mit königlicher Gebärde winkte, und John McCurry, beide Hände über dem Kopf zusammengeschlagend wie ein Preisboxer.

Mochte die Reaktion der Russen unergründbar gewesen sein, so hatte Leonard Lyons, der offizielle Historiograph, seinerseits eine sehr bestimmte Meinung. Mit professionellem Blick die Szene in Augenschein nehmend, schüttelte er den Kopf. »Das ist nicht richtig angepackt worden. Keine richtige Schau. Also wenn Breen was vom Geschäft verstünde«, sagte er beim Durchschreiten der Bahnhofstür, »wären wir hier singend rausgekommen!«

2

Die Leningrader Premiere von *Porgy and Bess*, ein Ereignis, mit dem man internationales Aufsehen zu ernten gedachte, war für Montagabend, den 26. Dezember, geplant, was der Theatergesellschaft fünf Tage der Vorbereitung und Proben gab – eine ausreichende Zeit in Anbetracht dessen, daß man sich seit nahezu vier Jahren auf Gastspielreisen befand. Aber Robert Breen, der Regisseur dieser Aufführung, war entschlossen, daß die Zuhörer bei der Leningrader Premiere die denkbar beste Darstellung dieser Neger-Oper vorgesetzt bekommen sollten. Breen und seine tatkräftige Partnerin und Frau, Wilva, waren ebenso wie ihr erster Assistent, der liebenswürdige, aber übernervöse Warner Watson, überzeugt davon, daß die Russen »wie vor den Kopf geschlagen« sein würden von diesem folkloristischen Musical, daß sie »noch nie etwas Ähnliches gesehen haben« würden. Verschiedene, auch selbst wohlmeinende Beobachter waren sich dessen nicht ganz sicher. Wie man es indes auch ansah, von den Amerikanern wie von ihren russischen Gönnern aus versprach diese Erstaufführung doch eine der spannungsgeladensten der Theatergeschichte zu werden. Allein am Morgen unserer Ankunft lag dieses Ereignis noch mehr als hundert Stunden fern; und nachdem die Truppe in bereitgestellten Bussen vom Bahnhof Leningrad zum Hotel Astoria gebracht worden war, konzentrierte sich ihre ganze Spannung auf die Unterbringung.

Das Astoria, an der eindrucksvollen Weite des Isaaks-Platzes gelegen, ist ein Intouristhotel, was bedeutet, daß es jenem staatlichen Betrieb untersteht, der alle Hotelunterkünfte für ausländische Reisende mit Aufenthaltsgenehmigung kontrolliert. Das Astoria erhebt mit Recht Anspruch darauf, das beste Haus in Leningrad zu sein. Manche halten es für das Ritz von ganz Rußland. Aber es macht nur wenig Konzessionen an westliche Begriffe eines Luxus-Etablissements. Eine derselben ist ein von der Hotelhalle abgehender Raum, der sich als ein *Institut de Beauté* anpreist, wo für die Gäste *Pedicure, Manicure* und ein *Coiffeur pour Madame* bereit sind. Das *Institut* mit seiner fleckigen Weißgekalktheit, seinem peinigenden Zubehör erinnert an eine Armenklinik unter Obhut einiger nicht eben peinlich hygienischer Krankenschwestern, und die *Coiffure*, die Madame dort erhält, wird ihr Haar leicht in einen Zustand versetzen, der es ausgezeichnet als Topfkratzer verwendbar macht. Dann sind da, im gleichen Geschoß gelegen, drei Restaurants, eines ins andere übergehend, ein Höllentrio, das etwa soviel Frohsinn verbreitet wie ein Flugzeugschuppen. Das mittlere ist Leningrads elegantestes Restaurant, und abends von acht bis Mitternacht spielt dort ein Orchester russischen Jazz für die lokale *haut monde*, die selten tanzt, sondern grämlich herumsitzt und die Bläschen in klebrigen Gläsern mit süßem Krimsekt zählt. Das Intouristbüro des Hotels befindet sich in der Haupthalle hinter einer niederen Theke, deren zwölf Pulte so arrangiert sind, daß die Angestellten jeweils einen guten Überblick haben, was ihre Aufgabe, das Kommen und Gehen der Gäste zu überwachen, wesentlich erleichtert. Es ist dies noch einfacher, ja sozusagen narrensicher gemacht worden, indem man eine Art Hausdame auf jedem der für Gäste bestimmten Stockwerke stationiert hat, Aufseherinnen, die von Morgendämmerung bis Morgendämmerung im Dienst sind und niemandem erlauben, sein Zimmer zu verlassen, ohne daß er ihnen den Schlüssel abgibt, und die ständig, wie menschliche Kontrolluhren, das Ein und Aus in dicke Bücher einzutragen haben. Vielleicht hätte Houdini ihnen entschlüpfen können, aber man kann sich nur schwer denken, wie er es fertiggebracht hätte, weil sie an Tischchen sitzen, die sowohl die Treppe vor sich haben wie den Fahrstuhl, einen veralteten Vogelkäfig, der an seinen Seilen quietscht. Nun gibt es tatsächlich eine unbewachte Hintertreppe, die die oberen Stockwerke mit einer abgelegenen unteren Halle verbindet, und für heimliche Besucher oder den Gast, der unbemerkt fortzugehen wünscht, wäre dies der ideale Weg. *Wäre*, hätte man sie nicht von oben bis unten mit hölzernen Gittern verbarrikadiert, die durch alte Sofas und Schränke noch verstärkt sind. Mag sein, daß die Hotelleitung keinen andern Platz zum Abstellen für diese Möbelstücke finden konnte. Ganz gewiß ist in den Zimmern kein Platz mehr dafür vorhanden. Denn der übliche Gastraum im Astoria sieht wie die Mansarde in einem viktorianischen Dachgeschoß aus, wo irgendeine arme Verwandte ihr Leben unter den abgelegten Sachen der Familie begräbt: im ungesunden Dunsthauch romantischer Marmorsäulen, trübbrennender Birnen unter Tüllampenschirmen wie Ballettröckchen, Tischen - gleich mehreren davon - mit Perserdecken, massenhaft Stühlen, Plüschsesseln, Schränken, die Platz für Schiffskoffer bieten würden, geblümten Tapeten an den Wänden, buntschillernd von goldgerahmten Früchtestilleben und idyllischen Landschaften, Betten, die hinter klammfeuchten Samtportieren in höhlenartigen Alkoven verborgen sind - all dies hineingestopft in einen grabdunklen, ungelüfteten Raum (man kann die Fenster im Winter nicht öffnen und würde es auch nicht wollen, wenn es ginge), der viermal so groß wie ein Eisenbahnabteil ist. Das Hotel hat natürlich auch großartigere Unterbringungsmöglichkeiten, Appartements von fünf und sechs Zimmern, aber die Innendekoration ist die gleiche, nur noch überladener.

Nichtsdestoweniger war die Mehrzahl unseres *Porgy and Bess*-Ensembles höchst einverstanden mit dem Astoria, meist weil sie »etwas so viel *Schlimmeres*« befürchtet hatten und nun ihre Zimmer »gemütlich« fanden, »gewisse Atmosphäre« oder, wie der intellektualistische Publizist der Gastspieltruppe, Willem van Loon, es ausdrückte: »So viel Jugendstilnippsachen. Nein wirklich!« Doch als die Truppe die Halle des Hotels betrat, wo bereits chinesische Würdenträger und Kosaken in hohen Russenstiefeln herumquirlten, war, zunächst jedenfalls, die tatsächliche Einweisung in diese Zimmer in einigen Fällen noch weit entfernt und fragwürdig.

Beim Astoria schien die Zuweisung der Räume, vor allem der Appartements, von einem Protokoll - oder eher einem Fehlen desselben - diktiert, das in erheblich vielen von uns bittere Gefühle auslöste. Nancy Ryan offerierte die Theorie, daß die Russen zu ihrem System der Zimmerverteilung unter Zuhilfenahme der Gagenlisten unserer Everyman Opera gekommen sein müßten: »Je weniger einer kriegt, desto mehr geben sie ihm.« Was auch immer der Grund sein mochte, fanden es doch einige der

Starmitglieder und der mitreisenden prominenten Gäste der Truppe »grotesk« und »verrückt, Mann, verrückt«, daß Requisiteure und Garderobieren, Bühnenarbeiter und Beleuchter geradewegs zu den Luxusappartements geführt wurden, während von ihnen, den »eigentlichen«, verlangt wurde, daß sie sich mit dem übriggebliebenen Abschaum des Hotels zufriedengeben sollten. »Machen die Witze?« sagte Leonard Lyons. Ein anderer Gast der Truppe, Herman Sartorius, hatte wirklich Grund zur Klage: Ihm hatte man überhaupt kein Zimmer zugewiesen. Ebensowenig Mrs. Gershwin, die auf ihren Koffern in der Halle saß und von Wilva Breen und Warner Watson besänftigt wurde.

»Keine Sorge, Baby«, sagte Mrs. Breen, die am Abend zuvor mit dem Flugzeug angekommen war und mit ihrem Mann zusammen sich in sechs Räumen Astorianischen Prunkes barg. »Die Russen mögen langsam sein, sie mögen die Dinge ein bißchen durcheinanderbringen, aber zum Schluß kommt alles in die Reihe. Denkt doch daran, was mir passiert ist, als ich in Moskau war«, fuhr sie fort und meinte damit ihren Besuch in Moskau vom Oktober, zur Vorbereitung der Tournee. »Neun Tage habe ich gebraucht für ganze zwei Stunden wirklicher Arbeit. Aber alles ist prächtig ausgegangen.«

»Bestimmt, Lee«, sagte Warner Watson und strich sich erregt mit der Hand über die graumelierte Bürste seiner Haare. »Bestimmt, Herzchen, wir kriegen diese Zimmersache schon hin.«

»Aber Darling, ich bin ja restlos glücklich, Darling«, versicherte ihnen Mrs. Gershwin. »Ich finde es doch so herrlich, daß wir *da* sind.«

»Ja, daß wir es tatsächlich geschafft haben!« sagte Mrs. Breen und schaute sich strahlend um. »Und was für goldige, nette, hinreißende Menschen. Waren sie nicht hinreißend, als der Zug ankam?«

»Hinreißend«, sagte Mrs. Gershwin und schaute auf die Unmenge welkender Blumensträuße, die man ihr auf dem Bahnhof überreicht hatte.

»Und das Hotel ist doch einfach bildschön, nicht?«

»Ja, Wilva«, erwiderte Mrs. Gershwin lustlos, als beginne sie die Begeisterung ihrer Freundin langsam zu ermüden.

»Sie werden ein schönes Zimmer bekommen, Lee«, versicherte Mrs. Breen, und Warner Watson setzte hinzu: »Wenn es Ihnen nicht gefällt, können Sie wechseln. Was immer Sie wollen, Lee, werden wir schon hinkriegen.«

»Aber ich bitte Sie, Darling. Das ist doch nicht wichtig, Wenn sie mich nur *irgendwo* unterbringen würden, denke ich doch nicht daran umzuziehen«, sagte Mrs. Gershwin, der es bestimmt war, im Verlauf der paar folgenden Tage dreimal darauf zu bestehen, ihre Unterkunft wechseln zu müssen.

Die Delegation des Kulturministeriums unter Nikolai Sawtschenko, dem sachlichen, eindrucksvollen Einsachtziger, sah sich in einem Wirbel des Beruhigenmüssens, Inordnungbringens und der Versicherungen an jeden, daß er das Zimmer erhalten würde, das ihm zustehe. »Geduld«, flehte eine von ihnen, die ältliche Dolmetscherin Miss Lydia. »Vergrößern Sie nicht noch diese Unannehmlichkeit. Wir haben genügend Zimmer. Niemand wird durch die Straßen irren müssen.« Nancy Ryan erklärte, es würde ihr nichts ausmachen, durch die Straßen zu irren, und schlug mir vor, ob wir nicht durch einen Spaziergang der Konfusion in der Hotelhalle entfliehen sollten.

Der Isaaks-Platz wird an einer Seite von einem Kanal begrenzt, der von der Newa abzweigt, einem Fluß, der die Stadt im Winter durchzieht wie eine gefrorene Seine, und an der gegenüberliegenden Seite erhebt sich die Isaaks-Kathedrale, die heute ein atheistisches Museum ist. Wir wanderten auf den Kanal zu. Der Himmel war lichtlos grau und Schnee in der Luft, leichte Stäubchen, Spielzeug, das aufschäumte und herumstob wie die Flocken in einer gläsernen Kindermurmel. Es war Mittag, aber es gab kaum mehr modernen Verkehr auf dem Platz als ein oder zwei Autos und einen Bus mit brennenden Scheinwerfern. Da und dort jedoch glitschten Pferdeschlitten über das verschneite Pflaster. Am Uferkai der Newa sah man lautlos auf Skiern dahingleitende Gestalten, und Mütter fuhren ihre Kleinen auf kleinen Schlitten spazieren, die sie hinter sich herzogen. Gleich herumschwirrenden Amseln liefen überall dazwischen auf den Bürgersteigen Schulkinder in schwarzen Pelzen Schlittschuh. Zwei von ihnen blieben stehen, um uns zu beäugen. Es waren Zwillinge, Mädchen von neun oder zehn Jahren; sie trugen graue Kaninmäntelchen und blaue Samtkapuzen. Sie hatten ein Paar Schlittschuhe unter sich aufgeteilt, aber indem sie die Hände verschränkt hatten und sich gleichzeitig abstießen, kamen sie auf je einem recht gut vorwärts. Sie schauten uns mit ihren hübschen braunen fragenden Augen an, als überlegten sie, was uns so anders machte: unsere Kleidung? Miss Ryans Lippenstift? Die weichen Wellen in ihrem losen Blondhaar? Die meisten Fremden in Rußland sind bald daran gewöhnt: an das leichte Zusammenziehen der Brauen bei einem Passanten, dem irgend etwas auffällt, das er nicht ohne weiteres näher definieren kann, und der nun stehenbleibt, einen anstarrt, sich immer wieder umdreht, ja sich oft gezwungen sieht, einem zu folgen. Die Zwillinge liefen uns nach auf die Fußgängerbrücke über die Newa und beobachteten uns, als wir stehenblieben, um den Ausblick zu genießen.

Der Kanal, kaum mehr als ein verschneiter Graben, war ein Tummelplatz der Kinder, deren kreischendes Gelächter sich mit dem Tönen der Glocken mischte, beide Klänge davongetragen vom starken, frostkalten Wind, der vom Finnischen Meerbusen herüberwehte. Baumgerippe, in Eis gehüllt, glitzerten vor der strengen Front der Paläste, die den Kai säumten und sich bis zum fernen Newskij-Prospekt erstreckten. Leningrad, heute eine Viermillionenstadt, die zweitgrößte und nördlichste Metropole der Sowjetunion, ist für den Geschmack der Zaren erbaut worden, und Zarengeschmack war die französische und italienische Architektur, was nicht allein den Stil, sondern auch die Färbung der Paläste längs der Newa und in anderen alten Stadtgegenden erklärlich macht. Pariserisches Schwarz und Grau herrschte vor, urplötzlich aber mischt sich die kräftigere italienische Palette dazwischen: ein scharfgrüner Palast, ein glänzend ockerfarbener, einer von hellem Blau, Orange. Einige dieser Paläste sind in Einzelwohnungen aufgeteilt worden, die meisten enthalten Ämter. Peter der Große, der vom derzeitigen Regime hochgeschätzt wird, weil er die Wissenschaften nach Rußland brachte, würde wahrscheinlich die unzähligen Fernsehantennen, die sich auf den Dächern seiner einst Kaiserlichen Stadt wie ein metallener Insektenschwarm niedergelassen haben, beifällig ansehen.

Wir überschritten die Brücke und wanderten durch die offenen Gittertore in den verlassenen Vorhof eines blauen Palastes. Das war der Anfang eines Labyrinths, einer arktischen Kasba, wo ein Hof in den anderen führte, durch Bogengänge und Tunnel und enge Straßen, schneegedämpft und still bis auf das Hufgestampf der Schlittenpferde, einen verschwebenden Glockenklang, hie und da Gekicher von den Zwillingen, die noch immer hinter uns herliefen.

Die Kälte war wie ein Betäubungsmittel, nach und nach waren meine Glieder gefühllos genug, um eine größere Operation durchstehen zu können. Doch Miss Ryan weigerte sich, umzukehren. Sie erklärte: »Mein Himmel noch mal, dies hier ist Petersburg. Wir laufen doch nicht einfach irgendwo spazieren. Ich will davon sehen, soviel ich nur kann. Und das habe ich wohl auch mehr als nötig. Denn wo werde ich von nun an stecken? Abgeschlossen in irgendeinem Zimmer, um allerlei Quatsch für die Breens zu tippen.« Aber ich sah, daß sie es nicht viel länger aushalten würde; ihr Gesicht, säuferrot, zeigte an der Nasenspitze einen weißen, erfrorenen Fleck. Minuten später, als sie dessen erstes Kribbeln verspürte, war sie bereit, das Astoria aufzusuchen.

Das Schwierige daran war nur, daß wir uns verirrt hatten. Es amüsierte die Zwillinge ungemein, uns immer rundum durch die gleichen Straßen und Höfe irren zu sehen. Sie quiekten vor Vergnügen, einander umschlungen haltend, als wir auf einen alten Mann stießen, der Holz hackte, und ihn nach der Richtung fragten, indem wir unsere Arme wie Kompaßnadeln herumschwenkten und dazu *Astoria! Astoria!* riefen. Der Holzhacker begriff nicht; er legte seine Axt nieder und begleitete uns an eine Straßenecke, wo uns bedeutet wurde, unsere Pantomime für drei schwärzlich-braune Freunde von ihm zu wiederholen, von denen keiner verstand, worum es sich handelte, doch winkte man uns nichtsdestoweniger weiter in eine andere Straße. Auf dem Wege schlossen sich uns aus reiner Neugier ein schlaksiger junger Mann mit einem Geigenkasten unterm Arm und eine Frau an, wohl eine Schlächtersfrau, denn sie trug über ihrem Mantel eine blutbespritzte Schürze. Die Russen schwatzten und diskutierten miteinander; wir kamen zu dem Schluß, daß sie uns nun auf eine Polizeiwache brachten, doch das kümmerte keinen von uns beiden, solange die nur geheizt war. Unterdes war mir die Feuchtigkeit in der Nase gefroren, und meine Augen waren blind von der Kälte. Immerhin konnte ich noch soviel erkennen, daß wir unversehens wieder an der Fußgängerbrücke über die Newa angelangt waren. Ich wollte Miss Ryans Hand packen und losrennen. Aber sie hatte das Gefühl, daß die Treue unseres Gefolges verdiente, es die Lösung des Rätsels mitansehen zu lassen. Vom Holzhacker bis zum Geigenspieler, angeführt von den schlitternden Zwillingen wie von Rattenfängern, geleitete uns der feierliche Zug über den Platz und genau vor den Eingang zum Astoria. Während sie eine der Intourist-Limousinen umringten, die vor dem Hotel parkten, und den Führer über uns auszufragen begannen, liefen wir hinein, sanken auf eine Bank nieder und schnappten nach der warmen Luft wie Taucher, die zu lange unter Wasser gewesen sind.

Leonard Lyons kam an uns vorüber. »Sieht so aus, als wärt ihr draußen gewesen?« sagte er. Miss Ryan nickte, und Lyons erkundigte sich mit gedämpfter Stimme: »Jemand Ihnen gefolgt?«

»Ja«, sagte Miss Ryan, »*Massen*.«

Von der Direktion der Opera wurde in der Hotelhalle ein Schwarzes Brett angebracht. Dort angekündigt waren der Probenplan der Truppe und eine Liste der Veranstaltungen, die von ihren sowjetischen Gastgebern vorgesehen waren, so für die Tage vor der Premiere unter anderem Ballett- und Opernabende, eine Fahrt mit der neuen Leningrader Untergrundbahn, ein Besuch des Eremitage-Museums und eine Weihnachtsfeier. Unter der Überschrift *pünktlich* waren auch die Essenszeiten angegeben, und auf Grund der Tatsache, daß in Rußland Matinées mittags um zwölf und die Abendvorstellungen um acht Uhr abends beginnen, stand da zu lesen: Frühstück neun Uhr dreißig, Lunch elf Uhr, Dinner fünf Uhr, Abendimbiß elf Uhr dreißig.

Aber um fünf Uhr an diesem ersten Spätnachmittag genoß ich mein heißes Bad viel zu sehr, um mich wegen des Dinners zu inkommodieren. Das Badezimmer, das zu dem mir zugewiesenen Zimmer im dritten Stock gehörte, hatte schweflig abblätternde Wände, einen kalten Heizkörper und eine gesprungene Toilette, die wie ein Gebirgsbach rauschte. Die Wanne selbst, Modell 1900, war mit Roststellen übersät, und das Wasser, das aus den Hähnen floß, braun wie Jod; aber es war heiß und entwickelte einen prächtigen Dampf, und ich aalte mich darin, faul vor mich hin überlegend, ob man unten im düsteren Speisesaal die Gesellschaft nun endlich mit Kaviar und Wodka, Schaschlik, Bliny und saurem Rahm traktieren würde. (Die Ironie des Schicksals hielt für sie, wie ich später erfuhr, das gleiche Menü bereit, das man uns bei jeder Mahlzeit im Speisewagen vorgesetzt hatte: Joghurt und Himbeerbrause, Brühe, panierte Kalbskoteletts, Karotten und Erbsen.) Mein floßhaftes Vormichhindämmern wurde unterbrochen, als das Telefon im Zimmer nebenan läutete. Ich ließ es eine Weile klingeln, wie man das bei sich zu Hause tun mag, wenn man im Bad sitzt. Dann wurde mir klar, daß ich nicht zu Hause war, und mir fiel ein, wie ich kurz zuvor beim Anblick des Telefons gedacht hatte, was für ein totes Ding es für mich in Rußland sei, nicht weniger sinnlos, als wenn seine Drähte überhaupt gekappt wären. Nackt und tropfnaß hob ich den Hörer ab, um die Dolmetscherin Miss Lydia melden zu hören, daß für mich ein Anruf aus Moskau da sei. Das Telefon stand auf einem Schreibtisch unweit des Fensters. Unten auf der Straße marschierte eben ein Regiment Soldaten vorbei und sang ein Marschlied; als Moskau am Apparat war, konnte ich kaum etwas verstehen, so kräftig schallten ihre Stimmen. Der Anrufer war jemand, dem ich noch nie begegnet war: Henry Shapiro, Korrespondent der *United Press*. Er sagte: »Was gibt's dort, irgendwelches Material für 'ne Story?« Er erklärte mir, daß er eigentlich habe nach Leningrad fahren wollen für »*die* Sensation«, die *Porgy and Bess*-Premiere, aber nun könne er nicht, weil er »eine andere Eröffnungsvorstellung« wahrnehmen müsse, des Obersten Sowjets nämlich, der am gleichen Abend in Moskau zusammentreten sollte. Er würde daher sehr dankbar sein, wenn er am Montag nach der Premiere nochmals bei mir anrufen dürfe, damit ich ihm berichten könne, »wie alles gegangen ist und was sich tatsächlich dabei ereignet hat«. Ich sagte: Schön, ich würde es versuchen. Der Anruf und der Schock des unbekleideten Herumstehens in einem kalten Raum hatten mich wieder zum Leben erweckt. Die Gesellschaft wurde bei einem Ballettabend erwartet, und so begann ich mich dafür anzuziehen. Dabei gab es allerdings ein Problem. Die Breens hatten ausgegeben, daß die Herren mit schwarzem Binder und die Damen im kurzen Abendkleid kommen sollten. »Es ist höflicher so«, sagte Mrs. Breen, »und außerdem möchten Robert und ich alles gern in Gala haben.« Es gab eine oppositionelle Clique, die das Gefühl hatte, diese Verlautbarung der Breens würde, falls man sie befolgte, sie alle »lächerlich« wirken lassen in einem Lande, wo sich kein Mensch bei irgendwelchen Gelegenheiten irgendwie formell anzieht. Ich versuchte es mit einem Kompromiß, indem ich zum grauen Anzug eine schwarze Krawatte nahm. Ich spazierte während des Anziehens im Zimmer umher und rückte einige der Blumen- und Früchtestilleben wieder gerade, die an den Wänden klebten. Sie waren erheblich verrutscht, weil Leonard Lyons mich zwecks Inspizierung aufgesucht hatte, da er überzeugt war, daß die Zimmer im Astoria Abhörleitungen haben müßten. Lyons' Annahme wurde von den meisten geteilt, was nicht weiter erstaunlich war in Anbetracht der Tatsache, daß man der Truppe vor der Abreise aus Berlin durch zwei amerikanische Diplomaten der Moskauer Botschaft in einer Instruktionsstunde geraten hatte »anzunehmen«, daß während ihrer Rußlandreise die Hotelzimmer Geheimleitungen haben und die Briefe geöffnet werden würden. Selbst Breen, der diese diplomatischen Empfehlungen zur Vorsicht »eine Menge Unsinn« genannt hatte, förderte unbewußt das Mißtrauen der Truppe, indem er erklärte, daß er – ungeachtet dessen, was jeder einzelne fühlen möge – doch hoffe, sie würden in ihren Briefen lieber einfach nur schreiben, wie »interessant« Rußland sei, und wie »großartig« es ihnen dort ginge; einige wiesen darauf hin, daß dies ein Widerspruch sei, denn warum sollte Breen diese Aufforderung an sie richten, wenn er selber eben nicht auch glaubte, daß sie in einer Atmosphäre der Geheimmikrofone und der Wasserdampfkessel lebten?

Im Hinausgehen blieb ich am Etagenpult stehen und händigte meinen Schlüssel der Aufseherin aus, einer rundlichen blassen Frau mit einem Groteskpuppen-Lächeln, die in ihr Kontrollbuch einschrieb: 244 – 19.00 – die Nummer meines Zimmers und die Zeit meines Fortgehens.

Unten war ein Krach im Gange. Fertig angezogen und zum Fortgehen bereit, standen die Ensemblemitglieder in der Halle herum wie erstorbene Figuren in einem Gemälde, während einer von ihnen, John McCurry, ein handfester Bulle von einem Mann, aufstampfend schnauzte: »Fällt mir nicht ein, verdammt noch mal! Ich denke nicht daran, irgendeinem gottverdammten Gauner sieben ganze Dollar fürs Babysitten bei irgend jemandem zu geben.« McCurry wehrte sich damit gegen den Preis, den ein russischer Babysitter für das Aufpassen bei seiner vierjährigen Tochter nehmen wollte, solange er selbst mit seiner Frau beim Ballettabend war. Zum Preis von dreißig Rubeln pro Sitter hatte Intourist einen entsprechenden Trupp für die Eltern unserer sechs Kinder geliefert; man hatte sogar an einen Betreuer für Twerp gedacht, den kleinen Boxer, der der Garderobiere unserer Gastspieltruppe gehörte. Dreißig Rubel sind bei einem Kurs von vier zu eins sieben Dollar fünfzig, immerhin eine erhebliche Taxe; doch haben diese dreißig Rubel für die Russen nur eine Kaufkraft von einem Dollar vierzig, und in Anbetracht dieses bescheidenen Lohns konnten die Russen eben einfach keinen Grund sehen für die Szene, die McCurry machte. Sawtschenko, Leiter der Delegation des Kulturministeriums, war rot vor Entrüstung, Miss Lydia weiß. Breen wies McCurry scharf zurecht, und dessen Frau, ein schüchternes Wesen mit fast ständig niedergeschlagenen Augen, sagte, er möge bitte nur ruhig sein, sie werde dann eben zu Hause bleiben bei dem Kind. Warner Watson und Miss Ryan drängten alle aus dem Hotel und in die beiden Busse, die für die Dauer unseres Leningrader Aufenthaltes gemietet waren.

Später entschuldigte sich Breen bei Sawtschenko für das »Benehmen« einiger Mitglieder der Truppe. Diese Entschuldigung sollte sich auf mehr als nur den McCurry-Zwischenfall beziehen. So war Alkohol nicht mit inbegriffen in dem Kontrakt, der zwischen dem Kulturministerium und der Everyman Opera abgeschlossen wurde. Sawtschenko war unglücklich, weil sich einige von uns Getränke aufs Zimmer hatten bringen lassen und sich dann nicht nur weigerten, dafür zu bezahlen, sondern auch mit den Kellnern argumentierten und sie beleidigt hatten. Ferner war es Sawtschenko zu Ohren gekommen, daß viele der Amerikaner von ihm und seinen Landsleuten als »Spione« sprachen. Breen fand auch, daß dies »ungebührlich und beleidigend« sei, und Sawtschenko meinte in Erwiderung auf seine Entschuldigungen: »Nun ja, man muß natürlich bei einer Truppe von solchem Umfang darauf gefaßt sein, daß einige nicht den Anforderungen genügen.«

Das Ballett tanzte im Marientheater, das man umgetauft hat in »das Kirow« – wenn auch niemand es so nennt –, nach dem alten Revolutionär und Freund Stalins, dessen Ermordung 1934 die ersten Moskauer Schauprozesse eingeleitet haben soll. Galina Ulanowa, die Primaballerina des Bolschoi, hatte ihr erstes Auftreten in diesem Theater, und das Leningrader Opernballett, das jetzt dort das Repertoire bestreitet, wird von sowjetischen Kritikern als erstrangig bezeichnet. Abgesehen vom Teatro Fenice in Venedig, dem es in Weiträumigkeit, Stil und Beheizung aus dem achtzehnten Jahrhundert stark ähnelt, halte ich es für das schönste Theater, das ich je gesehen habe. Unglückseligerweise hat man die alten Sitze durch solche aus Holz ersetzt, nicht unähnlich denen in einer Schulaula, und ihre strenge Naturfarbe bildet einen zu scharfen Kontrast gegen das weiche Grau und Silber des gemäßigten Rokoko-Interieurs dieses Marientheaters.

Ungeachtet der Kälte im Theater wurde verlangt, daß alle, auch die Damen, ihre Mäntel in der Garderobe lassen sollten; sogar Mrs. Gershwin zwang man, sich von ihrem Nerz zu trennen, weil es in Rußland als ungebildet, als aufs äußerste *nje kulturnyj* gilt, ein Theater, Restaurant, Museum oder einen ähnlichen Ort mit Mantel oder sonstiger Umhüllung zu betreten. Diejenige, die im Augenblick am meisten unter dieser Vorschrift zu leiden hatte, war Miss Ryan. Die Kurven dieser großen, auffallenden Blondine wurden durch ein schulterfreies Abendkleid geschickt unterstrichen; und als sie so durch den Mittelgang schwenkte, drehten sich die Männeraugen nach ihr wie Blumen nach der Sonne. Überhaupt verursachte die Ankunft des gesamten Ensembles allgemeines Aufsehen im dichtgedrängten Zuschauerraum. Die Leute standen auf, um die Amerikaner besser anschauen zu können, ihre schwarzen Binder, Seiden und Gefunkel. Viel von der Aufmerksamkeit konzentrierte sich auf Earl Bruce Jackson und seine Braut Helen Thigpen. Sie saßen in der Kaiserlichen Loge, wo ein Hammer-und-Sichel-Emblem das Zarenwappen überdeckte. Jackson, der seine Hand über den Logenrand baumeln ließ, damit sein Schmuck, ein Ring auf jedem Finger, entsprechend gesehen werden konnte, neigte huldvoll sein Haupt nach links und rechts wie die Königin Viktoria.

»Ich würde glatt erfrieren, wenn ich mich nicht derart unbehaglich fühlte«, sagte Miss Ryan, als man ihr einen Platz angewiesen hatte. »Sehen Sie doch nur, die finden mich *unanständig*.« Man konnte nicht leugnen, daß eine leise Kritik in den Blicken der umsitzenden russischen Frauen lag, die Miss Ryans nackte Schultern streiften. Mrs. Gershwin, in einem grünen Cocktailkleid, das ihr sehr gut stand, meinte: »Ich habe Wilva Breen doch gesagt, daß wir nicht in großer Toilette kommen sollten. Ich wußte, daß wir uns nur lächerlich machen würden. Na schön, Darling, es soll nicht wieder vorkommen. Immerhin aber: Was *könnte* man denn anziehen?« fragte sie und schaute sich um auf der Jagd nach Modetips aus der bedrückenden, formlosen Gewandung der Zuhörerschaft. »Ich habe doch nichts mit, was nicht *hübsch* ist.«

In der Reihe vor uns saß ein Mädchen, dessen Haar weder geflochten noch ein sauertöpfisches Bündel Strähnen war; sie hatte einen frechen Bubenkopf, der ihrem wißbegierigen kleinen Faunsgesicht gut stand. Sie trug einen schwarzen Pullover und eine Perlenkette. Ich machte Miss Ryan auf sie aufmerksam.

»Aber die kenne ich doch«, sagte Miss Ryan aufgeregt. »Die ist aus Long Island, wir waren zusammen in Radcliffe auf dem College! Priscilla Johnson«, rief sie, und das Mädchen wandte sich mit kurzsichtig zusammengekniffenen Augen um. »Um aller Heiligen willen, Priscilla, was *machst* du hier?«

»Jui! Da schau einer an! Nancy«, sagte das Mädchen und strich ihre Ponyfransen zurück. »Was machst *du* denn hier?«

Miss Ryan erklärte es ihr, und das Mädchen, das sagte, daß auch sie im Astoria wohne, berichtete, daß sie ein verlängertes Visum zum Aufenthalt in der Sowjetunion erhalten habe, um russisches Recht zu studieren, ein Thema, das sie seit Radcliffe interessierte, wo sie ja auch Russisch gelernt hatte.

»Aber Herzchen«, meinte Mrs. Gershwin, »wie kann jemand russisches Recht studieren? Wo es sich doch ständig ändert?«

»Jui - haha«, erwiderte Miss Johnson. »Nun, das ist ja auch nicht das einzige, was ich hier tue. Ich mache eine Art Kinsey-Bericht. Und jui, *das* macht Spaß.«

»Ich sollte doch meinen«, sagte Miss Ryan, »- diese Befragungen ...«

»Ach, das ist ganz einfach«, versicherte Miss Johnson. »Ich steure die Unterhaltung nur immer auf die sexuellen Dinge, und hast du nicht gesehen - du würdest staunen, was die Russen so darüber denken. Jui, Nancy, die Masse von Leuten, die Freundinnen haben! Oder wünschten, sie hätten eine. Ich schickte Artikel darüber an *Vogue* und *Harper's Bazaar*. Die sollten interessiert daran sein, denke ich.«

»Priscilla ist so eine Art Genie«, flüsterte mir Miss Ryan zu, als die Kronleuchter langsam erloschen und der Dirigent seinen Taktstock hob. Das Ballett mit seinen drei Akten und zwei Pausen dazwischen hieß *Der Korsar*. Gewöhnlich ist für das sowjetische Ballett das Tanzen weniger wichtig als die grandiose Aufmachung, und der *Korsar*, wenngleich ein weniger wichtiges Werk im Repertoire, verlangt ebensoviel Szenenwechsel wie die extravaganten Revuen in der Radio City Music Hall oder den Folies Bergères, zwei Theatern, in denen sich der *Korsar* ganz zu Hause fühlen würde, wenn auch die Choreographie und deren Darbietung nicht ganz den Standard der ersteren erreicht und das letztere niemals eine Szene mit bis an den Hals verhüllten tanzenden Sklavinnen zulassen würde. Die Handlung des *Korsars* ähnelt stark der *Fontäne von Bachtschisraraj*, einer Ballade Puschkins, die das Bolschoiballett aufgegriffen und zu einem seiner prunkvollsten Schaustücke aufgebläht hat. In der *Fontäne* wird ein Mädchen aus adeligem Geblüt von einem barbarischen Tatarenhäuptling geraubt und in seinen Harem verschleppt, wo sie drei Akte lang mancherlei Schurkereien über sich ergehen lassen muß. Im *Korsar* erleidet der Zwilling dieses Mädchens etwa die gleichen Prüfungen; hier ist sie das Opfer eines Schiffsunglücks (fabelhaft echt auf der Bühne dargeboten mit Donner, Blitz und Wasserfluten, die gegen das lecke Schiff klatschen), von wo es von Piraten gekapert wird, und darauf drei Stunden lang siehe oben. Beide Geschichten spiegeln ebenso wie zahllose andere den Hang des zeitgenössischen Sowjettheaters zu phantastischen Geschehnissen und Legenden wider; es scheint danach fast, als könne der moderne Autor, der außerhalb des Gartens der Propaganda zu schweifen gedenkt, als einzig sicheren Pfad nur jenen betreten, der ihn in den Märchenwald führt. Allein selbst die Phantasie bedarf der realistischen Untermauerung, der Anhaltspunkte an Greifbares, Menschliches; ohne sie spürt man kein Leben dahinter und keine eigentliche Kunst, ein zwiefacher Mangel, dem man beim sowjetischen Theater allzu häufig begegnet, wo die daran Beteiligten zu glauben scheinen, daß Trickeffekte und technischer Hokuspokus an ihre Stelle gesetzt werden können. Das Kulturministerium rühmt sich häufig, Rußland sei das einzige Land, dessen künstlerisches Leben *en rapport* mit seiner Bevölkerung sei. Die Reaktion des Publikums auf den *Korsar* strafte diese Behauptung nicht Lügen; jedes Szenenbild, jedes Solo brachte Beifallsstürme, die den Kronleuchter erzittern ließen.

Die Amerikaner waren ebenfalls begeistert. »Großartig, ein wahrer Traum«, versicherte Mrs. Breen Mrs. Gershwin während der Pause im Café-Salon des Marientheaters. Ihrer Meinung pflichtete ihr Mann durchaus bei. Doch während er so dies Ballett lobte, hatte Breen, ein netter Mensch, dessen Gesichtsausdruck zwischen jungenhaftem Strahlen und Buster-Keaton-Sturheit wechselt, ein unruhiges Flackern in den Augen, als vergleiche er möglicherweise die üppige Aufmachung des *Korsars* mit dem einfachen dreimaligen Szenenwechsel bei *Porgy and Bess*. Wenn übermäßige Effekte das Kriterium der Wirkung waren, dann würden die sowjetischen Zuschauer von seiner Aufführung sicherlich enttäuscht werden.

»Also *mir* gefällt's nicht«, rebellierte Mrs. Gershwin, als die Breens zu einer anderen Gruppe weitergegangen waren. »Ich schlafe fast ein. Und ich werde auch nicht sagen, daß es mir gefällt, wenn es doch nicht stimmt. Sie (die Breens) möchten einem das in den Mund legen, wenn sie nur irgend könnten.« Das war nun einmal die Schwierigkeit für die Breens in ihrer Stellung. Wie Eltern, die ihre Kinder zu einem Besuch bei Nachbarsleuten mitgenommen haben, lebten sie in der ständigen Furcht vor *gaffes*, Kaputtmachen und schlechtem Benehmen.

An Erfrischungen gab es im Theaterrestaurant: Bier, Likör, Himbeerbrause, belegte Brote, Bonbons und Eiskrem. Earl Bruce Jackson sagte, er komme um vor Hunger: »Aber Mann, die Eiskrem kostet ja 'n Dollar für bloß einmal lecken. Und was glauben Sie, was die für ein pizzikleines Stückchen Schokolade wollen, nicht größer als Ihre Zehe? Fünf-fünfzig.« Eiskrem – von den Sowjets als eine Delikatesse eigener Erfindung angepriesen, begann ihren Siegeszug als nationale Leidenschaft in der UdSSR im Jahre 1939, als die Maschinen zu ihrer Herstellung aus Amerika importiert wurden. Die meisten der dichtgedrängten Restaurantgäste standen da und löffelten sie aus Papierbechern, wobei sie den Amerikanern zuschauten, die, rein privat, für Aufnahmen posierten, indem sie Bierflaschen auf der Stirn balancierten, Shimmy vorführten oder Louis Armstrong imitierten.

In der zweiten Pause hielt ich Ausschau nach Miss Ryan und fand sie in eine Ecke gelehnt, wo sie mit hochmütiger Miene eine Zigarette aus langer Spitze rauchte und bemüht war, so zu tun, als sei sie nicht der Blickfang der versammelten, pummeligen jungen Mädchen und glanzlosen Frauengesichter, die kichernde Bemerkungen über ihr enganliegendes Kleid und ihre nackten Schultern tauschten. Leonard Lyons, der neben ihr stand, sagte: »Sehen Sie, nun wissen Sie, wie es Marilyn Monroe zumute ist. Die würde ja hier Aufsehen machen! Sie sollte ein Visum beantragen. Ich werde ihr das sagen.«

»Oooh!« stöhnte Miss Ryan, »wenn ich doch nur meinen Mantel kriegen könnte!«

Ein Mann von Ende Dreißig, glattrasiert, vornehm, eine sportliche Gestalt mit dem Gesicht eines studierten Mannes, trat auf Miss Ryan zu. »Ich möchte Ihnen gern die Hand drücken«, sagte er respektvoll. »Sie sollen wissen, wie sehr meine Freunde und ich uns auf *Porgy and Bess* freuen. Es wird ein starkes Erlebnis für uns sein, kann ich Ihnen versichern. Einige von uns haben Karten für die Premiere erhalten. Ich«, setzte er lächelnd hinzu, »gehöre zu den Glücklichen.« Miss Ryan sagte, wie sehr sie sich freue, so etwas zu hören, und machte eine Bemerkung über sein ausgezeichnetes Englisch, was er durch die Mitteilung erklärte, daß er während des Krieges einige Jahre als Mitglied der Russischen Handelsdelegation in Washington gewesen sei. »Aber können Sie mich wirklich verstehen? Es ist so lange her, daß ich Gelegenheit zum Sprechen hatte – ich habe ordentlich Herzklopfen.« Man spürte aus der heftigen Bewunderung, die in seiner Haltung Miss Ryan gegenüber lag, daß dieses Herzklopfen nicht einzig vom Englischsprechen kam. Sein Lächeln wurde schwächer, als ein flackerndes Lichtzeichen das Ende der Pause verkündete, und er sagte in dringlichem Ton, wie getrieben von einem Impuls, dem er nicht zu widerstehen vermochte: »Bitte, ich möchte Sie wiedersehen. Ich würde Ihnen gern Leningrad zeigen.« Die Einladung war an Miss Ryan gerichtet, schloß aber aus Höflichkeit gezwungenermaßen auch Lyons und mich ein. Miss Ryan sagte, er möge uns doch im Astoria anrufen, und er kritzelte unsere Namen auf sein Programm, dann schrieb er auch seinen eigenen Namen auf und überreichte ihn Miss Ryan.

»Stepan Orlow«, las Miss Ryan, während wir uns zum letzten Akt hineinbegaben. »Er ist ganz goldig.«

»Na ja«, sagte Lyons. »Aber er wird nicht anrufen. Er wird sich's überlegen und Angst kriegen.«

Es war vorgesehen, daß die Truppe hinter die Bühne gehen und dort mit den Ballettmitgliedern zusammentreffen sollte. Die Schlußszene des *Korsars* spielte teilweise auf Deck eines Schiffes mit einem Netzwerk aus Tauen, und als die Amerikaner nach Schluß der Vorstellung hinter den Vorhang kamen, herrschte ein derartiges Gedränge auf der Bühne, daß etwa die Hälfte der Tänzer auf dem Schiffsdeck stehen oder das Tauwerk erklettern mußte, um einen Blick auf die westlichen Kollegen zu erhaschen, deren Eintritt volle vier Minuten lang mit Zurufen und Applaus begrüßt wurde, ehe Ruhe genug eintrag, daß Breen seine Ansprache halten konnte, die begann: »*Wir* sind es ja, die *Ihnen* applaudieren sollten. Ihre erregende Kunst hat uns einen Abend beschert, den keiner von uns je vergessen wird, und wir wollen nur hoffen, daß wir am Montag abend ein wenig zurückzahlen können von dem Vergnügen, das Sie uns bereitet haben.« Während Breen seine Ansprache beendete und der künstlerische Leiter des Marientheaters ebenfalls redete, schlichen sich die kleinen Ballerinen, denen der Schweiß durch die Schminke sickerte, näher an die amerikanischen Darsteller heran, ihre geschminkten Augen kullerten, ihre Lippen formten Oohs und Aahs, als sie die Schuhe der Besucher erblickten; schüchtern erst, dann kühner, befühlten sie die Kleider, prüften ein wenig von der Seide oder dem Taft zwischen ihren Fingern. Eine von ihnen streckte plötzlich den Arm aus und legte ihn einem Ensemblemitglied namens Georgia

Burke um die Schulter. »Aber ja, Schätzlein«, sagte Miss Burke, eine warmherzige, heitere Frau, »umarm du mich nur, soviel du willst. Es freut einen doch, wenn man sieht, daß einer einen gern hat.«

Es ging schon eher auf ein Uhr zu, weit nach Mitternacht, als die Truppe die Rückfahrt ins Astoria antrat. Die Busse, Eisschränke auf Rädern, hatten die gleiche Sitzanordnung wie jene, die auf der Madison Avenue in New York verkehren. Ich saß hinten auf der langen Bank zwischen Miss Ryan und der Dolmetscherin Miss Lydia. Straßenlaternen, die den Schnee der leeren Straßen gelb überglänzten, zuckten an unseren Fenstern wie winterliche Leuchtkäfer vorüber, und Miss Ryan, die hinausschaute, meinte: »Die Paläste sind so schön im Rampenlicht.«

»Ja«, sagte Miss Lydia, ein verschlafenes Gähnen unterdrückend, »die Privathäuser sind schön.« Doch wie plötzlich aufgewacht, setzte sie rasch hinzu: »Die *ehemaligen* Privathäuser.«

Am nächsten Vormittag ging ich mit Lyons und Mrs. Gershwin zum Einkaufen auf den Newskij-Prospekt. Leningrads Hauptstraße, der Newskij, hat kaum ein Drittel der Länge der Fifth Avenue, ist aber doppelt so breit; die dahingleitenden Seitenschiffe des Verkehrs zu überqueren, ist eine gefährliche Aufgabe und eine ziemlich sinnlose obendrein, denn die Läden auf beiden Seiten der Straße sind allesamt staatliche Warenhäuser, die, in ihrer verschiedenen Aufmachung, die gleichen Waren zum gleichen Preis verkaufen. Wer auf einen Gelegenheitskauf aus ist, auf der Suche nach »irgend etwas Apartem«, wird das Einkaufen auf dem Newskij als entmutigende Erfahrung kennenlernen.

Lyons war losgezogen unter dem Hoffungsstern, »ein hübsches Stück von Fabergé« aufpicken zu können, um es seiner Frau mitzubringen. Nach der Revolution hatten die Bolschewiken fast alles an juwelenbesetzten Eiern und Kästchen, was Fabergé zum kaiserlichen Vergnügen geschaffen hatte, an französische und englische Sammler verkauft; die wenigen bekannten Stücke von ihm, die in Rußland blieben, sind im Leningrader Eremitage-Museum und in der »Rüstkammer« des Kremls zur Schau gestellt. Heutzutage liegt der niedrigste Preis eines kleinen Fabergé-Kästchens auf dem internationalen Kunstmarkt bei über zweitausend Dollar. Nichts an dieser Information beeindruckte Lyons, der das Gefühl hatte, er würde seinen Fabergé rasch und ziemlich billig bei einem Kommissionsladen ausfindig machen. Was an sich nicht falsch gedacht war, denn falls es dergleichen überhaupt gab, würde ein solcher Altwarenladen, ein staatlich kontrolliertes Leihhaus, wo ein Genosse das letzte verborgengehaltene Erbstück unmittelbar in Bargeld umsetzen konnte, wahrscheinlich der einzige Ort sein, an dem man es entdecken könnte. Wir besuchten einige dieser zugigen Institute mit der traurigen Hin-ist-hin-Atmosphäre von Auktionsräumen. In einem davon, dem größten, erstreckte sich eine Vitrine durch die Länge des Raumes, und der Anblick, den ihr Inhalt bot, die Anhäufung so spukhaft verschiedenartiger Objekte, wirkte wie ein dadaistisches Experiment. Ganze Reihen von getragenen Schuhen, so ausgetreten, daß man die geisterhafte Fußform des früheren Besitzers auf erschütternde Weise darin wahrnehmen konnte, waren säuberlich hinter Glas nebeneinandergestellt worden wie Schätze, was sie denn auch waren mit ihren fünfzig bis hundertfünfundsiebzig Dollar pro Paar; eine Kollektion von Kopfbedeckungen flankierte die Schuhe, von Backfischglocken bis zu Samtwagenrädern; nach den Hüten bewegte sich die surrealistische Vielfalt und der Preis des ausgestellten Schrankinhalts in Spiralen: ein zerknickter Fächer (30 Dollar), eine verschmutzte Puderquaste (7 Dollar), ein Bernsteinkamm mit ausgebrochenen Zinken (45 Dollar), angelaufene Silbergeflechthandtaschen (100 Dollar und mehr), ein silberner Regenschirmgriff (340 Dollar), ein Satz durchschnittlicher Schachfiguren aus Elfenbein, dem fünf Bauern fehlten (1450 Dollar), ein Zelluloidelefant (25 Dollar), eine angestoßene und rosig schilfrige Gipspuppe, die aussah, als habe sie im Regen draußen gelegen (25 Dollar). Alle diese Gegenstände und noch meterweise andere waren mit einer Sorgfalt arrangiert und numeriert, die an eine Ausstellung von Erinnerungsstücken denken ließ, die Besitztümer eines geliebten Toten, und es war eben dies, die Ehrfurcht der Schaustellung, die es so ergreifend machte. Lyons sagte: »Wer *kauft* denn wohl das Zeug?« Aber er brauchte sich nur umzuschauen, um zu sehen, daß es welche gab, die, in Ermangelung von irgend etwas anderem, den mottenzerfressenen Fächer und die silberne Schirmkrücke noch ansprechend fanden, noch begehrenswert, dem angegebenen Preis durchaus entsprechend. Dem russischen Kalender nach war es zwei Wochen vor Weihnachten, aber die Russen machen ihre Geschenke lieber zum neuen Jahr, und die Kommissionsläden waren gepackt voll mit Geldausgebenden. Obgleich Lyons keinen Fabergé aufzustöbern vermochte, kam einer der Altwarenhändler mit einer einzigartigen Schnupftabaksdose aus dem neunzehnten Jahrhundert heraus, einem riesigen Topas, der ausgehöhlt und halb durchgeschnitten worden war. Aber der Preis von achtzigtausend Dollar war mehr, als der Kunde sich gedacht hatte.

Mrs. Gershwin, die jedem einzelnen Mitglied des *Porgy and Bess*-Ensembles ein »wirklich schönes« Weihnachtsgeschenk zu machen beabsichtigte (»Schließlich ist es ja das vierte Weihnachten, Darling, das wir zusammen feiern, und ich möchte diesen Darlings meine dankbare Anerkennung zeigen«), hatte dafür noch immer ein paar Kleinigkeiten zu erledigen, obgleich sie bereits eine Wagenladung voller Geschenke aus Berlin mitgebracht hatte. Und so kämpften wir uns denn durch die Newskij-Massen (»Man kann nicht leugnen, daß es hier ganz lebhaft zugeht«, sagte Lyons) und betraten auch einen Kürschnerladen, wo der billigste Zobel ein kurzes Jäckchen war, das man zum Preise von elftausend Dollar verkaufte, oder vielmehr nicht verkaufte. Dann kamen wir zu einem Antiquitätengeschäft, das von Intourist als das »eleganteste« von Leningrad erklärt worden war. Die Antiquitäten dort erwiesen sich als gebrauchte Fernsehapparate, ein Eisschrank, ein alter Tischventilator, einige beschädigte Biedermeiermöbel und eine ungeheure Menge von Ölgemälden, die Szenen von historischem, wenn auch nicht künstlerischem Wert darstellten. »Was haben sie denn erwartet, Darling?« meinte Mrs. Gershwin. »So etwas wie russische Antiquitäten gibt es doch nicht. Wenn es sie gibt, sind es französische.« Auf der Suche nach Kaviar betraten wir zwei Delikatessenläden, sozusagen die lokalen »Vendômes«; da gab es Ananas aus Afrika, Orangen aus Israel, frische Lichi-Früchte aus China, aber keinen Kaviar. »Also wo, *wo* habe ich denn nur die Idee her, daß er die Butter auf dem Brot der Arbeiter sei?« lamentierte Mrs. Gershwin, die erklärte, sie wolle sich jetzt zu einer Tasse Tee niederlassen, ein Wunsch, der uns kurz darauf in die sowjetische Abart von »Schraffts« führte. Es war in einem Keller, ein Verlies, wo die Kellnerinnen, in hohen Russenstiefeln und mit Diademen aus Tortenspitzenpapier über den naßglitschigen Fußboden watend, Tabletts mit Eiskrem und unwahrscheinlichen Kuchen zu trübsinnig dasitzenden Gruppen ältlicher Frauen trugen. Aber Mrs. Gershwin mußte ohne ihren Tee auskommen, denn es war kein Tisch frei, ja nicht einmal Platz zum Stehen.

Bisher hatte noch niemand etwas gekauft. Mrs. Gershwin beschloß, es mit einem Warenhaus zu versuchen. Unterwegs blieb Lyons des öfteren stehen, um mit seiner Kamera Aufnahmen zu machen von Frauen und kirschenwangigen Mädchen, die paarweise Christbäume schleppten, einem Blumenstand an der Straßenecke, der im Winter künstliche Rosen verkauft und Papiertulpen, in Blumentöpfe gesteckt, als seien sie echt. Jeder seiner fotografischen Überfälle bewirkte eine Verkehrsstockung der Fußgänger, eine Galerie stummer Zuschauer, die lächelten und manchmal auch finstere Gesichter zogen, wenn er dann sie aufnahm. Bald fiel mir auf, daß sich ein Mann ständig wieder unter diesen Zuschauern zeigte, jedoch nicht zu ihnen zu gehören schien. Immer stand er im Hintergrund, ein stämmiger Mann mit einer Hakennase. Er war in einen schwarzen Mantel gepackt, mit Astrachanmütze und das Gesicht zur Hälfte verborgen hinter einer dunklen Schutzbrille, wie sie Skiläufer tragen. Ich verlor ihn aus den Augen, noch ehe wir beim Warenhaus angekommen waren.

Das Innere erinnerte an einen Jahrmarktaufbau, dieweil es aus Ladentheken und Einzelnischen bestand, deren Regale zumeist Schießbudenpreise anboten, die üblichen billigen Puppen, häßliche Krüge, Gipstiere, Toilettengarnituren in ein Gerüsche aus weißer Etuiseide gebettet. Mrs. Gershwin, die den schalen Leimgeruch nicht ertragen konnte, verspürte einen unwiderstehlichen Drang, die »Lederabteilung« zu verlassen, einen noch viel zwingenderen, dem Parfumstand zu entfliehen. Eine Menschenmenge begann uns durch das Haus zu folgen, und als ich in einer Nische, die den Hüten reserviert war, Mützen aus Ersatzpersianer auszuprobieren begann, scharten sich einige dreißig grinsende, einander wegdrängende Russen um uns und forderten mich auf, diese da zu kaufen oder auch jene, eigenhändig die Modelle herunterzerrend und andere mir auf den Kopf stülpend und dem Verkäufer befehlend, immer mehr und mehr zu bringen, bis sie von der Theke herunterkullerten, Irgend jemand bückte sich, um eine davon aufzuheben – es war der Mann mit der Skibrille. Bei der Kappe, die ich dann aufs Geratewohl aus Verzweiflung kaufte, erwies sich später, daß sie nicht paßte. Aus falschem Astrachan, kostete sie fünfundvierzig Dollar, und wegen der komplizierten Zahlweise, die in allen Sowjetläden – vom einfachsten Kaufmannsladen bis zum *GUM* in Moskau – herrscht, bedurfte es weiterer vierzig Minuten, um damit zu Rande zu kommen. Zunächst bekommt man vom Verkäufer einen Zettel über den Kauf, den man zu einem Kassenschalter trägt, wo man kalte

Füße bekommen kann, während die Kassiererin ihre Kalkulation an einem Rechenbrett anstellt, zweifellos eine wirksame Methode, dennoch sollte irgendein begabter Sowjetmensch die Registrierkasse erfinden; wenn man bezahlt hat, stempelt die Kassiererin den Kaufzettel, und diesen nimmt man nun zurück zu dem Verkäufer, der inzwischen fünf weitere Kunden bedient; bei Gelegenheit jedoch wird er den Zettel entgegennehmen, fortgehen, um ihn nochmals mit der Kassiererin zu vergleichen, wieder zurückkommen, einem den erworbenen Gegenstand aushändigen und die Einpackabteilung zeigen, wo man sich wiederum anstellen muß. Als Abschluß dieses langwierigen Vorgangs wurde mir dann meine Mütze in einer grünen Hutschachtel gereicht. »Bitte, Darling«, flehte Mrs. Gershwin Lyons an, der versucht war, auch für sich eine Mütze zu erstehen, »lassen Sie uns nicht noch einmal das Ganze durchmachen.«

Skibrille war nirgends zu sehen, als wir das Warenhaus verließen. Indessen tauchte er bald genug wieder auf, am Rande einer Gruppe, die zuschaute, wie Lyons ein paar Straßenhändler fotografierte, die in einem verschneiten Hof Weihnachtsbäume verkauften. In diesem Hof war es, wo ich meine Hutschachtel stehenließ; ich muß sie abgestellt haben, um mir die erfrorenen Hände warmzuschlagen. Ich merkte den Verlust erst einige Querstraßen weiter. Lyons und Mrs. Gershwin waren drauf und dran, umzukehren und danach zu suchen. Aber das war nicht notwendig. Denn als wir uns umwandten, sahen wir Skibrille auf uns zukommen, und an seiner Hand baumelte die grüne Hutschachtel. Er gab sie mir mit einem Lächeln, das seine Hakennase zucken ließ. Ehe ich nur daran denken konnte, mich zu bedanken, hatte er den Finger kurz an seine Mütze gelegt und war weitergegangen.

»Also – ho ho – was für ein Zufall!« krähte Lyons, und in seinen schlauen Augen glänzte es vergnügt auf. »Oh, *den* hatte ich lange spitzgekriegt.«

»Ich auch«, gestand Mrs. Gershwin. »Aber ich finde es goldig. Bewunderungswürdig. Einfach bewunderungswürdig von denen, sich so gut um uns zu kümmern. Man fühlt sich also beschützt. Also, Darling«, sagte sie, als wolle sie Lyons unbedingt zu ihrer Ansicht bekehren, »ist es nicht ein Trost zu wissen, daß man gar nichts verlieren *kann* in Rußland?«

Im Astoria fuhr ich nach dem Mittagessen zusammen mit Ira Wolfert, dem ehemaligen Kriegsberichterstatter, der angeblich beabsichtigte, einen Artikel über die Tournee der Everyman Opera für *Reader's Digest* zu schreiben, im Fahrstuhl nach oben. »Aber noch suche ich nach einer richtigen Story. Mir scheint bisher, es ist alles nur immer wieder dasselbe«, erklärte mir Wolfert. »Und man kann mit niemandem hier herum reden. Russen, meine ich. Man kriegt die Platzangst jedesmal, wenn man mit jemandem ein politisches Gespräch anfängt und dieselbe alte Leier hört. Ich habe mich mit Sawtschenko unterhalten, das soll doch ein intelligenter Bursche sein, und ich habe ihm gesagt, weil dies doch ein Privatgespräch sei, ob er denn *ehrlich* all den Unsinn glaube, den er über Amerika redet. Er behauptete nämlich, daß das Land doch von Wallstreet regiert würde. Aber man kann sich mit ihnen einfach nicht unterhalten. Es ist keinerlei Realismus in ihrem sozialen Realismus. Gestern unterhielt ich mich mit einem Russen – ich werde ihn nicht näher bezeichnen, einer von den Burschen, mit denen wir hier zusammengekommen sind –, und er steckt mir einen Zettel zu. Auf diesem Zettel werde ich gebeten, seine Schwester in New York zu besuchen. Er hat also eine Schwester, die dort lebt. Später begegne ich diesem Burschen auf der Straße. Ich ziehe ihn in eine Seitenstraße und frage: ›Was zum Teufel geht hier eigentlich vor?‹ Und er sagt: ›Alles ist ganz tadellos. Es ist nur besser, wenn man vorsichtig ist.‹ Alles ist ganz tadellos, aber der Bursche steckt mir Zettel zu!« Wolfert biß heftig auf seine Pfeife und schüttelte den Kopf. »Wo ist da der Realismus? Ich kriege die Platzangst.«

Oben konnte ich dann das Telefon in meinem Zimmer läuten hören, als ich die Tür aufschloß. Es war der Mann, dem ich in der Ballettpause begegnet war, Miss Ryans Anbeter, Stepan Orlow. Er sagte, er habe Miss Ryan angerufen, aber keine Antwort erhalten. Ich riet ihm, es einmal beim Breenschen Appartement zu versuchen, da Miss Ryan einen der Räume als Büro benutze. »Nein«, wehrte er nervös entschuldigend ab. »Ich darf nicht gleich wieder anrufen. So bald hintereinander. Aber wann könnte ich Nancy sehen? *Und* Sie?« setzte er taktvoll hin. Ich fragte, ob er auf einen Drink ins Hotel kommen wolle. Es folgte eine Pause, die so lang war, daß ich schon glaubte, wir seien getrennt worden. Schließlich sagte er: »Das wäre nicht passend. Aber könnten wir uns in, sagen wir, einer Stunde treffen?« Ich bejahte und fragte, wo. Er sagte mir: »Spazieren Sie um die Kirche herum. Isaaks-Kathedrale. Immer ruhig weitergehen. Ich werde Sie schon sehen.« Er hängte ein, ohne sich zu verabschieden.

Ich ging zu den Breens hinunter, um Miss Ryan von der Einladung zu erzählen. Sie war hoch erfreut: »Ich wußte doch, daß er anrufen würde«, aber niedergeschlagen: »Ich hänge hier fest mit sechs Durchschlägen einer Eilsache«, sagte sie, indem sie lagenweise Papier und Kohlebogen in ihre Reiseschreibmaschine spannte. Die Eilsache war ein zwei Seiten langer Brief von Robert Breen, gerichtet an Charles E. Bohlen, den amerikanischen Botschafter in Rußland. Er begann mit Äußerungen des Dankes bezüglich der Tatsache, daß der Botschafter nebst Gattin zur *Porgy and Bess*-Premiere nach Leningrad kommen wollte; aber der größte Teil des Briefes war im Tone kummervoller Klagen gehalten. Zwar hatte das State Department diesem Rußlandgastspiel seinen Segen gegeben, doch es stand, entgegen der allgemeinen Annahme, unter keinerlei offizieller Betreuung. Tatsächlich war ja die Reise von Rußlands eigenem Kulturministerium finanziell ermöglicht worden. Nichtsdestoweniger fand Breen, es sei »ein schreiendes Unrecht«, daß der Theatergesellschaft kein Mitglied des Botschaftspersonals ständig zugeteilt worden sei, um an Ort und Stelle »die täglichen und stündlichen Ereignisse, die individuellen Kontakte und die spontanen und herzlichen Zwischenfälle« mitanzusehen, die Breen wichtig fand, wenn die Botschaft »wirklich sorgfältig jenen ausführlichen und wohlfundierten Bericht vorzubereiten wünsche, der mit Recht über dies noch nie dagewesene Projekt zu erwarten sei«. Breen schrieb: »Die Notwendigkeit einer solchen Dokumentation betrifft ja nicht allein dieses Freundschaftsgastspiel, so wichtig es auch sein mag, sondern ebensosehr einen möglichen zukünftigen Kulturaustausch. Niemand kann sich eine Vorstellung machen vom Ausmaß unserer Bemühungen, einen reibungslosen Ablauf zu sichern – oder von der Unzahl von Kleinigkeiten, die bedacht und in Ordnung gebracht werden müssen, wenn diese Art von Austausch jene Früchte tragen soll, die man sich von ihm verspricht. Die Dokumentation sollte nicht allein unsere Erfolge festhalten, sondern ebenso auch jene Punkte der Kontaktaufnahme, die noch verbessert werden könnten, wie auch mögliche Mißerfolge.«

»Grüßen Sie Stepan schön«, instruierte mich Miss Ryan, als ich ging, um die Verabredung pünktlich einzuhalten. »Und falls es sich als ein spontaner und herzlicher Zwischenfall herausstellen sollte, vergessen Sie nur ja nicht, es mir zu berichten, damit ich es in das *Porgy and Bess*-Logbuch eintragen kann«, sagte sie, damit Bezug auf das offizielle Tagebuch nehmend, das ihr Chef unter diesem Titel führte.

Das Massiv der Issaks-Kathedrale, im Stil der Mittelgotik, liegt einen Steinwurf weit vom Astoria. Ich verließ das Hotel Punkt halb vier Uhr, die Zeit, die Orlow mir für unser Treffen angegeben hatte. Doch als ich aus der Tür trat, sah ich mich einer Skibrille gegenüber. Am Bordstein parkte eine Intourist-Limousine, und der Mann saß auf dem Vordersitz und unterhielt sich mit dem Chauffeur. Im ersten Augenblick dachte ich daran umzukehren; es schien das Vernünftigste, wenn Orlow daran lag, daß dies Zusammentreffen nicht publik werden sollte. Doch beschloß ich dann, an dem Wagen vorüberzuschlendern und abzuwarten, was geschah; als ich vorbeikam, veranlaßten mich Nervosität und ein unkontrollierbar eingeimpfter Sinn für gutes Benehmen, den Mann mit einem Kopfnicken zu grüßen. Er gähnte und wandte sein Gesicht ab. Ich drehte mich nicht um, bis ich den Platz überquert hatte und im Schatten der Kathedrale stand. Da war der Wagen dann verschwunden. Ich spazierte um die Kathedrale, indem ich tat, als bewundere ich die Architektur, obgleich gar kein Grund war, irgendwie zu tun, weil die Bürgersteige verlassen dalagen. Dennoch hatte ich das Gefühl, aufzufallen und eben nicht ganz im Rahmen des Gesetzes zu handeln. Nachtdunkel glitt über den Himmel wie die schwarzen Krähen, die über den Köpfen der Menschen Kreise zogen und krächzten. Beim dritten Umwandern der Kirche keimte in mir der Verdacht auf, daß Orlow sich anders entschlossen haben könne. Ich suchte die Kälte zu vergessen, indem ich anfing, meine Schritte zu zählen, und ich hatte zweihundertundsechzehn angemerkt, als ich beim Einbiegen um eine Ecke unvermittelt vor einer Szene stand, die den Fluß der Zahlen stocken ließ wie die Zeiger einer heruntergefallenen Uhr.

Das war so: Vier Männer in Schwarz hatten einen fünften gegen die Mauer der Kathedrale gedrängt. Sie schlugen mit Fäusten auf ihn ein, stießen ihn vorwärts und warfen sich gegen ihn mit voller Körpergewalt, wie Fußballspieler, die an einem Sandsack üben. Eine bürgerlich gekleidete Frau mit einer Handtasche unterm Arm stand abseits, als warte sie nur so lässig, bis einige ihrer männlichen Bekannten eine geschäftliche Unterredung beendet haben würden. Abgesehen vom Gekrächz der Krähen wirkte es wie eine Szene aus einem Stummfilm; niemand gab einen Laut von sich, und als die vier Angreifer von dem Mann abließen, der, alle viere von sich gestreckt, auf dem Schnee liegenblieb, warfen sie mir einen gleichgültigen Blick zu, gesellten sich wieder zu der

Frau und gingen gemeinsam davon, ohne ein Wort miteinander zu wechseln. Ich trat auf den Mann zu. Er war fett, zum Heben für mich viel zu schwer, und die Alkoholfahne seines Atems hätte Skorpione töten können. Er blutete nicht und war nicht bewußtlos, sondern wollte sprechen, konnte aber nicht; er schaute zu mir auf wie ein Taubstummer, der sich mit Blicken verständlich zu machen sucht.

Ein Wagen mit eingeschalteten Scheinwerfern schob sich um die Ecke. Der schwarzweißkarierte Streifen um das Chassis ließ ihn als ein Taxi erkennen. Die rückwärtige Tür wurde geöffnet, und Stepan Orlow rief meinen Namen. Gegen die Tür gelehnt, suchte ich zu erklären, was geschehen war, und ihn um Hilfe zu bitten, aber er war ungeduldig, wollte nicht darauf hören und sagte nur immer wieder: »Steigen Sie ein« und »Wollen Sie nicht *bitte* einsteigen«; und endlich, mit einer Wut, die mir einen Schock versetzte: »Sie sind ein Idiot!« sagte er, mich auf den Sitz zerrend. Als das Taxi in einem kurzen Bogen wendete, machten seine Lichter den Mann sichtbar, der auf dem Bürgersteig lag, seine erhobenen Hände fuhren durch die Luft wie die Krallen eines Insekts, das grausam auf seinen Rücken gefallen ist.

»Es tut mir leid«, sagte Orlow und hatte wieder seine höfliche Stimme zurückgewonnen, der er zudem einen ehrlich zerknirschten Ton zu verleihen vermochte. »Aber das sind anderer Leute Zwistigkeiten. Die sind nicht weiter interessant, verstehen Sie? Jetzt sollen Sie sich lieber amüsieren. Wir gehen ins Wostock.« Er machte eine Bemerkung über Miss Ryans Abwesenheit und bedauerte »tief«, daß es ihr nicht möglich gewesen sei, seiner Einladung Folge zu leisten. »Das Wostock ist ein Lokal, wohin man so jemanden wie Nancy gern mitnimmt. Sehr gutes Essen. Musik. Etwas orientalisch angehaucht.« Nach der geheimen Art unseres Treffens erschien es mir seltsam, daß wir jetzt irgendwohin gehen sollten, heiter und in aller Öffentlichkeit, wie er nun erklärte; und ich verschwieg ihm das nicht. Er war gekränkt. »Ich habe doch keine Angst, aber ich bin andererseits kein Idiot. Das Astoria ist ein so prekärer Ort. Verstehen Sie? Es ist unangenehm, dorthin zu gehen. Warum sollte ich mich nicht mit Ihnen treffen, wenn ich möchte?« sagte er, als stelle er sich selbst diese Frage. »Sie sind ein Sänger, ich interessiere mich für Musik.« Er stand unter dem Eindruck, daß sowohl Miss Ryan wie ich zu den Sängern des Ensembles von *Porgy and Bess* gehörten. Als ich dies richtigstellte und ihm mitteilte, daß ich Schriftsteller sei, schien er bestürzt. Er hatte sich eine Zigarette angebrannt, und seine gespitzten Lippen, die das Streichholz ausblasen wollten, strafften sich. »Sie sind ein Korrespondent?« erkundigte er sich, die Flamme brennen lassend. Ich sagte nein, nicht das, was er unter einem Korrespondenten verstehe. Er blies das Streichholz aus. »Weil ich Korrespondenten nicht ausstehen kann«, sagte er, wie warnend, daß ich ihn lieber nicht anschwindeln solle. »Sie sind widerlich. Und die Amerikaner, bedauerlich zu sagen, die schlimmsten von allen. Die widerlichsten.« Nun da er wußte, daß ich ein Schriftsteller war, dachte ich, daß er die Lage vielleicht in einem anderen, weniger harmlosen Lichte sah, und schlug daher vor, wenn mich das Taxi in die Nähe des dann leicht zu Fuß erreichbaren Astoria bringen würde, könnten wir uns dort in aller Freundschaft voneinander trennen. Er hielt dies für einen Protest gegen seine Meinung über amerikanische Korrespondenten. »Bitte, Sie mißverstehen mich. Ich bewundere das amerikanische *Volk* doch so sehr«, sagte er und versicherte, daß die Jahre, die er in Washington verbracht habe, »voller Glück waren, das ich nie vergessen werde. Die Russen, die in New York lebten, taten immer so snobistisch gegenüber den Russen, die in Washington leben mußten; sie erklärten: ›Oh, mein Lieber, Washington ist derart *langweilig* und provinziell.‹« Er lachte über seine Imitation einer gelangweilten Dame von Welt. »Aber was mich betrifft, so gefiel's mir dort. Die Hitze in den Straßen im Sommer. Bourbon Whisky. Ich mochte meine kleine Wohnung so sehr. Ich öffne mein Fenster und schenke mir einen Bourbon ein«, sagte er, als erlebe er es im Geiste nach. »Ich sitze in meiner Unterwäsche und trinke Bourbon und spiele mein Radio so laut, wie ich Lust habe. Da ist ein Mädchen, das ich kenne. Zwei Mädchen. Eins von beiden kommt immer vorbei.«

Das sogenannte Wostock ist ein Restaurant, das dem Hotel Europa angeschlossen ist, dicht am Newskij-Prospekt gelegen. Wofern nicht ein paar vertrocknete Palmenkübel den Orient andeuten sollten, fühle ich mich außerstande, Orlows Behauptung, dieser Ort habe eine mandeläugige Atmosphäre, zu erklären. Die Atmosphäre ist, wenn überhaupt, eine niederdrückende aus gelbgetünchter Mittelmäßigkeit und spärlich besetzten Tischen. Orlow war eingeschüchtert, er zupfte sich an der Krawatte und fuhr glättend über sein Haar. Während wir die leere Tanzfläche überquerten, kratzte ein Ensemble von vier Musikern, spindeldürr wie die Palmen, zwischen denen sie postiert waren, einen Walzer herunter. Wir erklommen eine kleine Treppe, die zu einer Estrade führte, wo es diskrete Eßnischen gab. »Sie finden natürlich, das Astoria sei eleganter«, sagte er, als wir uns gesetzt hatten. »Aber das ist für Fremde und sehr große Snobs. Das hier ist für kleinere Snobs. Ich bin ein *sehr* kleiner Snob.«

Ich machte mir Sorgen, daß er sich möglicherweise das Wostock überhaupt nicht leisten konnte. Sein Überzieher prunkte mit einem luxuriösen Zobelkragen, und er trug eine Kappe aus glänzendschwarzem Seal. Sein Anzug jedoch war von armselig dünnem Stoff, und die Frischgewaschenheit seines weißen Oberhemdes machte die ausgefransten Stellen an Kragen und Manschetten irgendwie nur noch deutlicher. Aber er gab eine üppige Bestellung beim Kellner auf, der uns eine 400-Gramm-Karaffe voll Wodka und eine riesige Portion Kaviar brachte, auf geeisten Silbertellern mit Toast und Zitronenscheiben daneben. Mit einem flüchtigen Gedanken an Mrs. Gershwin verdrückte ich jedes einzelne zarte ungesalzene Perlkorn vor mir, und Orlow, über die Geschwindigkeit solcher Durchführung staunend, fragte, ob ich wohl noch eine Portion haben wolle. Ich sagte nein, ich könne unmöglich noch, aber er sah, daß ich konnte, und ließ den Kellner mehr holen.

Inzwischen brachte er einen Toast nach dem andern auf Miss Ryan aus. »Auf Nancy«, sagte er und leerte sein Glas, dann mit dem neugefüllten: »Auf Nancy. Sie ist ein bildschönes Mädchen«, und wieder einschenkend: »Diese bildschöne Nancy. Bildschönes Mädchen. Bildschön.«

Die kurze Aufeinanderfolge rasch hinuntergekippter Wodkas rötete sein blasses, beinah hübsches Gesicht. Er versicherte mir, daß er »wie ein Narr trinken« könne und nicht betrunken würde, doch ein gradweises Abnehmen der Intelligenz im Ausdruck seiner schönen blauen Augen strafte diese Prahlerei Lügen. Er verlangte zu wissen, ob ich glaube, daß Miss Ryan etwas für ihn übrig habe. »Weil«, sagte er und beugte sich übertrieben vertraulich vor, »sie ein bildschönes Mädchen ist und ich sie gern mag.« Ich sagte: Ja, ich hätte allem bereits entnommen, daß er sie sehr hochschätze. »Aber Sie denken, ich sei ein Idiot? Weil ich fast vierzig und seit fünf Jahren verheiratet bin?« Er spreizte seine Hand auf den Tisch vor mich hin, um mir den schlichten goldnen Ehering zu zeigen. »Ich werde niemals meiner Ehe Leid zufügen«, bemerkte er fromm. »Wir haben zwei Kinder, kleine Mädchen.« Er beschrieb mir seine Frau als »nicht schön, aber meine beste Kameradin« und erklärte weiter, daß, abgesehen von den Kindern, die gemeinsamen Interessen, die sie miteinander teilten, diese Ehe zu »einer ernsthaften Verbindung« machten. In Rußland kann man beobachten, daß kaum einer unter den Berufstätigen einen Bund mit jemand außerhalb des eigenen Arbeitskreises eingeht. Ärzte heiraten Ärztinnen, Rechtsanwälte Anwältinnen. Die Orlows waren, so schien es, beide Mathematiker, die an der gleichen Leningrader Schule unterrichteten. Musik und Theater waren ihre Hauptinteressen; sie hatten sich abgewechselt, sagte er, beim Schlangestehen nach den Karten für die Premiere von *Porgy and Bess*, aber zum Schluß gestattete man jeweils nur eine einzige Eintrittskarte. »Nun gibt meine Frau vor, sie habe keine Lust zu gehen. Das tut sie, damit ich gehen kann.« Im letzten Jahr hatten sie sich als gegenseitiges Neujahrsgeschenk einen Fernsehapparat gekauft, jetzt aber bedauerten sie, ihr Geld für »etwas derart Langweiliges und Kindisches« ausgegeben zu haben. Mit gleicher Schärfe äußerte er sich über den sowjetischen Film. Seine Frau gehe allerdings sehr gern ins Kino, doch er selbst werde sich nur dafür begeistern können, wenn man je wieder amerikanische Streifen zeigen würde. (»Ich wüßte da gern einiges. Was ist aus diesem bildschönen Mädchen, Joan Bennett, geworden? Und der anderen, Ingrid Bergman? Und George Raft? Was für ein großartiger Schauspieler! Lebt er noch?«) Abgesehen von dieser Verschiedenheit der Meinungen über Wert und Unwert des Kinobesuchs, stimmte der Geschmack seiner Frau in allem mit dem seinen überein; sie liebten sogar, wie er sagte, den gleichen Sport, »auf dem Wasser zu liegen«, und hatten schon einige Jahre lang gespart, um sich ein kleines Segelboot zu kaufen, das sie in einem Fischerdörfchen nahe Leningrad liegen haben wollten, wo sie jeden Sommer ihre zwei Monate Urlaub verbrachten. »Das ist es, wofür wir leben – mit dem Boot durch die Poesie unserer Weißen Nächte zu fahren. Sie müssen zurückkommen in der Zeit der Weißen Nächte. Sie sind wahrlich der Lohn für neun Monate Dunkelheit.«

Die Wodkakaraffe war leer geworden, und Orlow, der um eine Neufüllung gerufen hatte, murrte, daß ich nicht mit ihm Schritt hielt. Er erklärte, »höchst ärgerlich« zu sein, weil er mich »nur nippen« sähe, und verlangte, ich solle »trinken wie ein anständiger Kerl oder den Tisch verlassen«. Ich war erstaunt, wie leicht sich so ein Glas in einem Zug hinunterkippen ließ, wie angenehm, und es schien auch gar keine Wirkung weiter zu haben als eine prickelnde Wärme und ein Gefühl, daß meine kritischen Fähigkeiten nachließen. Ich begann zu denken, daß Orlow wohl schließlich recht hätte: Das Restaurant hatte etwas Orientalisches an sich, eine maurische Gemütlichkeit, und die Musik des Orchesters, die wie Grillengezirpe zwischen den Palmen tönte, schien einen verführerischen, sehnsuchtsschweren Klang anzunehmen.

Orlow, jetzt im Stadium des Sichwiederholens angelangt, versicherte dreimal: »Ich bin ein guter Ehemann, und ich habe eine gute Frau«, ehe er zum nächsten Satz fand, der lautete: »Aber ich habe starke Muskeln«. Er beugte seinen Arm. »Ich bin leidenschaftlich. Ein temperamentvoller Tänzer. In heißen Nächten, bei offenem Fenster und das Grammophon laut, wie wir das mögen … und das Grammophon laut, wie wir das mögen. Irgend jemand kommt immer vorbei. Und wir tanzen dann so. Bei offenem Fenster in heißen Nächten. Das ist alles, was ich will. Mit Nancy tanzen. So schön. Ein schönes Mädchen. Verstehen Sie? Nur eben tanzen. Nur eben … Wo ist sie?« Seine Hand fegte über den Tisch. Silbergeschirr klapperte auf den Boden. »Warum ist Nancy nicht hier? Warum singt sie uns nichts vor?« Mit zurückgeworfenem Kopf sang er »Missouri woman on the Mississippi with her apron strings Missouri woman drags her diamond rings by her apron strings down the bad Missouri on the Mississippi blues …« Sein Gesang wurde lauter, er verfiel ins Russische, ein Gegröle, das immer noch dunkel an die Melodie des »St. Louis Blues« erinnerte. Ich blickte auf meine Uhr. Zu meinem Erstaunen war es neun Uhr. Wir hatten demnach fast fünf Stunden im Wostock gesessen, was bedeutete, daß ich nicht mehr so nüchtern sein konnte, wie ich annahm. Diese Feststellung und ihre Beweiskraft überfielen mich gleichzeitig wie ein Mörderpaar, das im Hinterhalt gelegen. Die Tische schienen zu kippen, die Lampen zu schwingen, als sei das Restaurant ein Schiff auf rauher See. Auf mein Verlangen, mein Drängen hin forderte Orlow die Rechnung, sang jedoch weiter, während er seine Rubel hinzählte, sang sich die Stufen hinunter und walzte ganz allein über das Tanzparkett, das Orchester ignorierend, nach seiner eigenen Begleitmusik »Missouri woman you're a bad Missouri woman oh the Mississippi blues ...«

Draußen vor dem Wostock verkaufte ein Händler Gummitiere. Orlow kaufte ein Kaninchen und reichte es mir. »Gruß Nancy von Stepan.« Dann zog er mich eine Straße hinunter, die vom Newskij-Prospekt abging. Als Gassenschlamm anstelle des Pflasters kam, wurde mir klar, daß unser Ziel nicht das Astoria sein konnte. Denn dies hier war keine Nachbarschaft für Paläste. Statt dessen war mir, als wandere ich wieder durch die Slums von New Orleans, eine Gegend mit Dreckgassen und zerbrochenen Zäunen, windschiefen Holzhäusern. Wir kamen an einer verlassenen Kirche vorüber, wo der Wind um die Kuppeln heulte wie eine Witwe am Grabe. Nicht weit von der Kirche begannen wieder Bürgersteige und mit ihnen die zaristische Fassade der Stadt. Orlow steuerte auf die erleuchteten Fenster eines Cafés zu. Der kalte Spaziergang hatte ihn beruhigt, einigermaßen ernüchtert. An der Tür sagte er: »Hier ist es besser. Ein Arbeiterlokal.«

Es war, als sei man in eine Bärengrube gefallen. Die Körperwärme und der Bieratem und feuchte Pelzgeruch von an die hundert brummelnden, streitenden, scharrenden Stammgästen erfüllten das hellerleuchtete Café. Zehn und zwölf Mann hockten jeweils um das halbe Dutzend Tische im Raum.

Die einzigen anwesenden Frauen waren drei Kellnerinnen, eine wie die andere stämmige Mädchen, so breit wie hoch und mit Gesichtern flach und rund wie Teller. Neben dem Bedienen betätigten sie sich pflichtgemäß als Rausschmeißer. Ruhig, sachkundig, mit erstaunlichem Nichtvorhandensein jeglicher Empörung und mit weniger Anstrengung, als man zum Gähnen braucht, konnten sie einen Hieb versetzen, der einen Mann von doppeltem Format wie sie selbst sogleich alle Luft abblasen ließ. Wehe demjenigen, der zurückschlug. Dann stürzten sich alle drei

Mädchen auf ihn, zwangen ihn mit Prügeln auf die Knie, wischten buchstäblich den Boden mit ihm, während sie seinen Körper zur Tür schleiften und hinauswarfen in die nächtliche Dunkelheit. Einige Männer, stammgasterpicht, doch ganz entschieden *persona non grata*, kamen niemals ins Café hinein, denn sobald sich einer dieser Unerwünschten an der Tür sehen ließ, formierten die Damen des Etablissements einen herbeistürzenden, dreschenden Keil, um ihn wieder hinauszutreiben. Dennoch konnten sie höflich sein. Jedenfalls lächelten sie Orlow an, beeindruckt, wie ich glaube, von seinem Zobelkragen und der teuren Pelzkappe. Eine von ihnen brachte uns an einen Tisch, wo sie zwei jungen Männern, Boxertypen in Lederjacken mit vorspringendem Kinn, sagte, sie sollten aufstehen und uns ihre Stühle geben. Der eine war willig, der andere murrte. Sie erledigte seine Einwände, indem sie ihn am Haar packte und sein Ohr empfindlich zwirbelte.

Zumeist ist nur den Restaurants der Oberschicht erlaubt, Wodka zu verkaufen, und da dies Café nicht zu dieser Kategorie gehörte, bestellte Orlow russischen Kognak, eine trübe Flüssigkeit, die in hohen Teegläsern, bis zum Rande überfließend, serviert wurde. Mit der Seligkeit eines Mannes, der vom Bier die Blume genießt, leerte er ein Drittel des Glases und fragte, ob mir das Café »gefiele« oder ob ich es »ungehobelt« fände. Ich erwiderte ja und ja. »Ungehobelt, aber nicht rowdyhaft«, unterschied er. »Am Hafen, ja, da ist es rowdyhaft. Das hier aber ist nur gewöhnlicher Alltag. Ein Arbeiterlokal. Keine Snobs.« Wir hatten acht Tischgefährten, und sie nahmen Interesse an mir, pickten an mir wie Elstern, zupften mir das Feuerzeug aus der Hand, einen Schal vom Hals, Gegenstände, die sie von einem zum andern reichten, draufstarrten, darüber grinsten und dabei, selbst die Jüngsten, reihenweise verdorbene Zähne zeigten und Runzeln, die nicht vom Alter stammen konnten. Der mir am nächsten saß, war eifersüchtig und verlangte all meine Aufmerksamkeit für sich. Unmöglich zu erraten, wie alt er war, irgendwo zwischen vierzig und siebzig. Ihm fehlte ein Auge, und dieser Umstand ermöglichte ihm ein Kunststück, das mitanzusehen er mich immer wieder zwang. Es war wohl als Parodie auf Christus am Kreuz gemeint. Einen Schluck Bier nehmend, streckte er seine Arme zur Seite und ließ den Kopf sinken. Im Augenblick kam ein Biergetröpfel aus der weitoffenen Röte seiner Augenhöhle vorgetränt. Seine Freunde am Tisch fanden diese Leistung zum Brüllen.

Ein anderer Liebling des Lokals war ein junger Mensch, der mit einer Gitarre herumwanderte. Wenn man ihm etwas zu trinken bestellte, sang er dafür ein Lied. Er spielte eines für Orlow, der es mir übersetzte mit der Bemerkung, es sei dies die Art Lieder, die »wir« lieben. Es war die Klage eines Seemanns, der sich nach dem Dorf seiner Jugend und einer verlorenen Liebe namens Nina sehnte. »Das Grün der See ist das Grün ihrer Augen.« Der Bursche sang gut, mit klagendem Flamencotremolieren der Stimme. Ich spürte jedoch, daß er sich nicht auf den Text konzentrierte. Seine Gedanken wie auch sein Blick waren auf mich gerichtet. Sein weißes Gesicht trug eine Traurigkeit, die aufgeschminkt schien wie bei einem Clown. Aber seine Augen waren es, die mich beunruhigten. Dann wußte ich, warum. Sie erinnerten mich nämlich an den Ausdruck, das taubstumme Flehen, in den Augen des Mannes, den ich auf dem Bürgersteig neben der Kathedrale liegend verlassen hatte. Als er zu spielen aufgehört hatte, sagte Orlow, er solle noch ein Lied singen. Statt dessen versuchte der Junge, mit mir zu reden.

»Ich … Sie … Mutter … Mann.« Er kannte an die zehn Worte Englisch und kämpfte um ihre Aussprache. Ich bat Orlow, zu dolmetschen, und als sie miteinander Russisch sprachen, war es, als sänge der junge Mensch wieder. Während seine Stimme irgendeine kummervolle Prosamelodie wob, zupften seine Finger an den Saiten der Gitarre. Tränen sprangen ihm in seine Augen, und er wischte sie mit der flachen Hand weg, Schmutzstreifen hinterlassend wie ein Kind. Ich fragte Orlow, was er sagte. »Es ist nicht weiter interessant. Ich interessiere mich nicht für Politik.« Es schien unbegreiflich, daß der Junge über Politik sprechen sollte, und als ich beharrlich blieb, war Orlow verärgert. »Es ist nichts. Eine lästige Geschichte. Er will, daß Sie ihm helfen.«

»Helfen« war ein Wort, das der Junge verstand. »Helfen«, sagte er, heftig mit dem Kopf nickend. »Helfen.«

»Ist er nicht lästig?« sagte Orlow. »Er sagt, sein Vater sei Engländer und seine Mutter Polin, und deswegen behauptet er, in unserem Lande sehr schlecht behandelt zu werden. Er möchte, daß Sie an den britischen Botschafter schreiben sollen. Irgend etwas Ähnliches. Er will nach England gehen.«

»Englischmann«, sagte der junge Mann und zeigte stolz auf sich selbst. »Helfen.« Ich sah nicht recht, wie ich das könnte, und als er mich anschaute, begann Verzweiflung den hoffnungsvollen Schimmer seiner feuchten Augen zu überschatten. »Helfen«, wiederholte er vorwurfsvoll. »Helfen. Helfen.«

Orlow gab ihm ein Geldstück und nannte ihm den Titel eines Liedes, das er hören wollte. Es war ein komisches Lied mit endlosen Versen, und wenngleich der Junge sich lustlos damit abplagte, lachten sogar die Kellnerinnen und sangen lauthals den Refrain mit, den jedermann zu kennen schien. Der Einäugige, böse darüber, daß es so viel Gelächter um etwas anderes als sein Kunststück gab, kletterte auf einen Stuhl und stand da wie ein Vogelscheuchen-Jesus, während ihm das Bier aus der leeren Augenhöhle quoll und über die Backe tröpfelte. Fünf Minuten vor Mitternacht, Polizeistunde, begannen die Kellnerinnen, mahnend das Licht aus und an zu knipsen. Aber die Gäste sangen das Lied noch immer weiter, klammerten sich an diese letzten Minuten, als empfänden sie Widerwillen bei dem Gedanken, die trauliche Gemeinschaft des Cafés gegen kalte Straßen einzutauschen, den grausamen, einsamen Heimweg. Orlow sagte, er werde mich zum Isaaks-Platz begleiten. Erst aber noch einen letzten Toast. Er rief: »Auf ein langes, fröhliches Leben. Sagt man nicht so?« Ja, bestätigte ich ihm, so sagte man.

Der junge Mensch mit der Gitarre blockierte unsern Weg zur Tür. Aufbrechende Gäste schmetterten noch immer sein Lied; man konnte das Echo ihrer Stimmen in den Straßen verhallen hören. Und im Café schickten die Kellnerinnen die letzten Hartnäckigen hinaus, die Lichter nun im Ernst verlöschend. »Helfen«, sagte der Junge, mich sanft am Ärmel zupfend. »Helfen«, sagte er, die Augen voll auf mich gerichtet, als ihn eine der Kellnerinnen auf Orlows Ersuchen hin beiseite stieß, um uns vorbeizulassen. »Helfen, helfen«, rief er mir nach, die Tür nun zwischen uns und die Worte nur gedämpfter Klang, der in Nichts verging wie der nächtlich fallende Schnee.

»Ich glaube, er ist ein Verrückter«, sagte Orlow.

»New York könnte bombardiert worden sein, so wenig wissen wir von der Welt«, sagte Leonard Lyons zu dem Bankier Herman Sartorius, der neben ihm im Bus saß, auf der gemeinschaftlichen Fahrt am Vormittag zum Eremitage-Museum. »Ich bin noch nie irgendwo gewesen, wo ich keine Zeitung lesen konnte, erfahren, was in der Welt vor sich geht. Ein Gefangener, so komme ich mir vor.« Sartorius, ein hochgewachsener, ergrauender, höflichernster Mensch, gab zu, daß auch er die westlichen Zeitungen vermisse, und dachte laut vor sich hin, ob es wohl als »nicht so ganz das Richtige« empfunden werden könnte, wenn er sich bei einer Leningrader Bank nach den derzeitigen New Yorker Börsenkursen erkundigen würde.

Zufällig saß hinter ihm ein Passagier, der ihm jede von ihm gewünschte Information hätte geben können. Es gehörte zu seinem Beruf zu wissen, was jenseits des Eisernen Vorhangs vorging, insbesondere in Amerika. Ein Russe, sein Name war Josef (»Nennen Sie mich Joe«) Adamow, und er war in Leningrad, um Bandaufnahmen von Interviews mit dem *Porgy and Bess*-Ensemble für Radio Moskau zu machen, der Station, die Sendungen in Länder außerhalb des sowjetischen Bereichs ausstrahlt. Adamows Talente sind den Programmen gewidmet, die für den amerikanischen oder englischsprechenden Gebrauch bestimmt sind. Die Programme umfassen Nachrichtenmeldungen, Musik und volkstümliche Kurzhörspielserien, die nur so überschäumen von Propaganda. Das Anhören einer solchen kleinen Szene ist ein schockierendes Erlebnis, nicht um des Inhalts willen, der primitiv ist, sondern wegen der Darbietung, die es nicht ist. Die Stimmen der angeblichen »Durchschnittsamerikaner« scheinen genau das zu sein: Man glaubt dem Mann ohne weiteres, der da behauptet, ein Farmer aus dem Mittelwesten zu sein, ein Viehknecht aus Texas, ein Detroiter Fabrikarbeiter. Selbst die Stimmen der »Kinder« klingen genauso vertraut wie das Zerknuspern von Weizenflocken, der harte Aufschlag eines Baseballs. Adamow prahlte damit, daß keiner dieser Schauspieler jemals Rußland verlassen habe, ihr jeweiliger Akzent war hier in Moskau fabriziert. Selbst häufiger Mitspieler in diesen Hörfolgen, hatte Adamow einen bestimmten amerikanischen Dialekt bei sich derart vervollkommnet, daß er einen Eingeborenen jener Gegend, Lyons, damit täuschte, der meinte: »Mein je, ich bin sprachlos, ich überleg' mir immerzu, was der hier macht, so weit weg von Lindy's.« Adamow schien auch tatsächlich an diese Ecke des Broadways und der Einundfünfzigsten Straße zu gehören, ein Heft der Theaterzeitschrift *Variety* unter den Arm geklemmt. Obgleich sein Slang etwas abgestaubt werden müßte, bringt er ihn doch mit einer Mundwinkeltechnik von bizarrer Geläufigkeit heraus. »Als wie ich, ich bin ja kein Museumsmensch«, sagte er, als wir uns der Eremitage näherten. »Aber wenn einer sich was aus dem gruseligen Zeug macht, soll der Laden hier ja in Ordnung sein, voll bis obenhin, hat man mir gesagt.« Schwärzlicher Typ, mondgesichtig, ein Mann Mitte der Dreißig mit einem hektischen, kichernden Kaffee-Nerven-Aufgeputschtsein, werden seine verkniffenen Augen noch verkniffener, wenn er gezwungenermaßen zugibt, daß er sein Englisch in New York gelernt hat, wo er im Alter von acht bis zwölf Jahren bei seinem emigrierten Großvater lebte. Er zieht es vor, über diese amerikanische Episode hinwegzuschliddern. »Ich war ja noch ein Kind«, sagte er, als wolle er damit sagen: »Ich wußte es nicht besser.« Ein in Moskau lebender Ausländer, der Adamow gut kennt, beschrieb ihn mir mit »kein Dummkopf. Ein Opportunist, der überall seine Finger drinhat.« Und ein italienischer Korrespondent, ebenfalls lange in Moskau, sagte: »Ah, si. Signore Adamow. Der Lächler mit dem Messer.« Kurz, Adamow ist ein Mann mit Erfolg, was wie anderswo, in Rußland aber noch weit mehr, bedeutet, daß er sich gewisser Vorrechte erfreut, die einem gewöhnlichen Bürger der Stadt unbekannt sind. Dasjenige, das er am meisten schätzte, war eine zweizimmerige Junggesellenwohnung in Moskaus Gorkistraße, wo er, seinen Erzählungen nach, lebt wie ein Türke in seinem Harem. »Brauchen mich nur anzuklingeln, falls Sie nach Moskau kommen, wenn Sie 'n paar fesche Dinger kennenlernen wollen.« Unterdessen fand er, daß einige Mitglieder des *Porgy and Bess*-Ensembles »recht fesche Dinger« waren, vor allem die Chorsängerin mit den tellergroßen Augen, Dolores, genannt Delirious Swann. Als man im Museum die Schaulustigen in Bataillone zu zwölf abteilte, legte es Adamow darauf an, zusammen mit Miss Swann in eine Gruppe zu gelangen, zu der unter anderem die Wolferts, Mrs. Gershwin, Nancy Ryan, Warner Watson und ich gehörten.

Die Eremitage ist ein Teil des Winterpalastes, der neuerlich wieder in der Kaiserlichen Farbe gestrichen wurde, einem frostigen Chartreuse-Grün. Seine Meilen von silbrigen Fenstern gehen auf einen Park und ein ausgedehntes Stück des Newa-Flusses hinaus. »Der Bau des Winterpalasts wurde 1764 begonnen und brauchte bis zur Vollendung achtundsiebzig Jahre«, sagte die Führerin, ein männisches Wesen mit einer flotten Peitschen-wirsie-durch-Haltung. »Er besteht aus vier Gebäuden und enthält, wie Sie sehen, das größte Museum der Welt. Dies hier, wo wir stehen, ist die Gesandtentreppe, die von den zur Audienz beim Zaren heraufsteigenden Gesandten benutzt wurde.«

Im Sog der medialen Ausdünstung dieser Gesandten folgte unsere Gruppe ihr die Marmortreppe hinauf, die sich im Bogen unter einer Filigrandecke aus Weiß und Gold emporschwang. Wir durchschritten einen herrlichen Malachitsaal, wie ein Wandelgang unterm Meer, und hier waren tiefgezogene Flügelfenster, wo einige von uns stehenblieben, um über die Newa hinweg den nebeldunstigen Ausblick auf jene berüchtigte Folterkammer, die Peter-und-Paul-Festung, zu betrachten. »Los, los«, drängte die Führerin. »Es gibt viel zu sehen, und wir werden unser Vorhaben nicht ausführen können, wenn wir uns bei unnützen Schaustücken aufhalten.«

Ein Besuch der Schatzkammer war das unmittelbare Ziel unseres Vorhabens. »Das ist, wo sie die Diamanten horten, das echte Zeugs – Kronjuwelen und all solchen Kram«, informierte Adamow Miss Swann. Dragonerhaft verkümmerte Amazonen, einige davon in Uniformen und mit umgeschnallten Pistolen, bewachten die verriegelten Gewölbetüren. Adamow meinte zu Warner Watson, mit dem Daumen auf die Wachen deutend: »Möchte wetten, daß ihr keine weiblichen Polypen in Amerika habt, was?«

»Klar«, sagte Watson schüchtern. »Wir haben weibliche Polizisten, klar.«

»Aber«, sagte Adamow, wobei sein feuchtes Mondgesicht puterrot vor Lachen wurde, »nicht so fett wie die, was?«

Während die komplizierten Stahltüren des Gewölbes aufgeschlossen wurden, verkündete die Führerin: »Die Damen wollen bitte ihre Handtaschen draußen beim Wärter lassen.« Dann, als wolle sie die offensichtliche Unterstellung abbiegen: »Es ist, weil die Damen Schaden anrichten, wenn sie ihre Handtaschen fallen lassen. Wir haben diese Erfahrungen gemacht.«

Das Gewölbe ist in drei enge, kerzenbeleuchtete Räume aufgeteilt; die beiden vorderen werden zur Gänze von der einzigartigsten Schaustellung des Museums eingenommen, einem intellektualistischen Panorama von skythischen Goldschätzen, Knöpfen und Armbändern, grausamen Waffen, papierdünnen Blättern und Kranzgewinden. »Zeug aus dem ersten Jahrhundert«, sagte Adamow. »Anno Domini vor Christi Geburt, der ganze Kram.« Der dritte Raum ist nicht derart intellektuell und sehr viel blendender für das Auge. Ein Dutzend Vitrinen (deren Metallrahmen den eingravierten Herstellernamen tragen: Holland Sons, 23, Mount Street, Grosvenor Square, London) funkeln von Erinnerungsstücken an die Aristokratie: Spazierstöcke aus Onyx und Elfenbein, künstliche Vögel, die mit Smaragdzungen singen, ein Lilienbukett aus Perlen, ein anderes aus Rubinrosen, Ringe und Dosen, die einen zitternden Glanz verströmen gleich Hitzewellen.

Miss Swann sang: »Diiiamanten sind der Frauen liebster Schatz«, und einem, der ausrief: »Wo ist denn dieser Earl Jackson?«, wurde mitgeteilt: »Ach Earl, Sie könnten doch wissen, daß dieser Gauner um diese Stunde des Tages niemals aufsein würde. Aber dem wird's sicherlich leid tun, daß er das ausgelassen hat. Bei dem seiner Vorliebe für Geglitzer.«

Adamow pflanzte sich vor einer Vitrine auf, die eines der wenigen Fabergé-Exemplare der Sammlung enthielt, eine Miniaturnachbildung der zaristischen Machtsymbole: Krone, Zepter und Reichsapfel. »Prachtvoll ist das«, seufzte Miss Swann. »Finden Sie das nicht auch prachtvoll, Mr. Adamow?« Adamow lächelte nachsichtig. »Wenn Sie meinen, Kind. Ich persönlich finde das alten Krempel. Was nützt das irgend jemandem?«

Ira Wolfert, auf einer kalten Pfeife kauend, war ungefähr derselben Meinung. Jedenfalls sagte er: »Ich kann Juwelen nicht ausstehen« und starrte finster auf ein Tablett mit glänzenden Kinkerlitzchen. »Ich weiß keinen Unterschied zwischen einem Zirkon und einem Diamanten. Bloß, daß mir Zirkone besser gefallen. Die schimmern mehr.« Er legte den Arm um seine Frau Helen. »Ich bin froh, daß ich eine Frau geheiratet habe, die keinen Schmuck mag.«

»Oh, ich *mag* Schmuck, Ira«, sagte Mrs. Wolfert, eine gemütlich dreinschauende Frau, die dazu neigte, bestimmte Meinungen in einem unsicher tastenden Ton vorzubringen. »Ich mag Künstlerisches. Aber das hier, das ist alles nur Spielerei und Angabe. Es macht mich ganz krank.«

»Mich macht es auch krank«, sagte Miss Ryan. »Aber in ganz anderer Weise. Ich gäbe sonst was für diesen Ring da – das Tigerauge.«

»Es macht mich krank«, wiederholte Mrs. Wolfert. »Ich nenne diese Sachen nicht künstlerisch. Das hier«, sagte sie, auf ihre eigene Brosche zeigend, ein redliches Stück mexikanischer Silberarbeit, »ist, was *ich* künstlerisch nenne.«

Mrs. Gershwin zog ebenfalls Vergleiche. »Ich wünschte, ich wäre nie hierhergekommen«, sagte sie, verloren an ihren Brillanten herumfingernd. »Ich fühle mich so unzufrieden, daß ich heimgehen möchte und meinem Mann eins über den Kopf geben.«

Miss Ryan fragte sie: »Wenn Sie hier irgendwas haben dürften, was Sie wollten – was würden Sie nehmen?«

»Alles, Darling«, erwiderte Mrs. Gershwin.

Miss Ryan war mit ihr einig. »Und wenn ich nach Hause käme, würde ich alles auf dem Fußboden ausbreiten und mir die Kleider vom Leib reißen und mich drin wälzen.«

Wolfert wünschte sich gar nichts, er wollte nur »zum Teufel raus hier und was Interessantes ansehen«, ein Wunsch, den er der Führerin übermittelte, die ihm nachgab, indem sie jedermann dem Ausgang zutrieb und abzählte, wer hinausging. An die sechs

Kilometer später stolperte die Gruppe, deren Reihen sich durch Ermüdungsausfälle gelichtet hatten, in den letzten Ausstellungssaal, schwach auf den Beinen nach zwei Stunden, in denen man ägyptische Mumien und italienische Madonnen inspiziert hatte, sich die Hälse verrenkt nach ausgezeichneten alten Meistern, die martervoll gehängt waren, beim Sarkophag Alexander Newskijs herumgeschnüffelt und gestaunt hatte über ein Paar Goliathstiefel Peters des Großen. »Dieselben sind«, sagte die Führerin, »von diesem fortschrittlichen Mann eigenhändig angefertigt.« Nun, in diesem letzten Saal, beorderte uns die Führerin »an die Fenster zu gehen und den Hängenden Garten zu betrachten«.

»Aber wo«, bläkte Miss Swann, »wo *ist* denn der Hängende Garten?«

»Unter dem Schnee«, sagte die Führerin. »Und hier drüben«, sagte sie, die Aufmerksamkeit auf das letzte Objekt des Programms lenkend, »ist unser berühmter *Pfau*.«

Der *Pfau*, ein exotischer mechanischer Unsinn, vom Uhrmacher des achtzehnten Jahrhunderts, James Cox, konstruiert, wurde als Geschenk für Katharina die Große nach Rußland gebracht. Er ist in einem Glaskäfig von der Größe einer Gartenlaube zu Hause, Blickfang des ganzen Stückes ist ein Pfau, der zwischen vergoldeten Blättern auf einem Bronzebaum hockt. Auf anderen Zweigen balancieren eine Eule, ein Hahn, ein Eichhörnchen, das an einer Nuß knabbert. Am Fuße des Baumes verstreut stehen Pilze, deren einer als Zifferblatt einer Uhr gebildet ist. »Beim vollen Stundenschlag haben wir hier ein wirkungsvolles Vorkommnis«, sagte die Führerin. »Der Pfau schlägt ein Rad, und der Hahn kräht. Die Eule blinkt mit den Augen, und das Eichhörnchen knabbert drauflos.«

Adamow knurrte vor sich hin. »Mir egal, was die tun. So ein Quatsch.« Miss Ryan rief ihn zur Ordnung. Sie wollte wissen, warum er so empfinden konnte, vor einem Gegenstand von solch »erfindungsreicher Kunstfertigkeit«. Er zuckte die Achseln.

»Was ist daran erfindungsreich? Eine Menge armer Schweine, die blind geworden sind, damit die hohe Dame sehen kann, wie ein Pfau sein Rad schlägt. Sehen Sie sich die Blätter da an. Denken Sie an die Arbeit, die da reingesteckt wurde. Alles für nichts. Ein absolut zweckloses Nichts. Was ist denn los, Mädchen?« sagte er, weil Miss Ryan angefangen hatte, in ein Notizbuch zu kritzeln. »Was machen Sie'n da? Schreiben Sie all das blöde Zeug auf, was ich rede?« Tatsächlich schrieb sie, wie Miss Ryan überraschenderweise erklärte, eine Beschreibung des Uhrwerks nieder. »Ehem«, sagte er mit einer Stimme, die nicht so gut gelaunt wie sein Lächeln war, »Sie denken wohl, ich sei ziemlich blöde, was? Na dann schreiben Sie's nur nieder: Ich werde Ihnen einen guten Grund angeben, warum ich das nicht mag. Weil der Pfau noch seinen Schweif auffächern wird, wenn ich schon Staub bin. Ein Mensch kann sein ganzes Leben lang arbeiten, zum Schluß ist er tot. Das eben sind Museen: Mahner an den Tod. Tod«, wiederholte er mit einem nervösen Auflachen, das in ein freudloses Gelächter ausartete.

Eine Gruppe Soldaten, Teil einer anderen Tour, näherte sich dem *Pfau*, eben als die Stunde schlug, und die Soldaten, Burschen vom Lande mit kahlgeschorenen Köpfen, deren trübselige Uniformen wie Kinderwindeln im Sitz herumschlapperten, hatten das zwiefach beseligende Vergnügen, Fremde anstarren zu können und das goldäugige Blinkern einer Eule, sowie einen Pfau sein Bronzegefieder im dämmrigen Licht des Winterpalastes aufblitzen lassen zu sehen. Die Amerikaner und die Soldaten drängten sich näher heran, um den Hahn krähen zu hören. Mensch und Kunst, einen Augenblick lang lebendig beieinander, unempfänglich für die uraltewige Drohung der Sterblichkeit.

Es war Weihnachtsabend. Die Dolmetscher des Kulturministeriums hatten persönlich, überwacht von ihrem Chef Sawtschenko, einen spilleriges Tannenbaum in die Mitte eines Speisesaales des

Astoria aufgestellt und mit handkolorierten Karten und Strähnen aus Rauschgold dekoriert. Die Ensemblemitglieder, sentimental wegen des vierten gemeinsamen Weihnachtsfestes, waren auf hemmungslose Einkaufsbummel gegangen; ein konfuses Durcheinander aus Zellophan und Band erstreckte sich in einem knietiefen Sechsmeterkreis rings um den Baum. Die Geschenke sollten um Mitternacht ausgepackt werden. Weit über diese Stunde hinaus war Miss Ryan noch immer in ihrem Zimmer beim Päckchenpacken und Durchkramen der Koffer, um aus ihrem Besitz nette Kleinigkeiten herauszusuchen, als Ersatz für die Geschenke, die sie zu kaufen versäumt hatte. »Vielleicht könnte ich einem der Kinder das Kaninchen geben«, sagte sie und meinte damit das Gummihäschen, das ihr Stepan Orlow geschickt hatte. Das Tierchen hockte zwischen den Kissen auf ihrem Bett. Sie hatte ihm Schnurrbarthaare mit Tinte aufgemalt und mit Druckbuchstaben auf eine Seite geschrieben STEPAN DAS KANINCHEN. »Ich glaube nein«, entschied sie. »Wenn ich ihn fortgäbe, würde mir kein Mensch auf der Welt glauben, daß ich mir einen russischen Anbeter geschnappt habe. Beinah jedenfalls.« Orlow hatte nicht wieder telefoniert.

Ich half Miss Ryan beim Heruntertragen der Päckchen in den Speisesaal, wo sie gerade noch rechtzeitig zum Schluß der Geschenkeverteilung kam. Man hatte den Kindern erlaubt, zum Fest aufzubleiben, und nun tollten sie umeinander durch die kunterbunten Einwickelpapierreste, neue Puppen im Arm oder mit den himbeerbrausegefüllten Wasserrevolvern herumspritzend. Die Erwachsenen tanzten zu den Klängen einer russischen Jazzband, die man aus dem anstoßenden Hauptrestaurant herüber spielen hörte. Mrs. Breen wirbelte vorüber, ein Stückchen Festtagsband flatterte von ihrem Halse. »Ist es nicht himmlisch?« sagte sie. »Sind Sie nicht auch glücklich? Schließlich verleben wir ja nicht *jedes* Weihnachten in Leningrad!« Die Kellnerinnen, junge Studentinnen der englischen Sprache, die sich freiwillig erboten hatten, der amerikanischen Truppe bei Tisch aufzuwarten, schlugen Aufforderungen zum Tanz spröde ab. »Ach los doch, Schätzchen«, wurde eine von ihnen bedrängt, »laß uns gemeinsam diesen Vorhang zum Schmelzen bringen.« Wodka, die festliche Laune hebend, hatte die Reserve der Angehörigen des Kulturministeriums bereits geschmolzen. Jeder von ihnen hatte Geschenke von der Truppe bekommen, und Miss Lydia, der man eine Puderdose für die Handtasche geschenkt hatte, wollte jeden abküssen, den sie zu Gesicht bekam. »Es ist zu freundlich, nein, so freundlich«, sagte sie, unermüdlich ihr pummeliges Gesicht im Spiegel studierend.

Sogar der reservierte Sawtschenko, ein starrer, vereister Nikolaus oder Väterchen Frost, wie man den Kerl in Rußland nennt, schien nach einer Weile willig, seine Würde zu vergessen, jedenfalls protestierte er nicht, als sich ein Mädchen der Truppe auf seinen Schoß plumpsen ließ, ihn heftig umschlang und unter Küssen versicherte: Warum willst du eigentlich aussehen wie ein mürrischer alter Bär, wenn du doch so eine Puppe bist? Eine richtige lebendige Puppe, das bist du, Mr. Sawtschenko.« Breen fand ebenfalls herzliche Worte für den Kulturministeriumsbeamten. »Trinken wir alle auf den Mann, dem wir diese wunderbare Party zu verdanken haben«, rief er, einen Wodkabecher schwenkend, »einen der besten Freunde, die wir auf der ganzen Welt haben: Nikolai Sawtschenko.« Sawtschenko erwiderte, sich den Lippenstift abwischend, mit dem Ausbringen eines anderen Toastes. »Auf den freien Kulturaustausch zwischen den Künstlern unserer Länder. Wenn die Kanonen sprechen, schweigen die Musen«, fuhr er fort, seinen Lieblingsspruch zitierend. »Wenn die Kanonen schweigen, sprechen die Musen.«

Der Radiomensch aus Moskau, »Joe« Adamow, machte geschäftig Bandaufnahmen diverser Sonderaspekte der Party mit seinem tragbaren Gerät. Der achtjährige Davy Bey, um einen Kommentar ersucht, sagte in Adamows Mikrofon: »Hallo allesamt, fröhliche Weihnachten. Pappi will, daß ich ins Bett soll, aber wir amüsieren uns so großartig, daß ich nicht daran denke. Also ich habe einen Revolver und ein Schiff bekommen, nur hatte ich mir eigentlich ein Flugzeug gewünscht und nicht so viel Anziehkram. Es würde bestimmt allen Kindern Spaß machen, warum kommen sie also nicht rüber und spielen mit uns. Wir haben Kaugummi, und ich weiß großartige Stellen zum Verstecken.« Adamow nahm auch »Stille Nacht, heilige Nacht« auf, das vom Ensemble, um den Baum versammelt, mit einer Stimmgewalt gesungen wurde, daß darin das Gebumse der Tanzkapelle von nebenan ertrank. Ira Wolfert und seine Frau stimmten in den Chor mit ein. Die Wolferts, Eltern erwachsener Kinder, hatten ein Ferngespräch nach Amerika angemeldet. »All unsre Kinder werden heute abend beisammen sein; morgen schon gehen sie wieder auseinander«, sagte Mrs. Wolfert, als das Weihnachtslied zu Ende war. »Ach, Ira« – sie drückte die Hand ihres Mannes, »das ist das einzige Geschenk, das ich mir wünsche. Daß unser Gespräch durchkommt.« Das tat es nicht. Sie warteten bis zwei Uhr früh, dann gingen sie zu Bett.

Nach zwei Uhr sickerte die Weihnachtsparty in den Nebenraum ein, den »Night-Club« des Astoria, dem gestattet ist, sonnabends länger als Mitternacht geöffnet zu halten, dem einzigen Tag in der Woche, da die Gäste zahlreicher als das Personal sind. Die sowjetische Sitte, Wildfremde nebeneinanderzusetzen, ermutigt nicht zu ungehemmter Konversation, und in dieser Gaststättenhöhle, nahezu bis zur äußersten Möglichkeit gefüllt mit Leningrads Elite, ging es auf unvernünftige Weise gedämpft zu; die allerwenigsten, meist junge Offiziere von Heer und Marine mit ihren Bräuten, machten sich den ganz leidlichen Rhythmus des Orchesters zunutze. Der Rest, Künstler und Menschen vom Theater, Gruppen chinesischer Militärs, spürnasige Kommissare in Begleitung ihrer Ehefrauen ohne Korsett und mit Goldzähnen, saßen gelangweilt und uninteressiert herum wie Schiffbrüchige auf einem Korallenriff im Pazifik.

Earl Bruce Jackson sah sich nur einmal um und sagte: »Was meint ihr, alte Gauner, wollen mal das Gewürm bißchen zum Krabbeln bringen. Ordentlich was rein in die Kiste. Ziehen wir denen mal die Haut ab und geben ihnen Pfeffer, wie sich's gehört.« Woraufhin fünf Mitglieder der Truppe das Kommando auf dem Podium übernahmen. Die Hotelmusiker hatten nicht das geringste gegen die Austreibung. Sie waren allesamt Jazzfans, und einer von ihnen, ein fanatischer Anhänger von Dizzy Gillespie, hatte sich eine umfangreiche Plattensammlung angelegt, indem er fremde Sender abhörte und die Musik auf Platten aufnahm, die er sich aus alten Röntgenplatten selbst hergestellt hatte. Junior Mignatt spuckte in eine Trompete, Lorenzo Fullers Bananenfinger hieben in die Klaviertasten. Moses Lamar, ein Kraftwerk mit Sandpapierlungen, stampfte den Rhythmus und riß weit sein Maul auf wie ein Alligator. »Grab yo' hat 'n grab yo' coat, leave yo' worry on de do' step ...« Es war, als hätten die Schiffbrüchigen Rettung am Horizont gesichtet. Lächeln brach aus wie Fahnen, die sich entrollen, Tische entleerten sich aufs Tanzparkett. »... just direct yo' feet ...« Ein chinesischer Kadett tappte mit dem Fuß, Russen packten sich eng um das Podium, festgenagelt von Lamars kratziger Stimme, dem Schlagzeugklang dahinter, von dem sie getragen wurde. »... to de sunny ... *sunny* SUNNY ...« Paare zuckten, schwenkten sich eng umschlungen. »... side ah de streeeet!«

»Sieh einer an, wie die Scheintoten drauflosgehen!« sagte Jackson und brüllte Lamar zu: »Hin sind die, Mann, völlig hin! Nun gib noch ordentlich Feuer und brat sie lebendig. Olala.«

Mrs. Breen, ganz lächelnde Schäferin beim Betrachten ihrer Herde, wandte sich an Leonard Lyons. »Da sehen Sie es. Wir haben das Eis gebrochen. Robert hat getan, was die Diplomaten nicht fertiggebracht haben.« Ein skeptischer Lyons erwiderte: »Da kann ich nur sagen: Lautenspiel, während Rom brennt.«

An einem der Tische bemerkte ich Priscilla Johnson, Miß Ryans Freundin von der Universität, die russisches Recht studierte und Artikel über sowjetisches Liebesleben schrieb, wie sie sagte. Sie saß zusammen mit drei Russen, von denen einer, ein wetterharter unrasierter Gnom mit schwarzem Haarschaum, Champagner in ein Glas planschte und es mir entgegenstreckte. »Er will, daß Sie sich hinsetzen, und jui, tun Sie das auch lieber«, riet mir Miss Johnson. »Das ist ein Wilder, sozusagen. Aber faszinierend.« Er war ein georgischer Bildhauer, verantwortlich für die heldischen Statuen in der neuen Leningrader Untergrundbahn, und seine »Wildheit« brach in plötzlichen kühnen Behauptungen aus ihm heraus. »Sehen Sie den da drüben mit dem grünen Schlips?« fragte er auf englisch, zu einem Mann auf der gegenüberliegenden Seite des Raumes hindeutend. »Ein widerlicher Feigling. Funktionär. Will mir Schwierigkeiten machen.« Oder: »Ich bin für den Westen. Ich war in Berlin und habe Marlene Dietrich kennengelernt. Die war in mich verliebt.«

Das andere Paar am Tisch, Mann und Frau, war stumm, bis Miss Johnson und der Bildhauer zum Tanzen fortgingen. Dann sagte die Frau, eine totenblasse Brünette mit mongolischen Backenknochen und grünen Mandelaugen, zu mir: »Was für ein gräßlicher kleiner Mensch. So dreckig. Natürlich ein Georgier! Diese Leute aus dem Süden!« Sie sprach Englisch mit der falschen Vornehmheit, der bemühten Akkuratesse einer Eliza Doolittle. »Ich bin Madame Nerwizkij. Sie werden selbstverständlich meinen Mann kennen, den Schlagersänger«, sagte sie, den Herrn vorstellend, der doppelt so alt war wie sie, so in den Sechzigern, ein eitler, ehemals gutaussehender Mensch mit einem aufgeblähten Bauch und einer absackenden Kinnlinie. Er war geschminkt, Puder, Augenbrauenstift, ein Hauch Rouge. Er sprach kein Englisch, teilte mir jedoch auf französisch mit: »*Je suis Nerwizkij. Le*

Bing Crosby de Russie.« Seine Frau war höchst erstaunt, daß ich nie von ihm gehört hatte. »Nein? *Nerwizkij*? Der berühmte *crooner*?« Ihre Überraschung war berechtigt. In der Sowjetunion ist Nerwizkij ein bedeutender Star, das Idol junger Mädchen, die den Verstand verlieren bei seiner Wiedergabe volkstümlicher Balladen. In den zwanziger und dreißiger Jahren lebte er in Paris, erfreute sich einer minderen Beliebtheit als Kabarettsänger. Als diese ins Wanken geriet, ging er auf eine billige Tournee in den Fernen Osten. Wenngleich russischer Abstammung, war seine Frau doch in Schanghai geboren, und dort eben begegnete und heiratete sie Nerwizkij. Im Jahre 1943 begaben sie sich nach Moskau, wo sie eine nicht allzu erfolgreiche Karriere als Filmschauspielerin startete. »Ich bin in Wirklichkeit Malerin. Aber ich kann mich nicht damit rumplagen, den richtigen Leuten zu schmeicheln. Das ist aber notwendig, wenn man seine Bilder ausstellen lassen will. Und Malen ist auch so schwierig auf Reisen.« Nerwizkij verbringt den größten Teil des Jahres damit, sich seinem Publikum in ganz Rußland einmal persönlich vorzustellen. Augenblicklich war er für eine Reihe von Konzerten in Leningrad engagiert. »Nerwizkij ist ausverkaufter als diese Neger«, informierte mich seine Frau. »Wir gehen zu der Neger-Premiere«, sagte sie und setzte hinzu, daß sie überzeugt sei, es würde dies ein »köstlicher« Abend, weil »die Neger so amüsant sind, und es gibt hier so wenig Amüsantes. Nichts als Arbeit, Arbeit. Wir sind alle viel zu erschöpft, um amüsant zu sein. Finden Sie Leningrad nicht absolut tot? Eine schöne Leiche? Und Moskau. Moskau ist nicht ganz so tot, aber derart häßlich.« Sie rümpfte die Nase und schüttelte sich. »Ich vermute, da Sie aus New York kommen, daß Sie uns sehr schäbig finden, ja? Sagen Sie ehrlich: Finden Sie *mich* nicht schäbig?« Ich fand das nicht, nein. Sie trug ein schlichtes schwarzes Kleid, wenig und guten Schmuck, eine Nerzstola war um ihre Schultern geschlungen. Wahrhaftig, sie war die am besten angezogene, am besten aussehende Frau, die ich in Rußland gesehen hatte. »Ach, es ist Ihnen nur peinlich, es zu sagen. Aber ich weiß es doch. Wenn ich nur Ihre Freundinnen ansehe, diese amerikanischen Mädchen, dann *fühle* ich mich schäbig. Ich habe so gar keine hübschen Sachen direkt auf der Haut. Nicht etwa, daß ich arm wäre. Ich habe Geld ...« Sie stockte. Miss Johnson und der Bildhauer kehrten zum Tisch zurück. »Bitte«, sagte sie, »ich möchte Ihnen gern privat etwas sagen. Tanzen Sie?«

Die Band war eben dabei, sich durch »Somebody Loves Me« zu schnulzen, und die Menge lauschte Lamars kratzig vorgebrachtem Liedertext mit verzückten, verklärten Mienen. »... who can it be oh *may*-be *ba*-by *may*-be it's you!« Madame Nerwizkij tanzte gut, aber ihr Körper war verkrampft, ihre Hände eisig. »*J'adore la musique des nègres.* Die ist so unverschämt. So gemein«, sagte sie, und dann, im gleichen Atemzug, begann sie mir hastig ins Ohr zu flüstern: »Sie und Ihre Freundinnen müssen Rußland sehr teuer finden. Nehmen Sie meinen Rat an, wechseln Sie nicht Ihre Dollars. Verkaufen Sie Ihre Sachen. Auf die Art beschaffen Sie sich Rubel. Verkaufen Sie. Jeder wird Ihnen was abkaufen. Wenn man es diskret machen kann. Ich wohne hier im Hotel, Zimmer 520. Sagen Sie Ihren Freundinnen, sie sollen mir Schuhe bringen, Strümpfe, alles, was man dicht auf der Haut trägt. Alles«, sagte sie, ihre Nägel in meinen Ärmel krallend, »sagen Sie ihnen, daß ich *alles* kaufe. Wirklich«, seufzte sie, wieder ihre normale Stimme annehmend und über das Gekreisch von Mignatts Trompete erhebend, »die Neger sind wirklich köstlich.«

Ein wenig zurückgesetzt vom Newskij-Prospekt ist ein Gebäude mit Kolonnaden, das eine deutliche Ähnlichkeit mit dem Petersdom aufweist. Das ist die Kasan-Kathedrale, Leningrads größtes atheistisches Museum. Drinnen, in einer Atmosphäre der Buntglas-Düsterkeit, hat die Leitung eine Gruselkabinettanklage gegen die Lehren der Kirche zusammengebracht. Standbilder und finstere Porträts der Päpste folgen einander die Galerie hinunter wie eine Prozession von Hexen. Überall Geistliche, die boshaft schielen und Fratzen schneiden. Zeichenblätter mit Textunterschriften, wo sie nonnenhaften Frauen unzüchtige Anträge machen, sich in Orgien austoben, die Armen verächtlich zurückweisen, um sich neben den dekadenten Reichen großzutun. Ad infinitum demonstriert das Museum als Lieblingsthese, daß die Kirche, insbesondere die römisch-katholische, einzig zum Schutze des Kapitalismus existiert. Eine Karikatur, ein riesiges Ölbild, stellt Rockefeller, Krupp, Hetty Green, Morgan und Ford dar, wie sie mit grausamen Händen in einem übereinandergetürmten Durcheinander aus Geldstücken und bluttriefenden Stahlhelmen wühlen.

Die Kasan-Kathedrale ist bei der Jugend beliebt. Verständlicherweise, weil die Ausstellung in reichlichem Maße durchsetzt ist mit Serien von Greuelzeichnungen, Szenen voll Brutalität und Martern. Die Schullehrer, die täglich Schülerschwärme durch diesen Ort treiben, haben Schwierigkeiten, sie von solchen Attraktionen wie der Folterkammer der Inquisition fortzuziehen. Diese Kammer ist ein wirklicher Raum, mit den lebensgroßen Wachsfiguren von vier Inquisitoren bevölkert, die sich an den Todesqualen eines Ketzers weiden. Das nackte Opfer, an einen Tisch geschmiedet, wird von einem Paar maskierter Peiniger mit glühenden Kohlen gebrandmarkt. Die Kohlen sind elektrisch erleuchtet. Auch wenn man sie wegzerrt, stehlen sich die Kinder immer noch einmal zu diesem Anblick zurück.

Vor der Kathedrale, an den vielen Säulen, die die Bogengänge tragen, gibt es eine Schaustellung anderer Art. Anstößige Kreidezeichnungen, die üblichen Kritzeleien auf Männertoiletten, kaum der Erwähnung wert, wenn es nicht auf den ersten Blick ein merkwürdiger Ort dafür wäre; auf den zweiten wiederum nicht. In gewisser Weise paßt es dahin.

Atheistische Museen gehörten nicht zu dem Besichtigungsprogramm, das ihre Gastgeber dem *Porgy and Bess*-Ensemble zusammengestellt hatten. Ganz im Gegenteil: Für Sonntag, den Weihnachtstag, stellten die Sowjets zur Wahl, einer katholischen Messe oder einem Baptisten-Gottesdienst beizuwohnen. Elf Mitglieder der Gesellschaft, darunter Rhoda Boggs, eine Sopranistin, die die Rolle der Erdbeerfrau spielte, gingen in die evangelische Baptistenkirche, deren Leningrader Gemeinde zweitausend Mitglieder zählt. Hinterher sah ich Miss Boggs ganz allein im Astoria-Speisesaal sitzen. Sie ist eine rundliche, honigfarbene Person mit heiterer Miene, stets wie aus dem Ei gepellt, jetzt aber war ihr kleiner Sonntagshut verrutscht, das Taschentuch, mit dem sie sich ständig die Augen wischte, naß wie ein Waschlappen.

»Mich hat's in Stücke gerissen«, berichtete sie mir mit wogendem Busen. »Ich bin zur Kirche gegangen, seit ich laufen kann, aber nie habe ich Jesus gefühlt, wie ich Jesus heute gefühlt habe. Ach Kind, er war *da*. Er war offen zu sehen. Er stand deutlich geschrieben auf jedem Gesicht. Er hat mit uns gesungen, und nie haben Sie so wunderbaren Gesang gehört. Es waren zumeist alte Leute, und alte Leute können so nicht singen, wenn ihnen Jesus nicht dabei hilft. Der Pastor, war das ein goldiger Mann, der bat uns Farbige, ob wir ein Spiritual vortragen würden, und sie lauschten so still, all diese Reihen und Reihen und Reihen von alten Gesichtern schauten uns nur an, also erzählten wir ihnen, wie doch niemand allein sei auf dieser Erde, weil Jesus überall ist, was ja eine Tatsache ist, die sie wohl wissen, aber mir schien, als seien sie glücklich, es von uns zu vernehmen. Wer da etwa die Gegenwart unseres Heilands anzweifelt, der sollte dabeigewesen sein. Also dann kam die Zeit zum Weggehen. Zum Abschiednehmen. Und wissen Sie, was da geschah? Sie sind aufgestanden, die ganze versammelte Gemeinde. Sie zogen weiße Taschentücher heraus und schwenkten sie in der Luft. Und sie sangen ›God Be With You Till We Meet Again‹. Die Tränen strömten uns nur so über die Gesichter, denen und uns. Ach Kind, das hat mich durchgedreht. Ich kann jetzt keinen Bissen bei mir behalten.«

An diesem Abend, da die Premiere keine vierundzwanzig Stunden mehr fern lag, blieben die Fenster des Astoria bis spät erleuchtet. Die ganze Nacht über eilten Schritte durch die Korridore, Türen klappten, und Telefone klingelten, als sei ein Unglück geschehen.

Im Appartement 415 hatten Botschafter Bohlen und seine Frau eine kleine Gruppe von Adjutanten und Freunden zu Gast, die soeben mit ihnen im Zuge von Moskau angekommen waren. Die kleine Gesellschaft, zu der auch Roye L. Lowry gehörte, zweiter Botschaftssekretär und einer der beiden Diplomaten, die in Berlin die Theatergruppe »instruiert« hatten, war außergewöhnlich ruhig, da die Bohlens ihre Anwesenheit im Hotel erst im allerletzten Moment publik werden lassen wollten. Sie hielten sich so erfolgreich verborgen, daß sich am nächsten Morgen Warner Watson, im Glauben, das diplomatische Kontingent komme per Flugzeug, mit einem Blumenstrauß für Mrs. Bohlen zum Leningrader Flughafen aufmachte. Genau unter dem Botschaftsappartement, in der Nummer 315, wippte Mrs. Breen auf ihrem Entspannungsbrett, während ihr Mann an der Rede herumpolierte, die er vorm Vorhang zu halten gedachte. Man hatte ihn darauf hingewiesen, daß er die kommunistische Propaganda hinsichtlich *Porgy and Bess* überlisten könne, indem er darauf hinwies, daß dies Bild der amerikanischen Neger eine lange zurückliegende Zeit beträfe, nicht das Heute, und so fügte er noch diese Zeilen ein: »*Porgy and Bess* spielt in der Vergangenheit. Es gibt ebensowenig die Gegenwart wieder, wie wenn es etwa das Leben unter dem Zaren in Rußland behandelte.« Im Zimmer 223 war Leonard Lyons dabei, an seiner Schreibmaschine den Premierenartikel zu entwerfen, den er seiner Zeitung, der *New York Post*, zu kabeln gedachte. »Auf der Bühne sah man die Flaggen beider Nationen, der UdSSR und der USA«, schrieb er, das Ereignis voraussehend. »Als man hier zum letzten Male eine amerikanische Flagge zeigte, war dies zu einer Zeit, da es nur fünfundvierzig Staaten in der Union gab. Ein Vertreter des Kulturministeriums erkundigte sich telefonisch, wieviel Staaten inzwischen vereinigt seien. Gestern nähte eine Garderobiere noch rasch drei weitere Sterne auf die alte Flagge.« Mit dieser Nachricht war die Seite am Ende. Lyons spannte einen neuen Bogen mit frischem Kohlepapier ein. Statt das alte Kohlepapier in den Papierkorb zu werfen, trug er es ins Badezimmer und spülte es in Vergessenheit. Er hatte das Gefühl, es sei sicherer, gebrauchte Kohlebogen zu vernichten, sonst könnten die Sowjets oder vielleicht auch rivalisierende Reporter dieselben aufstöbern und entziffern, was er da schrieb.

Und tatsächlich schäumte das Hotel über von journalistischen Konkurrenten. Die *Saturday Evening Post* war da in der Person von Charles R. Thayer, Botschafter Bohlens Schwager. Thayer und C. L. Sulzberger von der *New York Times* waren mit Bohlens Gesellschaft gekommen. *The Saturday Review* hatte Horace Sutton entsandt, *Time* und *Life* hatten bereits ein Fotograf-Reporter-Team zur Hand, und Mrs. Richard O'Malley vom Moskauer Büro der *Associated Press* eilte Leningrad entgegen an Bord des Luxusexpreß Roter Pfeil, des gleichen Zuges, der am Abend zuvor Dan Schorr gebracht hatte, den Reporter des *Columbia Broadcasting System*.

Und auf der zweiten Etage, in Zimmer 111, versuchte nun Schorr, ein schwergebauter Junggeselle von Mitte Dreißig, gleichzeitig ein Manuskript zu korrigieren, seine Pfeife am Brennen zu halten und etwas per Telefon nach Moskau ins Stenogramm zu diktieren. »Okay. Hier ist die Story. Machen Sie sich fertig zum Feuern. Los geht's«, bellte er und begann vom Schreibmaschinenbogen zu lesen: »Die *Porgy and Bess*-Truppe Komma angeblich die erste jemals in Rußland auftretende amerikanische Gastspieltruppe Komma wird ihre Sowjetverpflichtung morgen abend eröffnen vor einem auserwählten Publikum von zweitausendzweihundert ich wiederhole zwei zwei null null in Leningrads Kulturpalast Komma doch haben die Negerschauspieler und -sänger bereits außerhalb der Bühne direkt ins Schwarze getroffen Punkt Die sechzig Mitglieder des Ensembles haben Komma einzig dank ihrer Persönlichkeit Komma einen ungeheuren Eindruck auf diese Komma die zweitgrößte Stadt der Sowjetunion ... das ist doch richtig, nicht wahr? Es ist doch die zweitgrößte?« Weitere zwanzig Minuten lang leierte Schorr Anekdoten und Fakten herunter. Lange Schlangen der Leningrader hätten die ganze Nacht im Schnee angestanden, um Karten zum Preise von bis zu sechzig Rubeln gleich fünfzehn Dollar zu erstehen, ein Betrag, der auf dem Schwarzen Markt verdoppelt und verdreifacht wurde. »He, was gibt es für einen anderen Ausdruck für Schwarzmarkt, den wir durch die Zensur kriegen? Na schön, nennen wir's freien Handel.« Gegen Ende zu diktierte er: »Sie haben Leningrad ein Weihnachten geschenkt Komma wie es wohl noch niemals in der Geschichte dagewesen ist Punkt Bis heute früh um vier Uhr waren sie um einen Weihnachtsbaum versammelt Gedankenstrich von einer freundlich um sie bemühten Sowjetregierung umsorgt Gedankenstrich und sangen Weihnachtslieder und Spirituals Punkt. Jaja, ich weiß, ich gebe zuviel durch über die Geschichte. Aber mich regt das auf. Regt mich wirklich auf. Man kann das richtig mit ansehen. Das Aufeinanderstoßen von einer Kultur mit einer anderen Kultur. Und übrigens, wissen Sie, es ist ein tolles Erlebnis für mich. Eine großartige Bande, diese *Porgy and Bess*-Leute. Als ob man mit einem Zirkus lebt.«

Am Montagmorgen, dem Premierentag, traf sich das Ensemble im Leningrader Kulturpalast zu einer letzten Generalprobe mit vollem Orchester. Ursprünglich hatten die Sowjets beabsichtigt, das Gastspiel in dem reizvollen Marientheater stattfinden zu lassen, aber die Nachfrage nach Karten überzeugte sie davon, daß sie ihren Profit verdoppeln könnten, wenn sie die Oper in den riesenhaften Kulturpalast überwechseln ließen. Dieser Palast, ein schmutzig-orangefarbener Betonklotz, wurde in den dreißiger Jahren zusammengehauen. Von außen sieht er etwas jenen überlebten Beispielen der Supermarketarchitektur um Hollywood und Vine ähnlich. Im Innern erinnert manches an einen Eispalast. So zum Beispiel die Temperatur. Aber Davy Bey und die anderen Kinder in der Truppe fanden es »einen prima Platz«, insbesondere die weiträumige hintere Bühne mit ihren dunklen Nischen zum Verstecken, ihren herumhängenden Seilen zum Dranturnen, wo die rauhe Mannschaft der Bühnenarbeiter, kräftige Männer und kräftige Frauen, sie streichelten, ihnen Lutscher schenkten und sie zärtlich »Aljoschka« riefen.

Ich fuhr mit einem Wagen zur Probe, in dem auch zwei der ministeriellen Dolmetscher saßen, Miss Lydia und der große, ansehnliche junge Mensch, der Sascha hieß. Miss Lydia, eine Frau, der ihr Essen Freude macht, war in einem Zustand so prächtiger Aufregung, als sei sie im Begriff, sich zu einem köstlichen Mahl niederzusetzen. »Wir werden es nun sehen, nicht war? Jetzt werden wir es wirklich *sehen*, dieses *Porgy and Bess*«, sagte sie und rutschte auf ihrem Sitz herum. Und da wurde mir klar, daß – ja, natürlich – endlich Miss Lydia und ihre Ministeriumskollegen in der Lage sein würden, persönlich zu urteilen über dies »*Porgy and Bess*«, diesen Mythos, der ihre Zeit und Energie nun schon seit langem verzehrt hatte. Selbst für Sawtschenko würde es der erste Anblick sein. Unterwegs deutete Miss Lydia hie und da glücklich auf Plakate, die das Stück ankündigten. Breens Name, wieder und wieder genannt, war in größerer, auffallenderer Schrift gedruckt als der von Gershwin, und der Name seines abwesenden Co-Produzenten Blevins Davis war überhaupt weggelassen. Tags zuvor hatte Mrs. Gershwin Warner Watson gegenüber bemerkt, daß der Name Gershwin in Rußland »auf dem Lakaiensitz mitzufahren« scheint; worauf Watson erwidert hatte: »Schauen Sie,

Lee, diesmal muß das Roberts Show sein. Er wünschte sich das so sehr. Er muß das ganz einfach haben.«

»Wie können Sie nur so still dasitzen?« wandte sich Miss Lydia an Sascha. »Jetzt können wir es *sehen*! Vor allen anderen Leuten!« Sascha war allerdings still. Er bot einen seekranken, geschlagenen Anblick, und das nicht ohne Grund. An diesem Morgen hatte Sawtschenko Breen in einen Koller versetzt, als er ihm mitteilte, daß die Theaterprogramme noch beim Drucker seien und erst in einigen Tagen erhältlich sein würden. Das war eine regelrechte Katastrophe, weil die Programme eine Inhaltsangabe der Opernhandlung enthielten und Breen fürchtete, das Publikum werde ohne einen solchen Führer den Vorgängen nur schwer folgen können. Sawtschenko hatte eine Lösung zur Hand. Warum sollte nicht einer der Dolmetscher vom Ministerium vor den Vorhang treten und vor jedem Akt die Handlung kurz angeben? Sascha war für diese Aufgabe ausersehen. »Was soll ich mit meinen Füßen machen?« sagte er, und seine Augen starrten verglast vor Lampenfieber. »Wie soll ich reden, wenn mir die Kehle trocken ist?« Miss Lydia suchte ihn zu beruhigen. »Denken Sie doch nur an die Ehre! Es werden viele wichtige Leute dasein. Man wird auf Sie aufmerksam werden. Wenn Sie *mein* Sohn wären, Sascha, würde ich so stolz sein.«

Drinnen im verdunkelten Zuschauerraum des Kulturpalastes fanden Sascha und Miss Lydia Sitze in der vierten Reihe. Ich saß hinter ihnen, zwischen Sawtschenko und »Joe« Adamow, die alle beide ihre Zähne mit Zahnstochern erforschten. An die dreißig weitere Russen, die sich Einladungen ergaunert hatten, um bei diesem letzten Herunterspielen zuzuschauen, waren ringsum in der vorderen Reihen verstreut. Darunter befanden sich Moskauer Journalisten und Fotografen, die zur Premierenberichterstattung gekommen waren. Das Orchester in seiner Versenkung, vom Moskauer Stanislawskij-Theater eigens importiert, spielte beschwingt und mit sicherer Leichtigkeit die Ouvertüre herunter. Der Dirigent, Alexander Smallens, ein in Rußland geborener Amerikaner, der sich *Porgy and Bess* sozusagen zur Lebensaufgabe gemacht hat, da er jede Wiedergabe davon dirigierte, einschließlich der Uraufführungsproduktion von 1935, sagte, das Stanislawskij sei das einundsechszigste Orchester unter seiner Stabführung und von allen das beste. »Hervorragende Musiker, eine wahre Freude, mit ihnen zu arbeiten. Sie lieben die Partitur, und sie haben das Tempo, den Rhythmus. Sie brauchen jetzt einzig und allein nur noch ein bißchen mehr die richtige Stimmung.« Auf der Bühne dirigierte Breen, mit Baskenmütze, Windjacke und knappsitzenden Uniformhosen, das Ensemble zur ersten Szene auf die Plätze. Matte Probenbeleuchtung von oben verschattete die Gesichter der Darsteller, entzog der Dekoration die Farbe und unterstrich ihre runzlige Verbrauchtheit. Das Szenenbild, eine einfache, zweckentsprechende Sache, stellte eine Häuserecke der Catfish Row mit ihren Gitterbalkonen und geschlossenen Fensterläden dar. Gleich darauf beugte sich, auf ein Zeichen von Breen hin, eine Sopranistin über eines der Geländer und begann mit dem Eröffnungslied »Summertime«. Miss Lydia erkannte die Melodie. Sie wiegte den Kopf und summte mit, bis Sawtschenko sie an die Schulter tippte und einen Verweis knurrte, der sie in ihrem Sitz zusammenschrumpfen ließ. Mitten in der Vorführung knuffte mich Adamow mit seinem Ellbogen und sagte: »Ich spreche doch ganz gut Englisch, was? Aber *ich* kann nicht ein Wort davon rauskriegen, was zum Teufel die da oben zusammenbrüllen. Dieser ganze Dialektkram! Ich finde ...«, aber ich erfuhr niemals, was er fand, denn Sawtschenko wandte sich mit einem Blick um, der Adamow die Kehle zuschnürte. Die meisten Russen verhielten sich so ruhig, wie Sawtschenko es nur wünschen konnte. Die Profilreihen, silhouettenhaft gegen den Lichtschimmer der Bühne gesehen, blieben bar jeglichen Ausdrucks wie Münzenreliefs. Am Ende, als die letzte Arie gesungen war, trieb es sie schweigend hinaus in die Garderoben. Sawtschenko und Miss Lydia, Sascha und die andern beiden jungen Männer vom Ministerium, Igor und Henry, warteten gemeinsam, bis ihnen ein Diener die Mäntel brachte. Ich trat auf sie zu und fragte Miss Lydia um ihre Meinung zu dem, was sie gesehen hatte. Sie biß sich auf die Unterlippe, ihre Blicke schossen zu Sawtschenko hinüber, der sehr bestimmt »Interessant, äußerst interessant« sagte. Miss Lydia nickte, aber weder sie noch Sascha, Igor oder Henry wagten ein anderes Adjektiv. »Ja«, sagten sie alle, »interessant. Äußerst interessant.«

Die durchschnittliche Spieldauer von *Porgy and Bess* beträgt ungefähr zweieinhalb Stunden, aber diese letzte Durchnahme mit ihren vielen Korrekturunterbrechungen dauerte von zehn Uhr früh bis zwei Uhr am Nachmittag. Das Ensemble, reizbar vor Hunger und nur darauf bedacht, ins Hotel zurückzukommen, war verärgert, als Breen es, nachdem sich das Theater von den russischen Zuschauern entleert hatte, darüber belehrte, daß die Probe noch nicht vorüber sei. Er wollte noch die Hervorrufe einüben.

Wie die Dinge lagen – und wenn auch nur die beiden Darsteller der Titelrollen sich einzeln verneigten –, erforderte das bisherige festgelegte Schema der Hervorrufe volle sechs Minuten zu seiner Abwicklung. Nicht viele Darbietungen können von den Zuschauern erwarten, daß sie sechs Minuten Applaus durchhalten. Breen schlug nun vor, diese sechs Minuten bis ins Unendliche durch die Veranstaltung von etwas auszudehnen, das schon auf »eine kleine Extraschau« hinauslief. »Nur so was wie eine Improvisation«, sagte er. »Eine Art Dakapo.« Ein Schlagzeuger sollte einen Bongorhythmus spielen, während jedes einzelne Mitglied des Ensembles winkend und wedelnd über die Bühne hüpfen würde, persönlichen Applaus herausfordernd. Selbst der Bühnenmeister, die Garderobieren, die Beleuchter und natürlich auch der Direktor selber waren in diese Huldigungen von seiten des Publikums einbezogen. Man konnte hier zwischen zwei Folgerungen wählen: Entweder rechnete Breen auf eine Ovation von eruptiver Heftigkeit, oder er fürchtete das Gegenteil und wollte sich verlängerten Applaus sichern durch Einüben dieser »improvisierten« Extraverbeugungen. Offensichtlich würde unter den delikaten diplomatischen Umständen kein Zuschauer hinausgehen, während die Darsteller noch immer, in gewissem Sinne, darstellten.

Den Hauptakteuren waren Privatlimousinen zur Verfügung gestellt worden. Martha Flowers, die alternierend mit Ethel Ayler die Bess singt und ausersehen war, an diesem Abend die Rolle zu spielen, bot mir einen Platz zur Rückfahrt ins Astoria an. Ich erkundigte mich, ob sie nervös sei wegen der Premiere. »Ich? P-h. Ich mache das doch schon seit zwei Jahren mit bei der Show. Das einzige, was mich daran nervös macht, ist nur, daß ich mir vielleicht die Stimme für ernsthafte Arbeit ruiniere.« Miss Flowers, junge Absolventin der Juillard-Musikhochschule, hat den Ehrgeiz, sich als Konzertsängerin einen Namen zu machen. Sie ist klein und lebhaft. Mag sie lächeln oder nicht, immer sind ihre Mundwinkel herabgezogen, als habe sie gerade auf eine unreife Dattelpflaume gebissen. »Aber müde bin ich. Weiß der Himmel. Diese Sorte von Klima ist nichts für jemanden, der singt. Man muß sich mit seiner Kehle richtig in acht nehmen«, sagte sie und massierte sich die ihre. »Die andere Bess, Sie wissen schon – die Ethel, die liegt zu Bett mit einer üblen Erkältung. So mit Fieber und allem, was dazugehört. Daraufhin werde ich morgen die Nachmittagsvorstellung und wahrscheinlich auch am Abend singen müssen. Also, da kann sich einer die Stimme für immer ruinieren, wenn man derart draufloswirtschaftet.« Sie beschrieb ihren Zeitplan von jetzt bis zum Aufgehen des Vorhangs. »Ich müßte irgendwas essen. Zuerst aber werde ich baden. Können Sie in Ihrer Wanne schwimmen? Meine ist so groß, daß ich schwimmen kann. Außerdem werde ich mich kurz hinlegen. Wir fahren um sechs ins Theater. So gegen halb sieben werde ich wohl in mein Kostüm hineinschlüpfen und die ewige rote Blume in mein Haar klemmen. Danach werde ich lange herumsitzen müssen, vermute ich.«

Um halb sieben, zu eben der Stunde, da Miss Flowers aller Wahrscheinlichkeit nach in ihrer Theatergarderobe eine Papierrose in ihr Haar klemmte, befanden sich Mrs. Breen und Mrs. Gershwin in Bohlens Appartement, wohin sie auf einen Drink gebeten worden waren, ehe man in den Kulturpalast fahren wollte. Breen selber, der zu beschäftigt war, um die Gastfreundschaft des Botschafters anzunehmen, hatte sich bereits ins Theater begeben.

Die Drinks - Whisky mit Leitungswasser - wurden von Bohlens Adjutanten, Roye L. Lowry, und seiner Frau gemixt und angeboten, einem in seiner konservativen, lehrerhaften Art gut harmonisierenden Paar. Mrs. Bohlens gute Freundin, Marina Sulzberger, witzig-intelligente Frau des *Times*-Korrespondenten, war ebenfalls anwesend, um die Gastgeberin bei der Unterhaltung der Gäste zu unterstützen. Nicht etwa, daß Mrs. Bohlen, eine heiter-tüchtige Frau mit einem Milchmädchenteint und gescheiten blauen Augen, den Eindruck machte, als sei sie nicht selber imstande, eine Unterhaltung in Gang zu halten, mochte sie auch noch so heikel sein. Doch war da eben, wenn man sich des erheblich vorwurfsvollen Briefes erinnerte, den Breen einige Tage zuvor an Bohlen geschickt hatte, ein leicht peinlicher Unterton bei diesem Zusammentreffen zwischen den Vertretern der Everyman Opera und des State Departments. Was den Botschafter selbst betraf, so würde - nach der Liebenswürdigkeit seines Auftretens - niemand je vermuten, daß er überhaupt einen solchen Brief erhalten hatte. Seit fünfundzwanzig Jahren Berufsdiplomat, die er zum größten Teil in der Moskauer Botschaft zugebracht hat, wo er zuerst Lowrys derzeitige Stellung als zweiter Botschaftssekretär innehatte und schließlich im Jahre 1952 zum

Botschafter ernannt wurde, ähnelt Bohlen noch heute einer Fotografie, die 1927 bei seinem Abgang aus Harvard aufgenommen wurde. Erfahrung hat sein gutgeschnittenes Sportler-Gesicht gehärtet, sein Haar gesprenkelt und eine verträumte Naivität um die Augen herum gemindert, fast ganz gelöscht. Aber der unmittelbare Eindruck der Jugend, des scharfen Durchhaltenkönnens ist ihm geblieben. Er lehnte behaglich in seinem Stuhl, nippte an seinem Whisky und unterhielt sich mit Mrs. Breen, als befänden sie sich im Zimmer eines Landhauses mit einem wärmenden Kamin und faulenzenden Hunden davor auf dem Boden.

Mrs. Breen jedoch konnte sich nicht entspannen. Sie saß auf der Ecke ihres Stuhles wie jemand, der um eine Stellung bittet. »Es ist so lieb von Ihnen, daß Sie gekommen sind. Einfach reizend von Ihnen«, erklärte sie Bohlen mit einer Jungmädchenstimme, die irgendwie nicht so ganz die ihre war. »Es bedeutet so viel für die Truppe.«

»Ja, denken Sie denn, wir hätten uns das entgehen lassen?« sagte Bohlen, und seine Frau setzte hinzu: »Nicht um alles in der Welt! Es ist der Höhepunkt des Winters. Wir haben an nichts anderes gedacht, nicht wahr, Chip?« schloß sie mit dem Spitznamen ihres Mannes.

Mrs. Breen schlug bescheiden die Augen nieder, ihre Wangen überflog ein Hauch von Farbe. »Es bedeutet so viel für die Truppe.«

»Es bedeutet so viel für *uns*«, sagte Mrs. Bohlen. »Unser Leben ist nicht so amüsant, daß wir uns leisten könnten, etwas Derartiges zu versäumen. Nein, wir wären gekommen, und wenn wir den ganzen Weg hätten laufen müssen. Auf allen vieren wären wir gekommen.«

Mrs. Breen hob eine Sekunde ihre Lider und sah die Botschaftergattin durchdringend an, als habe sie sie im Verdacht der Ironie; beruhigt von Mrs. Bohlens ehrlicher, unbefangener Miene, senkte sie dann ihren Blick wieder. »Es ist ganz reizend von Ihnen«, flüsterte sie. »Und natürlich sind wir schon alle ganz aufgeregt wegen der Party in Moskau.«

»Ach ja ... die Party«, sagte Mrs. Bohlen mit erkennbarer Resignation. Die Bohlens hatten zugesagt, zu Ehren der Moskauer Gastspielpremiere in zwei Wochen einen Empfang in ihrer Residenz, dem Spasso-Haus, zu geben.

»Robert und ich hoffen sehr, daß Mr. Bulganin dasein wird. Wir möchten ihm gern für alle Liebenswürdigkeit danken, die uns entgegengebracht wurde. Das Kulturministerium hat Robert eine reizende Aufmerksamkeit erwiesen. Sieben Elefanten aus Elfenbein.« Mrs. Breen spielte damit auf die Nippfiguren paradierender Elefanten an, die Sawtschenko Breen als Geschenk überreicht hatte.

»Sehr nett, wirklich«, sagte Mrs. Bohlen unklar, als habe sie den Faden der Unterhaltung verloren. »Ja, wir können natürlich nicht mit Sicherheit sagen, *wer* nun zu der Party kommen wird. Wir schicken zweihundert Einladungen aus, ungefähr, aber da die Russen niemals auf ein U.A.w.g. antworten, wissen wir nie zuvor, wen oder wie viele wir erwarten können.«

»Das stimmt«, sagte der Botschafter. »Man kann mit diesen Burschen erst rechnen, wenn sie zur Tür hereinkommen. Einer wie der andere. Und wenn sie selber eine Gesellschaft geben, laden sie einen nahezu immer erst in der letzten Minute ein. Beim diplomatischen Corps hält sich jeder den Abend frei, wenn man weiß, daß es eine große Sache im Kreml geben soll. Wir sitzen nur so herum in der Erwartung, daß das Telefon klingeln könnte. Manchmal sind wir schon mitten beim Essen, ehe sie uns einladen. Dann ist es eine Hetze. Glücklicherweise braucht man sich niemals umzuziehen für diese Geschichten«, sagte er, damit auf ein früheres Gesprächsthema zurückkommend, und zwar ein schmerzliches für Mrs. Breen, die am gleichen Tage einige Zeit zuvor zu ihrem tiefen Kummer erfahren hatte, daß Bohlen nicht beabsichtigte, bei der Erstaufführung in schwarzer Schleife zu erscheinen. Getrieben von ihrem festen Vorsatz, daß »alles Gala sein« solle, war sie sogar noch einen Schritt weiter gegangen und hatte sich den Botschafter in Frack und weißer Binde vorgestellt, was sich auch ihr Mann vorgenommen hatte. Aber: »Mir ist nicht einmal der Gedanke gekommen, einen Smoking mitzubringen«, sagte Bohlen und fingerte an einem Knopf seines grauen Anzugs, den er als passend für die Gelegenheit ansah. »Niemand trägt hier so was. Nicht einmal für eine Premiere.«

In einer Ecke gegenüber verbreiteten sich Mrs. Gershwin und Mrs. Sulzberger eingehend über das gleiche Kleiderthema. »*Selbstverständlich* sollten wir nicht in Abendtoilette kommen. Das habe ich Wilva schon die ganze Zeit gesagt. Wir waren neulich bei einem Ballettabend und sind uns einfach lächerlich vorgekommen. Ach, die Aufregung hier ist allzu groß. Ich weiß gar nicht, was die ganze Aufregung soll. Schließlich ist es doch nichts weiter als unser gutes altes *Porgy-Bess*.«

»Im Grunde genommen«, sagte Mrs. Sulzberger, eine geborene Griechin, deren intelligente Augen von mediterraner Mutwilligkeit funkelten, »mag es gar nicht so schlecht sein, wenn die Russen einmal gutangezogene Menschen sehen. Es gibt einfach keine Entschuldigung für die Art und Weise, in der sie rumlaufen. Als ich zuerst herkam, taten sie mir leid«, sagte sie und fügte hinzu, daß sie und ihr Mann seit zwei Wochen in der Sowjetunion lebten, als Hausgäste der Bohlens. »Ich dachte, diese Art, wie sie sich anzogen, dies traurig Langweilige an allem, nun ja, ich bildete mir ein, das käme davon, weil sie entsetzlich arm seien. Aber das ist nämlich gar nicht wahr. Sie sehen so aus, weil sie das selber so wollen. Sie machen das bewußt.«

»Ja«, sagte Mrs. Gershwin, »das glaube ich auch.«

»Ich weiß nicht recht«, sagte Mrs. Sulzberger. »Ich weiß nicht recht. Meinen Sie, daß die Russen so gräßlich sind, weil sie immer geschlagen wurden? Oder sind sie immer geschlagen worden, weil sie so gräßlich sind?«

»Ja«, sagte Mrs. Gershwin, »das überlege ich mir auch.«

Lowry fing den Blick des Botschafters ein und schaute bedeutungsvoll auf seine Uhr. Draußen vorm Hotel purrte der Motor einer Limousine, bereit, die Bohlens ins Theater zu bringen. Andere Wagen des gleichen Typs, eine glänzende Kette die Straße hinunter, warteten auf Mrs. Breen und Mrs. Gershwin, auf Sawtschenko und Adamow und die Korrespondenten der *Associated Press*, von *Time* und *Life*, des *Columbia Broadcasting System*. Bald würden die Wagen sich schliddernd über den Platz in Bewegung setzen, wie ein Trauerzug.

Bohlen schluckte seinen Whisky hinunter und geleitete seine Gäste zur Tür des Appartements. »Ich glaube nicht, daß Sie sich irgendwelche Sorgen zu machen brauchen«, versicherte er Mrs. Breen. »Die Russen sind ein sehr musikalisches Volk. Die Rubel werden Ihnen aus den Ohren quellen.«

»Hinreißender Mann. Und sie ist auch entzückend«, bemerkte Mrs. Gershwin zu Mrs. Breen, als die beiden Damen die Treppe hinunterstiegen.

»Hinreißend. Nur«, sagte Mrs. Breen, und ihre schüchterne Jungmädchenstimme wurde plötzlich ganz erwachsen, »Robert und ich *wollten* doch gern alles in großer Gala.«

»Tja, Darling, wir können aber nicht in Gala, wenn wir dann so auffallen würden«, erklärte Mrs. Gershwin, deren Brillantengeschmücktheit den Eindruck erweckte, als bewege sie sich im Scheinwerferlicht. »Offen gesagt, finde ich persönlich, daß es den Russen ganz unsagbar guttäte, einmal gutangezogene Menschen zu sehen. Es gibt einfach keine Entschuldigung für die Art und Weise, in der sie rumlaufen. Als ich zuerst herkam, taten sie mir leid, aber jetzt ...«

In der Stadt drüben, beim Kulturpalast, sammelten sich schneeübersprühte Menschenmassen auf den Bürgersteigen, um die Ankunft der Leute mit Eintrittskarten zu beobachten, und im Theater drin hatte schon eine beachtliche Menge Platz genommen, in der Glut der Radio- und Fernsehscheinwerfer bratend. Blumenkörbe in Gelb und Weiß flankierten die Bühne, und gekreuzte Flaggen, ein Ineinander von Sternen und Streifen mit Hammer und Sichel, schwebte über dem Proszenium. Hinter der Bühne, wo das Flötengezirp und das Klagen der Klarinetten des einstimmenden Orchesters wie Waldgeräusche widerhallten, mußte Martha Flowers, im Kostüm und vollständig ruhig, ungeachtet des fernen, zunehmenden Zuschauer-Lärmes, wie sie vorausgesagt hatte, »lange herumsitzen«.

Und es wurde sehr lange. Der Vorhang, für acht Uhr angesagt, hob sich fünf Minuten nach neun und fiel elf Uhr vierzig. Mitternacht war ich zurück im Astoria und erwartete einen Anruf von Henry Shapiro, dem *United Press*-Korrespondenten aus Moskau, der mir gesagt hatte, er werde nach der Premiere telefonieren, um zu erfahren, »wie alles gegangen ist und was sich tatsächlich dabei ereignet hat«. Es gibt keine absolute Wahrheit in diesen Dingen, nur Meinungen, und während ich bemüht war, mir die meine zu bilden, zu entscheiden suchte, was ich Shapiro erzählen würde, streckte ich mich auf dem Bett aus und löschte das Licht. Meine Augen brannten von dem kürzlich erduldeten Blenden der Blitzlichter, ich schien noch immer das leise Klicken der Wochenschaukameras zu hören. Und tatsächlich, beim Liegen so in der Dunkelheit war es, als spule sich in rascher Folge ein Film in meinem Kopf ab, eine unzusammenhängend rasende Bilderfolge: Martha Flowers zur Rampe trippelnd, um dem Publikum einen Kuß zuzuwerfen; Sawtschenko durch das Foyer schreitend und auf Kommentare lauschend; die entsetzliche Angst in Saschas Augen; Miss Ryan, die das Gesicht mit ihren Händen verdeckt. Ich machte eine bewußte Anstrengung, den Film zu verlangsamen, ihn mit dem Anfang beginnen zu lassen.

Er begann mit dem Publikum, einer Armee, die feierlich strammstand, während das Orchester die Nationalhymnen der beiden Länder spielte: Sawtschenko hatte höflich darauf bestanden, daß das »Star Spangled Banner« zuerst gehört werden solle. Dann begannen sich einzelne Gesichter ins Blickfeld zu schieben: Botschafter Bohlen nebst Gattin, die Sulzbergers, die Lowrys, Miss Ryan und Leonard Lyons, alle zusammen in einer vorderen Reihe. In ihrer Nähe, auf einer an der Seite der Bühne vorspringenden Plattform, warteten Fotografen ungeduldig darauf, daß die Hymnen endeten – dann glich die Plattform einer belagerten Festung, wo die Fotografen drauflosfeuerten, während die Assistenten ihre Kameras neu luden. Einige – wie Dan Schorr von der *Columbia Broadcasting*, wechselten verzweifelt zwischen Kamera und Tonband, als man sich dranmachte, die Zeremonien vor dem Aufgehen des Vorhangs dokumentarisch festzuhalten. Es bestand keine Notwendigkeit für solche Überstürzung. Die Reden und ihre Übersetzungen dauerten eine Stunde.

Die Russen machten es kurz genug. Konstantin Sergejew, der behende junge Ballettmeister des Leningrader Theaters, schüttelte Breen die Hand und sagte, ins Mikrofon sprechend: »Liebe Brüder in der Kunst, willkommen. Wir in der Sowjetunion haben der Kunst in den Vereinigten Staaten stets unsere Aufmerksamkeit und Bewunderung gezollt. Wir kennen und lieben die Werke so hervorragender Künstler wie Mark Twain, Walt Whitman, Harriet Beecher Stowe, Jack London und Paul Robeson. Wir schätzen das Talent von George Gershwin, und das ist es, was unsere heutige Begegnung so erfreulich macht.« Später sagte Mrs. Gershwin im Zusammenhang mit dieser Rede: »Ich dachte, ich falle in Ohnmacht, wie ich den Namen Gershwin in einen Topf geworfen höre mit all diesen Kommunisten.«

Breen verbeugte sich vor Sergejew und trat vor das Mikrofon, eine paradierende untadelige Figur in seinem gutsitzenden Smoking und gestärktem Hemd. »Er hat einfach die Nerven verloren«, sagte Miss Ryan als Erklärung, warum ihr Chef in letzter Minute noch die Idee fallengelassen hatte, weiße Schleife und Frack zu tragen. Aber wenn man nun Breen beobachtete, wie er auf den Applaus reagierte, der ihn begrüßte, hätte man nie vermutet, daß er überhaupt einen einzigen Nerv in seinem ganzen Körper besaß. Sein glattes blondes Gesicht, von den starken Lampen und explodierenden Blitzlichtern gebleicht, zeigte eine nach innen blickende Entrücktheit, als habe er so lange schon von dieser Szene da vor ihm geträumt, daß sie ihm jetzt noch Traum schien; und als er sprach, verstärkte der gemessene Grabesklang seiner geschulten Stimme den Eindruck, daß er sich allein glaubte auf leerer Bühne, beim Sprechen zu einem vorgestellten Publikum, gewissermaßen beim Proben für einen sein Selbst tief befriedigenden Augenblick, der eines Tages wahr werden sollte. Eingebildete Zuhörer sind bekanntermaßen unterwürfig; aber die Kulturpalastversammlung begann, selbst gesprächig zu werden, als Breen immer weiterschweifte, den russischen Übersetzer hinter sich herschleppend. Mit eleganten grandseigneuralen Handbewegungen stellte er den Botschafter und Mrs. Bohlen vor, die sich von ihren Sitzen erhoben, um den Applaus entgegenzunehmen. Man hatte erwartet, daß der Botschafter eine Rede halten würde, doch zu Bohlens großer Erleichterung und Breens Kummer hatten die in Dingen des Protokolls höchst empfindlichen Sowjets darum gebeten, diesen Teil des Programms zu streichen, da sie niemand von »vergleichbar hohem Rang« zur Verfügung hätten, der von russischer Seite eine Erwiderung machen könnte. Mrs. Gershwin wurde ebenfalls vorgestellt und der Dirigent, Alexander Smallens, der einen verschwenderischen Beifall erhielt, als Breen verkündete, daß Smallens »ganz genau hier in Leningrad geboren« sei. Die Vorstellungen setzten sich fort, indem Breen Ensemblemitglieder präsentierte, die an diesem Abend nicht spielen würden: Ethel Ayler, die alternierend die Bess sang, von ihrer Erkältung soweit genesen, daß sie aus dem Bett gekrabbelt und in ein knappes, schulterfreies Kleid hinein war. Und Lorenzo Fuller, den alternierenden Sportin' Life. Fuller hatte ein

»paar« Worte zu sagen, darunter einen russischen Satz, den er auswendig gelernt hatte: *»Dobro poschalowatj, drusja«*, was »Willkommen, Freunde« heißt. Brausender Beifall des Publikums. Doch als die Zeiger auf neun krochen, machten sogar die rasenden Fotografen Pausen, um auf die Uhr zu schauen. »Mein Gott«, sagte ein Reporter, »die sollten einen Gong hier haben. Wie Major Bowes.« Es war, als habe Breen ihn gehört, denn unvermittelt verschwand die zeremonielle Gruppe von der Bühne.

Das Theater wurde stiller als ein Hühnerstall bei Sonnenuntergang, als sich das Publikum zurechtsetzte, überzeugt davon, daß nun der Vorhang aufgehen und sichtbar machen würde, was anzusehen sie ihre Rubel bezahlt hatten, *Porgy and Bess*. Statt dessen erschien Sascha. Er überquerte die Bühne steifbeinig und schwankend, als gehe er auf Schiffsplanken. Ein Bündel Schreibmaschinenbogen zitterte in seinen Händen, und sein Gesicht, blaß und blutleer, war schweißüberströmt. Im Augenblick, als die Zuhörer witterten, warum er da war, um ihnen nämlich die Handlung vorzulesen, wurde aus dem Hühnerstall ein Hornissennest. Sie konnten keine Silber mehr *über* die Show ertragen, sie wollten sie ganz einfach sehen; und eine Meuterei, die auf der Galerie ausbrach, wo heftige Stimmen laut zu rufen anfingen, breitete sich bis ins Parkett aus; die Kundschaft klatschte, pfiff, trampelte. »Armer Sascha, oh, der arme Junge«, sagte Miss Ryan und bedeckte ihr Gesicht mit den Händen. »Es ist zu schrecklich. Ich kann das nicht mit ansehen.« Einige Reihen hinter Miss Ryan schrumpften Saschas beide Freunde, Igor und Henry, auf ihren Sitzen zusammen, aber Miss Lydia, weniger empfindlich, warf durchbohrende Blicke um sich auf ihre Nachbarn, als wolle sie sie am liebsten mit ihrer Handtasche erschlagen. Auf der Bühne fuhr Sascha mit seiner Vorlesung fort, murmelnd, als flüstere er ein Gebet gegen den ohrenbetäubenden Lärm; genau wie zuvor Breen schien er in einem Traum befangen, wie gelähmt von einem Alpdruck, nackt auf offener Straße zu stehen. Smallens zückte seinen Taktstock, und die Ouvertüre klang auf, als Sascha sich in die Kulissen zurückzog.

Es wurde bald offenbar, daß es dem Publikum leid tat, Saschas Resümee der Geschichte, die diese zweiaktige Oper erzählt, nicht mehr Aufmerksamkeit geschenkt zu haben. Kurz skizziert, ist dies die Handlung: Ein verkrüppelter Bettler, Porgy, verliebt sich in eine Charlestoner Dirne, Bess. Doch ach, diese neurotische junge Person steht unter dem bösen Einfluß zweier anderer Herren. Der eine, der teuflische Rauschgifthausierer Sportin' Life, hat sie zur Sucht verführt, während der andere, ein verführerisch muskulöser Verbrecher namens Crown, die wollüstigen Regungen der Heldin monopolisiert. Porgy entledigt sich dieses zweiten Rivalen, indem er ihn tötet, und als er für diese Tat ins Gefängnis gesteckt wird, lindert sie ihren Kummer durch eine Rauschgifttour, in deren Verlauf Sportin' Life sie überredet, Porgy zu vergessen und mit ihm durchzugehen nach New York: »That's were we belong, sister«, singt er, als sie dem süßen Glanz von Harlem entgegenziehen. In der letzten Szene macht sich Porgy, vom Mord an Crown freigesprochen, in einem von einer Ziege gezogenen Karren nach dem Norden auf, weil er glaubt und den Zuschauer glauben läßt, daß er Bess finden und heimbringen wird. Obgleich der Handlungsablauf gerade wie ein Lineal zu sein scheint, müssen die gesanglich-tänzerischen Ausdrucksformen, in denen er entwickelt wird, jedes Publikum verwirren, bei dem ein sprachliches Hindernis vorhanden ist, insbesondere wenn die Musik, der Tanzstil, die Regiemethode im einzelnen und insgesamt eine Terra incognita bedeuten, wie sie das für die überwältigende Mehrheit jener waren, die sich im Kulturpalast zusammengefunden hatten.

»Summertime« war zu Ende, und es gab keinen Applaus. Porgys Auftritt ging ohne alles Aufsehen vorüber. Leslie Scott, der die Rolle spielte, beendete »A Woman Is a Sometimes Thing« und machte eine Pause für den Beifall, den die Nummer im allgemeinen hervorruft. Die Tatsache, daß er ausblieb, brachte die Aktion auf der Bühne vorübergehend zum Erliegen. Als sie sich wieder gefaßt hatten, stürzten sich die Darsteller in eine Würfelspiel-Jazz-Szene: Flüstern durchlief den Zuschauerraum, als frage man sich gegenseitig, was das bedeuten sollte, diese aufgeregt herumwürfelnden Männer. Das Getuschel wurde heftiger und wandelte sich zu einem erschreckten Nachluftschnappen, als Bess, zum erstenmal erscheinend, ihren Rock hob, um sich ihr Strumpfband zu richten. Miss Ryan bemerkte zu Mrs. Lowry: »Wenn sie *das* gewagt finden, können wir uns auf was gefaßt machen!« Die Worte waren noch nicht ihrem Munde entflohen, als Sportin' Lifes witzige, laszive Verrenkungen neuerlich aufzischende Raketen hörbarer Verwunderung auslösten. Das Würfelspiel endet damit, daß Crown einen von Porgys Nachbarn tötet. Während die Witwe des Ermordeten ein Klagelied singt: »My Man's Gone Now«, umstehen die trauernden Bewohner der Catfish Row wie nach Stammesritus schwankend den Leichnam. An dieser Stelle wandte sich ein sowjetischer Würdenträger an einen Korrespondenten und sagte auf russisch: »Ach, jetzt verstehe ich! Sie werden ihn fressen.« Der Dahingegangene wurde, unverzehrt, zu Grabe gekarrt, und die Oper nahm ihren Fortgang mit Porgys optimistischem »I've Got Plenty of Nothin'«. Scott, ein großer und kräftig gebauter Bariton, haute das mit einer Inbrunst über die Rampe, daß die Show darüber hätte stocken sollen. Sie tat es nicht.

Das beharrliche Schweigen des Publikums schien nicht ausschließlich der Empfindungslosigkeit zuzuschreiben; zum großen Teile erwies es sich wohl eher als das Resultat gequälter Konzentration, dem bemühten Verlangen um Verständnis; und in ihrer Angst, den wichtigsten Satz zu verfehlen, den bedeutungsvollen Fingerzeig, der das Geheimnis entschleiern würde, dem sie sich gegenübersahen, hörten und sahen sie zu mit der brütenden Aufmerksamkeit von Studenten in einem Vorlesungssaal. Doch war der erste Akt fast zu Ende, ehe die Wärme, die mit dem Verständnis kommt, durch das Theater wehte. Sie sprang auf bei »Bess, You Is My Woman Now«, einem Duett, das von den beiden Hauptdarstellern gesungen wird: Mit einem Mal war es klar, daß Porgy und Bess sich liebten, daß ihr Lied ein zärtliches Aufjubeln war, und das Publikum, ebenfalls aufjubelnd, überschwemmte die Darsteller mit Applaus, der kurz, aber heftig war, wie tropischer Regen. Indessen setzte die Dürre wieder ein, als die Musik ausbrach in die lustvoll lärmende Fanfare von »I Can't Sit Down«, Finale des ersten Aktes. Die Szene ist gepfeffert voll mit folkloristischem Humor; und gelegentlich zeigte einzelnes Aufkichern, isoliert klingendes Lachen, daß da Menschen waren, die Verständnis dafür hatten. Der Vorhang fiel. Stille. Die Lampen im Hause begannen aufzuleuchten; die Zuschauer blinzelten, als hätten sie bis zu diesem Augenblick noch nicht gewußt, daß der Akt aus war. Sie schnappten nach Luft wie die Passagiere am Ende einer Berg- und Talbahnfahrt und begannen zu applaudieren. Der Applaus dauerte zweiunddreißig Sekunden.

»Sie sind wie vor den Kopf geschlagen«, sagte Lowry, die Worte von Breens Prophezeiung nachplappernd, wenn auch irgendwie ihren Sinn verdrehend. »Sie haben nie etwas Ähnliches gesehen.«

Wenn die Russen vor den Kopf geschlagen waren, so nicht sie allein. Einige der amerikanischen Journalisten hatten sich zusammengedrängt und verglichen ihre Notizen. »Es kommt nicht an«, klagte ein verwirrter Dan Schorr gegenüber einem bestürzten *Time-Life*-Fotografen. Und Mrs. Bohlen, die ihrem Gatten durch den Mittelgang folgte, war unverkennbar nachdenklich. Später erklärte sie mir den Gedanken hinter dieser Miene: »Ich dachte – schön, wir haben ein Ei gelegt. Was werden wir jetzt damit anfangen?«

Draußen im überfüllten Foyer brachte Mrs. Breen lächelnd Gefühle sonnigerer Natur zum Ausdruck; ihrer Meinung nach lief die Vorstellung »wunderbar«. Ein Reporter warf die Frage ein, warum dann, in diesem Falle, die Russen »auf ihren Händen säßen«. Mrs. Breen starrte den Fragesteller an, als müsse man ihn für geisteskrank erklären. »Aber es ist ja gar nicht *vorgesehen*, daß sie applaudieren«, sagte sie. »Robert hat es doch so *geplant*. Daß gar kein Applaus kommen soll. Das unterbricht die Stimmung.«

Die Wolferts waren der gleichen Meinung wie Mrs. Breen; sie hatten das Gefühl, daß die Premiere zu einem Triumph werden würde. »Das erste Mal, daß wir die Show gesehen haben«, sagte Wolfert. »Ich mag keine Musicals. Habe keinen Sinn dafür. Aber dies hier ist recht gut.«

Jemand anderes aus den USA, die russischsprechende Priscilla Johnson, verbrachte die Pause mit Herumhorchen bei den zahlenden Gästen. »Sie sind ziemlich schockiert«, berichtete sie. »Sie finden es entsetzlich unmoralisch. Aber, mein je, man kann ihnen keine Vorwürfe machen, wenn sie es nicht mögen. Es ist eine derart zweitklassige Aufführung. Das tut mir dabei so leid. Wenn es bloß *wirklich* gut wäre, dann könnte man ihnen noch Vorwürfe machen. Schade, wirklich schade«, sagte sie, fuhr sich durch die Ponyfransen und schüttelte den Kopf. »Dieser ganze Aufwand hier: die Breens, die Reklame und alles das – mein je, da ist doch nichts geschaltet auf Mißerfolg.«

Genau wie Miss Johnson liefen auch Sawtschenko und Adamow überall herum, um Meinungen zu sammeln. »Es ist ein sehr großer Erfolg« war alles, was Sawtschenko zugestehen wollte; Adamow jedoch, dessen Slang unter der Leitung der Truppe reichhaltiger wurde, sagte: »'ne Masse Idioten kriegen das also nicht mit. Die schalten nicht. Ist das nu 'ne große Sache? Ihr habt schließlich *auch* Idioten in New York, was Mann?«

Madame Nerwizkij und ihr Schlagersängergatte kamen vorüber. »Oh, wir sind ganz erstaunt«, meinte sie zu mir, mit ihrer Zigarettenspitze, lang wie ein Schwert, herumfuchtelnd, »Nerwizkij meint, es sei *très dépravé*. Ich nicht. Ich finde diese Lasterhaftigkeit in allem anbetungswürdig. Dieser Rhythmus, dieser Schweiß. Wirklich, die Neger sind doch zu amüsant. Und ihre Zähne – einfach wundervoll!« Dichter an mich herantretend, sagte sie: »Haben Sie Ihren Freundinnen Bescheid gesagt? Zimmer 520. Nicht telefonieren, unauffällig kommen. Ganz egal, was sie bringen. Ich werde gut zahlen.«

Stepan Orlow stand an einer Theke für Erfrischungen, ein Glas Mineralwasser in der Hand. »Mein Freund«, sagte er und schlug mir auf die Schulter. »Was hatten wir für einen Abend, nicht? Am nächsten Morgen mußte meine Frau mich aus dem Bett prügeln, mir die Schuhe zuschnüren und meinen Schlips binden. Nicht etwa böse, wissen Sie: Ausgelacht hat sie mich.« Er brachte ein Opernglas zum Vorschein und schaute hindurch. »Ich habe Nancy gesehen. Ich habe überlegt, ob ich wohl versuchen sollte, mit ihr zu sprechen? Aber ich sagte mir: Nein, Nancy sitzt bei all den feinen Leuten. Wollen Sie ihr sagen, daß ich sie gesehen habe?« Ich versprach es und fragte, ob ihm *Porgy and Bess* gefiele. »Ich wünschte, ich hätte für jeden Abend eine Karte. Es ist ein Erlebnis. Gewaltig! Wie Jack London. Wie Gogol. Ich werde es nie vergessen«, sagte er, das Opernglas wieder einsteckend. Er runzelte die Stirn, er setzte zum Sprechen an, überlegte es sich anders, trank statt dessen einen Schluck Wasser, änderte dann wieder seinen Entschluß und entschied sich, zu sprechen: »Die Frage ist nicht, ob *ich* vergesse. Oder was wir Alten davon denken. Die jungen Menschen sind es, auf die es ankommt. Es kommt darauf an, daß eine neue Saat in ihre Herzen gesenkt wird. Heute nacht«, sagte er und blickte sich im Foyer um, »werden alle diese jungen Leute nicht schlafen können. Morgen werden sie die Melodien pfeifen. Nicht aufhören werden sie können, sie vor sich hinsummen in den Klassenzimmern. Und im Sommer, da wird man es hören; junge Leute, die pfeifend den Fluß entlangfahren. Sie werden nichts davon vergessen.«

Hinter der Bühne herrschte eine vorwiegend ruhige Atmosphäre, während die Darsteller sich für den zweiten Akt fertigmachten. Leslie Scott, nicht im geringsten nervös gemacht durch die Aufnahme der ersten Stanze, sagte grinsend: »Klar, die sind'n bißchen schwer von Begriff … Aber meistens wird das Publikum erst richtig warm beim Duett (Bess, You Is My Woman Now), und das ist doch ganz richtig angekommen. Von jetzt ab geht's mit vollen Segeln.« Martha Flowers, die ihr Make-up vorm Spiegel erneuerte, sagte: »Dies Publikum, jenes Publikum, ich finde da keinen Unterschied. Würden Sie auch nicht, wenn Sie diese Show nun schon zwei Jahre lang machten.« Aber Sascha, dem Miss Flowers professionales *savoir* abging, bot einen erschreckenden Anblick, wie er so in den Kulissen darauf wartete, seine Rolle als Handlungs-Erzähler wieder aufzunehmen: Mit hängendem Kopf und an die Ballettübungsstange festgeklammert wie ein Boxer an den Seilen, hörte er benommen auf die Ermutigungen, die seine Sekundanten, Igor und Henry, ihm zuflüsterten.

Zu Saschas Überraschung war seine zweite Runde triumphal. Das Publikum war begierig zu vernehmen, was im nächsten Akt passieren würde, und Sascha, der zwei Wochen später um ein Stipendium als Schauspielschüler am Moskauer Künstlertheater einkam, berichtete hingerissen vom Mord an Crown und Porgys Verhaftung. Im Abgehen erhielt er mit den heftigsten Applaus des ganzen Abends; Miss Lydia klatschte noch, als die Lichter des Hauses erloschen waren.

Das Element der Oper, das die Sowjets am meisten störte, das Sinnliche, erreicht seinen himalajahaften Gipfelpunkt in den ersten zwanzig Minuten des zweiten Aktes. Ein Song: »I Ain't Got No Shame« (»doin' what I likes to do«) und der unzüchtige Stil der dazugehörigen Choreographie erwiesen sich als zu titelgerecht, zu deutlich illustrierend für russische Gemüter. Aber es war die darauffolgende Szene, die, von einem prüden Standpunkt aus, erst den eigentlichen Affront barg. Diese Lieblingsszene des Regisseurs, die er in Proben ständig noch mehr herausgearbeitet hatte, beginnt damit, daß Crown versucht, Bess zu vergewaltigen - er preßt sie an sich, betastet ihren Hintern, ihre Brüste; und es endet damit, daß Bess ihn vergewaltigt - sie reißt ihm das Hemd herunter, schlingt die Arme um ihn und windet sich, wie Speck in der Pfanne zischend - Licht aus. Gebietsweise litt man auch im Publikum darunter, daß ihm das Licht ausging. »Mein Gott«, sagte ein Korrespondent deutlich hörbar in der Stille, »das könnten sie am Broadway nicht riskieren!« Worauf eine weibliche Kollegin ihm erwiderte: »Sei nicht blöd. Das ist das Beste an der ganzen Show.«

Leslie Scott hatte vorausgesagt, daß der zweite Akt »mit vollen Segeln« gehen würde; seine Prophezeiung bewahrheitete sich dann nahezu in den restlichen vierzig Minuten der Oper. Der Ausrufer-Song der Erdbeerfrau begann günstige Winde aufspringen zu lassen. Wieder, wie bei dem Liebesduett, waren Melodie und Situation ganz einfach - eine Hökersfrau, die Erdbeeren verkauft -, etwas, was die Russen begreifen, von dem sie angetan sein konnten. Danach schien jede Szene anzukommen; und wenn auch die Aufführung nicht mit vollen Segeln lief, weil schon allzuviel Wasser abgeflossen war, so schwamm sie doch immerhin von einer weniger eisigen Strömung getragen dahin.

Als der Vorhang fiel und die Hervorrufe begannen, teilten die hin- und hersausenden Kameramänner ihre Aufnahmen zwischen applaudierenden Russen und sich verneigenden Darstellern. »Sie sind wie vor den Kopf geschlagen«, verkündete Lowry wieder einmal, und seine Frau hängte das unvermeidliche »Sie haben nie etwas Ähnliches gesehen« daran. Der Beifall, den ein erfahrener Ohrenzeuge als »nichts gegen eine Premiere im Bolschoi« bezeichnete, hielt sich für eine vernünftige Zahl von Vorhängen und ebbte dann rasch ab. Nun war es, als die Leute ihre Plätze verließen, daß Breen seine Aufforderung zu einer eindrucksvolleren Demonstration machte, indem er die eigens zugefügten »Stegreif«-Verbeugungen abrollen ließ, die er am Nachmittag geprobt hatte. Das Ensemble zog vorüber, einer nach dem andern, dahinhüpfend zum Schlag einer Bongotrommel. »Oh nein«, stöhnte Miss Ryan. »Das sollten sie nicht tun. Das ist doch einfach Bettelei.« In der folgenden Ausdauerprüfung gab das Publikum gütlich nach durch rhythmisches Klatschen anstelle des echten Applaudierens. Drei Minuten vergingen; vier, fünf, sechs, sieben. Endlich, nachdem Miss Flowers ihre letzte Kußhand über die Rampe geworfen und die Beleuchter et cetera ihre Anerkennung geerntet hatten, gestattete Breen nach seiner Schlußverbeugung, daß der Vorhang herabgelassen wurde.

Botschafter Bohlen nebst Gattin und verschiedene Sowjetbeamte wurden hinter die Bühne geleitet, um den Schauspielern die Hände zu drücken. »Ich weiß gar nicht, was die ganze Aufregung soll«, rief Mrs. Gershwin vergnügt, als sie sich durch das Menschengewimmel dort drängte. »Das war doch nur unser gutes altes *Porgy-Bess*.« Sawtschenko stieß zu Mrs. Breen vor; förmlich bot er ihr die Hand und sagte: »Ich möchte Ihnen zu einem sehr großen Erfolg gratulieren.« Mrs. Breen tupfte sich die Augen, als müsse sie angeblich vorhandene Tränen trocknen. »Diese Ovationen. War es nicht grandios?« sagte sie und wandte den Blick zu ihrem Mann, der sich zu einer Aufnahme mit Bohlen postierte. »Welche Ehrung für Robert.«

Draußen auf der Straße mußte ich dann ein ganzes Stück laufen, ehe ich ein Taxi fand. Vor mir wanderte ein Trio, zwei junge Männer und ein Mädchen. Ich erkannte, daß sie unter den Zuhörern von *Porgy and Bess* gewesen waren. Ihre Stimmen hallten in den schattendunklen, stillverschneiten Straßen wider. Sie sprachen alle auf einmal, ein angeregtes Geplapper, hin und wieder untermischt mit gesummten Melodien: dem Ruf der Erdbeerfrau, einer Passage aus »Summertime«. Dann sang das Mädchen, als verstehe sie nicht den Sinn der Worte, habe sich indes ihren bloßen Klang eingeprägt: »There's a boat that's leavin' soon for

New York, come with me, that's where we belong, sister ...« Ihre Freunde fielen pfeifend ein. Orlow hatte gesagt: »Und im Sommer, da wird man es hören: junge Menschen, die pfeifend den Fluß entlangfahren. Sie werden nichts davon vergessen.«

Diese hoffnungerweckenden jungen Menschen, die nichts davon vergessen würden, die zu neuen Phantasiebildern angeregt worden waren: Sicherlich war das Berechtigung genug für mich, dachte ich, um Henry Shapiro zu erzählen, daß die Premiere ein Erfolg gewesen sei. Nicht die »Bomben«-Eroberung, die sich die Inhaber der Everyman Opera erwartet hatten; aber ein Sieg von subtilerer Bedeutung, einer, der reifen und Gewicht gewinnen würde. Und dennoch, wie ich, so darüber nachdenkend, in meinem Hotelzimmer lag, wurde ich von Skrupeln gepackt, als schließlich das Telefon läutete. »Wie ist es gegangen? Was ist wirklich passiert?« waren Fragen, die auf der gradlinigeren Ebene des Journalismus beantwortet werden mußten. Konnte ich, mit einigermaßen ehrlicher Überzeugung, Shapiro einen strahlenden Bericht von der allgemeinen Aufnahme der Oper geben? Ich wollte das gern, und ich vermutete, daß es auch genau das war, was er, höchst verständlicherweise, hören wollte. Doch ich ließ das Telefon klingeln, während eine Überfülle von *Wenns* in meinem Kopf herumpurzelten: Wenn die Russen in der Lage gewesen wären, ein gedrucktes Programm zu Rate zu ziehen, wenn die Fanfaren zum Anfang und die Förmlichkeiten abgekürzt worden wären, wenn man dem Publikum weniger zugemutet hätte, wenn ... ich sperrte mich nicht länger und nahm den Hörer auf. Aber die Person in der Leitung war Miss Lydia, die sagte, es tue ihr leid, jemand habe mich aus Moskau antelefoniert und sei getrennt worden. Es kam kein weiterer Anruf für mich an diesem Abend.

Kritiken über die Aufführung erschienen in den beiden führenden Zeitungen der Stadt, *Smena* und *Leningrader Abend*. Nach der

Meinung von Botschafter Bohlen waren die Artikel »im großen ganzen wirklich hervorragend. Sehr durchdacht. Das zeigt, wie ernst sie es genommen haben.«

Der Kritiker des *Leningrader Abends* schrieb: »*Porgy and Bess* ist ein Werk, das den Stempel eines glänzenden Talents und ungewöhnlicher Meisterschaft trägt ... vom Publikum mit Wärme aufgenommen.« Weitere fünfzehnhundert Worte verbreiteten sich über dieses Thema. Gepriesen wurden die Partitur (»Gershwins Musik ist melodisch, echt, bewußt überströmend von volkstümlicher Negermusik. Sie enthält eine Fülle von ausdrucksvollen und kontrastreichen Melodien.«), Breens Regie (»Das Stück ist mit großer Meisterschaft inszeniert und fesselt unsere Aufmerksamkeit durch seinen dynamischen Schwung.«), der Dirigent (»Der musikalische Teil der Aufführung steht auf sehr hohem Niveau.«) und das Ensemble (»... im Zusammenspiel von einer selten erlebten Harmonie ...«). Das Libretto indessen rief einen sanften Verweis hervor, denn der Schreiber bemerkte darin »einige expressionistische und melodramatische Elemente, einen Überfluß an den üblichen Details einer polizeilichen Untersuchung«. Ebensowenig vergaß der *Leningrader Abend*, das politische Register zu ziehen. »Wir, das sowjetische Publikum, erkennen die zersetzende Wirkung des kapitalistischen Systems auf das Bewußtsein, die Mentalität und die Moral eines von Armut niedergedrückten Volkes. Das hebt Heywards Stück, so wie es von Gershwin vertont wurde, in den Bereich eines sozialen Dramas.« Doch schienen solche Bemerkungen ein bloßes Pianissimo gegenüber den lauten Propaganda-Akkordeon, die Gegner der *Porgy and Bess*-Tournee erwartet hatten.

Der zweite Kritiker, U. Kowaljow, der in der *Smena* schrieb, erwähnte einen Umstand, den der *Leningrader Abend* außer acht gelassen hatte. »Die erstaunliche erotische Färbung einiger Tanzszenen ist unangenehm. Und es fällt schwer, den Fehler hier bei einem bestimmten Nationaltanz zu suchen. Es ist mehr der Geschmack des Regisseurs und vielleicht seine Art von ›Tradition‹, die von den Broadway-›Possen‹ und -›Revuen‹ herstammen. Im ganzen jedoch«, fährt Kowaljow fort, »bietet *Porgy and Bess* eines der interessantesten Theatererlebnisse dieser Saison. Es ist eine ausgezeichnet inszenierte Darbietung, farbig, voller Bewegung und Musikalität. Sie zeugt von der außerordentlichen Begabung der Neger. Höchstwahrscheinlich wird nicht alles an der Musik und der Inszenierung vom sowjetischen Publikum gebilligt werden, und es wird ihm zwangsläufig nicht alles verständlich sein. Wir sind nicht gewöhnt an derart naturalistische Einzelheiten beim Tanz, an das Übermaß der Jazzklänge beim Symphonieorchester und dergleichen. Ungeachtet dessen erweitert die Aufführung unsere Vorstellung von der Kunst des zeitgenössischen Amerika und macht uns vertraut mit bislang unbekannten Erscheinungsformen des Musik- und Theaterlebens in den Vereinigten Staaten.«

Diese Besprechungen erschienen nicht vor Donnerstag, drei Tage nach der Premiere. Zu der Zeit war ihr Erscheinen eher ein Antiklimax und die Truppe dazu geeignet, sie nur mit einem Gähnen anzusehen. »Sicher ist es nett, wenn sie ordentliche Sachen schreiben, aber wen kümmert das?« sagte eines der Ensemblemitglieder, damit der vorherrschenden Meinung Ausdruck gebend. »Es kommt nicht darauf an, was die Russen denken. Nur auf das Zeug, was die zu Hause über uns zu hören kriegen. *Darauf* kommt's an.«

Der Truppe war bereits bekannt, was Amerika gehört hatte, denn am Dienstag nachmittag, dem Tag nach der Premiere, erhielt Breen ein Telegramm darüber vom New Yorker Büro der Everyman Opera. Miss Ryan tippte Abschriften davon und war eben dabei, eine von ihnen am Schwarzen Brett für die Truppe anzuheften, als ich ihr in der Hotelhalle begegnete. »Hallo«, sagte sie, »wissen Sie was? Stepan, das Kaninchen, hat angerufen. Er will mit mir tanzen gehen. Denken Sie, daß ich das tun kann? Ich meine, solange er nichts will als tanzen? Im übrigen ist mir das ganz egal. Ich würde mit Jack the Ripper tanzen gehen, was auch immer, nur weg von diesem *Porgy and Bess*«, sagte sie und heftete ihre getippte Version des Kabels an das Schwarze Brett.

robert breen hotel astoria leningrad udssr

wunderbare berichte in allen zeitungen vom 27. dezember stop zehn minuten stehend ovationen überall erwähnt stop

journal-schlagzeile: »leningrad hingerissen von porgy and bess« stop

ap-meldung spricht von grosser kartennachfrage und zuschauermassen stop

tribune betont enthusiastische publikumsaufnahme stop

telegrammüberschrift vom ap-nachrichtendienst: »russland voller lob für porgy« stop

mirror-leitartikel: »diplomatie von herz zu herz – truppe erobert leningrad durch gesang wir sind stolz auf sie« stop

ap-meldung in einigen blättern berichtet radio moskau bezeichnet premiere als grossen erfolg stop

times-leitartikel heute von sulzberger »porgy bess öffnet neues fenster zum westen«

journal-leitartikel heute – »war gewaltiger treffer«

nbc und cbs – nachrichtendienste fabelhaft

glückwünsche an jeden einzelnen von euch!

»Natürlich«, bemerkte Miss Ryan, das Telegramm überfliegend, »ist es nicht *genau* der Text, der angekommen ist. Die Breens haben ein bißchen was dazugetan und redigiert. Da war eine Zeile: ›*Times* sagt mäßiger Erfolg gewesen.‹ Da konnte man wetten, daß Wilva das herausschneiden würde! Nun ja«, sagte sie mit einem Lächeln, einem Aufseufzen, »warum soll man etwas Gutes nicht noch besser machen? Wilva möchte einfach, daß sich allesamt wunderbar wohl fühlen, und ich finde, daß das irgendwie lieb von ihr ist.«

Den ganzen Nachmittag über blieben Mitglieder des Ensembles, die durch die Halle kamen, davor stehen, um die Botschaft aus New York zu lesen. Das gab ein frohes Grinsen, sie schritten beschwingt weiter. »Mensch, was sagense dazu?« bemerkte Earl Bruce Jackson zu Warner Watson, als sie lesend vor dem Telegramm standen. »Wir machen Geschichte!« Und Watson erwiderte, sich die Hände reibend: »Jawoll, hmm. Mir scheint, wir haben die *Geschichte* hingekriegt.«

QUELLENVERZEICHNIS

William Somerset Maugham, *Winter-Kreuzfahrt,* aus: Schein und Wirklichkeit. Erzählungen. © der deutschsprachigen Ausgabe by DIANA-Verlagsunion Paul Moewig KG, Rastatt. Ü: Helen Mayer. Originaltitel: Creatures of circumstance.

Djuna Barnes, *Der Brief, der niemals abgeschickt wurde*, aus: *Saturnalien, Erzählungen*. Ü: Karin Kersten. © 1987 The Authors Leagure Fund, New York, und The Historical Churches Preservation Trust, London, für die deutschsprachige Ausgabe Verlag Klaus, Wagenbach, Berlin. Originaltitel: The letter that was never mailed.

Nadine Gordimer, *Clowns im Glück*, aus: *Clowns im Glück, Erzählungen.* Ü: Wolfgang von Eisiedel. © 1952, 1953, 1954, 1955, 1956 by Nadine Gordimer, für die deutschsprachige Ausgabe 1959 by S. Fischer Verlag GmbH Frankfurt am Main.

Dino Buzzati, *Ein übermütiger Mensch*, aus: *Das Haus mit den sieben Stockwerken, Erzählungen.* Ü: Antonio Luigi Erné und Nino Erné. © 1953 by Arnoldo Mondadori Editore Mailand. Für die deutschsprachige Ausgabe Nymphenburger in der F. A. Herbig Verlagshandlung München. Originaltitel: L'uomo che si dava arie.

Doris Lessing, *Wie ich endlich mein Herz verlor*, aus: *Liebesgeschichten.* Ü: Adelheid Dormagen, Manfred Ohl, Hans Sartorius. © 1964, 1972, 1978 by Doris Lessing, deutschsprachige Ausgabe 1992 by Cotta'sche Buchhandlung Nachfolger GmbH Stuttgart 1992.

Margaret Atwood, *Das Bleizeitalter*, aus: *Tips für die Wildnis. Short Stories,* S. 175–190. Ü: Charlotte Franke. © 1991 by Doubleday, New York, für die deutsche Ausgabe 1991 by S. Fischer Verlag GmbH Frankfurt am Main. Originaltitel: Wilderness Tips.

Italo Calvino, *Die Stadt, die sich im Schnee verloren hatte; Die falsche Haltestelle; Die Kinder des Weihnachtsmanns,* aus: *Marcovaldo oder die Jahreszeiten in der Stadt.* Ü: Heinz Riedt. © 1953 by Einaudi, Turin. Für die deutschsprachige Ausgabe 1988 by Carl Hanser Verlag München und Wien.

Hans Erich Nossack, *Das Mal*, © 1956 Suhrkamp Verlag, Frankfurt am Main.

Heimito von Doderer, *Unter schwarzen Sternen*, aus: *Die Erzählungen.* © 1972 by Biederstein Verlag München.

Susan Sontag, *Das Double*, aus: *Ich, etc. Erzählungen,* Ü: Marianne Frisch. © 1978 by Farrar, Strauss und Giroux, Inc. Für die deutschsprachige Ausgabe © 1979 Carl Hanser Verlag München und Wien.

Kitty Schwarz, *Der Traum*, Originalbeitrag.

John Updike, *Schnee in Greenwich Village*, aus: *Der weite Weg zu zweit.* Ü: Marie Carlsson. © 1982 by Rowohlt Verlag GmbH Reinbek.

Else Hueck-Dehio, *Taft zum Kragen*, aus: *Ja, damals,* aus: *Zwei heitere estländische Geschichten.*

Truman Capote, *Die Musen sprechen*, aus: *Reiseerzählungen,* Ü: Hansi Bochow-Blüthgen. © 1946, 1947, 1948, 1949, 1950, 1951, 1956, 1968 by Truman Capote, für die deutschsprachige Ausgabe 1960, 1961, 1974, 1978 by Limes Verlag GmbH Wiesbaden und München.

KURZBIOGRAPHIEN DER AUTOREN

WILLIAM SOMERSET MAUGHAM (1874–1965) wurde in Paris geboren und wuchs in Frankreich und Kent auf. In London und Heidelberg studierte er Philosophie und Medizin und unternahm große Reisen vor allem nach Ostasien und in die Südsee. Neben zahlreichen Romanen und Erzählungen schrieb er erfolgreiche Theaterstücke. Sein berühmtestes Werk ist der Roman *Eines Menschen Hörigkeit*.

DJUNA BARNES (1892–1982) begann ihre literarische Karriere vor dem Ersten Weltkrieg mit Erzählungen und Reportagen über New York. Ihrer erster Roman *Ryder* erschien 1928 in New York und wurde zu einem Skandal. Djuna Barnes lebte viele Jahre in Paris und gehörte zu einem Zirkel bekannter Künstler, die sie in verschiedenen Texten beschrieb. Seit ihrem Tod wird die Autorin zunehmend wiederentdeckt.

NADINE GORDIMER, geb. 1923 in Springs, Südafrika, widmete sich in zahlreichen Romanen und Kurzgeschichten mit psychologischem Einfühlungsvermögen den Rassenproblemen in ihrem Land. 1991 erhielt sie den Nobelpreis für Literatur.

DINO BUZZATI (1906–1972) studierte Jura und wurde Journalist beim »Corriere della Sera«. Er schrieb verschiedene Romane, Erzählungen und Märchen, darunter *Der Mann vom Gravetal, Im vergessenen Fort, Des Schicksals roter Faden, Der Hund, den Gott gesehen hatte*. Buzzati machte sich auch als Maler einen Namen.

DORIS LESSING, geb. 1919 im Iran, wuchs in Rhodesien auf. Sie schreibt Romane und Erzählungen u.a. über die Auswirkung der Rassenkonflikte und die Probleme der Frauen in einer von Männern dominierten Welt. In englischsprachigen Ländern ist die Autorin seit Jahrzehnten bekannt, hat aber inzwischen auch im deutschen Sprachraum zahlreiche Leser gefunden.

MARGARET ATWOOD, geb. 1939 in Ottawa, gilt als bekannteste Autorin der kanadischen Gegenwartsliteratur. Sie schreibt Gedichte, Romane und Erzählungen und wurde auch im deutschsprachigen Raum durch zahlreiche Übersetzungen bekannt, darunter *Lady Orakel, Der Report der Magd, Verletzungen, Die Unmöglichkeit der Nähe, Katzenauge* und *Die Giftmischer.*

ITALO CALVINO (1923–1985) wuchs in Ligurien auf und schloß sich als 20jähriger Student den Partisanen an. Er studierte Literatur in Turin, arbeitete als Lektor bei Einaudi und wurde von Pavese entdeckt. Er schrieb zahlreiche Erzählungen, darunter *Der Baron auf den Bäumen, Der Ritter, den es nie gab.* Außerdem verfaßte er Märchen und Romane. Calvino wurde mit verschiedenen Literaturpreisen ausgezeichnet und gehört zu den bedeutenden italienischen Autoren dieses Jahrhunderts.

HANS ERICH NOSSACK (1901–1977) studierte Philologie und Jura in Jena. Er übte verschiedene Berufe aus, trat 1933 in die Import-Firma seines Vaters ein. Bis 1956 war er als Kaufmann in Hamburg tätig, lebte dann als freier Schriftsteller bei Augsburg, in Darmstadt und Frankfurt am Main. Er schrieb Romane und Erzählungen, darunter *Interview mit dem Tode, Spätestens im November, Der jüngere Bruder.*

HEIMITO VON DODERER (1896–1966) gehört zu den großen Namen der österreichischen Literatur unseres Jahrhunderts. Er war Dragoneroffizier im Ersten Weltkrieg, war von 1916–1920 in Kriegsgefangenschaft in Sibirien. Er studierte anschließend Geschichtswissenschaften in Wien. Berühmt wurde er durch Romane wie *Die Strudlhofstiege, Die Dämonen* und zahlreiche Erzählungen.

SUSAN SONTAG, geb. 1933 in New York, ist Kritikerin, Essayistin, Erzählerin und Filmemacherin. Bekannt wurde sie vor allem durch ihren großen Essay *Kunst und Antikunst*. Außerdem schrieb sie Romane und Erzählungen.

KITTY SCHWARZ, geb. 1972, studiert Philologie und Geschichte und lebt in Berlin.

JOHN UPDIKE, geb. 1932 in Pennsylvania, schrieb zahlreiche Romane und Erzählungen, darunter *Das Fest am Abend* und *Hasenherz* und ist seit langem ein international bekannter Autor.

ELSE HUECK-DEHIO stammte aus dem Baltikum und ließ in ihren Schriften, dem Roman *Liebe Renata* und verschiedenen Erzählungen eine Welt noch einmal aufleben, die es nie wieder geben wird. Ihre Erzählungen sind voll Heiterkeit und Nostalgie.

TRUMAN CAPOTE (1924–1984) ist in seinen Romanen und Erzählungen ein meisterhafter Darsteller u.a. der dekadenten Gesellschaft der Südstaaten der USA. Bekannt wurde er durch den Roman *Die Grasharfe*, der auch dramatisiert wurde. Weltweite Beachtung fand sein später verfilmter Tatsachenroman *Kaltblütig*.

Christiane Landgrebe (Hrsg.)

Septembermond

416 Seiten

Wenn im Herbst die Tage kühler werden und es immer früher dunkler wird, werden die Abende ruhiger. Die Geschichten und Erzählungen dieses Lesebuchs spielen im Herbst, in ihnen lassen sich die unterschiedlichen Stimmungen dieser Jahreszeit lesend wiederfinden.
Bruce Chatwin, Ingeborg Bachmann, Carson McCullers, Benoite Groult, Ernest Hemingway, Goffredo Parise, Hermann Hesse, William Golding, Rosamunde Pilcher, Friedrich Dürrenmatt und viele andere sind die Autorinnen und Autoren dieses Lesebuchs für den Herbst.

ECON Taschenbuch Verlag
Postfach 300321 · 40403 Düsseldorf

Christiane Landgrebe (Hrsg.)

Sommerwind

496 Seiten

Die Tage sind lang und auch die Nächte. Djuna Barnes, William Somerset Maugham, Isabel Allende, Tania Blixen, Italo Calvino, Simone de Beauvoir, Marguerite Duras, J. D. Salinger, Marie von Ebner-Eschenbach, Günter Grass, Arno Schmidt und viele andere laden ein zu sommerlichen Lesestunden.